2015
中国工业统计年鉴
上册

CHINA INDUSTRY STATISTICAL YEARBOOK
Volume 1

中华人民共和国国家统计局工业统计司　编
Compiled by Department of Industry Statistics,
National Bureau of Statistics of China

中国统计出版社
China Statistics Press

图书在版编目（CIP）数据

中国工业统计年鉴. 2015 / 中华人民共和国国家统计局工业统计司编. -- 北京 : 中国统计出版社, 2015.10
ISBN 978-7-5037-7673-1

Ⅰ. ①中… Ⅱ. ①中… Ⅲ. ①工业统计－中国－2015－年鉴 Ⅳ. ①F42-54

中国版本图书馆 CIP 数据核字(2015)第 243513 号

中国工业统计年鉴-2015（上、下册）

编　者/中华人民共和国国家统计局工业统计司
责任编辑/许立舫
封面设计/何　平　张　冰
出版发行/中国统计出版社
通信地址/北京市丰台区西三环南路甲 6 号　邮政编码/100073
电　话/邮购（010）63376909　书店（010）68783171
网　址/http://www.zgtjcbs.com/
印　刷/河北天普润印刷厂
经　销/新华书店
开　本/880mm×1230mm　1/16
字　数/1308 千字
印　张/42.25
版　别/2015 年 11 月第 1 版
版　次/2015 年 11 月第 1 次印刷
定　价/580.00 元

如有印装差错，由本社发行部调换。

《中国工业统计年鉴—2015》
指导委员会、编辑委员会、编辑部

编 者 说 明

一、《中国工业统计年鉴 2015》是一部全面反映中国工业经济发展情况的资料性年刊。本书系统地收录了 2014 年全国各经济类型、各工业行业和各省、自治区、直辖市等工业经济各方面的统计数据，以及部分重要历史数据。

二、全书包括四大部分内容：综合数据、分行业数据、分地区数据和附录。主要反映中国工业经济的发展、中国工业经济的行业结构、中国工业经济的地区布局。可供社会各界了解和研究我国工业经济发展情况使用和参考。

三、本书所涉及的全国工业统计数据，均未包括香港特别行政区、澳门特别行政区和台湾省的数据。1997 年及以前，我国工业统计范围按隶属关系划分，1998 年及以后年份改变为按企业规模划分。本书 1998 年至 2006 年为全部国有及年主营业务收入在 500 万元及以上非国有工业企业；2007 年至 2010 年为全部年主营业务收入在 500 万元及以上的工业企业；2011 年及以后年份为年主营业务收入在 2000 万元及以上的工业企业。

目　录

一、综合数据

二、分行业数据

三、分地区数据

四、附录

一、综合数据

1-1 工业企业和生产单位数

单位：万个

年 份	全国总计	国有控股	私 营	外商投资和港澳台商投资
1999	16.20	5.07	1.46	2.68
2000	16.29	5.35	2.21	2.84
2001	17.13	4.68	3.62	3.14
2002	18.16	4.11	4.92	3.45
2003	19.62	3.43	6.76	3.86
2004	27.65	3.56	11.94	5.72
2005	27.18	2.75	12.38	5.64
2006	30.20	2.50	14.97	6.09
2007	33.68	2.07	17.71	6.75
2008	42.61	2.07	24.59	7.78
2009	43.44	2.05	25.60	7.54
2010	45.29	2.03	27.33	7.41
2011	32.56	1.71	18.06	5.72
2012	34.38	1.79	18.93	5.69
2013	36.98	1.86	20.84	5.74
2014	37.79	1.88	21.38	5.52

注：1. 统计范围1998～2006年为全部国有及年产品销售收入在500万元及以上非国有工业企业。
2. 2007年至2010年为年主营业务收入在500万元及以上的工业企业。
3. 2011年及以后年份为年主营业务收入在2000万元及以上工业企业。（下同）

1-2 资产总计

单位：亿元

年 份	全国总计	国有控股	私 营	外商投资和港澳台商投资
1999	116968.89	80471.69	2289.21	23018.92
2000	126211.24	84014.94	3873.83	25714.06
2001	135402.49	87901.54	5901.98	28354.46
2002	146217.78	89094.60	8759.62	31513.76
2003	168807.70	94519.79	14525.29	39260.26
2004	215358.00	109708.25	23724.80	55601.79
2005	244784.25	117629.61	30325.12	64308.47
2006	291214.51	135153.35	40514.83	77108.65
2007	353037.37	158187.87	53304.95	96367.04
2008	431305.55	188811.37	75879.59	112145.01
2009	493692.86	215742.01	91175.60	124477.56
2010	592881.89	247759.86	116867.83	148552.32
2011	675796.86	281673.87	127749.86	161987.74
2012	768421.20	312094.37	152548.13	172320.28
2013	870751.07	343985.88	187704.40	188661.42
2014	956777.20	371308.84	213114.42	198162.05

1-3 流动资产合计

单位：亿元

年 份	全 国	国有控股	私 营	外商投资和港澳台商投资
1999	49630.23	31042.81	1217.04	11127.85
2000	54338.15	32628.81	1910.75	12849.54
2001	57804.97	33239.63	3130.00	14029.75
2002	63468.46	33468.77	4686.53	16237.04
2003	76163.74	36125.14	7838.48	21489.84
2004	97183.74	39376.20	13080.46	30615.15
2005	111031.41	42155.31	16426.01	35303.97
2006	132310.12	46713.09	22035.64	42674.93
2007	163259.62	54997.45	29412.56	53781.51
2008	195681.75	65493.98	40572.42	60340.18
2009	223038.68	74113.99	47550.43	69082.13
2010	279227.32	90810.23	61798.67	84328.64
2011	327778.65	106550.42	69059.45	95334.64
2012	368200.71	115385.64	81049.07	100289.94
2013	413490.92	124529.35	99272.00	108770.23
2014	445742.36	131827.32	108457.83	113723.57

1-4 固定资产原价

单位：亿元

年 份	全 国	国有控股	私 营	外商投资和港澳台商投资
1999	71847.09	53146.30	1034.21	12747.02
2000	78646.30	57294.96	1651.37	14318.30
2001	86293.10	61782.45	2741.06	16700.30
2002	93887.95	64521.95	3959.95	18726.88
2003	105557.09	69701.11	6228.85	21818.93
2004	125761.85	76599.42	9992.56	29387.92
2005	143143.63	83515.49	12983.32	34266.82
2006	168850.20	96085.32	17316.09	40865.54
2007	198739.27	110084.72	22383.18	49543.59
2008	245352.80	129146.64	34437.22	60440.68
2009	278541.09	145330.28	42366.46	65507.53
2010	334839.41	165601.04	56459.89	77608.97
2011	386086.72	185896.57	65621.77	84358.88
2012	434474.27	204603.12	79904.05	91410.29
2013	499404.09	226435.38	103175.81	102638.41
2014	563859.94	255218.27	120249.25	109131.50

1-5 负债合计

单位：亿元

年 份	全 国	国有控股	私 营	外商投资和港澳台商投资
1999	72322.98	49877.69	1367.12	13287.86
2000	76743.84	51239.61	2208.83	14658.92
2001	79843.42	52025.60	3527.40	15558.91
2002	85857.42	52837.08	5192.26	17136.03
2003	99527.97	55990.53	8781.24	21763.06
2004	124847.41	62005.79	14529.31	31278.34
2005	141509.84	66653.58	18038.87	36459.37
2006	167322.23	76012.52	23946.79	43398.56
2007	202913.68	89372.34	31120.19	55168.22
2008	248899.38	111374.72	42825.30	62831.00
2009	285732.81	130098.87	50495.45	69928.77
2010	340396.39	149432.08	64068.41	82038.76
2011	392644.64	172289.91	69744.77	92130.82
2012	445371.75	191349.97	82699.28	97414.09
2013	505694.32	214230.57	101333.98	106197.33
2014	547031.43	230132.08	111130.10	109924.35

1-6 所有者权益

单位：亿元

年 份	全 国	国有控股	私 营	外商投资和港澳台商投资
1999	44618.80	30566.88	922.10	9730.41
2000	49406.88	32714.81	1664.99	11054.36
2001	55424.40	35741.27	2374.59	12794.29
2002	60242.01	36139.17	3567.35	14359.94
2003	69129.56	38381.02	5743.95	17473.30
2004	90286.70	47479.25	9195.48	24298.79
2005	102882.02	50625.00	12286.22	27770.72
2006	123402.54	58656.37	16567.96	33663.65
2007	149876.15	68568.59	22184.60	41198.76
2008	182353.38	77388.89	33051.48	49307.20
2009	206688.83	85186.57	40383.67	54251.47
2010	251160.35	98085.57	52295.51	66258.92
2011	282003.81	109233.21	57479.12	69702.34
2012	320614.07	120336.83	68946.35	74485.85
2013	361263.38	128655.24	84938.19	81845.13
2014	405981.71	141476.81	99880.35	87595.32

1-7 主营业务收入

单位：亿元

年 份	全 国	国有控股	私 营	外商投资和港澳台商投资
1999	69851.73	35950.70	2921.58	17966.55
2000	84151.75	42203.12	4791.50	22545.74
2001	93733.34	44443.52	7982.43	26022.08
2002	109485.77	47844.21	11971.63	31189.27
2003	143171.53	58027.15	19733.77	43607.63
2004	198908.87	71430.99	33487.25	65105.85
2005	248544.00	85574.18	45801.43	78564.46
2006	313592.45	101404.62	64817.70	98936.12
2007	399717.06	122617.13	90277.81	125497.96
2008	500020.07	147507.90	131525.40	146613.62
2009	542522.43	151700.55	156603.57	150263.06
2010	697744.00	194339.68	207838.22	188729.41
2011	841830.24	228900.13	247277.89	216304.29
2012	929291.51	245075.97	285621.48	221948.78
2013	1038659.45	257816.87	342002.60	242964.16
2014	1107032.52	262692.28	372175.70	252630.07

1-8 主营业务税金及附加

单位：亿元

年 份	全 国	国有控股	私 营	外商投资和港澳台商投资
1999	1307.65	1062.21	30.46	111.51
2000	1434.17	1150.28	44.91	129.76
2001	1553.82	1250.18	68.46	134.78
2002	1761.61	1401.82	95.67	151.87
2003	2049.21	1589.87	146.14	223.65
2004	2616.25	1921.90	257.14	296.90
2005	2997.34	2121.74	352.22	326.90
2006	3746.35	2612.74	476.64	477.55
2007	4772.08	3242.18	656.62	653.89
2008	6277.28	3882.05	1123.38	884.89
2009	8995.95	6199.11	1311.38	1162.81
2010	11183.11	8016.31	1628.84	1488.98
2011	12669.53	9053.12	1553.57	1665.28
2012	14462.73	10170.35	1873.01	1934.80
2013	15835.24	10732.38	2323.30	2207.91
2014	16961.12	11640.58	2505.60	2213.46

1-9 利润总额

单位：亿元

年份	全国	国有控股	私营	外商投资和港澳台商投资
1999	2288.24	997.86	121.52	753.93
2000	4393.48	2408.33	189.68	1282.48
2001	4733.43	2388.56	312.56	1442.95
2002	5784.48	2632.94	490.23	1877.22
2003	8337.24	3836.20	859.64	2777.44
2004	11929.30	5453.10	1429.74	3875.97
2005	14802.54	6519.75	2120.65	4140.81
2006	19504.44	8485.46	3191.05	5384.06
2007	27155.18	10795.19	5053.74	7527.38
2008	30562.37	9063.59	8302.06	8242.63
2009	34542.22	9287.03	9677.69	10107.05
2010	53049.66	14737.65	15102.50	15019.55
2011	61396.33	16457.57	18155.52	15494.22
2012	61910.06	15715.99	20191.90	13965.94
2013	68378.91	15917.68	23327.08	15802.58
2014	68154.89	14508.02	23550.42	16577.31

1-10 应交增值税

单位：亿元

年份	全国	国有控股	私营	外商投资和港澳台商投资
1999	3105.92	2019.03	85.49	590.79
2000	3685.20	2320.36	143.60	738.88
2001	4018.09	2408.97	242.55	876.37
2002	4476.01	2580.51	368.39	960.87
2003	5487.73	3025.57	589.24	1189.01
2004	6912.78	3514.68	964.44	1508.66
2005	8520.94	4098.37	1336.63	1811.52
2006	10707.16	4930.24	1868.62	2361.95
2007	13650.34	5951.44	2698.44	3016.72
2008	17690.72	6769.35	4378.36	3916.89
2009	17490.20	6508.74	4546.76	4034.05
2010	22472.72	8362.00	6063.91	5121.08
2011	26302.71	9406.51	7023.82	5674.87
2012	29566.64	10201.77	8239.81	6201.34
2013	33460.27	10835.46	9961.18	7093.30
2014	33979.04	10780.89	10361.76	6951.07

1-11 分注册类型规模以上

分 组	企业单位数 (个)	工业销售产值 (当年价格)	出口交货值	资产总计	固定资产合计
总 计	**377888**	**1092197.99**	**118414.25**	**956777.20**	**355788.06**
一、按登记注册类型分组:					
内资企业	322716	841317.25	41377.93	758615.15	295122.64
国有企业	3450	46285.81	608.22	66954.56	32307.53
中央企业	754	33778.07	385.83	49395.17	24115.44
地方企业	2696	12507.75	222.38	17559.39	8192.09
集体企业	3133	7432.33	308.41	5285.04	1283.34
股份合作企业	1222	1525.27	79.41	1266.88	270.86
联营企业	169	597.38	27.58	329.14	158.68
国有联营企业	18	346.40	19.71	215.89	119.47
集体联营企业	71	82.44	4.44	37.37	12.52
国有与集体联营企业	32	34.18	0.24	21.35	5.59
其他联营企业	48	134.36	3.19	54.54	21.11
有限责任公司	88964	304617.96	14275.70	343743.25	138540.32
国有独资公司	3003	43847.49	1314.34	76809.00	33143.85
其他有限责任公司	85961	260770.47	12961.36	266934.25	105396.47
股份有限公司	10475	102642.91	6961.09	125744.34	44733.78
私营企业	213789	375088.65	19019.69	213114.42	76750.90
私营独资企业	16262	22742.36	580.63	8565.06	3736.60
私营合伙企业	2885	3625.41	112.25	1556.60	694.15
私营有限责任公司	185721	322744.81	16849.88	183564.23	65367.89
私营股份有限公司	8921	25976.08	1476.94	19428.53	6952.27
其他企业	1514	3126.93	97.83	2177.52	1077.23
港、澳、台商投资企业	25444	94370.88	30161.57	78458.89	23225.26
合资经营企业(港或澳、台资)	7991	32860.30	5954.89	29690.89	9780.25
合作经营企业(港或澳、台资)	687	2293.15	565.55	1822.50	635.57
港澳台商独资经营企业	16243	55494.95	22983.41	42820.11	11841.11
港澳台商投资股份有限公司	482	3604.14	643.52	4029.40	919.53
其他港澳台商投资企业	41	118.33	14.20	96.01	48.81
外商投资企业	29728	156509.86	46874.76	119703.16	37440.16
中外合资经营企业	10729	72820.40	12018.36	56454.77	17910.98
中外合作经营企业	708	3046.86	677.32	2573.44	799.60
外资企业	17711	74838.77	32360.29	54554.99	16775.17
外商投资股份有限公司	464	5233.58	1739.88	5739.01	1794.82
其他外商投资企业	116	570.25	78.91	380.95	159.59
二、在总计中:亏损企业	43452	100492.42	9591.35	154967.62	61459.85
在总计中:国有控股企业	18808	244458.39	9313.99	371308.84	164827.72
在总计中:大型企业	9893	416600.15	67297.71	450366.93	165891.73
中型企业	55408	269375.63	28721.90	229069.82	85867.29
小型企业	312587	406222.21	22394.64	277340.46	104029.04

工业企业主要经济指标

单位：亿元

固定资产原价	累计折旧	流动资产合计	应收账款	存货	产成品	负债合计
563859.94	**236308.74**	**445742.36**	**107436.99**	**102874.39**	**38359.51**	**547031.43**
454728.44	185042.40	332018.80	73017.57	78034.08	29336.51	437107.07
52672.99	22770.48	18842.23	2611.12	4611.15	1083.16	38682.47
39950.96	17800.49	12260.01	1729.57	3384.36	749.89	27789.20
12722.04	4969.99	6582.22	881.55	1226.78	333.27	10893.27
2161.87	980.39	3303.25	504.37	496.61	236.97	3168.05
464.91	218.47	576.98	168.56	126.14	55.02	703.33
326.10	168.76	113.66	25.39	30.83	16.17	179.53
245.91	126.45	57.35	9.17	17.85	8.33	126.00
20.00	8.50	17.34	4.85	4.81	3.28	15.05
14.60	9.24	14.42	6.17	4.41	2.42	15.66
45.58	24.57	24.55	5.19	3.75	2.13	22.83
200929.25	75800.64	145396.73	30726.45	35039.45	11939.91	215718.41
48698.90	19722.01	26923.55	4819.13	6527.05	1788.14	48545.46
152230.36	56078.63	118473.18	25907.32	28512.40	10151.77	167172.95
76180.63	34463.30	54448.84	11015.81	12517.01	4499.10	66440.25
120249.25	49895.89	108457.83	27805.40	25066.17	11435.32	111130.10
5954.52	2480.49	3690.47	915.09	661.99	345.48	3421.44
1011.07	372.30	638.11	149.17	97.88	52.52	644.92
103401.54	43595.13	94676.22	24400.69	22198.71	10089.95	98208.09
9882.12	3447.96	9453.02	2340.45	2107.60	947.37	8855.65
1743.43	744.47	879.28	160.48	146.73	70.87	1084.93
41243.26	19194.62	45200.83	13415.29	9773.17	3571.97	44557.89
16087.84	6738.67	15749.31	3888.14	3310.09	1352.96	17589.48
1340.53	766.41	1032.90	226.42	212.64	56.08	947.81
22089.07	10886.95	26207.98	8684.11	5773.89	2007.14	24212.60
1658.21	782.31	2171.91	611.98	467.98	151.80	1765.83
67.61	20.29	38.74	4.64	8.58	3.99	42.17
67888.23	32071.72	68522.73	21004.13	15067.13	5451.02	65366.46
30851.52	13831.54	31220.61	8067.53	6624.05	2522.97	32332.75
1778.75	1018.11	1386.39	366.43	280.85	93.58	1371.28
31805.60	15633.57	33127.67	11879.80	7541.52	2635.81	28606.08
3204.90	1496.93	2600.81	630.23	563.67	185.98	2820.51
247.46	91.58	187.26	60.14	57.04	12.68	235.85
90040.33	34795.88	65779.31	13265.71	16724.93	6105.46	116028.29
255218.27	104050.68	131827.32	24270.87	32852.09	9278.55	230132.08
273246.66	120526.01	202037.33	42357.09	47426.81	14864.05	267845.66
134948.18	55575.03	108983.59	27085.18	24637.28	10102.88	129958.66
155665.10	60207.70	134721.44	37994.72	30810.30	13392.58	149227.11

1-11 续表 1

分组	流动负债合计	应付账款	所有者权益合计	实收资本	国家资本
总计	**411634.66**	**112819.42**	**405981.71**	**188294.97**	**39470.22**
一、按登记注册类型分组:					
内资企业	318555.79	78678.06	318386.39	138866.86	36758.66
国有企业	24451.53	6932.79	28218.57	8935.70	7027.14
中央企业	17400.59	5384.45	21572.86	6562.88	5363.25
地方企业	7050.94	1548.35	6645.71	2372.82	1663.89
集体企业	2516.94	601.21	2419.75	692.27	89.29
股份合作企业	566.35	108.97	554.00	165.41	0.85
联营企业	147.83	28.31	147.76	69.34	16.74
国有联营企业	105.63	13.76	89.89	35.43	12.44
集体联营企业	9.65	3.11	20.50	8.52	0.01
国有与集体联营企业	14.23	5.62	5.41	5.31	2.84
其他联营企业	18.32	5.81	31.96	20.08	1.45
有限责任公司	150670.89	36732.03	127060.71	62903.43	19882.61
国有独资公司	30790.74	7619.78	28349.35	12917.72	8263.39
其他有限责任公司	119880.15	29112.25	98711.35	49985.71	11619.22
股份有限公司	48412.02	13515.20	59044.28	23167.87	9495.23
私营企业	91066.68	20541.78	99880.35	42631.54	178.38
私营独资企业	2616.67	593.86	4998.28	1863.83	4.33
私营合伙企业	484.60	100.28	893.22	474.90	1.49
私营有限责任公司	80837.29	18386.18	83600.16	36587.16	150.30
私营股份有限公司	7128.12	1461.46	10388.69	3705.65	22.26
其他企业	723.54	217.77	1060.97	301.31	68.43
港、澳、台商投资企业	37709.50	12767.17	33468.61	18477.30	815.13
合资经营企业(港或澳、台资)	14481.14	3626.83	11940.22	6561.98	620.25
合作经营企业(港或澳、台资)	785.72	190.17	868.17	398.98	59.26
港澳台商独资经营企业	20913.75	8462.63	18343.35	10617.45	109.91
港澳台商投资股份有限公司	1487.18	483.29	2263.22	877.40	25.51
其他港澳台商投资企业	41.70	4.25	53.64	21.48	0.20
外商投资企业	55369.37	21374.19	54126.71	30950.80	1896.43
中外合资经营企业	26890.25	9351.50	24043.61	12777.24	1589.63
中外合作经营企业	1023.40	337.53	1192.29	664.97	78.76
外资企业	25139.60	11028.30	25848.86	16269.37	79.83
外商投资股份有限公司	2117.75	588.77	2897.08	1165.65	147.21
其他外商投资企业	198.36	68.09	144.89	73.59	1.00
二、在总计中：亏损企业	85898.26	19925.56	38631.95	38289.61	10391.33
在总计中：国有控股企业	151557.21	41249.02	141476.81	67132.27	37857.17
在总计中：大型企业	198937.86	59047.11	182322.71	70445.38	25971.80
中型企业	100311.09	25839.50	98589.22	47259.40	7515.74
小型企业	112385.71	27932.81	125069.78	70590.20	5982.68

单位：亿元

集体资本	法人资本	个人资本	港澳台资本	外商资本	主营业务收入	主营业务成本	主营业务税金及附加
3360.39	**67101.55**	**42257.57**	**12408.18**	**23216.68**	**1107032.52**	**943369.58**	**16961.12**
2980.73	57197.85	40157.36	459.76	710.86	854402.45	728365.38	14747.66
57.75	1732.24	148.96	2.91	13.29	49586.34	42324.86	1891.42
33.46	1166.70	57.83	0.13	2.51	35558.59	30123.69	1688.98
24.29	565.54	91.13	2.78	10.78	14027.75	12201.18	202.44
319.74	127.66	149.22	3.96	1.54	7667.60	6514.08	56.33
11.72	48.92	102.39	0.41	0.20	1593.85	1372.07	11.34
4.86	28.30	9.01		0.40	396.20	340.17	2.86
	22.40	0.59			153.84	135.36	1.05
3.58	2.44	2.44		0.03	77.47	67.65	1.00
1.27	1.10	0.10			32.38	28.24	0.16
0.01	2.37	5.88		0.38	132.50	108.91	0.66
1320.00	29588.59	11263.42	181.93	357.43	314613.56	267467.56	6543.94
56.27	4053.79	157.62	45.76	113.85	48587.77	41630.61	2047.55
1263.73	25534.80	11105.80	136.17	243.58	266025.79	225836.95	4496.40
775.44	8217.42	4470.36	148.23	210.78	105261.09	85284.08	3668.79
482.84	17359.45	23891.55	116.05	126.89	372175.70	322482.84	2505.60
18.36	744.44	1069.89	5.30	6.09	22471.96	19347.95	217.78
4.54	112.53	354.85	0.22	0.01	3502.05	2929.73	47.50
387.22	14814.74	20578.88	95.02	105.77	320657.47	278504.22	2079.98
72.72	1687.73	1887.93	15.52	15.02	25544.21	21700.94	160.34
8.39	95.28	122.43	6.26	0.34	3108.12	2579.72	67.38
140.67	3644.79	889.34	10543.49	2430.83	94794.89	81629.43	550.79
108.16	2355.31	478.40	2068.79	952.61	32680.02	27883.17	187.10
5.53	91.14	25.71	197.58	19.75	2273.43	1895.86	14.11
15.55	887.58	250.99	7903.40	1415.47	56123.36	48856.61	240.04
11.42	303.00	131.41	365.45	40.61	3601.47	2894.22	108.17
0.02	7.76	2.84	8.28	2.39	116.60	99.57	1.35
238.99	6258.90	1210.87	1404.93	20074.98	157835.19	133374.77	1662.68
183.73	4696.61	815.57	519.86	5163.06	73747.54	61057.05	1263.14
28.53	150.06	16.40	38.89	330.57	3076.03	2567.11	66.62
19.13	1164.44	253.58	800.31	13920.19	75355.31	64941.97	297.63
7.54	228.83	118.81	42.68	617.29	5090.39	4295.86	33.20
0.07	18.96	6.52	3.19	43.86	565.93	512.77	2.08
636.13	13574.93	4948.32	2615.54	5860.90	103138.27	96695.60	2329.14
852.93	24049.44	1911.56	513.39	1867.55	262692.28	217409.68	11640.58
1071.59	23422.27	6706.73	4399.46	8915.49	436745.72	367371.93	11669.37
908.71	17756.91	10136.56	4158.36	6889.41	268281.40	228113.79	2227.61
1380.08	25922.36	25414.28	3850.36	7411.78	402005.40	347883.86	3064.14

1-11 续表 2

分 组	销售费用	管理费用		财务费用		
			税金		利息收入	利息支出
总 计	**28001.07**	**41120.97**	**2108.78**	**13482.25**	**2001.19**	**13577.53**
一、按登记注册类型分组:						
内资企业	19877.47	30755.84	1670.62	11919.50	1377.18	11644.11
国有企业	688.90	1701.57	81.08	705.03	92.29	750.58
中央企业	462.70	955.11	50.72	505.10	54.49	527.71
地方企业	226.20	746.46	30.36	199.93	37.80	222.87
集体企业	247.23	305.21	21.66	50.60	5.93	43.77
股份合作企业	32.04	58.40	3.46	9.08	15.55	23.05
联营企业	6.90	20.78	0.79	6.05	1.08	6.38
国有联营企业	2.30	8.11	0.35	4.21	1.04	4.86
集体联营企业	1.14	2.76	0.15	0.53	0.02	0.33
国有与集体联营企业	0.65	2.78	0.10	0.17	0.02	0.14
其他联营企业	2.81	7.13	0.19	1.14		1.05
有限责任公司	7153.19	12191.69	662.72	5891.22	678.99	5906.96
国有独资公司	766.18	2121.75	113.37	1163.86	148.11	1253.52
其他有限责任公司	6387.01	10069.93	549.35	4727.36	530.88	4653.43
股份有限公司	3731.09	5106.11	247.52	1509.79	354.97	1706.33
私营企业	7956.32	11266.73	645.54	3717.69	223.00	3178.30
私营独资企业	428.97	565.87	37.93	149.11	4.14	110.33
私营合伙企业	88.62	118.97	5.84	26.48	0.47	19.05
私营有限责任公司	6753.96	9701.45	553.35	3247.29	182.58	2773.55
私营股份有限公司	684.77	880.44	48.43	294.81	35.82	275.36
其他企业	61.80	105.36	7.85	30.03	5.38	28.75
港、澳、台商投资企业	2632.59	3783.21	150.72	717.59	261.98	844.16
合资经营企业(港或澳、台资)	893.30	1254.56	58.59	408.10	81.55	424.24
合作经营企业(港或澳、台资)	49.01	104.83	3.90	20.95	3.41	22.33
港澳台商独资经营企业	1543.08	2210.80	80.96	254.86	163.86	357.77
港澳台商投资股份有限公司	142.38	208.21	6.29	33.43	12.79	39.29
其他港澳台商投资企业	4.82	4.80	0.98	0.25	0.37	0.52
外商投资企业	5491.00	6581.93	287.44	845.16	362.03	1089.26
中外合资经营企业	2572.62	2958.55	140.11	495.32	177.35	612.44
中外合作经营企业	96.37	115.12	5.18	33.43	7.48	33.04
外资企业	2597.32	3278.24	129.78	251.59	163.53	373.50
外商投资股份有限公司	213.68	216.37	11.70	60.61	13.25	66.43
其他外商投资企业	11.01	13.66	0.67	4.21	0.42	3.84
二、在总计中: 亏损企业	2440.54	5532.46	283.55	3129.06	253.36	2994.94
在总计中: 国有控股企业	5552.90	11413.24	590.92	5331.69	869.70	5865.03
在总计中: 大型企业	12108.81	16723.25	851.20	5572.06	1310.01	6289.56
中型企业	6982.49	10667.02	562.86	3441.19	391.31	3389.55
小型企业	8909.77	13730.71	694.73	4469.01	299.87	3898.42

单位：亿元

投资收益（损失以“－”号记）	营业利润	利润总额	亏损企业亏损额	应交增值税	所得税费用	平均用工人数（万人）
1931.08	**67254.92**	**68154.89**	**7035.43**	**33979.04**	**9889.75**	**9977.21**
1495.59	50960.26	51577.58	5478.57	27027.97	7005.19	7504.83
394.83	2557.92	2708.44	472.10	1904.22	590.63	315.13
360.17	2008.20	2073.35	294.48	1388.10	445.60	172.61
34.66	549.72	635.09	177.62	516.13	145.04	142.51
-13.44	525.69	540.72	19.54	194.26	70.34	79.61
-2.81	115.14	117.50	3.82	44.85	10.44	18.07
0.72	20.89	20.61	5.63	11.92	3.62	6.19
0.67	3.62	6.29	5.08	6.30	2.74	3.57
0.02	4.56	4.67	0.05	2.90	0.23	1.10
	0.50	0.64	0.47	1.12	0.15	0.46
0.03	12.22	9.01	0.03	1.60	0.50	1.07
386.14	16598.84	17020.90	2887.47	10183.18	2637.40	2752.08
302.10	1380.97	1656.44	653.94	1913.38	414.65	422.10
84.04	15217.87	15364.46	2233.52	8269.80	2222.75	2329.98
1193.07	7013.20	7413.04	1196.12	4214.65	995.67	799.47
-445.14	23917.70	23550.42	885.38	10361.76	2674.90	3505.32
-22.26	1716.30	1693.77	19.65	692.33	177.96	212.68
-4.45	267.18	261.61	10.94	128.91	28.15	46.23
-443.36	20067.26	19731.92	794.40	8844.17	2271.33	3029.79
24.92	1866.97	1863.11	60.40	696.35	197.47	216.62
-17.78	210.88	205.95	8.52	113.12	22.18	28.96
164.68	5845.29	5930.16	522.40	2613.99	929.69	1185.99
65.69	2117.30	2105.20	168.27	938.52	336.03	308.33
1.36	195.49	200.60	6.92	74.35	34.32	25.03
55.00	3260.32	3334.86	300.08	1482.84	518.46	819.22
42.57	266.42	283.39	46.48	114.20	40.41	32.11
0.05	5.76	6.10	0.65	4.07	0.48	1.31
270.81	10449.36	10647.15	1034.46	4337.08	1954.87	1286.38
154.13	5598.57	5755.41	444.72	2378.70	1026.56	441.74
4.64	201.51	203.37	30.77	130.23	39.30	24.93
32.18	4237.60	4264.72	543.63	1676.35	826.76	775.27
80.59	386.09	399.12	11.50	137.93	59.60	38.93
-0.73	25.59	24.53	3.85	13.86	2.66	5.52
-93.17	-7265.10	-7035.43	7035.43	2386.56	12.33	1354.38
2095.36	13519.01	14508.02	3678.80	10780.89	2847.28	1842.67
2102.91	25589.81	26350.78	3037.91	14500.42	4333.45	3404.54
15.75	17609.31	17802.13	2013.89	8643.48	2592.68	3030.70
-187.58	24055.80	24001.98	1983.63	10835.14	2963.62	3541.96

1-12 分行业规模以上工业企业主要效益指标

甲栏分组	主营业务收入利润率(%)	人均主营业务收入(万元/人)	每百元资产实现的主营业务收入(元)	资产负债率(%)	产成品存货周转天数(天)	应收账款平均回收期(天)
总 计	**6.16**	**110.96**	**115.70**	**57.17**	**12.20**	**34.94**
煤炭开采和洗选业	4.70	62.08	57.96	66.19	11.53	42.64
石油和天然气开采业	27.26	148.52	56.37	46.51	6.85	8.41
黑色金属矿采选业	9.11	136.69	91.43	57.02	11.22	26.92
有色金属矿采选业	9.25	116.92	118.52	50.79	12.24	15.41
非金属矿采选业	7.82	90.86	142.29	46.45	8.30	18.49
开采辅助活动	2.50	67.79	78.86	53.56	1.88	111.25
其他采矿业	6.09	91.89	185.80	37.81	6.10	14.91
农副食品加工业	5.13	144.86	203.67	51.88	10.94	13.75
食品制造业	8.55	98.80	155.26	46.88	11.05	23.57
酒、饮料和精制茶制造业	10.21	100.83	114.88	45.54	18.47	19.30
烟草制品业	13.62	414.29	105.63	21.48	34.91	14.22
纺织业	5.66	78.12	160.17	53.70	14.07	23.78
纺织服装、服饰业	6.34	45.55	171.42	47.88	16.69	29.60
皮革、毛皮、羽毛及其制品和制鞋业	6.83	45.72	198.12	46.28	10.07	30.44
木材加工和木、竹、藤、棕、草制品业	6.61	93.09	220.75	42.53	8.83	14.75
家具制造业	6.42	60.59	156.38	49.90	12.97	28.92
造纸和纸制品业	5.37	98.00	100.91	57.01	12.17	37.41
印刷和记录媒介复制业	8.14	70.54	131.79	45.61	10.90	41.64
文教、工美、体育和娱乐用品制造业	5.66	65.57	194.47	53.53	17.58	34.31
石油加工、炼焦和核燃料加工业	0.19	424.34	166.62	66.29	10.81	12.45
化学原料和化学制品制造业	5.36	166.59	121.39	57.94	11.59	26.40
医药制造业	10.20	105.00	107.41	43.41	20.18	39.85
化学纤维制造业	4.09	152.13	110.90	62.10	20.50	23.61
橡胶和塑料制品业	6.31	87.48	147.47	49.46	12.77	36.51
非金属矿物制品业	7.19	96.50	123.32	53.54	10.65	38.06
黑色金属冶炼和压延加工业	2.47	183.72	113.92	65.83	13.31	15.34
有色金属冶炼和压延加工业	3.23	245.59	141.80	63.73	11.18	19.23
金属制品业	5.94	95.75	139.92	50.74	12.34	38.82
通用设备制造业	6.70	96.03	118.14	53.69	17.02	58.68
专用设备制造业	6.49	98.10	103.27	53.44	18.70	70.82
汽车制造业	9.08	142.10	128.58	57.02	12.66	39.84
铁路、船舶、航空航天和其他运输设备制造业	5.94	93.93	86.01	64.20	10.67	56.75
电气机械和器材制造业	6.22	105.01	127.98	57.59	15.56	60.15
计算机、通信和其他电子设备制造业	5.01	94.29	142.54	58.65	10.43	62.48
仪器仪表制造业	8.63	78.07	114.20	47.19	16.04	71.20
其他制造业	6.06	59.18	115.78	56.91	15.66	39.28
废弃资源综合利用业	5.42	205.18	191.31	62.35	10.83	23.69
金属制品、机械和设备修理业	4.35	54.86	76.84	57.21	14.48	74.45
电力、热力生产和供应业	7.42	200.94	50.93	64.75	0.66	20.08
燃气生产和供应业	8.22	202.45	81.58	55.81	2.54	21.32
水的生产和供应业	8.82	42.28	19.66	57.57	2.46	53.00

1-13 分地区规模以上工业企业主要效益指标

甲栏分组	主营业务收入利润率(%)	人均主营业务收入(万元/人)	每百元资产实现的主营业务收入(元)	资产负债率(%)	产成品存货周转天数(天)	应收账款平均回收期(天)
全　国	**6.16**	**110.96**	**115.70**	**57.17**	**12.20**	**34.94**
北　京	7.66	169.37	58.93	51.07	14.97	65.15
天　津	7.97	169.44	118.32	61.72	12.95	41.75
河　北	5.53	121.31	110.93	56.80	11.13	24.15
山　西	1.44	84.75	58.22	73.64	16.69	46.57
内蒙古	6.64	152.29	70.38	63.69	13.33	33.69
辽　宁	4.32	128.84	124.35	58.02	10.55	26.73
吉　林	6.20	154.22	139.71	54.73	9.57	19.61
黑龙江	7.51	99.87	89.41	56.96	16.12	34.24
上　海	7.47	143.51	99.89	50.29	16.97	60.06
江　苏	6.38	123.66	140.19	54.92	11.35	41.44
浙　江	5.79	89.06	100.46	58.78	19.23	54.39
安　徽	5.28	109.82	127.77	57.99	10.67	33.30
福　建	6.32	85.49	132.59	54.37	13.00	35.35
江　西	6.86	124.08	193.49	52.32	7.43	18.15
山　东	6.18	149.52	153.37	54.48	8.86	19.70
河　南	7.27	98.63	134.62	46.93	6.93	23.66
湖　北	5.80	109.24	125.68	55.23	12.62	29.94
湖　南	5.04	99.94	152.05	53.07	8.40	28.25
广　东	6.08	78.51	131.81	58.42	13.60	47.21
广　西	5.74	111.76	132.97	62.36	13.12	24.70
海　南	6.45	150.84	71.87	53.92	22.69	33.52
重　庆	6.58	101.96	119.40	62.36	10.80	36.88
四　川	5.88	101.25	99.23	61.04	11.79	34.07
贵　州	7.26	84.52	73.68	63.68	11.83	33.11
云　南	4.98	103.84	59.33	62.96	20.96	29.97
西　藏	10.72	59.26	17.52	39.96	29.56	59.76
陕　西	9.62	103.85	74.61	57.08	17.87	37.02
甘　肃	2.62	135.21	81.73	63.49	23.97	27.05
青　海	4.73	103.82	41.50	68.17	20.10	36.56
宁　夏	3.35	104.32	50.55	67.04	26.62	43.37
新　疆	7.85	123.89	55.58	62.98	23.26	37.37

1-14 历年主要工业产品产量

年份	铁矿石原矿（万吨）	硫铁矿石（折含硫35%）（万吨）	磷矿石（折含五氧化二磷30%）（万吨）	原盐（万吨）
1957	1937.00	149.00	31.00	828.00
1963	2422.00	213.00	23.00	1056.00
1964	2674.00	245.00	74.00	501.00
1965	3149.00	336.00	158.00	1147.00
1966	3929.00	315.00	352.00	998.00
1967	2962.00	276.00	256.00	1043.00
1968	2679.00	220.00	101.00	1325.00
1969	4333.00	206.00	198.00	966.00
1970	6422.00	346.00	394.00	1109.00
1971	8146.00	392.00	563.00	1235.00
1972	8460.00	460.00	551.00	1386.00
1973	9164.00	431.00	530.00	1076.00
1974	8681.00	458.00	694.00	1456.00
1975	9693.00	519.00	1018.00	1481.00
1976	8970.00	588.00	866.00	1401.00
1977	9384.00	659.00	1117.00	1710.00
1978	11779.00	687.00	1138.00	1953.00
1979	11876.00	634.00	852.00	1477.00
1980	11259.00	589.00	1081.00	1728.00
1981	10459.00	588.00	1087.00	1832.00
1982	10732.00	620.00	1169.00	1638.00
1983	11339.00	742.00	1160.00	1613.00
1984	12670.00	203.00	1345.00	1642.00
1985	13819.00	692.00	681.00	1479.00
1986	14751.00	783.00	962.00	1766.00
1987	16143.00	1087.00	1517.00	1764.00
1988	16854.00	1119.00	1824.00	2264.00
1989	17145.00	1269.00	1983.00	2829.00
1990	17941.00	1275.00	2155.00	2023.00
1991	19016.00	1413.00	2140.00	2410.00
1992	21022.00	1585.00	2320.00	2838.00
1993	22599.00	1490.00	2116.00	2943.00
1994	25056.00	1724.00	2482.00	2996.00
1995	26210.00	1770.70	3120.00	2977.72
1996	25228.00	1828.07	3104.00	2903.57
1997	26699.00	2583.00	3476.00	3082.66
1998	24689.00	1284.00	2703.00	2242.52
1999	23723.00	1194.00	2510.00	2812.36
2000	22256.19	963.87	1937.00	3128.00
2001	21701.47	883.99	2100.79	3410.51
2002	23143.00	926.00	2301.00	3602.43
2003	26138.83	871.47	2447.00	3437.70
2004	34634.27	1270.00	3726.53	4043.44
2005	42049.00	1146.00	3044.00	4661.06
2006	58888.27	1189.00	3895.95	5663.13
2007	70665.53	1200.54	4541.72	6166.97
2008	82673.50	1571.01	6135.12	6664.43
2009	88122.34	1247.96	6020.89	6662.79
2010	107770.51	1512.90	6807.00	7037.76
2011	130749.01	1583.80	8122.30	6742.16
2012	130963.70	1547.40	9529.60	6911.78
2013	148636.41	1703.99	11139.40	7367.60
2014	152671.67	1738.50	12043.80	7049.71

注：1.2004年、2008年、2013年为全国经济普查数据。
2.硫铁矿、磷矿石1995年及以后年份为实物量。
3.本书不包括能源产品产量(下同)。

1-14 续表 1

年 份	精制食用植物油（万吨）	成品糖（万吨）	乳制品（万吨）	罐头（万吨）	饮料酒（万千升）	#啤酒
1957	110.00	86.00	1.27	6.20	67.00	5.00
1963	84.00	44.00	1.33	7.30	90.00	9.00
1964	113.00	107.00	1.76	10.10	97.00	8.00
1965	139.00	146.00	2.12	12.20	89.00	9.00
1966	149.00	159.00	2.35	14.10	94.00	9.00
1967	145.00	148.00	2.31	12.20	87.00	11.00
1968	120.00	151.00	2.31	13.10	96.00	12.00
1969	100.00	121.00	2.62	15.20	105.00	15.00
1970	103.00	135.00	2.96	19.30	121.00	16.00
1971	124.00	141.00	3.03	20.00	133.00	18.00
1972	132.00	155.00	3.40	24.10	152.00	20.00
1973	136.00	191.00	3.45	28.40	163.00	23.00
1974	166.00	184.00	3.53	32.20	185.00	23.00
1975	156.00	174.00	3.66	35.10	212.00	27.00
1976	148.00	165.00	3.67	35.30	212.00	30.00
1977	154.00	182.00	3.92	44.20	238.00	35.00
1978	177.00	227.00	4.65	48.80	247.00	40.00
1979	214.00	250.00	5.36	50.10	310.00	52.00
1980	222.00	257.00	6.32	57.20	368.00	69.00
1981	292.00	317.00	7.91	68.40	447.00	91.00
1982	345.00	338.00	9.97	78.50	493.00	117.00
1983	360.00	377.00	11.22	84.50	604.00	163.00
1984	382.00	380.00	13.02	109.00	711.00	224.00
1985	401.00	451.00	16.37	142.50	851.00	310.00
1986	441.00	525.00	22.58	164.10	985.00	413.00
1987	478.00	506.00	27.22	161.50	1195.00	540.00
1988	480.00	461.00	29.53	220.90	1357.00	656.00
1989	494.00	501.00	26.68	232.50	1285.00	643.00
1990	544.00	582.00	31.37	157.10	1386.00	692.00
1991	644.00	640.00	37.66	193.00	1539.00	838.00
1992	661.00	829.00	41.29	224.30	1753.00	1021.00
1993	965.00	771.00	41.73	230.30	1971.00	1192.00
1994	724.00	592.00	42.46	247.30	2233.00	1415.00
1995	1144.00	558.64	52.57	310.60	2560.00	1568.82
1996	947.00	640.20	50.41	282.60	2651.00	1681.91
1997	894.00	702.58	56.48	254.60	2834.00	1888.94
1998	603.00	826.00	54.03	156.50		1987.67
1999	734.00	861.00	69.10	169.10	2706.00	2098.77
2000	835.00	700.00	82.92	178.20	2846.00	2231.32
2001	1383.00	653.10	74.29	290.37	2803.00	2288.93
2002	1531.00	926.00	84.55	375.20	2887.00	2402.70
2003	1584.29	1083.94	140.59	436.38	3001.33	2540.48
2004	1682.63	1033.70	1060.11	533.56	4532.60	2948.59
2005	2071.00	912.37	1204.37	500.30	3566.00	3126.05
2006	2335.23	949.07	1441.78	513.88	4072.00	3543.58
2007	2636.98	1271.38	1761.80	603.62	4601.65	3954.07
2008	2805.09	1432.61	1809.21	764.77	5394.94	4156.91
2009	3433.43	1338.35	1924.08	811.65	5066.52	4162.18
2010	3878.54	1117.59	2157.77	980.52	5668.13	4490.16
2011	4331.80	1187.43	2316.44	1093.41	6168.41	4834.50
2012	5172.97	1409.47	2537.91	1043.01	6239.37	4778.58
2013	5590.55	1592.76	2636.87	1163.62	6558.26	4982.79
2014	6534.10	1642.67	2651.80	1256.32	6543.70	4936.29

注：1.精制食用植物油2005年及以前名称为食用植物油。
2.成品糖1997年及以前名称为糖，产量包括土糖，1998-2004年名称为机制糖。
3.饮料酒、啤酒2003年及以前计量单位为万吨。

1-14 续表 2

年 份	卷烟 (亿支)	纱 (万吨)	布 (亿米)	#棉布	印染布 (亿米)	绒线(毛线) (万吨)
1957	446.00	84.40	50.50		29.40	0.57
1963	323.00	67.80	33.40	30.70	23.40	0.80
1964	413.00	97.00	47.10	43.80	29.80	0.93
1965	478.00	130.00	62.80	57.40	35.90	1.10
1966	540.00	156.50	73.10	64.80	40.40	1.25
1967	490.00	135.20	65.60	58.10	35.10	1.11
1968	521.00	137.70	64.40	56.00	37.10	1.21
1969	677.00	180.50	82.10	71.00	48.80	1.70
1970	783.00	205.20	91.50	78.00	53.00	2.17
1971	701.00	190.00	84.20	71.00	47.60	2.35
1972	745.00	188.60	83.50	70.00	46.50	2.21
1973	846.00	196.70	87.10	72.20	51.60	2.32
1974	872.00	180.30	80.80	66.50	51.30	2.36
1975	992.00	210.80	94.00	77.70	58.90	2.66
1976	982.00	196.00	88.40	71.70	53.60	2.78
1977	1211.00	223.00	101.50	81.60	59.80	3.11
1978	1182.00	238.20	110.30	81.50	65.00	3.78
1979	1303.00	263.50	121.50	82.20	71.80	4.44
1980	1520.00	292.60	134.70	87.10	80.70	5.73
1981	1704.00	317.00	142.70	85.10	82.90	7.65
1982	1885.00	335.40	153.50	101.30	80.80	9.25
1983	1938.00	327.00	148.80	90.40	73.30	10.21
1984	2132.00	321.90	137.00	70.10	68.10	11.00
1985	2370.00	353.50	146.70	82.10	75.30	12.59
1986	2596.00	397.80	164.70	100.60	79.50	14.91
1987	2881.00	436.80	173.10	107.65	83.10	20.47
1988	3096.00	465.70	187.90	118.74	95.10	22.50
1989	3195.00	476.70	189.20	117.95	94.90	25.00
1990	3298.00	462.60	188.80	108.25	91.60	23.80
1991	3226.00	460.80	181.70	108.58	99.50	28.30
1992	3285.00	501.70	190.70	111.88	125.70	35.06
1993	3376.00	501.50	203.00	122.07	137.60	34.35
1994	3432.00	489.50	211.30	115.73	137.00	43.94
1995	3485.02	542.20	260.18	131.84	136.50	51.38
1996	3401.92	512.21	209.10	105.23	120.60	48.25
1997	3377.42	559.83	248.79	118.85	141.40	48.80
1998	3374.00	542.00	241.00	114.27	146.50	30.70
1999	3340.00	567.00	250.00	118.46	159.10	38.56
2000	3397.00	657.00	277.00	139.22	158.19	42.32
2001	3402.10	760.68	290.00	153.98	178.30	46.21
2002	3467.08	850.00	322.39	172.54	210.87	51.50
2003	3580.86	983.58	353.52	200.86	251.32	65.74
2004	18736.35	1291.34	482.10	242.00	427.57	61.78
2005	19389.08	1450.54	484.39	196.58	362.15	38.70
2006	20218.13	1742.96	598.55	235.49	430.30	40.55
2007	21438.84	1958.42	675.26	271.12	490.19	35.84
2008	22199.20	2055.72	723.05	423.64	754.03	38.13
2009	22901.50	2266.45	753.42	319.62	539.80	32.55
2010	23752.60	2572.82	800.00	383.30	601.50	29.90
2011	24474.00	2717.86	814.14	365.26	593.10	30.40
2012	25160.90	2984.00	848.94	369.59	566.20	39.23
2013	25603.86	3200.00	897.59	398.81	577.84	37.93
2014	26098.49	3379.20	893.68	388.00	536.90	40.70

注：1.卷烟2003年及以前计量单位为万箱。
2.根据2012年纱专项调查,对2007-2011年纱产量进行了修订。

1-14 续表 3

年 份	毛机织物(呢绒)(万米)	服装(亿件)	皮革鞋靴(万双)	胶合板(万立方米)	家具(万件)	机制纸及纸板(万吨)	#新闻纸
1957	1817.00		2529.00	7.00		91.00	12.20
1963	4369.00	2.56	2635.00	10.40		128.00	17.70
1964	4809.00	3.07	2114.00	12.00		145.00	19.40
1965	4240.00	3.85	1808.00	13.90		173.00	20.80
1966	4383.00	4.41	1970.00	15.00		209.00	23.50
1967	3577.00	4.08	2023.00	12.20		196.00	20.70
1968	3976.00	3.25	2204.00	10.60		177.00	19.20
1969	4975.00	3.54	2283.00	14.70		217.00	23.50
1970	5776.00	3.66	4729.00	17.10		241.00	23.70
1971	6153.00	4.14	4710.00	17.20		263.00	24.00
1972	6046.00	4.86	4647.00	18.20		282.00	25.90
1973	6211.00	5.47	5468.00	18.80		313.00	28.90
1974	6357.00	5.68	5794.00	17.60		299.00	28.40
1975	6943.00	6.73	6646.00	19.20		341.00	29.00
1976	7072.00	7.18	7382.00	18.40		341.00	30.60
1977	7840.00	7.17	9119.00	20.90		377.00	32.70
1978	8885.00	6.73	10053.00	25.20		439.00	33.90
1979	9017.00	7.44	11608.00	29.20		493.00	35.70
1980	10095.00	9.45	15745.00	33.00		535.00	37.60
1981	11308.00	10.08	20239.00	35.10		540.00	35.50
1982	12669.00	9.85	18661.00	39.50		589.00	37.60
1983	14291.00	10.04	18361.00	45.50		661.00	39.60
1984	18049.00	11.06	19676.00	49.00		756.00	41.30
1985	21816.00	12.67	23162.00	23.90	11641.00	911.00	42.50
1986	25187.00	27.00	26440.00	28.60	12008.60	998.00	41.40
1987	26537.00	23.00	30910.00	77.60	14484.50	1141.00	36.60
1988	28609.00	29.11	34720.00	82.70	16583.50	1270.00	34.20
1989	27962.00	30.04	35433.00	72.80	16660.20	1333.00	38.70
1990	29505.00	31.75	43770.00	75.90	16372.40	1372.00	40.00
1991	31141.00	36.30	53592.00	105.40	21437.90	1479.00	43.80
1992	33792.00	42.66	77068.00	156.50	21650.70	1725.00	48.90
1993	35382.00	63.68	115059.00	212.50	30867.40	1914.00	73.60
1994	41900.00	79.37	154284.00	260.60	50514.50	2138.00	73.30
1995	65392.00	179.96	320207.00	759.30	61865.00	2812.30	78.30
1996	45954.00	126.64	237528.00	490.30	50164.20	2638.20	90.10
1997	38791.00	136.74	247343.00	758.40	43894.30	2733.20	73.00
1998	26777.00	150.29	120562.00	446.50	10038.10	2125.63	95.60
1999	27317.00	160.90	101375.00	727.60	9968.70	2159.30	112.90
2000	27832.00	209.34	146838.00	992.54	9212.34	2486.94	145.53
2001	34303.39	228.44	133586.00	904.50	10923.10	3777.07	172.95
2002	32691.21	252.37	152282.44	1135.20	13376.00	4666.99	182.56
2003	44294.58	363.08	181646.92	2102.35	17199.08	4849.33	207.11
2004	81689.47	375.18	274393.13	5190.59	83589.21	5413.27	335.19
2005	32960.00	147.98	252547.52	2418.98	33990.14	6205.42	340.96
2006	44482.54	170.02	300300.15	2919.17	41628.59	6863.02	392.90
2007	54548.22	201.66	322902.11	4054.42	48480.56	7792.43	425.81
2008	85040.15	362.91	331533.00	7112.33	80799.21	8404.30	463.28
2009	49506.01	237.50	354616.80	6578.95	60819.04	8965.13	428.71
2010	56630.00	285.21	419308.30	9804.00	77032.70	9832.63	402.07
2011	51835.60	254.20	426642.35	11848.80	69895.60	11010.89	368.60
2012	47872.18	267.28	449662.50	14106.54	65444.30	10956.54	389.50
2013	49423.89	276.59	452369.42	15221.15	66833.02	11323.06	364.50
2014	60003.30	298.95	449879.80	17388.85	77788.17	11785.80	358.50

注：皮革鞋靴2008年及以前名称为皮鞋。

1-14 续表 4

年 份	硫酸(折100%)(万吨)	浓硝酸(折100%)(万吨)	盐酸(氯化氢含量31%)(万吨)	纯碱(万吨)	烧碱(折100%)(万吨)	合成氨(万吨)
1957	63.20	3.87	8.20	50.60	19.80	15.30
1963	130.60	5.59	19.30	66.40	33.80	64.40
1964	170.40	7.61	21.80	69.50	41.10	93.10
1965	234.00	11.56	29.00	88.00	55.60	148.40
1966	290.90	16.45	32.90	106.60	69.30	212.40
1967	198.30	11.25	29.80	91.50	57.80	152.10
1968	141.50	10.57	26.70	70.10	49.60	103.40
1969	234.30	17.95	37.80	89.40	70.40	160.30
1970	291.40	22.72	47.10	107.70	89.20	244.50
1971	357.90	28.49	52.80	115.50	105.50	310.00
1972	400.50	28.84	59.60	119.70	111.50	395.60
1973	468.10	29.36	63.10	120.40	121.00	474.40
1974	442.70	25.38	63.10	110.60	112.60	452.50
1975	484.70	30.23	78.00	124.30	128.90	607.70
1976	450.80	28.96	83.70	111.70	121.50	618.50
1977	537.50	32.88	96.20	107.70	138.60	870.30
1978	661.00	33.76	111.50	132.90	164.00	1183.50
1979	699.80	28.19	107.80	148.60	182.60	1348.20
1980	764.30	22.77	117.70	161.30	192.30	1497.40
1981	780.70	19.26	129.20	165.20	192.30	1483.40
1982	817.50	24.61	148.30	173.50	207.30	1546.30
1983	869.60	25.60	158.30	179.30	212.30	1677.10
1984	817.20	25.78	170.40	188.00	222.20	1837.40
1985	676.40	27.40	185.60	201.10	235.30	1718.80
1986	763.10	27.53	206.00	214.60	251.80	1672.90
1987	983.30	29.02	227.00	236.30	273.90	1940.60
1988	1111.30	30.33	246.20	260.90	300.50	1986.30
1989	1153.30	32.82	257.90	304.20	321.10	2068.10
1990	1196.90	31.80	262.30	379.50	335.40	2129.00
1991	1332.90	34.34	285.20	393.60	354.10	2201.60
1992	1408.70	44.41	302.80	455.00	379.50	2298.10
1993	1336.50	56.13	323.90	534.90	395.40	2192.50
1994	1536.50	49.31	336.20	581.40	429.60	2436.80
1995	1811.00	56.01	370.60	597.71	531.82	2765.90
1996	1883.57	64.17	403.90	669.29	573.78	3094.20
1997	2036.87	66.96	409.20	725.76	574.40	3000.30
1998	2171.00	75.50	371.60	744.00	539.37	3134.20
1999	2356.00	75.05	408.00	766.00	580.14	3431.70
2000	2427.00	82.48	442.10	834.00	667.88	3363.70
2001	2696.32	87.97	470.57	914.37	787.96	3427.28
2002	3050.40	99.15	492.60	1033.15	877.97	3675.30
2003	3371.22	116.16	527.60	1133.56	945.27	3822.70
2004	3928.89	184.79	737.91	1334.70	1041.12	4135.06
2005	4544.66	156.97	658.18	1421.08	1239.98	4596.30
2006	5033.17	181.78	730.58	1560.03	1511.78	4936.81
2007	5412.56	200.89	747.60	1765.00	1759.29	5171.05
2008	5097.95	197.74	730.44	1854.60	1926.01	4876.24
2009	5960.91	205.57	803.44	1944.77	1832.37	5136.35
2010	7090.47	235.60	839.00	2034.82	2228.39	4964.59
2011	7482.70	255.10	841.00	2294.03	2473.52	5252.70
2012	7876.63	262.40	876.60	2395.93	2696.82	5528.40
2013	8154.49	269.19	899.28	2431.63	2927.44	5739.00
2014	8901.55	288.10	938.30	2525.84	3063.51	5699.50

1-14 续表 5

年 份	农用氮、磷、钾化肥(万吨)				化学农药原药(万吨)	纯苯(万吨)	碳化钙(电石)(万吨)
		#氮肥	磷肥	钾肥			
1957	15.10	12.90	2.10		6.50	5.00	4.90
1963	64.80	45.80	18.90	0.10	10.80	6.70	25.40
1964	100.80	67.50	33.20	0.10	12.90	8.30	32.50
1965	172.60	103.70	68.80	0.10	19.30	11.80	44.00
1966	240.90	146.10	94.60	0.20	26.20	15.10	56.10
1967	164.10	101.50	62.20	0.40	22.40	10.20	4.20
1968	110.90	68.40	42.20	0.30	17.10	8.20	36.00
1969	174.90	102.30	72.30	0.30	26.20	12.90	55.90
1970	243.50	152.30	90.70	0.50	32.10	16.70	69.60
1971	299.40	190.40	107.80	1.20	38.70	19.20	78.00
1972	370.10	244.40	124.90	0.80	40.20	20.50	81.30
1973	459.20	299.60	158.90	0.70	45.60	21.00	89.60
1974	422.20	282.70	139.00	0.50	37.10	18.80	91.30
1975	524.70	370.90	153.10	0.70	42.20	21.30	98.30
1976	524.40	381.50	141.80	1.10	39.10	21.10	96.30
1977	723.80	550.90	170.80	2.10	45.70	22.50	98.90
1978	869.30	763.90	103.30	2.10	53.30	32.00	123.80
1979	1065.40	882.10	181.70	1.60	53.70	33.90	140.70
1980	1232.10	999.30	230.80	2.00	53.70	36.00	152.00
1981	1239.00	985.70	250.80	2.50	48.40	35.20	151.30
1982	1278.10	1021.90	253.70	2.50	45.70	39.30	167.50
1983	1378.90	1109.40	266.60	2.90	33.10	42.50	180.80
1984	1460.20	1221.00	236.00	3.20	29.90	41.60	184.60
1985	1322.20	1143.80	176.00	2.40	21.10	39.00	195.30
1986	1395.70	1159.20	234.00	2.50	20.30	42.60	215.00
1987	1672.20	1342.30	325.90	4.00	16.10	49.40	241.20
1988	1740.20	1365.60	369.20	5.40	17.90	57.10	225.60
1989	1802.50	1424.10	372.80	5.70	20.80	59.80	246.10
1990	1879.70	1463.10	411.40	4.60	22.80	65.40	228.00
1991	1979.50	1510.10	459.70	9.90	25.50	77.50	235.80
1992	2047.90	1570.50	462.20	15.30	28.10	81.90	242.50
1993	1956.30	1525.60	419.00	11.70	25.70	81.70	264.20
1994	2272.80	1736.30	504.40	32.70	29.00	89.40	292.00
1995	2548.14	1859.18	662.60	26.30	41.65	102.30	345.70
1996	2809.04	2136.00	651.20	21.80	44.75	113.50	309.20
1997	2820.96	2075.00	714.60	31.50	52.67	135.80	344.70
1998	3010.00	2225.67	666.79	62.52	55.90	143.10	281.30
1999	3251.00	2471.96	636.07	77.86	62.50	165.70	273.10
2000	3186.00	2398.11	663.03	85.98	60.70	184.70	340.40
2001	3383.01	2527.37	752.56	100.49	78.72	198.80	346.30
2002	3791.00	2808.48	801.03	89.42	92.90	213.10	425.60
2003	3881.31	2814.50	978.10	88.60	76.72	240.80	530.00
2004	4804.82	3357.73	1246.78	200.31	82.08	262.77	796.20
2005	5177.86	3809.03	1206.20	159.09	114.73	306.10	894.57
2006	5345.05	3911.54	1225.46	207.51	138.46	344.08	1177.36
2007	5824.98	4233.13	1339.28	252.53	176.48	405.88	1471.30
2008	6028.05	4392.42	1385.50	250.13	209.99	444.67	1295.64
2009	6385.01	4553.36	1513.14	318.51	208.92	463.77	1503.27
2010	6337.86	4458.67	1532.91	346.28	223.52	553.10	1471.43
2011	6419.39	4500.97	1561.22	357.20	230.00	665.90	1725.54
2012	6832.10	4865.58	1564.41	402.11	290.88	662.30	1858.83
2013	7026.18	4832.61	1673.08	520.48	303.14	728.55	2287.52
2014	6876.85	4564.24	1743.01	569.51	374.40	733.51	2521.93

注：农用化肥按100%有效成分计算。

1-14 续表 6

年 份	乙烯 (万吨)	初级形态的塑料 (万吨)	合成橡胶 (万吨)	冰乙酸(冰醋酸) (万吨)	合成洗涤剂 (万吨)	化学药品原药 (万吨)
1957		1.30		0.24		0.22
1963	0.18	4.80	0.69	0.98	2.20	0.77
1964	0.20	6.40	0.94	1.18	2.30	0.85
1965	0.30	9.70	1.59	2.08	3.00	1.05
1966	0.54	13.90	3.06	3.22	4.20	1.45
1967	0.36	11.00	1.90	2.33	3.70	1.30
1968	0.37	10.60	1.47	2.36	4.20	1.18
1969	0.51	15.10	1.85	3.66	6.20	1.67
1970	1.51	17.60	2.54	3.54	9.30	2.15
1971	3.19	21.60	3.54	4.41	10.90	2.56
1972	4.44	24.80	3.57	4.96	15.20	2.75
1973	5.10	29.50	4.09	5.09	17.90	2.90
1974	6.10	30.40	4.73	5.22	19.30	2.51
1975	6.47	33.00	5.67	6.69	22.30	(2.73)3.05
1976	13.35	34.50	5.99	6.66	21.70	3.12
1977	30.27	52.40	7.75	8.79	25.70	3.52
1978	38.03	67.90	10.19	10.46	32.40	4.07
1979	43.49	79.30	12.06	11.55	39.70	4.17
1980	48.99	89.80	12.30	12.46	39.30	4.01
1981	50.48	91.60	12.49	13.85	47.80	3.73
1982	56.49	100.30	13.60	15.54	56.90	4.22
1983	65.37	112.10	16.89	18.94	67.70	4.80
1984	64.80	118.00	17.41	17.79	81.00	5.35
1985	65.21	123.40	18.11	18.68	100.50	15.77
1986	69.52	132.10	18.84	20.82	117.50	15.14
1987	93.72	152.60	21.87	23.44	119.20	18.05
1988	123.21	190.40	25.76	28.16	131.90	20.72
1989	139.57	200.80	29.22	26.15	146.60	20.83
1990	157.20	227.00	31.76	35.85	151.40	22.10
1991	176.10	283.00	33.64	40.15	146.20	24.25
1992	200.30	330.80	37.26	44.37	166.60	28.06
1993	202.70	359.90	39.26	43.44	188.30	35.08
1994	212.90	401.40	44.35	43.65	217.50	33.09
1995	240.10	516.87	58.56	51.83	299.80	48.68
1996	304.00	576.86	59.97	51.65	262.20	42.90
1997	358.60	685.76	64.23	59.82	279.90	44.28
1998	377.30	692.58	58.90	59.87	280.30	41.55
1999	435.00	871.10	73.28	73.66	286.50	43.63
2000	470.00	1087.51	86.52	86.51	297.47	52.57
2001	480.60	1288.71	121.98	86.14	330.40	76.22
2002	543.02	1455.67	136.21	84.09	348.30	73.93
2003	611.77	1652.08	134.83	94.68	386.79	99.42
2004	629.85	2366.50	184.04	106.84	465.17	103.05
2005	755.54	2308.86	205.13	136.96	516.95	126.70
2006	940.51	2602.60	199.81	142.05	527.68	176.55
2007	1027.80	3184.54	228.92	162.79	582.97	205.07
2008	987.58	3680.23	296.03	287.01	655.31	209.70
2009	1072.62	3629.97	274.91	272.06	699.66	201.22
2010	1421.34	4432.59	319.52	383.90	752.59	226.14
2011	1527.50	4992.31	367.13	424.80	888.14	248.85
2012	1486.80	5330.92	397.39	430.20	933.80	292.19
2013	1599.31	6293.03	480.64	454.21	1094.27	263.30
2014	1696.69	7088.84	549.55	537.10	1209.73	303.40

注：1.初级形态的塑料2004年及以前名称为塑料树脂及共聚物，简称塑料。
2.化学药品原药1975年括号内数字及以前年份数字为七大类药品。1975年括号外数字及以后各年为十二大类药品。

1-14 续表 7

年 份	化学纤维(万吨)	#合成纤维	塑料制品(万吨)	橡胶轮胎外胎(万条)	水泥(万吨)	平板玻璃(万重量箱)
1957	0.02		1.40	88.00	686.00	430.00
1963	1.89	0.09	6.10	167.00	806.00	497.00
1964	3.21	0.19	9.20	202.00	1209.00	539.00
1965	5.01	0.52	13.00	232.00	1634.00	599.00
1966	7.58	1.77	17.60	262.00	2015.00	719.00
1967	5.22	1.54	17.80	238.00	1462.00	578.00
1968	3.60	0.97	17.10	247.00	1262.00	573.00
1969	6.66	2.11	24.60	310.00	1829.00	807.00
1970	10.09	3.62	32.80	425.00	2575.00	928.00
1971	11.99	4.39	32.50	474.00	3258.00	1051.00
1972	13.73	5.03	39.30	525.00	3547.00	1048.00
1973	14.88	5.66	50.70	578.00	3731.00	1042.00
1974	14.26	5.73	52.10	553.00	3709.00	1024.00
1975	15.48	6.57	60.70	700.00	4626.00	1262.00
1976	14.61	7.84	64.20	676.00	4670.00	1261.00
1977	18.98	10.57	76.80	770.00	5565.00	1481.00
1978	28.46	16.94	92.30	936.00	6524.00	1784.00
1979	32.63	21.36	94.90	1169.00	7390.00	2083.00
1980	45.03	31.41	114.40	1146.00	7986.00	2466.00
1981	52.73	38.47	138.40	729.00	8290.00	2701.00
1982	51.70	37.53	166.10	864.00	9520.00	3154.00
1983	54.07	40.20	191.80	1271.00	10825.00	3647.00
1984	73.49	57.58	215.30	1569.00	12302.00	4190.00
1985	94.78	77.06	248.00	1926.00	14595.00	4942.00
1986	101.73	83.07	274.50	1924.00	16606.00	5202.00
1987	117.50	98.20	297.10	2333.00	18625.00	5803.00
1988	130.12	112.47	334.60	2991.00	21014.00	7293.00
1989	148.09	128.20	352.50	3226.00	21029.00	8442.00
1990	165.42	143.43	366.80	3209.00	20971.00	8067.00
1991	191.03	167.03	443.50	3940.00	25261.00	8712.00
1992	213.04	188.17	536.80	5183.00	30822.00	9359.00
1993	237.37	208.86	669.00	6391.00	36788.00	11086.00
1994	280.33	246.72	843.00	9302.00	42118.00	11925.00
1995	341.17	308.87		7945.00	47560.59	15731.71
1996	375.45	337.05	1574.10	8806.00	49118.90	16069.37
1997	471.62	428.46	1534.20	9599.00	51173.80	16630.70
1998	510.00	441.64	843.30	9513.00	53600.00	17194.03
1999	600.00	548.75	937.60	10970.00	57300.00	17419.79
2000	694.00	629.52	1035.76	12157.87	59700.00	18352.20
2001	841.38	759.68	1184.33	13573.00	66103.99	20964.12
2002	991.20	915.16	1400.50	16306.59	72500.00	23445.56
2003	1181.15	1069.17	1650.50	19311.96	86208.11	27702.60
2004	1699.80	1581.35	3760.71	39058.33	96681.99	37026.17
2005	1664.79	1496.66	2198.54	34390.00	106884.79	40210.24
2006	2073.18	1859.63	2801.87	43547.08	123676.48	46574.70
2007	2413.78	2173.47	3305.23	55832.97	136117.25	53918.07
2008	2453.29	2244.68	5723.68	51956.94	142355.73	59890.39
2009	2747.28	2494.05	4479.28	65601.56	164397.78	58574.07
2010	3090.00	2850.27	5830.60	77611.83	188191.17	66330.80
2011	3390.07	3096.68	5474.40	83566.22	209925.86	79107.55
2012	3837.37	3448.48	5781.80	89370.49	220984.08	75050.50
2013	4160.28	3735.56	6938.65	110440.12	241923.89	79285.80
2014	4389.75	4017.49	7387.80	111913.11	249207.08	83128.16

1-14 续表 8

年 份	生铁(万吨)	粗钢(万吨)	成品钢材(万吨)	#重轨	轻轨	#大型型钢
1957	594.00	535.00	415.00	41.10	8.90	32.70
1963	741.00	762.00	533.00	28.20	12.90	9.90
1964	902.00	964.00	688.00	43.60	10.50	18.10
1965	1077.00	1223.00	881.00	53.50	13.80	21.50
1966	1334.00	1532.00	1035.00	49.90	16.70	30.40
1967	663.00	1029.00	718.00	24.00	11.30	35.70
1968	857.00	904.00	666.00	21.70	14.90	14.60
1969	1280.00	1333.00	926.00	32.20	13.90	29.60
1970	1706.00	1779.00	1188.00	61.90	16.60	41.30
1971	2100.00	2132.00	1389.00	66.70	24.80	50.10
1972	2355.00	2338.00	1561.00	82.10	22.50	52.20
1973	2490.00	2522.00	1684.00	77.90	26.40	53.30
1974	2062.00	2112.00	1466.00	41.50	19.70	38.70
1975	2449.00	2390.00	1622.00	49.50	14.90	64.70
1976	2233.00	2046.00	1466.00	49.00	15.50	49.40
1977	2505.00	2374.00	1633.00	66.10	19.70	54.60
1978	3479.00	3178.00	2208.00	81.80	26.30	88.60
1979	3673.00	3448.00	2497.00	81.30	21.60	83.00
1980	3802.00	3712.00	2716.00	67.30	22.00	69.40
1981	3417.00	3560.00	2670.00	55.60	26.00	73.00
1982	3551.00	3716.00	2902.00	63.50	26.70	89.10
1983	3738.00	4002.00	3072.00	78.40	27.50	64.70
1984	4001.00	4347.00	3372.00	85.20	28.90	61.50
1985	4384.00	4679.00	3693.00	86.80	25.30	84.70
1986	5064.00	5220.00	4058.00	88.10	22.00	79.10
1987	5503.00	5628.00	4386.00	95.70	24.30	86.90
1988	5704.00	5943.00	4689.00	98.80	25.10	87.00
1989	5820.00	6159.00	4859.00	100.50	25.10	90.60
1990	6238.00	6635.00	5153.00	92.20	34.40	105.10
1991	6765.00	7100.00	5638.00	93.30	29.90	68.40
1992	7589.00	8094.00	6697.00	92.50	21.70	87.10
1993	8739.00	8956.00	7716.00	125.60	14.10	129.30
1994	9741.00	9261.00	8428.00	137.40	30.50	103.40
1995	10529.27	9535.99	8979.80	101.70	23.80	118.10
1996	10722.50	10124.06	9338.02	73.20	34.20	115.30
1997	11511.41	10894.17	9978.93	96.40	22.40	130.60
1998	11863.67	11559.00	10737.80	114.69	13.70	102.90
1999	12539.24	12426.00	12109.78	111.87	11.30	115.40
2000	13101.48	12850.00	13146.00	116.86	12.96	161.52
2001	15554.25	15163.44	16067.61	126.35	16.83	226.17
2002	17084.60	18236.61	19251.59	135.70	25.70	267.80
2003	21366.68	22233.60	24108.01	122.50	28.20	309.30
2004	26830.99	28291.09	31975.72	172.07	58.49	809.46
2005	34375.19	35323.98	37771.14	192.67	40.21	752.04
2006	41245.19	41914.85	46893.36	201.70	90.62	917.28
2007	47651.63	48928.80	56560.87	179.32	102.66	1008.11
2008	47824.42	50305.75	60460.29	322.42	95.92	962.45
2009	55283.46	57218.23	69405.40	442.07	100.83	947.10
2010	59733.34	63722.99	80276.58	433.50	97.20	946.54
2011	64050.88	68528.31	88619.57	291.50	121.60	1085.25
2012	66354.40	72388.22	95577.83	321.50	155.60	1134.07
2013	71149.88	81313.89	108200.54	428.20	140.13	1282.61
2014	71374.78	82230.63	112513.12	405.40	120.30	1349.40

1-14 续表 9

年 份	线材	无缝钢管	焊接钢管	铁合金（万吨）	发动机（万千瓦）	金属切削机床（万台）	泵（万台）
1957	55.60	7.80	8.20	10.50	50.78	2.80	5.10
1963	92.40	18.40	13.70	22.50	94.94	2.22	8.50
1964	103.00	22.80	21.80	26.20	131.01	2.81	11.10
1965	107.40	29.00	30.30	33.90	205.34	3.96	15.10
1966	139.20	34.20	35.90	48.70	283.36	5.49	29.70
1967	98.10	22.70	25.00	42.50	198.72	4.07	24.70
1968	94.90	22.70	27.20	28.80	204.61	4.64	22.30
1969	118.50	34.20	37.50	46.60	299.55	8.56	28.90
1970	150.30	38.80	44.30	59.50	539.49	13.89	58.20
1971	170.10	45.20	50.30	67.00	796.35	14.57	76.40
1972	186.60	49.40	55.40	75.70	978.14	16.22	83.20
1973	218.90	53.80	66.20	85.00	1218.08	18.33	110.00
1974	189.20	47.80	67.10	69.10	1340.99	16.45	112.80
1975	216.80	56.20	65.20	76.90	1728.13	17.49	118.80
1976	195.20	49.40	69.20	65.90	1715.62	15.70	109.30
1977	215.20	62.60	65.40	73.20	2017.38	19.87	121.40
1978	290.90	81.50	86.70	93.90	2074.05	18.32	133.10
1979	360.90	91.00	89.10	117.30	2140.29	13.96	125.60
1980	443.20	96.10	120.70	99.40	1868.70	13.36	109.60
1981	462.90	91.90	129.60	79.90	1474.94	10.26	115.60
1982	414.10	101.20	149.80	88.90	1689.86	9.98	156.50
1983	445.40	115.10	159.70	108.80	2133.66	12.10	185.10
1984	509.80	127.70	172.10	127.50	2996.99	13.35	220.20
1985	598.30	139.20	181.80	149.40	4082.59	16.72	210.90
1986	632.20	146.20	229.20	159.70	3625.54	16.37	261.90
1987	691.70	162.90	244.80	184.60	4335.84	17.22	332.00
1988	798.20	178.30	223.80	208.40	5932.08	19.17	411.50
1989	882.10	194.10	214.20	238.20	5905.23	17.87	420.90
1990	999.00	211.10	220.90	244.20	5402.32	13.45	366.40
1991	1099.90	231.40	261.60	246.00	6690.23	16.39	399.20
1992	1257.10	265.60	315.40	265.00	9252.53	22.87	515.00
1993	1389.50	283.10	298.70	299.90	10080.53	26.20	663.20
1994	1571.40	303.90	413.80	336.10	12181.52	20.65	645.30
1995	1687.20	327.00	497.10	431.90	15819.00	20.34	1060.60
1996	1834.00	334.00	430.10	418.00	22152.79	17.74	887.50
1997	1953.80	360.50	566.50	404.40	20641.85	18.65	1016.60
1998	2203.10	346.90	463.90	354.06	16034.30	11.91	674.60
1999	2594.90	345.80	425.20	381.40	17801.62	14.22	736.80
2000	2635.37	414.83	518.93	402.92	18857.30	17.66	1045.60
2001	3109.71	535.68	602.44	450.82	20531.17	25.58	1539.30
2002	3562.40	608.30	701.40	483.70	28505.75	30.86	1744.70
2003	4026.70	699.90	1070.20	634.06	31851.30	30.58	2263.87
2004	5148.51	1005.65	1722.13	1173.00	31893.56	48.72	2898.40
2005	6094.74	1033.32	1567.06	1067.00	36563.46	51.14	2904.30
2006	7207.40	1528.04	1977.14	1442.75	45267.36	57.30	3752.50
2007	7919.02	1881.50	2371.30	1743.60	56641.90	64.69	5946.90
2008	8053.55	2359.86	2683.64	1991.30	54977.10	71.73	10466.70
2009	9604.13	2192.88	3100.57	2210.56	84892.52	58.55	5915.46
2010	10572.67	2549.90	3246.85	2442.83	138592.03	69.73	7815.39
2011	12461.56	2680.75	4077.68	2795.64	137099.43	88.68	9739.20
2012	13659.94	2836.70	4775.40	3129.30	136111.48	88.23	8502.00
2013	15001.38	3192.83	5319.62	3709.57	193670.93	87.55	9981.31
2014	15313.91	3133.77	5784.42	3797.63	214105.40	85.80	12402.60

注：2009年起内燃机指标名称改为发动机。

1-14　续表 10

年　份	风机 (万台)	气体压缩机 (万台)	大中型拖拉机 (万台)	小型拖拉机 (万台)	两轮脚踏自行车 (万辆)
1957	5.40	0.63			80.60
1963	1.60	0.53	0.87	0.02	148.90
1964	4.20	0.85	0.98	0.09	170.50
1965	5.80	1.23	0.96	0.36	183.80
1966	5.30	1.32	1.18	1.16	205.30
1967	3.90	0.52	0.85	0.97	177.10
1968	3.50	0.35	0.89	1.11	201.10
1969	4.90	0.90	1.34	1.94	292.10
1970	6.40	0.92	3.19	5.14	368.80
1971	7.50	1.05	4.45	8.09	412.60
1972	8.20	1.52	4.93	8.95	440.40
1973	10.20	1.95	5.79	11.93	496.80
1974	11.30	2.11	6.27	13.80	519.60
1975	13.80	2.54	7.84	20.94	623.20
1976	12.70	2.10	7.37	24.00	668.10
1977	12.70	2.10	9.93	32.05	742.70
1978	20.10	2.63	11.35	32.42	854.00
1979	23.70	2.13	12.56	31.75	1009.50
1980	20.40	1.85	9.77	21.79	1302.40
1981	19.90	1.14	5.28	19.89	1745.30
1982	20.00	1.65	4.03	29.83	2420.00
1983	22.10	1.77	3.70	49.77	2758.20
1984	30.20	2.69	3.97	68.86	2861.40
1985	38.30	7.59	4.50	82.25	3227.70
1986	40.10	5.32	2.86	77.45	3568.30
1987	44.60	4.46	3.71	110.60	4116.70
1988	54.80	6.77	4.72	133.57	4140.10
1989	48.10	7.68	3.98	111.81	3676.80
1990	34.10	5.47	3.94	110.14	3141.60
1991	42.90	6.22	5.27	134.78	3676.80
1992	61.90	8.83	5.70	139.07	4083.60
1993	58.50	9.88	3.77	96.14	4149.60
1994	138.40	10.48	4.67	135.54	4364.90
1995	223.80	86.90	6.33	206.30	4472.20
1996	183.50	62.80	8.37	209.66	3361.20
1997	121.60	40.10	8.24	201.64	2999.30
1998	94.60	47.91	6.78	187.40	2312.50
1999	53.40	53.16	6.54	205.52	2397.60
2000	66.93	25.20	4.10	193.43	2906.79
2001	65.84	18.99	3.82	192.45	2902.30
2002	76.17	31.13	4.54	184.50	3957.50
2003	123.33	41.09	4.88	186.46	5451.70
2004	1215.24	7289.56	11.38	193.98	7906.22
2005	263.80	1442.72	16.33	201.01	6900.64
2006	263.96	1841.05	19.93	191.51	7886.63
2007	432.33	3093.30	20.31	213.80	7475.20
2008	1679.65	11788.17	28.44	175.80	7185.18
2009	931.72	10164.02	37.13	190.56	5757.65
2010	1376.70	15932.90	33.68	228.10	6819.48
2011	1085.10	19250.30	40.19	237.27	7169.11
2012	2162.20	25776.90	52.73	178.70	7612.85
2013	1708.60	29339.50	66.56	184.86	7545.25
2014	1783.60	33648.50	64.37	167.80	7910.14

注：气体压缩机中2004年包括空调压缩机，2008年包括规模以下工业。

1-14 续表 11

年 份	表（万只）	照相机（万台）	铁路机车（辆）	铁路客车（辆）	铁路货车（万辆）	汽车（万辆）	#载货汽车	轿车
1957	0.40	0.01	167	454	0.73	0.79	0.62	
1963	91.80	1.22	20	341	0.14	2.06	1.67	
1964	101.50	1.08	59	321	0.24	2.81	2.08	
1965	108.30	1.72	146	160	0.29	4.05	2.65	
1966	137.40	2.79	353	114	0.50	5.59	3.41	
1967	145.00	4.40	269	87	0.56	2.04	1.09	
1968	183.80	4.45	280	117	0.64	2.51	1.20	
1969	268.60	4.98	397	284	0.99	5.31	3.04	
1970	358.10	4.04	573	576	1.38	8.72	4.71	
1971	429.20	4.48	598	674	1.44	11.10	5.81	
1972	491.70	5.80	595	672	1.35	10.82	6.05	
1973	573.20	7.69	665	829	1.87	11.62	6.44	
1974	673.50	11.10	573	635	1.65	10.48	5.69	
1975	809.00	18.49	526	804	1.57	13.98	7.76	
1976	949.60	22.50	327	556	0.80	13.52	7.45	
1977	1152.80	24.66	293	538	0.64	12.54	7.59	
1978	1410.80	17.89	521	784	1.70	14.91	9.61	
1979	1750.40	23.81	573	856	1.60	18.57	11.67	
1980	2267.50	37.28	512	1002	1.06	22.23	13.55	0.54
1981	2906.60	62.30	398	1159	0.88	17.56	10.83	0.34
1982	3313.20	74.23	486	1153	1.06	19.63	12.18	0.51
1983	3478.10	92.56	589	1230	1.58	23.98	13.71	0.60
1984	3807.10	126.18	658	1200	1.81	31.64	18.18	0.65
1985	5447.10	178.96	746	1447	1.93	43.72	26.90	0.90
1986	7332.00	202.54	818	1522	2.06	36.98	22.91	1.17
1987	6159.40	256.70	909	1791	1.16	47.18	29.84	1.79
1988	6788.90	312.26	844	1980	2.33	64.47	40.33	2.96
1989	7559.60	245.18	680	2000	2.41	58.35	36.34	3.58
1990	8671.30	213.22	655	1866	1.86	51.40	28.97	3.50
1991	7824.90	478.18	706	1674	1.85	71.42	38.25	6.87
1992	8658.80	526.48	798	1652	2.16	106.67	47.67	16.17
1993	19290.80	1136.49	922	1847	2.90	129.85	59.79	22.29
1994	47776.80	2830.02	992	1837	3.76	136.69	66.30	26.87
1995	48191.30	3326.15	974	2395	3.73	145.27	59.60	33.70
1996	47975.60	4120.77	1050	2616	3.28	147.52	62.51	38.29
1997	29504.60	4686.89	1069	2535	3.12	158.25	57.36	48.60
1998	23642.20	5521.87	278	1576	2.35	163.00	73.56	50.71
1999	24051.50	4832.29	300	1778	1.86	183.20	83.96	57.10
2000	21430.69	5514.52	243	3244	2.73	207.00	86.29	60.70
2001	18431.60	5962.09	303	3273	3.07	234.17	89.01	70.36
2002	18391.90	5309.61	336	2856	3.13	325.10	109.20	109.20
2003	18136.85	6198.14	323	1525	3.12	444.39	112.44	207.08
2004	50154.42	7891.40	442	1867	3.17	509.11	111.56	227.63
2005	15498.86	8199.00	838	2001	3.92	570.49	149.46	277.01
2006	14178.25	8551.51	984	2143	3.93	727.89	179.76	386.94
2007	12266.55	8689.60	1002	2425	4.22	888.89	218.31	479.78
2008	11919.20	8193.03	1235	1835	5.73	930.59	202.70	503.81
2009	13306.38	8457.81	1753	7107	4.28	1379.53	308.00	748.48
2010	14631.80	9327.70	2571	7450	4.81	1826.53	391.57	957.59
2011	13162.50	8241.34	2530	6853	6.69	1841.64	324.74	1012.67
2012	15795.80	8801.71	1622	7562	5.92	1927.62	302.04	1077.00
2013	18354.82	4690.89	1351	3631	5.19	2212.09	321.50	1210.43
2014	18253.50	3123.00	1658	3438	3.44	2372.52	312.90	1248.31

注：铁路客车2008年、2010年及以后年份不包括动车组产量。铁路客车1998-2004年计量单位为万千瓦。

1-14 续表 12

年 份	发电设备（万千瓦）	#水轮发电机组	交流电动机（万千瓦）	变压器（万千伏安）	家用电冰箱（万台）	家用洗衣机（万台）
1957	19.80	7.20	146.00	420.00	0.16	
1963	40.40	27.80	313.00	437.00	0.14	
1964	44.00	32.50	308.00	572.00	0.17	
1965	68.30	28.00	405.00	818.00	0.30	
1966	132.30	38.20	615.00	1303.00	0.54	
1967	61.90	5.20	496.00	999.00	0.59	
1968	137.50	30.20	460.00	650.00	0.67	
1969	203.10	69.80	810.00	1490.00	0.66	
1970	291.80	90.20	1456.00	2741.00	0.52	
1971	353.30	151.40	1831.00	3011.00	0.61	
1972	432.50	177.50	2195.00	3173.00	0.76	
1973	501.80	157.50	2717.00	3490.00	1.00	
1974	461.60	131.60	2626.00	3989.00	1.34	
1975	496.50	113.60	2799.00	4097.00	1.80	
1976	400.20	57.40	2609.00	3656.00	2.12	
1977	318.10	62.60	2696.00	3581.00	2.46	
1978	483.80	144.60	3195.00	4862.00	2.80	0.04
1979	621.20	171.70	3563.00	5823.00	3.18	1.81
1980	419.30	123.80	2570.00	4461.00	4.90	24.53
1981	139.50	63.20	2126.00	2734.00	5.56	128.08
1982	164.50	57.50	2420.00	3143.00	9.99	253.26
1983	274.00	66.90	2868.00	4228.00	18.85	365.86
1984	467.40	85.80	3051.00	5030.00	54.74	578.06
1985	563.60	140.20	3484.00	8045.00	144.81	887.20
1986	722.40	188.40	3967.00	7729.00	225.02	893.40
1987	941.10	177.70	4172.00	9297.00	401.34	990.20
1988	1109.30	198.40	4511.00	10039.00	757.63	1046.80
1989	1174.00	203.50	4096.00	9931.00	670.79	825.40
1990	1225.40	210.10	3528.00	7443.00	463.06	662.70
1991	1164.20	354.00	3825.00	7748.00	469.94	678.20
1992	1297.00	411.00	5243.00	9949.00	485.76	707.90
1993	1472.80	247.30	5450.00	14332.00	596.66	895.90
1994	1674.10	609.00	5946.00	39398.00	768.12	1094.20
1995	1667.90	297.00	6011.00	16449.00	918.54	948.40
1996	2353.50	333.80	5313.00	15104.00	979.65	1074.70
1997	2405.10	326.90	5127.00	16134.00	1044.43	1254.50
1998	1608.00		4310.00	14910.00	1060.00	1207.31
1999	1369.00	468.91	4602.00	17719.00	1210.00	1342.17
2000	1249.00	391.50	5134.20	21670.39	1279.00	1442.98
2001	1340.14	303.16	6263.27	25137.00	1351.26	1341.61
2002	2120.84	353.27	7004.80	29605.79	1598.87	1595.76
2003	3700.62	608.56	8920.00	37651.00	2242.56	1964.46
2004	9233.01	1079.56	19534.76	240476.62	3007.59	2533.41
2005	9200.00	1200.86	12934.88	63115.84	2987.06	3035.52
2006	11694.27	1834.90	15826.48	73645.50	3530.89	3560.50
2007	12990.98	2836.08	18848.22	91020.78	4397.13	4005.10
2008	13942.42	2249.05	24053.72	122165.87	4799.95	4447.00
2009	11729.25	2303.96	18710.14	126075.27	5930.45	4973.63
2010	12880.21	2033.90	23212.90	134630.40	7295.72	6247.73
2011	14410.52	2644.05	26563.92	141804.05	8699.20	6715.94
2012	13005.52	2337.95	25691.20	143132.40	8427.00	6791.12
2013	14197.66	2492.01	27900.94	157294.27	9255.74	7300.53
2014	15053.02	2396.20	30134.40	170076.50	8796.09	7114.40

注：家用电冰箱1979年以前为主要电冰箱厂的电冰箱数字，1979年及以后各年为全国家用电冰箱数字。

1-14　续表 13

年　份	家用电风扇（万台）	房间空气调节器（万台）	家用吸尘器（万台）	半导体分立器件（亿只）	集成电路（万块）	彩色电视机（万台）
1957						
1963				0.02		
1964				0.04		
1965				0.12		
1966				0.28		
1967				0.34	2	
1968				0.37	8	
1969				0.66	78	
1970				1.55	423	
1971				2.32	406	0.02
1972				1.94	264	0.01
1973				1.77	186	0.07
1974				2.27	388	0.24
1975				3.15	579	0.29
1976				3.75		0.28
1977				4.52		0.25
1978	137.80	0.02	0.41	4.42	3041	0.38
1979	233.10	0.86	0.57	4.01		0.95
1980	723.70	1.32	1.48	6.96	1684	3.21
1981	1049.90	1.40	1.73	9.96	1279	15.21
1982	918.60	2.44	2.23	6.75	1352	28.81
1983	1045.70	3.45	4.43	8.22	2604	53.11
1984	1770.70	6.12	9.10	11.76	4148	133.95
1985	3174.60	12.35	8.82	14.79	6385	435.28
1986	3528.70	9.65	8.40	10.99	5720	414.60
1987	3660.70	13.22	35.34	15.14	9544	672.72
1988	4495.50	25.91	182.93	19.77	13160	1037.66
1989	4991.90	37.47	218.98	24.80	13156	940.02
1990	5799.30	24.07	71.67	33.38	10838	1033.04
1991	6219.10	63.03	68.61	54.69	17049	1205.06
1992	6837.00	158.03	112.92	67.19	16099	1333.08
1993	7387.30	346.41	149.00	95.06	20101	1435.76
1994	8613.00	393.42	321.81	167.02	48462	1689.15
1995	12966.70	682.56	805.50		551686	2057.74
1996	10291.70	786.21	879.74	187.67	388987	2537.60
1997	8171.40	974.01	976.40	313.37	255455	2711.33
1998	6724.49	1156.87	519.18	223.83	262577	3497.00
1999	6158.14	1337.64	574.99	278.76	415000	4262.00
2000	7661.61	1826.67	1010.30	511.98	588000	3936.00
2001	9616.10	2333.64	1141.17	476.91	636288	4093.70
2002	10761.33	3135.11	1611.16	593.39	963101	5155.00
2003	12980.92	4820.86	2185.35	875.45	1483100	6541.40
2004	14169.67	6390.33	5015.42	1956.43	2355100	7431.83
2005	12022.39	6764.57	4679.31	2062.90	2699700	8283.22
2006	14465.85	6849.42	5319.13	2224.70	3357500	8375.40
2007	15440.04	8014.28	6514.22	2504.60	4116200	8478.01
2008	15866.85	8147.37	8324.32	2902.10	4387700	9187.14
2009	15955.05	8078.25	6534.66	2637.38	4144000	9898.79
2010	18067.92	10887.47	7669.36	3403.80	6525000	11830.03
2011	18845.89	13912.50	8400.46	4067.78	7195200	12231.34
2012	16593.59	12398.72	8145.09	4256.30	7796100	12823.52
2013	15875.50	13069.30	8981.07	4905.17	9034600	12745.21
2014	16551.17	14463.27	8799.80	5359.30	10155300	14128.90

注：半导体器件从1995年及以后年份为半导体分立器件。

1-14 续表 14

年 份	改装汽车（万辆）	摩托车整车（万辆）	家用吸排油烟机（万台）	微波炉（万台）	电饭锅（万个）	电话单机（万部）
1985	11.26	91.70			511.85	274.10
1986	8.61	65.57			711.41	471.68
1987	10.90	73.77			1078.74	451.96
1988	14.91	117.18			849.02	721.64
1989	11.97	104.83			918.42	880.00
1990	11.05	97.85			711.88	880.00
1991	14.99	134.10			1183.35	1482.00
1992	22.67	204.61				1982.27
1993	26.87	355.63				2663.59
1994	22.42	535.39				5722.92
1995	27.26	825.41	522.50	99.79	2149.83	9956.36
1996	24.19	916.75	309.18	302.26	1697.55	7960.82
1997	22.13	1033.42	287.59	432.40	1642.09	8653.71
1998	21.17	829.09	258.15		1057.99	6520.48
1999	25.26	978.20	351.41	824.28	871.65	7139.93
2000	28.52	960.19	366.15	1257.16	1355.46	9597.99
2001	31.42	1041.45	456.28	1817.70	1442.47	10302.74
2002	40.80	1198.80	426.46	2270.89	2109.32	11892.42
2003	39.45	1461.34	477.25	3660.40	3691.02	12935.90
2004	59.41	1674.92	677.44	4353.33	10781.90	19515.71
2005	48.16	1690.93	730.10	4931.89	6154.14	18861.52
2006	61.82	2054.50	1118.07	5570.17	8879.82	18647.83
2007	69.17	2508.32	1216.88	6289.09	11463.29	16516.46
2008	104.94	2837.87	1709.71	6286.02	13356.50	18244.72
2009	100.20	2758.72	1714.48	6107.28	14313.89	14537.70
2010	120.36	2734.17	2028.33	6781.70	17086.20	16769.68
2011	123.57	2735.50	2032.06	6692.10	18329.40	14017.91
2012	119.19	2603.02	2235.37	6999.40	18404.80	12773.84
2013	135.07	2527.10	2783.55	7277.64	21730.79	12519.67
2014	132.90	2691.70	3082.25	7750.10	28028.60	12286.80

注：电饭锅1991年以前包括电热蒸煮器具。

1-14 续表 15

年 份	传真机（万部）	微型计算机设备（万台）	移动通信手持机（万台）	程控交换机（万线）	复印和胶版印制设备（万台）
1985					2.37
1986		4.21			1.80
1987		5.12			1.81
1988		11.61			
1989		7.54			
1990		8.21			
1991		16.25			
1992		12.62			4.38
1993		14.66			6.06
1994		24.57			4.10
1995	136.12	83.57		2091.60	21.75
1996	137.87	138.83		2274.80	63.87
1997	162.51	206.55		2787.30	107.75
1998	128.69	291.40		4219.90	117.93
1999	159.99	405.00		4726.00	210.29
2000	196.29	672.00	5247.88	7136.00	156.63
2001	318.19	877.65	8031.66	7223.50	144.12
2002	297.29	1463.51	12146.35	5860.70	207.39
2003	746.58	3216.70	18231.37	6549.10	264.17
2004	851.16	5974.90	23751.58	7625.22	324.57
2005	1068.15	8084.89	30354.21	7720.90	403.56
2006	1188.63	9336.44	48013.79	7404.63	467.80
2007	888.53	12073.38	54857.86	5387.05	452.36
2008	749.40	15853.65	55945.10	4583.95	517.70
2009	683.51	18215.07	68193.37	4152.51	421.02
2010	181.09	24584.46	99827.36	3137.97	534.82
2011	268.13	32036.93	113257.71	3034.04	655.05
2012	263.57	31806.71	118154.57	2829.08	609.69
2013	172.08	35348.41	152343.90	2698.53	698.20
2014	175.18	35079.63	162719.82	3123.10	712.90

1-15 主要工业产品产量(2014年、2013年)

产品名称	计量单位	2014年	2013年
铁矿石原矿	万吨	152671.67	148636.41
铜金属含量	万吨	189.80	179.74
铅金属含量	万吨	276.26	313.49
锌金属含量	万吨	540.90	526.01
锡金属含量	万吨	10.13	13.85
锑金属含量	万吨	13.50	11.94
钨精矿折合量(折三氧化钨65%)	吨	137929.30	141716.86
钼精矿折合量(折纯钼45%)	吨	292226.70	277289.64
硫铁矿石(折含硫35%)	万吨	1738.50	1703.99
磷矿石(折含五氧化二磷30%)	万吨	12043.80	11139.40
原盐	万吨	7049.71	7367.60
大米	万吨	13042.80	11798.60
饲料	万吨	27237.60	24869.55
#配合饲料	万吨	15287.30	13112.68
混合饲料	万吨	6504.50	5888.35
精制食用植物油	万吨	6534.10	5590.55
成品糖	万吨	1642.67	1592.76
鲜、冷藏肉	万吨	3903.70	3325.66
冷冻水产品	万吨	857.70	751.51
糖果	万吨	362.50	265.58
速冻米面食品	万吨	528.30	567.87
方便面	万吨	1025.30	986.31
乳制品	万吨	2651.80	2636.87
#液体乳	万吨	2400.30	2353.52
罐头	万吨	1256.32	1163.62
酱油	万吨	938.70	752.58
冷冻饮品	万吨	308.60	299.54
发酵酒精(折96度，商品量)	万千升	984.30	899.15
饮料酒	万千升	6543.70	6558.26
#白酒(折65度，商品量)	万千升	1256.90	1189.01
啤酒	万千升	4936.29	4982.79
葡萄酒	万千升	116.20	114.46
软饮料	万吨	16677.10	15661.76
#碳酸型饮料(汽水)	万吨	1810.70	1760.49
包装饮用水	万吨	7816.30	6574.15
果汁和蔬菜汁类饮料	万吨	2387.00	2446.67
精制茶	万吨	235.25	198.02
卷烟	亿支	26098.49	25603.86
纱	万吨	3379.20	3200.00
布	亿米	893.68	897.59
#色织布(含牛仔布)	亿米	26.30	24.90
#1.棉布	亿米	388.00	398.81
2.棉混纺布	亿米	127.60	123.04
3.化学纤维短纤布	亿米	187.90	176.46

1-15 续表 1

产品名称	计量单位	2014年	2013年
印染布	亿米	536.90	577.84
绒线(俗称毛线)	万吨	40.70	37.93
毛机织物(呢绒)	万米	60003.30	49423.89
无纺布(无纺织物)	万吨	357.99	301.71
帘子布	万吨	73.35	88.22
服装	万件	2989462.74	2765864.27
#1.针织服装	万件	1438592.34	1326548.33
2.梭织服装	万件	1550870.20	1439315.94
#羽绒服装	万件	34287.70	30805.79
衬衫	万件	109972.60	112692.53
轻革	万平方米	59386.40	54000.52
皮革服装	万件	8665.50	6651.38
皮革鞋靴	万双	449879.80	452369.42
人造板	万立方米	29860.69	27149.33
#胶合板	万立方米	17388.85	15221.15
纤维板	万立方米	6741.48	6459.47
刨花板	万立方米	1672.90	1563.09
人造板表面装饰板	万平方米	25684.52	26549.45
实木木地板	万平方米	9166.00	8723.80
复合木地板	万平方米	57664.20	46910.56
家具	万件	77788.17	66833.02
#木质家具	万件	26347.48	22303.82
金属家具	万件	37534.80	34169.17
软体家具	万件	5298.80	4479.23
纸浆(原生浆及废纸浆)	万吨	1645.80	1610.88
机制纸及纸板(外购原纸加工除外)	万吨	11785.80	11323.06
#未涂布印刷书写用纸	万吨	808.50	785.14
#新闻纸	万吨	358.50	364.50
箱纸板	万吨	1018.20	1081.61
纸制品	万吨	6634.70	5685.97
#瓦楞纸箱	万吨	3807.00	3161.77
硫酸(折100%)	万吨	8901.55	8154.49
盐酸(氯化氢，含量31%)	万吨	938.30	899.28
浓硝酸(折100%)	万吨	288.10	269.19
烧碱(折100%)	万吨	3063.51	2927.44
#离子膜法烧碱(折100%)	万吨	2647.61	2260.74
纯碱(碳酸钠)	万吨	2525.84	2431.63
碳化钙(电石，折300升/千克)	万吨	2521.93	2287.52
乙烯	万吨	1696.69	1599.31
纯苯	万吨	733.51	728.55
精甲醇	万吨	3740.70	2988.64
冰乙酸(冰醋酸)	万吨	537.10	454.21

1-15　续表 2

产品名称	计量单位	2014年	2013年
合成氨(无水氨)	万吨	5699.50	5739.00
农用氮、磷、钾化学肥料(折纯)	万吨	6876.85	7026.18
#1.氮肥(折含氮100%)	万吨	4564.24	4832.61
#尿素(折含氮100%)	万吨	3123.10	3294.49
2.磷肥(折五氧化二磷100%)	万吨	1743.01	1673.08
3.钾肥(折氯化钾100%)	万吨	569.51	520.48
磷酸一铵(实物量)	万吨	2123.00	1774.66
磷酸二铵(实物量)	万吨	1756.70	1746.49
化学农药原药(折有效成分100%)	万吨	374.40	303.14
初级形态塑料	万吨	7088.84	6293.03
#聚丙烯树脂	万吨	1373.70	1166.85
聚氯乙烯树脂	万吨	1630.00	1410.17
合成橡胶	万吨	549.55	480.64
合成纤维单体	万吨	2283.00	2133.45
合成纤维聚合物	万吨	1721.10	1726.70
#聚酯	万吨	1211.00	1198.44
单晶硅	万千克	4925.40	3524.59
多晶硅	万千克	19579.80	12753.18
合成洗涤剂	万吨	1209.73	1094.27
#合成洗衣粉	万吨	439.33	424.62
化学药品原药	万吨	303.40	263.30
中成药	万吨	328.77	272.05
化学纤维用浆粕	万吨	200.50	188.97
化学纤维	万吨	4389.75	4160.28
#合成纤维	万吨	4017.49	3735.56
#锦纶纤维	万吨	259.24	215.12
涤纶纤维	万吨	3565.77	3237.03
腈纶纤维	万吨	67.63	69.74
维纶纤维	万吨	11.00	10.09
丙纶纤维	万吨	26.86	25.50
氨纶纤维	万吨	49.37	39.29
橡胶轮胎外胎	万条	111913.11	110440.12
#子午线轮胎外胎	万条	63065.60	54960.35
塑料制品	万吨	7387.80	6938.65
#塑料薄膜	万吨	1261.60	1079.15
#农用薄膜	万吨	219.50	176.47
日用塑料制品	万吨	579.80	490.47
硅酸盐水泥熟料	万吨	140865.13	137146.40
#窑外分解窑水泥熟料	万吨	131847.53	121686.40
水泥	万吨	249207.08	241923.89
商品混凝土	万立方米	155416.77	133040.47
水泥混凝土压力管	千米	14503.24	12161.53
水泥混凝土电杆	万根	1366.10	1060.35
预应力混凝土桩	万米	33133.80	32038.06

1-15 续表 3

产品名称	计量单位	2014年	2013年
瓷质砖	万平方米	773649.98	701372.21
炻瓷砖	万平方米	58562.90	52513.21
细炻砖	万平方米	26019.20	24728.27
炻质砖	万平方米	53362.60	51977.28
陶质砖	万平方米	198195.20	195064.57
天然大理石建筑板材	万平方米	30329.70	21929.01
天然花岗石建筑板材	万平方米	59035.80	49486.82
沥青和改性沥青防水卷材	万平方米	78154.00	67142.80
平板玻璃	万重量箱	83128.16	79285.80
钢化玻璃	万平方米	42016.13	33620.55
夹层玻璃	万平方米	8055.10	7375.93
中空玻璃	万平方米	12009.26	6913.18
纤维增强塑料制品	万吨	278.78	265.78
耐火材料制品	万吨	11695.60	11060.85
石墨及炭素制品	万吨	3519.90	3017.84
生铁	万吨	71374.78	71149.88
粗钢	万吨	82230.63	81313.89
铸铁件	万吨	4703.80	3629.79
铸钢件	万吨	1437.90	1255.10
钢材	万吨	112513.12	108200.54
#铁道用钢材	万吨	565.40	610.26
#轻轨	万吨	120.30	140.13
重轨	万吨	405.40	428.20
大型型钢	万吨	1349.40	1282.61
中小型型钢	万吨	5617.43	5723.80
棒材	万吨	7941.80	7789.95
钢筋	万吨	21553.51	20774.38
线材(盘条)	万吨	15313.91	15001.38
特厚板	万吨	727.00	619.24
厚钢板	万吨	2638.50	2499.95
中板	万吨	4000.90	3602.39
热轧薄板	万吨	815.80	1057.61
冷轧薄板	万吨	3710.00	3231.60
中厚宽钢带	万吨	12300.80	12192.53
热轧薄宽钢带	万吨	5296.80	5444.56
冷轧薄宽钢带	万吨	4259.60	3977.09
热轧窄钢带	万吨	5959.20	5925.40
冷轧窄钢带	万吨	1253.50	1144.16
镀层板(带)	万吨	5074.90	4514.46
涂层板(带)	万吨	825.20	740.41
电工钢板(带)	万吨	885.20	826.76
无缝钢管	万吨	3133.77	3192.83
焊接钢管	万吨	5784.42	5319.62
铁合金	万吨	3797.63	3709.57
十种有色金属	万吨	4695.57	4412.13
#精炼铜(电解铜)	万吨	764.37	664.45
铅	万吨	406.64	438.64
锌	万吨	582.90	537.00
镍	万吨	31.80	28.75

1-15 续表 4

产品名称	计量单位	2014年	2013年
锡	万吨	18.69	16.40
锑品	万吨	25.11	25.67
原铝(电解铝)	万吨	2752.54	2543.81
镁	万吨	87.40	77.13
海绵钛	万吨	9.07	11.63
氧化铝	万吨	5239.91	4774.96
铝合金	万吨	635.00	488.23
铜材	万吨	1705.54	1485.66
铝材	万吨	4673.52	4027.54
金属切削工具	万件	957892.90	796330.17
金属集装箱	万立方米	13014.50	10095.21
钢绞线	万吨	597.15	521.95
锻件	万吨	1230.60	968.18
粉末冶金零件	万吨	181.60	125.89
电站锅炉	万蒸发量吨	47.80	47.16
工业锅炉	蒸发量吨	495471.09	523386.97
发动机	万千瓦	214105.40	193670.93
#汽车用发动机	万千瓦	182878.50	159193.50
电站用汽轮机	万千瓦	8125.70	6922.20
电站水轮机	万千瓦	936.10	813.85
金属切削机床	万台	85.80	87.55
#数控金属切削机床	万台	25.90	21.70
金属成形机床	万台	34.78	24.04
#数控金属成形机床(数控锻压设备)	台	47034.00	30783.00
电焊机	万台	742.10	687.11
起重机	万吨	1095.30	990.30
电动车辆(电动叉车)	万台	17.10	18.72
内燃叉车	万台	24.90	22.12
泵	万台	12402.60	9981.31
#真空泵	万台	763.67	694.58
气体压缩机	万台	33648.50	29339.50
#制冷设备用压缩机	万台	32820.20	28572.38
阀门	万吨	1031.90	987.11
液压元件	万件	19792.40	18969.94
气动元件	万件	47815.50	37553.99
滚动轴承	亿套	187.20	157.32
齿轮	万吨	301.70	253.07
工业电炉	台	23169.00	22337.00
风机	万台	1783.60	1708.60
#鼓风机	万台	44.90	32.53
电动手提式工具	万台	25597.30	24609.89
包装专用设备	台	102600.00	90039.00
照相机	万台	3123.00	4690.89
#数码照相机	万台	2467.50	3620.14
复印和胶版印制设备	万台	712.90	698.20
金属紧固件	万吨	791.10	706.31
弹簧	万吨	149.40	137.23
减速机	万台	600.60	596.80

1-15 续表 5

产品名称	计量单位	2014年	2013年
石油钻井设备	台套	243675.00	263250.00
挖掘、铲土运输机械	台	359147.00	445363.00
#挖掘机	台	120162.00	142832.00
压实机械	台	53332.00	44291.00
水泥专用设备	吨	946030.90	907159.09
混凝土机械	台	513209.00	538151.00
金属冶炼设备	吨	1150111.10	1154728.40
金属轧制设备	吨	619341.30	635859.51
炼油、化工生产专用设备	万吨	241.10	207.17
模具	万套	1364.10	1388.39
印刷专用设备	吨	152185.00	148675.07
大中型拖拉机	万台	64.37	66.56
小型拖拉机	万台	167.80	184.86
收获机械	台	925355.00	887501.00
收获后处理机械	台	663972.00	455279.00
棉花加工机械	台	18641.00	22630.00
环境污染防治专用设备	台(套)	579394.00	535731.00
#大气污染防治设备	台	307238.00	190847.00
水质污染防治设备	台(套)	206913.00	194245.00
固体废弃物处理设备	台	63546.00	64966.00
噪音与振动控制设备	台	1577.00	1680.00
汽车	万辆	2372.52	2212.09
#基本型乘用车(轿车)	万辆	1248.31	1210.43
多功能乘用车(MPV)	万辆	186.00	133.79
运动型多用途乘用车(SUV)	万辆	406.93	298.73
客车	万辆	158.70	162.09
载货汽车	万辆	312.90	321.50
改装汽车	万辆	132.90	135.07
低速载货汽车	万辆	217.20	207.10
铁路机车	辆	1658.00	1351.00
动车组	辆	2150.00	1605.00
铁路客车	辆	3438.00	3631.00
铁路货车	辆	34416.00	51921.00
民用钢质船舶	万载重吨	4851.82	4658.03
摩托车整车	万辆	2691.70	2527.10
两轮脚踏自行车	万辆	7910.14	7545.25
电动自行车	万辆	2904.50	2762.54
发电机组(发电设备)	万千瓦	15053.02	14197.66
#水轮发电机组	万千瓦	2396.20	2492.01
汽轮发电机组	万千瓦	9031.00	7985.00
风力发电机组	万千瓦	2150.08	2110.03
交流电动机	万千瓦	30134.40	27900.94
变压器	万千伏安	170076.50	157294.27
高压开关板	面	2065950.00	2094112.00
低压开关板	万面	1653.10	1622.10
通信及电子网络用电缆	万对千米	4927.00	4731.48
电力电缆	万千米	5570.40	4573.66
光缆	万芯千米	30371.00	24404.10

1-15 续表 6

产品名称	计量单位	2014年	2013年
绝缘制品	吨	1905121.40	1747932.14
原电池及原电池组(非扣式)	亿只	384.20	405.42
家用电冰箱(家用冷冻冷藏箱)	万台	8796.09	9255.74
家用冷柜(家用冷冻箱)	万台	2099.22	2157.06
房间空气调节器	万台	14463.27	13069.30
家用电风扇	万台	16551.17	15875.50
家用吸排油烟机	万台	3082.25	2783.55
电饭锅	万个	28028.60	21730.79
家用电热烘烤器具	万个	18520.10	18055.83
微波炉	万台	7750.10	7277.64
家用洗衣机	万台	7114.40	7300.53
家用电热水器	万台	3429.90	2789.41
家用吸尘器	万台	8799.80	8981.07
家用燃气灶具	万台	3557.90	3153.18
家用燃气热水器	万台	1476.70	1167.01
太阳能热水器	万平方米	1484.90	1767.22
微型计算机设备	万台	35079.63	35348.41
#笔记本计算机	万台	22728.73	24041.53
显示器	万台	16396.10	13631.16
打印机	万台	6600.90	7418.98
硬盘存储器	万台	13343.60	17440.96
程控交换机	万线	3123.10	2698.53
电话单机	万部	12286.80	12519.67
传真机	万部	175.18	172.08
移动通信手持机(手机)	万台	162719.82	152343.90
彩色电视机	万台	14128.90	12745.21
#液晶(LCD)电视机	万台	13865.86	12234.46
等离子(PDP)电视机	万台	116.06	197.92
组合音响	万台	11589.91	12527.94
半导体存储器播放器(含MP3、MP4)	万个	1548.90	2968.62
数字激光音、视盘机	万台	19724.30	19628.03
电视接收机顶盒	万台	10150.20	11772.08
半导体分立器件	亿只	5359.30	4905.17
集成电路	亿块	1015.53	903.46
工业自动调节仪表与控制系统	万台(套)	4951.30	4707.12
电工仪器仪表	万台	15346.70	15532.24
分析仪器及装置	万台(套)	148.00	115.59
试验机	万台	12.40	11.51
环境监测专用仪器仪表	万台	49.90	37.99
汽车仪器仪表	万台	5353.20	4942.87
表	万只	18253.50	18354.82
眼镜成镜	万副	60262.20	63911.26

1-16 全国规模以上工业主要产品生产能力(2014年、2013年)

产品名称	计量单位	2014年	2013年
天然原油	万吨	22062.10	21882.88
卷烟	亿支	38219.42	37612.37
原油加工能力	万吨	68568.31	63054.74
焦炭	万吨	66472.62	65316.70
烧碱	万吨	3779.67	3524.36
碳化钙(电石,折 300升/千克)	万吨	3284.53	3103.09
初级形态塑料	万吨	8705.49	7371.44
农用氮、磷、钾化学肥料总计(折纯)	万吨	9881.40	9969.76
化学纤维	万吨	5340.24	5175.22
水泥	万吨	346613.70	337512.77
平板玻璃	万重量箱	94678.84	92786.86
粗钢	万吨	112851.03	110537.47
钢材	万吨	153842.59	145777.90
原铝(电解铝)	万吨	3549.42	3121.80
金属切削机床	万台	134.55	117.42
汽车	万辆	3051.65	2783.84
#基本型乘用车(轿车)	万辆	1463.25	1367.65
家用电冰箱	万台	12522.26	12220.09
房间空气调节器	万台	22932.85	20829.32
移动通信手持机(手机)	万台	204015.39	187987.06
微型计算机设备	万台	48746.37	46252.49
彩色电视机	万台	21519.98	19288.54
发电设备容量总计	万千瓦	132854.66	118999.44
#火电设备容量	万千瓦	93569.21	85625.09
水电设备容量	万千瓦	27182.01	24298.41
核电设备容量	万千瓦	2031.77	1485.04
风电设备容量	万千瓦	7891.37	6552.16

二、分行业数据

2-1 规模以上工业企业主要

行 业	企业单位数（个）	工业销售产值（当年价格）	出口交货值	资产总计	固定资产合计
总 计	**377888**	**1092197.99**	**118414.25**	**956777.20**	**355788.06**
采矿业	**16249**	**60599.20**	**166.50**	**94507.62**	**42254.28**
煤炭开采和洗选业	6850	26025.16	56.05	52319.40	19681.14
烟煤和无烟煤开采洗选	6613	23133.10	25.65	49015.71	18808.89
褐煤开采洗选	198	2813.74	30.40	3149.36	811.44
其他煤炭采选	39	78.31		154.33	60.82
石油和天然气开采业	142	11663.82	48.55	20266.99	15037.21
石油开采	105	10435.94	29.83	18374.97	14093.39
天然气开采	37	1227.88	18.72	1892.01	943.81
黑色金属矿采选业	3312	9331.05	1.26	10216.54	3105.19
铁矿采选	3096	8882.78	1.26	9939.81	3016.02
锰矿、铬矿采选	161	286.18		181.06	56.93
其他黑色金属矿采选	55	162.09		95.66	32.23
有色金属矿采选业	2002	6348.32	16.61	5313.01	2106.70
常用有色金属矿采选	1229	2986.72	15.41	2815.64	1064.20
铜矿采选	304	751.67	1.05	985.09	385.71
铅锌矿采选	534	1340.02	1.26	1117.65	412.68
镍钴矿采选	24	60.50		85.91	28.33
锡矿采选	52	114.99		91.95	29.23
锑矿采选	34	53.49		25.37	10.30
铝矿采选	89	291.50		296.10	131.10
镁矿采选	95	192.44	13.09	78.93	26.60
其他常用有色金属矿采选	97	182.12	0.02	134.64	40.26
贵金属矿采选	485	2588.02	1.09	1756.67	717.61
金矿采选	453	2495.21	1.09	1691.90	686.75
银矿采选	29	87.75		58.33	26.74
其他贵金属矿采选	3	5.06		6.44	4.11
稀有稀土金属矿采选	288	773.58	0.10	740.69	324.89
钨钼矿采选	242	645.25	0.02	596.32	275.78
稀土金属矿采选	19	80.50		81.75	21.07
其他稀有金属矿采选	26	43.41	0.08	62.08	27.53
非金属矿采选业	3758	5419.94	22.49	3716.12	1333.62
土砂石开采	2741	3707.20	8.29	1682.24	735.31
石灰石、石膏开采	752	1019.17	1.22	462.10	213.72
建筑装饰用石开采	628	775.62	2.73	365.83	152.37
耐火土石开采	332	411.46	2.30	208.28	93.49
粘土及其他土砂石开采	1029	1500.96	2.05	646.04	275.74

经济指标（大、中、小类行业）

单位：亿元

固定资产原价	累计折旧	流动资产合计	应收账款	存货	产成品	负债合计
563859.94	**236308.74**	**445742.36**	**107436.99**	**102874.39**	**38359.51**	**547031.43**
65507.58	**28835.25**	**31192.82**	**5748.09**	**4258.77**	**1761.99**	**55738.42**
25861.12	10470.03	19795.64	3591.60	2467.71	977.23	34631.81
24219.20	9595.21	17972.90	2853.63	2028.69	928.26	32219.45
1573.92	861.96	1768.11	733.57	434.82	45.78	2288.35
68.00	12.87	54.64	4.39	4.20	3.20	124.01
28064.17	13890.75	2603.55	267.00	292.99	99.82	9425.60
27099.81	13622.24	2318.42	219.82	263.88	98.30	8172.14
964.36	268.51	285.13	47.18	29.11	1.52	1253.46
4588.11	1817.22	3967.96	698.50	604.70	323.77	5825.44
4477.07	1782.26	3851.46	668.27	567.94	295.83	5687.49
73.55	25.78	80.36	24.03	21.17	16.74	78.89
37.50	9.18	36.14	6.21	15.58	11.20	59.06
2691.15	845.59	1949.62	269.62	434.97	207.36	2698.52
1380.78	434.27	1043.71	177.05	216.90	106.07	1450.92
531.87	170.78	295.60	45.55	69.07	30.25	522.88
527.22	189.12	447.87	77.82	70.04	36.59	529.35
39.35	10.14	27.37	3.94	9.45	2.47	53.27
37.77	14.44	43.42	10.50	6.65	2.95	42.89
13.49	4.29	11.12	1.41	4.67	2.57	9.66
144.42	22.65	113.64	19.38	34.63	20.32	160.88
37.66	12.81	38.60	9.90	5.62	3.32	42.45
49.01	10.05	66.10	8.55	16.77	7.61	89.54
900.51	271.92	653.28	57.79	139.91	52.97	827.70
863.20	260.75	627.57	56.88	135.66	50.70	789.64
31.45	9.41	25.04	0.84	4.09	2.23	34.04
5.87	1.76	0.67	0.07	0.16	0.03	4.01
409.85	139.41	252.62	34.78	78.15	48.33	419.90
324.75	101.99	193.62	26.70	52.54	31.33	345.83
30.64	10.63	40.15	5.99	18.86	13.40	40.99
53.94	26.72	18.84	2.08	6.75	3.60	33.05
2125.97	932.66	1537.71	271.52	249.82	141.14	1726.03
1103.97	437.42	646.48	149.52	109.04	66.25	699.69
378.02	178.66	169.91	42.13	20.82	12.43	213.44
206.35	74.71	140.11	27.62	24.18	15.62	138.02
123.60	36.54	83.12	17.90	18.16	9.15	88.07
396.00	147.51	253.34	61.87	45.88	29.06	260.15

2-1 续表 1

行 业	企业单位数（个）	工业销售产值（当年价格）	出口交货值	资产总计	固定资产合计
化学矿开采	355	598.47	2.11	752.68	173.57
采盐	131	342.62	1.87	864.67	281.79
石棉及其他非金属矿采选	531	771.65	10.23	416.53	142.95
石棉、云母矿采选	17	29.33		23.49	12.29
石墨、滑石采选	120	234.89	2.59	150.46	44.00
宝石、玉石采选	7	8.85		41.52	4.82
其他未列明非金属矿采选	387	498.58	7.64	201.06	81.84
开采辅助活动	166	1785.86	19.10	2662.36	984.10
煤炭开采和洗选辅助活动	11	10.29		5.90	3.17
石油和天然气开采辅助活动	150	1769.27	19.10	2654.06	980.30
其他开采辅助活动	5	6.30		2.41	0.63
其他采矿业	19	25.05	2.44	13.21	6.32
制造业	**352365**	**968373.30**	**118118.77**	**735088.43**	**234102.60**
农副食品加工业	24835	63595.75	2920.22	31259.61	10998.92
谷物磨制	6363	12646.05	24.83	4708.80	1875.71
饲料加工	4061	10945.23	47.31	3981.83	1411.28
植物油加工	2194	10343.75	63.09	5721.22	1443.97
食用植物油加工	2053	10063.17	61.41	5611.95	1408.51
非食用植物油加工	141	280.58	1.68	109.27	35.46
制糖业	301	1069.22	4.53	1749.57	407.97
屠宰及肉类加工	3946	12914.66	243.63	6413.51	2488.85
牲畜屠宰	1373	5516.35	50.79	2613.09	953.70
禽类屠宰	871	3372.33	73.74	1561.28	659.16
肉制品及副产品加工	1702	4025.98	119.09	2239.13	875.99
水产品加工	2149	5095.06	1533.61	2993.71	1014.76
水产品冷冻加工	1435	3749.85	1356.33	2260.45	773.87
鱼糜制品及水产品干腌制加工	378	659.10	127.75	319.78	104.03
水产饲料制造	193	421.99	1.52	231.23	56.37
鱼油提取及制品制造	12	17.65	1.60	11.95	3.35
其他水产品加工	131	246.47	46.41	170.30	77.15
蔬菜、水果和坚果加工	3284	4964.23	736.24	2432.41	972.14
蔬菜加工	2207	3258.20	521.79	1481.26	633.35
水果和坚果加工	1077	1706.03	214.45	951.15	338.79
其他农副食品加工	2537	5617.55	266.98	3258.56	1384.25
淀粉及淀粉制品制造	869	3146.52	65.61	1931.61	877.71
豆制品制造	511	720.09	27.80	354.47	155.44
蛋品加工	188	280.06	8.13	121.15	54.21
其他未列明农副食品加工	969	1470.87	165.45	851.33	296.89
食品制造业	8207	19914.00	1040.23	13138.79	4620.13
焙烤食品制造	1399	2431.44	26.23	1352.64	559.45
糕点、面包制造	695	933.65	6.04	588.82	219.10
饼干及其他焙烤食品制造	704	1497.79	20.19	763.82	340.35

单位：亿元

固定资产原价	累计折旧	流动资产合计	应收账款	存货	产成品	负债合计
271.79	118.07	358.31	51.08	61.42	32.02	462.10
526.95	284.70	367.82	35.72	41.56	23.36	383.01
223.26	92.46	165.10	35.19	37.80	19.50	181.23
35.18	23.72	9.01	1.32	2.74	1.25	9.83
65.18	25.65	67.99	9.86	11.04	4.30	69.86
5.43	0.93	11.90	1.56	7.51	4.00	12.31
117.47	42.17	76.20	22.46	16.51	9.96	89.23
2169.68	877.54	1333.40	648.83	208.01	12.34	1426.03
4.79	1.70	2.62	0.95	0.68	0.35	3.80
2164.01	875.59	1329.83	647.31	207.10	11.82	1421.30
0.88	0.25	0.95	0.57	0.23	0.17	0.93
7.38	1.45	4.94	1.02	0.58	0.33	4.99
377685.97	**161591.43**	**393164.78**	**97943.80**	**97012.58**	**36442.97**	**410141.37**
19300.46	9349.57	16428.26	2431.40	4809.32	2114.69	16218.05
3988.32	2278.09	2301.38	328.46	878.91	267.63	1943.79
2535.99	1248.37	1961.77	330.96	554.76	169.99	1894.59
2461.75	1105.47	3754.63	340.00	1127.15	481.79	3649.07
2401.84	1077.37	3692.27	331.19	1106.94	472.31	3600.25
59.91	28.10	62.35	8.82	20.22	9.48	48.83
756.57	378.24	1152.36	94.09	165.02	97.78	1424.43
3944.62	1696.03	3078.48	473.23	718.91	396.41	3168.99
1420.93	562.89	1323.74	189.97	250.69	174.28	1395.26
1065.30	477.04	706.71	102.26	205.01	99.64	799.53
1458.40	656.10	1048.03	181.01	263.21	122.50	974.20
1782.87	937.98	1570.51	364.75	520.27	287.75	1458.61
1326.46	706.49	1181.43	288.38	423.80	242.51	1114.97
243.38	147.92	172.51	32.36	47.88	26.50	150.60
90.43	37.34	133.50	26.67	23.43	8.58	112.32
19.12	16.59	6.47	1.55	2.41	1.01	5.63
103.47	29.64	76.61	15.80	22.74	9.15	75.09
1564.07	691.48	1156.24	239.87	367.08	176.35	1015.75
969.43	386.42	665.91	150.75	213.55	111.32	577.24
594.64	305.06	490.33	89.12	153.53	65.04	438.50
2266.27	1013.92	1452.89	260.04	477.21	236.99	1662.82
1283.44	490.09	784.50	120.95	267.93	121.07	1068.89
240.59	101.95	157.95	27.66	42.44	17.65	160.96
85.06	37.88	55.25	13.13	14.30	8.62	43.80
657.18	384.01	455.18	98.29	152.55	89.66	389.16
7083.06	2797.95	6436.43	1335.62	1440.18	638.50	6158.94
848.89	332.97	610.52	134.64	118.33	46.96	551.20
296.50	99.51	262.24	60.51	44.26	16.09	250.18
552.39	233.46	348.28	74.13	74.07	30.87	301.02

2-1 续表 2

行　业	企业单位数（个）	工业销售产值（当年价格）	出口交货值	资产总计	固定资产合计
糖果、巧克力及蜜饯制造	771	1614.51	122.79	1038.79	385.12
糖果、巧克力制造	405	1102.28	64.95	763.24	283.20
蜜饯制作	366	512.23	57.84	275.55	101.92
方便食品制造	1385	3552.45	61.12	2015.86	781.69
米、面制品制造	572	868.44	14.84	398.26	167.56
速冻食品制造	410	817.30	28.12	535.33	189.73
方便面及其他方便食品制造	403	1866.71	18.15	1082.27	424.39
乳制品制造	641	3029.42	6.48	2370.03	659.91
罐头食品制造	893	1653.62	349.05	890.55	320.85
肉、禽类罐头制造	96	243.37	18.60	115.78	48.46
水产品罐头制造	46	85.64	22.68	51.79	13.43
蔬菜、水果罐头制造	692	1207.22	304.69	668.07	233.43
其他罐头食品制造	59	117.38	3.09	54.91	25.53
调味品、发酵制品制造	1129	2666.70	142.18	2170.85	912.32
味精制造	79	437.03	15.80	446.60	190.59
酱油、食醋及类似制品制造	395	933.32	18.22	652.45	263.54
其他调味品、发酵制品制造	655	1296.35	108.15	1071.80	458.19
其他食品制造	1989	4965.86	332.38	3300.08	1000.79
营养食品制造	245	480.05	14.62	297.58	106.98
保健食品制造	264	1354.14	22.38	757.81	166.46
冷冻饮品及食用冰制造	188	363.35	2.50	184.02	88.82
盐加工	68	130.99	0.63	138.18	58.87
食品及饲料添加剂制造	879	1912.13	218.85	1545.66	462.17
其他未列明食品制造	345	725.20	73.41	376.81	117.48
酒、饮料和精制茶制造业	6272	16372.18	276.64	14249.90	4690.82
酒的制造	2690	8749.24	71.08	9074.89	2683.40
酒精制造	140	791.73	5.71	653.01	283.69
白酒制造	1569	5209.75	44.53	5282.94	1263.34
啤酒制造	476	1896.07	14.36	2172.30	850.71
黄酒制造	99	165.38	2.24	235.15	55.07
葡萄酒制造	222	398.58	3.87	427.49	160.14
其他酒制造	184	287.73	0.37	303.99	70.46
饮料制造	1928	5830.39	132.32	4180.19	1678.16
碳酸饮料制造	170	701.10	23.83	436.31	190.95
瓶(罐)装饮用水制造	610	1187.66	3.38	787.44	362.76
果菜汁及果菜汁饮料制造	545	1273.53	88.78	1066.91	443.59
含乳饮料和植物蛋白饮料制造	262	1012.01	2.39	663.62	250.07
固体饮料制造	110	511.94	10.38	318.36	66.84
茶饮料及其他饮料制造	231	1144.15	3.55	907.56	363.96

单位：亿元

固定资产原价	累计折旧	流动资产合计	应收账款	存货	产成品	负债合计
569.33	213.38	518.36	121.43	114.36	51.40	405.15
437.73	167.15	397.29	90.51	78.25	36.98	306.67
131.60	46.23	121.06	30.92	36.11	14.42	98.48
1116.48	378.15	927.89	225.98	182.14	71.41	844.92
219.53	60.72	168.11	30.82	47.97	17.29	152.57
257.81	83.82	265.14	66.42	68.84	30.04	227.09
639.14	233.61	494.64	128.74	65.33	24.08	465.26
1136.95	524.17	1246.36	242.69	235.25	92.75	1268.98
511.59	211.06	457.28	90.37	172.15	110.42	468.14
66.10	18.77	45.88	9.37	15.31	7.49	36.43
19.97	7.43	33.34	5.69	12.33	7.06	29.22
391.52	174.12	355.03	69.52	137.38	92.39	372.88
34.00	10.74	23.02	5.79	7.13	3.48	29.61
1313.02	464.46	944.62	160.20	253.52	97.91	1059.32
259.25	83.11	171.33	36.65	46.82	15.87	233.35
355.24	108.59	305.20	45.70	74.06	21.57	305.14
698.52	272.76	468.09	77.85	132.64	60.47	520.83
1586.81	673.76	1731.41	360.31	364.43	167.67	1561.22
155.94	55.37	145.34	27.91	32.19	14.39	118.95
248.03	96.15	498.65	99.17	65.14	35.19	384.93
146.03	62.65	73.46	15.01	19.02	9.04	103.67
145.33	93.88	58.29	16.88	13.32	7.14	88.07
719.25	300.84	741.62	157.97	179.29	80.54	696.51
172.24	64.88	214.06	43.37	55.48	21.36	169.10
6891.35	2685.99	7428.86	877.61	2363.39	797.43	6489.28
3941.10	1584.56	5000.43	403.15	1811.79	523.08	4049.08
363.37	128.98	339.30	40.07	95.46	29.26	435.13
1736.09	649.78	3280.62	232.83	1210.54	369.32	2114.96
1427.12	633.31	837.55	82.91	277.80	43.60	1060.19
96.56	47.41	133.10	12.30	83.40	40.25	98.44
228.32	95.23	221.79	25.13	108.36	29.40	192.32
89.65	29.84	188.07	9.91	36.23	11.25	148.05
2537.72	986.17	1916.90	359.40	374.21	175.89	2042.24
387.65	199.79	198.08	30.33	43.25	24.48	250.30
557.42	217.39	315.21	73.62	40.58	15.94	430.25
637.06	226.15	468.77	77.96	135.69	88.33	469.82
348.82	113.47	330.10	51.33	63.08	14.39	267.53
108.56	48.05	176.63	32.75	38.55	10.63	122.79
498.20	181.32	428.11	93.41	53.05	22.11	501.54

2-1 续表 3

行　　业	企业单位数 (个)	工业销售产值 (当年价格)	出口交货值	资产总计	固定资产合计
精制茶加工	1654	1792.55	73.24	994.82	329.26
烟草制品业	128	9116.64	36.69	8484.66	1288.01
烟叶复烤	39	162.46		340.50	95.89
卷烟制造	55	8828.03	30.07	7996.74	1154.01
其他烟草制品制造	34	126.15	6.61	147.42	38.11
纺织业	20821	37704.25	3846.80	23908.39	8575.47
棉纺织及印染精加工	10946	23894.34	1664.53	14548.80	5623.32
棉纺纱加工	5687	14504.90	484.21	8246.91	3534.55
棉织造加工	3578	5830.27	577.02	3734.62	1212.39
棉印染精加工	1681	3559.17	603.30	2567.27	876.38
毛纺织及染整精加工	1196	2425.70	306.35	1871.59	472.42
毛条和毛纱线加工	690	1196.64	110.54	1002.61	233.79
毛织造加工	354	1039.56	173.78	732.58	184.65
毛染整精加工	152	189.50	22.03	136.39	53.98
麻纺织及染整精加工	286	550.62	51.14	344.68	134.75
麻纤维纺前加工和纺纱	117	270.20	15.38	153.44	60.81
麻织造加工	162	271.53	35.34	182.22	69.35
麻染整精加工	7	8.89	0.42	9.01	4.60
丝绢纺织及印染精加工	869	1181.57	93.06	703.53	215.69
缫丝加工	449	729.31	43.06	374.91	117.91
绢纺和丝织加工	357	382.77	44.96	257.93	77.03
丝印染精加工	63	69.50	5.04	70.68	20.74
化纤织造及印染精加工	1307	1229.03	134.68	1091.91	352.76
化纤织造加工	1138	1021.66	117.74	879.15	266.40
化纤织物染整精加工	169	207.37	16.94	212.75	86.36
针织或钩针编织物及其制品制造	2433	3154.08	574.55	2278.33	727.47
针织或钩针编织物织造	1813	2313.92	479.87	1678.59	504.42
针织或钩针编织物印染精加工	169	313.47	14.52	251.28	101.04
针织或钩针编织品制造	451	526.69	80.16	348.45	122.00
家用纺织制成品制造	1881	2614.20	546.79	1454.64	464.22
床上用品制造	995	1313.12	298.96	734.82	196.42
毛巾类制品制造	303	673.91	90.90	351.46	138.16
窗帘、布艺类产品制造	209	222.21	83.63	139.98	41.22
其他家用纺织制成品制造	374	404.95	73.29	228.38	88.42
非家用纺织制成品制造	1903	2654.70	475.71	1614.93	584.84
非织造布制造	888	1370.21	215.45	759.23	301.96
绳、索、缆制造	238	249.83	42.88	110.94	51.51

单位：亿元

固定资产原价	累计折旧	流动资产合计	应收账款	存货	产成品	负债合计
412.53	115.27	511.53	115.06	177.39	98.46	397.96
2503.95	1317.46	5824.89	354.05	3858.87	301.24	1822.26
173.18	82.69	214.07	16.39	56.61	53.31	44.55
2274.76	1213.63	5512.52	297.56	3774.07	234.07	1718.09
56.00	21.14	98.30	40.10	28.19	13.87	59.62
14006.97	6164.18	12400.08	2529.48	3535.36	1541.41	12838.78
9157.52	3977.24	7254.93	1275.35	2074.73	873.70	7758.45
5314.12	2066.87	3824.39	524.26	1227.78	476.05	4242.13
2166.99	1044.10	2064.98	419.72	542.27	275.97	2003.28
1676.41	866.26	1365.56	331.36	304.68	121.68	1513.05
815.30	400.24	1090.48	217.71	394.62	170.34	996.89
358.04	169.60	645.82	133.47	245.71	118.20	579.66
358.61	183.70	374.64	67.93	122.34	45.39	340.11
98.64	46.95	70.02	16.31	26.57	6.75	77.12
187.76	65.42	176.69	32.94	62.40	32.76	160.34
86.75	31.86	81.57	12.00	25.80	11.53	64.13
93.57	30.62	91.55	20.12	35.35	20.77	90.80
7.44	2.95	3.58	0.83	1.26	0.45	5.41
342.46	146.56	387.06	76.89	138.54	64.04	382.26
182.64	78.15	199.75	30.93	83.26	36.01	211.44
121.04	47.71	151.87	38.15	48.59	24.96	131.31
38.77	20.70	35.43	7.81	6.68	3.07	39.51
535.57	208.90	610.34	151.59	149.32	80.78	686.12
404.00	154.47	515.50	127.25	128.53	73.61	541.13
131.57	54.43	94.84	24.34	20.79	7.18	144.99
1215.67	567.87	1188.34	336.98	283.75	132.03	1270.12
936.88	462.75	904.58	262.64	224.69	104.53	984.45
102.53	42.23	100.22	18.71	17.15	8.05	103.05
176.26	62.90	183.54	55.63	41.91	19.44	182.63
796.32	371.49	824.41	194.54	229.48	100.15	764.36
308.45	126.93	438.78	121.56	116.19	53.55	361.88
304.07	173.27	181.32	23.89	52.65	23.59	183.35
58.20	19.47	87.04	19.12	27.01	9.65	82.22
125.60	51.83	117.26	29.97	33.65	13.36	136.91
956.39	426.46	867.83	243.48	202.51	87.60	820.24
532.04	250.88	385.04	123.49	86.69	38.44	366.89
82.74	32.53	52.22	16.32	13.97	6.57	43.60

2-1 续表 4

行业	企业单位数（个）	工业销售产值（当年价格）	出口交货值	资产总计	固定资产合计
纺织带和帘子布制造	260	494.98	83.26	364.50	121.54
篷、帆布制造	194	208.33	80.18	140.63	33.10
其他非家用纺织制成品制造	323	331.34	53.93	239.64	76.72
纺织服装、服饰业	15821	21056.56	4896.18	12282.08	3463.44
机织服装制造	11221	16106.83	3281.40	9328.16	2616.73
针织或钩针编织服装制造	3404	3845.07	1323.12	2305.15	648.33
服饰制造	1196	1104.66	291.66	648.77	198.38
皮革、毛皮、羽毛及其制品和制鞋业	8719	13855.50	3406.97	7013.90	1913.40
皮革鞣制加工	616	1698.65	107.03	865.22	242.69
皮革制品制造	2426	3247.54	861.12	1615.79	473.39
皮革服装制造	333	646.54	99.42	364.43	123.26
皮箱、包(袋)制造	1450	1523.87	537.86	721.17	203.65
皮手套及皮装饰制品制造	257	278.11	103.92	112.97	44.17
其他皮革制品制造	386	799.01	119.91	417.22	102.30
毛皮鞣制及制品加工	610	907.78	131.96	366.26	119.91
毛皮鞣制加工	149	303.01	15.58	122.18	46.48
毛皮服装加工	242	346.15	62.94	128.44	31.78
其他毛皮制品加工	219	258.62	53.44	115.64	41.65
羽毛(绒)加工及制品制造	517	949.79	168.85	483.39	110.48
羽毛(绒)加工	246	437.72	48.53	220.31	52.09
羽毛(绒)制品加工	271	512.07	120.33	263.08	58.38
制鞋业	4550	7051.75	2138.01	3683.24	966.94
纺织面料鞋制造	565	821.01	195.48	388.32	165.19
皮鞋制造	2653	4525.66	1413.62	2555.17	570.08
塑料鞋制造	596	715.18	241.10	222.53	65.36
橡胶鞋制造	544	711.31	166.37	399.16	135.79
其他制鞋业	192	278.59	121.44	118.06	30.51
木材加工和木、竹、藤、棕、草制品业	9018	13490.65	773.20	6000.77	2456.60
木材加工	1514	1911.91	34.94	775.30	308.07
锯材加工	668	906.49	14.00	363.79	143.74
木片加工	445	559.66	9.25	200.21	97.96
单板加工	303	362.92	6.98	163.05	49.23
其他木材加工	98	82.85	4.71	48.24	17.14
人造板制造	4749	7934.63	286.01	3509.69	1565.15
胶合板制造	3246	4887.74	231.71	1542.80	708.66
纤维板制造	547	1614.38	15.29	1181.05	486.13
刨花板制造	266	384.68	2.75	280.39	136.05
其他人造板制造	690	1047.83	36.27	505.45	234.31

单位：亿元

固定资产原价	累计折旧	流动资产合计	应收账款	存货	产成品	负债合计
176.75	79.85	204.03	42.90	46.33	19.13	214.65
48.90	18.28	92.52	22.35	25.83	9.93	85.55
115.96	44.92	134.03	38.43	29.70	13.53	109.55
5738.88	2526.19	7170.35	1731.32	1931.46	954.90	5880.70
4334.49	1916.79	5404.66	1250.48	1448.65	757.50	4286.29
1063.01	458.18	1387.47	377.65	373.27	152.25	1264.05
341.38	151.22	378.22	103.19	109.53	45.14	330.36
3125.61	1344.51	4258.51	1174.82	1079.54	423.61	3246.00
371.29	148.01	495.90	97.27	184.57	70.28	394.03
667.25	218.86	941.21	229.30	238.16	75.65	748.22
155.20	35.40	160.10	37.11	44.98	18.13	154.72
313.99	123.56	432.79	118.71	116.51	38.98	387.43
61.19	19.11	56.09	15.90	19.22	6.15	46.02
136.88	40.79	292.23	57.58	57.45	12.40	160.04
164.75	52.58	213.67	34.08	77.10	22.91	151.91
60.92	15.91	66.11	8.51	16.88	4.79	40.03
55.02	25.18	79.63	17.53	28.08	9.88	55.95
48.81	11.49	67.93	8.05	32.15	8.24	55.92
180.84	82.36	327.72	90.00	93.38	38.59	267.74
79.47	36.16	149.27	42.82	46.28	20.90	120.92
101.37	46.19	178.45	47.17	47.10	17.69	146.83
1741.46	842.71	2280.01	724.16	486.32	216.18	1684.10
251.54	99.22	182.26	52.59	41.76	16.90	163.29
1004.32	476.45	1661.09	544.28	333.80	151.50	1146.74
219.25	157.15	139.57	45.32	36.67	10.66	117.84
222.38	94.81	217.70	55.36	54.68	26.41	192.44
43.97	15.07	79.38	26.61	19.41	10.71	63.78
4226.84	1934.10	2757.79	542.65	806.99	382.42	2552.02
533.60	249.21	370.61	68.48	93.13	45.45	299.44
242.67	114.82	178.07	31.78	41.35	21.43	135.82
156.75	63.51	76.96	15.94	21.41	9.65	67.81
112.90	65.82	90.83	15.09	23.63	11.56	74.49
21.27	5.07	24.75	5.67	6.74	2.81	21.32
2671.55	1208.50	1521.63	267.90	436.83	221.01	1475.42
1288.47	620.08	673.96	139.70	193.37	91.23	533.51
816.69	377.59	532.79	65.36	159.01	84.17	624.26
213.90	84.44	111.73	18.40	34.60	19.90	145.46
352.48	126.39	203.15	44.44	49.84	25.70	172.19

2-1 续表 5

行　业	企业单位数（个）	工业销售产值（当年价格）	出口交货值	资产总计	固定资产合计
木制品制造	2016	2875.19	302.09	1399.38	469.58
建筑用木料及木材组件加工	463	741.18	78.30	307.97	110.18
木门窗、楼梯制造	363	395.54	16.61	229.99	85.57
地板制造	435	818.13	95.04	494.58	141.27
木制容器制造	264	276.78	17.46	126.02	31.32
软木制品及其他木制品制造	491	643.56	94.67	240.82	101.24
竹、藤、棕、草等制品制造	739	768.91	150.16	316.40	113.81
竹制品制造	590	631.50	118.80	258.82	91.63
藤制品制造	26	22.31	4.46	9.57	5.60
棕制品制造	16	7.63	0.26	6.87	2.25
草及其他制品制造	107	107.47	26.64	41.14	14.32
家具制造业	5288	7348.16	1562.86	4651.08	1471.35
木质家具制造	3413	4673.50	759.01	2894.88	973.31
竹、藤家具制造	81	156.68	46.18	83.17	19.56
金属家具制造	953	1363.34	433.29	968.36	284.34
塑料家具制造	95	100.39	52.40	64.20	21.30
其他家具制造	746	1054.25	271.97	640.46	172.84
造纸和纸制品业	6822	13774.99	591.72	13413.75	5323.95
纸浆制造	50	142.80	2.31	296.20	155.98
木竹浆制造	28	88.88		198.90	119.43
非木竹浆制造	22	53.92	2.31	97.30	36.56
造纸	2820	7925.65	330.55	9462.99	3911.85
机制纸及纸板制造	2449	7453.02	317.01	9114.56	3808.76
手工纸制造	80	100.31	2.25	60.34	21.06
加工纸制造	291	372.32	11.29	288.09	82.02
纸制品制造	3952	5706.53	258.86	3654.57	1256.12
纸和纸板容器制造	2451	3403.88	115.57	2037.52	684.51
其他纸制品制造	1501	2302.65	143.28	1617.04	571.61
印刷和记录媒介复制业	5293	6893.98	438.56	5133.43	1806.20
印刷	5109	6695.15	417.04	4969.54	1747.01
书、报刊印刷	782	1053.21	78.74	923.97	359.59
本册印制	219	385.65	66.73	228.19	78.24
包装装潢及其他印刷	4108	5256.30	271.57	3817.38	1309.18
装订及印刷相关服务	139	138.78	7.72	97.82	33.04
记录媒介复制	45	60.04	13.81	66.08	26.15
文教、工美、体育和娱乐用品制造业	8612	14761.64	4811.44	7681.91	1979.47
文教办公用品制造	760	900.77	198.52	539.85	160.77
文具制造	356	452.14	113.17	288.49	75.87
笔的制造	257	276.14	75.16	140.71	42.55
教学用模型及教具制造	79	118.49	3.44	61.23	18.18
墨水、墨汁制造	11	15.73	0.28	7.91	3.15
其他文教办公用品制造	57	38.27	6.48	41.51	21.03

单位：亿元

固定资产原价	累计折旧	流动资产合计	应收账款	存货	产成品	负债合计
865.02	424.35	711.52	163.75	232.30	93.77	638.86
234.19	129.13	137.98	26.23	48.48	22.50	133.24
118.38	37.90	113.38	32.04	32.69	12.52	103.91
261.67	130.63	286.38	55.87	102.50	40.84	235.96
55.11	25.33	64.43	21.16	14.38	5.37	62.58
195.67	101.36	109.35	28.45	34.25	12.53	103.17
156.68	52.03	154.03	42.52	44.73	22.20	138.31
125.24	41.64	124.33	37.78	38.70	19.29	116.79
6.63	1.13	3.37	0.78	1.00	0.46	4.06
2.59	0.49	3.15	0.55	1.03	0.51	3.36
22.22	8.78	23.19	3.41	3.99	1.93	14.10
2324.22	949.52	2566.67	584.31	719.69	288.54	2321.07
1548.49	646.06	1547.51	315.00	467.63	200.02	1400.80
27.59	8.23	51.97	9.50	15.59	5.53	53.22
429.96	156.03	562.95	158.45	127.36	39.78	495.28
33.33	12.18	33.67	10.68	10.83	3.69	30.66
284.85	127.02	370.58	90.68	98.27	39.52	341.13
8241.94	3345.92	6082.19	1406.54	1199.29	477.38	7647.12
227.41	79.01	79.15	-6.54	25.95	9.56	208.79
165.78	53.86	57.41	-11.18	17.85	5.38	145.55
61.63	25.16	21.74	4.64	8.10	4.18	63.24
5987.65	2407.40	4064.53	778.23	792.46	320.30	5547.72
5822.24	2339.66	3883.24	736.53	750.91	303.07	5381.30
27.30	10.08	31.55	6.22	7.37	3.75	32.81
138.11	57.66	149.73	35.48	34.19	13.48	133.61
2026.88	859.51	1938.50	634.85	380.88	147.52	1890.61
1201.73	564.98	1085.09	374.40	204.30	72.94	1029.99
825.16	294.53	853.41	260.45	176.57	74.58	860.62
3136.94	1435.02	2652.42	782.44	524.95	210.84	2341.32
3023.15	1376.99	2566.59	758.77	510.12	204.22	2273.51
678.42	339.36	450.34	122.65	92.83	32.04	441.08
139.82	65.41	114.44	35.79	23.05	9.61	109.43
2204.91	972.21	2001.81	600.33	394.24	162.57	1723.00
55.64	24.95	52.26	13.42	8.80	3.73	43.17
58.14	33.08	33.58	10.25	6.03	2.89	24.64
3193.72	1341.02	4851.63	1423.79	1572.48	780.33	4111.96
262.14	107.74	304.77	76.17	84.24	41.54	269.21
123.68	50.03	168.89	42.57	48.24	23.83	155.75
72.88	32.01	81.95	19.28	25.85	13.18	77.91
30.68	13.86	33.00	8.53	5.37	2.54	16.86
8.91	5.89	4.69	1.11	0.86	0.37	2.07
25.99	5.95	16.24	4.67	3.93	1.62	16.61

2-1 续表 6

行业	企业单位数（个）	工业销售产值（当年价格）	出口交货值	资产总计	固定资产合计
乐器制造	227	332.45	109.58	205.78	62.62
中乐器制造	34	34.90	12.26	15.39	7.44
西乐器制造	118	175.87	58.28	135.50	38.44
电子乐器制造	26	70.61	31.05	32.56	10.42
其他乐器及零件制造	49	51.06	7.98	22.32	6.32
工艺美术品制造	4896	9861.63	2940.27	4922.49	1129.48
雕塑工艺品制造	784	987.39	104.64	482.45	158.18
金属工艺品制造	448	512.02	110.84	324.17	97.37
漆器工艺品制造	128	196.03	32.66	111.38	41.31
花画工艺品制造	157	237.41	84.05	84.82	41.93
天然植物纤维编织工艺品制造	653	824.93	294.58	264.19	112.61
抽纱刺绣工艺品制造	644	934.02	269.96	485.61	168.76
地毯、挂毯制造	343	636.30	139.53	372.43	123.43
珠宝首饰及有关物品制造	477	3830.21	1343.32	2028.64	132.82
其他工艺美术品制造	1262	1703.32	560.69	768.79	253.06
体育用品制造	1009	1304.25	538.94	750.89	266.57
球类制造	134	172.78	78.11	76.48	25.91
体育器材及配件制造	282	363.13	150.35	234.73	93.38
训练健身器材制造	255	335.74	125.02	202.94	57.48
运动防护用具制造	117	134.89	62.80	58.06	17.08
其他体育用品制造	221	297.71	122.65	178.67	72.73
玩具制造	1480	1967.69	888.39	985.77	282.50
游艺器材及娱乐用品制造	240	394.85	135.74	277.12	77.53
露天游乐场所游乐设备制造	89	100.90	25.34	97.95	33.76
游艺用品及室内游艺器材制造	79	164.12	75.90	87.50	22.25
其他娱乐用品制造	72	129.84	34.50	91.67	21.51
石油加工、炼焦和核燃料加工业	2033	40802.63	553.57	24664.00	9955.32
精炼石油产品制造	1413	34977.06	528.74	16553.65	7016.16
原油加工及石油制品制造	1332	34874.60	528.74	16244.32	6953.26
人造原油制造	81	102.46		309.33	62.90
炼焦	617	5698.01	24.83	7881.60	2787.98
化学原料和化学制品制造业	25262	82352.92	4385.95	68462.38	27819.69
基础化学原料制造	6004	24749.81	968.96	21181.49	9771.43
无机酸制造	462	1058.79	40.57	727.59	315.45
无机碱制造	229	1726.03	61.10	2485.49	1242.59
无机盐制造	1142	2566.68	91.37	2320.01	931.13
有机化学原料制造	2854	16374.65	692.35	12697.67	5817.19
其他基础化学原料制造	1317	3023.66	83.57	2950.74	1465.08

单位：亿元

固定资产原　价	累计折旧	流动资产合　计	应收账款	存货		负债合计
					产成品	
114.04	52.98	113.80	22.86	44.61	14.04	83.22
11.09	4.07	7.33	1.54	3.42	1.35	5.83
67.60	29.54	71.97	12.61	30.50	9.09	56.64
20.15	10.16	20.35	5.56	6.93	2.04	11.08
15.21	9.22	14.14	3.15	3.76	1.56	9.67
1817.42	773.54	3303.77	1007.39	1095.58	597.24	2762.51
243.25	101.02	245.88	41.92	90.44	46.92	173.14
132.89	49.45	190.12	42.33	59.13	25.78	160.52
54.47	14.92	62.99	10.30	25.25	10.25	41.83
75.25	35.77	34.25	8.25	7.41	3.45	30.54
185.24	78.66	119.49	34.44	28.08	13.48	102.03
295.07	137.48	258.46	60.76	57.84	26.70	255.88
236.25	120.42	212.83	47.76	67.81	30.80	202.94
216.96	91.93	1741.18	653.19	623.15	397.05	1440.22
378.03	143.88	438.56	108.45	136.47	42.79	355.41
409.34	158.92	414.66	122.76	123.39	45.19	361.70
37.70	13.38	39.06	9.43	15.40	5.66	35.32
138.95	48.60	126.28	37.08	40.77	15.08	107.55
84.84	29.82	125.19	39.79	25.12	9.60	109.66
32.33	17.69	35.80	10.22	14.03	4.35	29.69
115.51	49.42	88.33	26.23	28.08	10.49	79.49
485.44	215.08	562.39	162.88	180.61	68.11	488.76
105.35	32.76	152.25	31.74	44.04	14.22	146.56
40.84	11.25	52.94	10.79	14.52	3.38	50.11
32.31	10.52	44.79	11.21	16.51	4.32	46.77
32.19	10.99	54.51	9.73	13.01	6.52	49.67
16796.97	7528.92	10484.13	1421.02	3472.50	1188.85	16350.22
12733.17	6058.74	6772.24	752.85	2735.99	819.85	10051.98
12679.08	6053.14	6702.46	745.60	2724.50	815.93	9849.92
54.09	5.60	69.77	7.25	11.49	3.91	202.07
3886.86	1398.06	3645.65	665.41	696.28	345.66	6118.38
43213.09	17679.96	29777.45	6095.11	6392.41	2797.96	39666.58
15005.92	5947.12	8112.95	1314.23	1697.43	676.60	12854.34
487.13	210.46	311.83	61.05	66.58	31.18	359.93
1651.01	578.36	775.06	122.65	141.76	48.23	1723.86
1382.60	516.29	968.06	171.29	215.38	97.42	1443.11
9257.34	3758.91	4968.34	722.33	1070.74	417.98	7665.26
2227.83	883.10	1089.66	236.91	202.96	81.79	1662.17

2-1 续表 7

行 业	企业单位数 (个)	工业销售产值 (当年价格)	出口交货值	资产总计	固定资产合计
肥料制造	2480	8860.88	157.38	10936.12	4685.81
氮肥制造	312	2540.46	57.45	4914.49	2511.89
磷肥制造	222	824.83	69.23	1186.20	488.06
钾肥制造	61	312.72		1079.48	380.00
复混肥料制造	1239	4259.35	25.40	3148.77	1113.34
有机肥料及微生物肥料制造	562	789.06	1.98	513.30	143.98
其他肥料制造	84	134.46	3.32	93.89	48.54
农药制造	838	2948.62	374.63	2112.24	702.58
化学农药制造	701	2660.53	366.15	1927.77	637.08
生物化学农药及微生物农药制造	137	288.09	8.47	184.48	65.50
涂料、油墨、颜料及类似产品制造	3357	6222.26	318.07	4389.41	1198.79
涂料制造	2048	3887.55	113.57	2555.00	654.71
油墨及类似产品制造	350	389.87	24.17	334.03	78.93
颜料制造	418	819.76	85.49	642.22	237.24
染料制造	331	866.21	82.04	673.94	170.18
密封用填料及类似品制造	210	258.86	12.80	184.22	57.73
合成材料制造	2851	13727.65	876.58	12057.73	4945.17
初级形态塑料及合成树脂制造	1743	8507.85	525.36	8001.95	3389.21
合成橡胶制造	368	1393.01	86.10	877.35	277.53
合成纤维单(聚合)体制造	206	2797.56	199.20	2358.74	986.90
其他合成材料制造	534	1029.23	65.92	819.69	291.53
专用化学产品制造	6940	19551.62	1089.00	13572.25	5266.88
化学试剂和助剂制造	2643	6019.62	241.91	3777.12	1283.17
专项化学用品制造	2122	7912.00	333.04	4519.01	1665.87
林产化学产品制造	517	806.91	44.49	328.85	113.39
信息化学品制造	485	2530.36	384.82	3407.37	1518.07
环境污染处理专用药剂材料制造	246	399.38	15.42	247.22	68.97
动物胶制造	68	123.48	1.74	67.38	30.04
其他专用化学产品制造	859	1759.88	67.56	1225.28	587.38
炸药、火工及焰火产品制造	1360	1965.22	298.98	1353.63	510.15
炸药及火工产品制造	246	564.89	9.37	924.99	284.38
焰火、鞭炮产品制造	1114	1400.33	289.61	428.63	225.77
日用化学产品制造	1432	4326.86	302.38	2859.52	738.88
肥皂及合成洗涤剂制造	380	1563.51	54.97	939.67	214.26
化妆品制造	375	1368.35	116.12	958.23	213.04
口腔清洁用品制造	46	164.75	22.05	128.21	27.54
香料、香精制造	353	650.68	88.43	504.69	152.33
其他日用化学产品制造	278	579.57	20.79	328.72	131.71

单位：亿元

固定资产原价	累计折旧	流动资产合计	应收账款	存货	产成品	负债合计
6807.59	2679.10	4225.67	452.75	1009.53	435.49	7175.38
3368.47	1235.10	1607.87	123.13	282.19	108.48	3386.16
698.99	228.52	513.66	57.23	144.51	76.79	858.11
480.72	120.64	281.97	22.34	66.94	16.77	722.71
1949.08	961.69	1482.12	147.78	460.88	204.80	1945.75
251.16	117.17	309.72	96.33	44.69	22.87	206.07
59.17	15.98	30.33	5.94	10.33	5.78	56.58
1319.80	655.42	986.87	205.08	294.49	148.51	1084.79
1223.41	616.16	910.06	192.25	272.09	135.77	1007.39
96.40	39.26	76.81	12.84	22.40	12.74	77.40
2096.78	972.39	2580.34	847.45	531.55	246.37	2139.78
1233.56	611.23	1564.87	536.13	274.85	118.90	1229.89
127.68	53.39	212.00	89.48	38.89	16.56	141.12
381.01	164.90	294.87	74.96	83.48	45.87	357.81
267.19	108.79	412.99	110.52	112.87	57.08	324.77
87.34	34.09	95.61	36.36	21.46	7.96	86.20
7753.96	3201.90	5110.14	1102.28	1094.51	456.17	7464.05
5099.34	1999.35	3200.78	682.75	687.27	293.73	4988.95
784.52	517.17	420.85	83.29	102.61	49.57	489.48
1461.27	553.83	1078.21	209.89	202.89	67.85	1578.35
408.83	131.55	410.30	126.35	101.74	45.02	407.27
8282.93	3441.37	6443.45	1633.42	1339.06	617.23	7043.93
2137.19	976.70	1950.80	519.16	388.56	185.14	1868.08
2612.37	1066.22	2228.92	493.86	523.04	233.24	2354.98
175.55	76.28	169.07	36.94	54.12	33.53	142.85
2270.28	887.30	1425.95	392.76	239.05	101.56	1984.20
97.77	33.50	146.14	50.85	24.59	9.76	97.78
50.35	21.96	29.03	5.20	11.08	5.19	26.59
939.42	379.41	493.55	134.66	98.62	48.81	569.45
679.24	215.10	564.37	123.98	100.76	49.93	556.50
392.06	142.83	411.81	77.86	66.02	27.85	427.14
287.18	72.27	152.55	46.11	34.74	22.08	129.37
1266.86	567.56	1753.67	415.93	325.09	167.66	1347.81
428.97	226.72	583.22	117.91	97.85	52.24	483.77
340.75	137.81	623.34	165.96	107.28	58.25	444.43
54.18	28.36	92.02	19.39	14.82	9.14	50.72
238.79	93.33	283.84	71.50	64.35	30.46	203.71
204.18	81.34	171.25	41.18	40.79	17.58	165.18

2-1 续表 8

行　业	企业单位数（个）	工业销售产值（当年价格）	出口交货值	资产总计	固定资产合计
医药制造业	7108	23200.28	1312.32	21739.42	6280.29
化学药品原料药制造	1262	4094.31	600.72	4060.68	1457.43
化学药品制剂制造	1109	6178.43	150.94	6449.78	1601.77
中药饮片加工	994	1579.29	26.50	1014.08	316.65
中成药生产	1592	5736.41	75.59	5445.92	1326.32
兽用药品制造	503	1081.96	43.04	656.79	253.99
生物药品制造	934	2851.52	234.55	2957.47	872.86
卫生材料及医药用品制造	714	1678.36	180.97	1154.70	451.27
化学纤维制造业	1948	7157.88	506.72	6455.37	2254.59
纤维素纤维原料及纤维制造	355	1956.72	177.69	2017.08	820.89
化纤浆粕制造	76	232.91	12.01	251.16	104.51
人造纤维(纤维素纤维)制造	279	1723.81	165.67	1765.92	716.39
合成纤维制造	1593	5201.16	329.03	4438.29	1433.70
锦纶纤维制造	185	764.16	44.48	668.83	241.02
涤纶纤维制造	779	3589.93	228.54	2950.07	888.86
腈纶纤维制造	15	75.87	1.14	113.06	47.63
维纶纤维制造	11	39.66	8.09	92.47	45.44
丙纶纤维制造	54	55.35	3.00	39.39	6.09
氨纶纤维制造	54	232.67	23.52	313.41	128.23
其他合成纤维制造	495	443.53	20.26	261.06	76.42
橡胶和塑料制品业	18143	30131.04	3859.07	20287.90	7082.27
橡胶制品业	3229	9221.73	1619.58	6947.34	2811.41
轮胎制造	555	5407.89	1194.42	4542.39	2022.23
橡胶板、管、带制造	861	1324.12	91.04	908.63	302.32
橡胶零件制造	687	872.09	126.04	577.07	186.99
再生橡胶制造	188	272.26	2.78	121.96	54.99
日用及医用橡胶制品制造	253	460.60	102.03	220.32	74.84
其他橡胶制品制造	685	884.77	103.27	576.97	170.03
塑料制品业	14914	20909.31	2239.49	13340.57	4270.87
塑料薄膜制造	1640	2673.62	262.01	2071.51	700.81
塑料板、管、型材制造	2890	4999.00	229.39	3382.45	1049.90
塑料丝、绳及编织品制造	2006	2876.53	128.55	1250.63	487.53
泡沫塑料制造	801	934.91	41.05	481.98	164.47
塑料人造革、合成革制造	504	1218.38	69.25	764.31	242.35
塑料包装箱及容器制造	1523	1751.11	125.48	1227.59	395.94
日用塑料制品制造	1577	1657.92	472.80	996.67	320.70
塑料零件制造	1342	1577.07	334.20	1125.60	304.90
其他塑料制品制造	2631	3220.78	576.76	2039.83	604.27

单位：亿元

固定资产原价	累计折旧	流动资产合计	应收账款	存货	产成品	负债合计
9689.21	4046.28	11496.53	2584.78	2573.42	1161.04	9437.87
2281.88	957.20	1849.62	389.34	460.28	216.99	1993.18
2377.55	910.98	3793.15	893.32	793.58	383.27	2929.47
468.96	183.22	540.45	187.24	151.66	66.29	449.31
2111.26	952.05	3049.74	645.00	716.32	286.02	2296.94
441.19	205.29	281.55	56.35	55.87	24.70	253.39
1435.34	652.81	1409.75	265.19	276.42	108.10	1042.39
573.03	184.73	572.28	148.33	119.30	75.66	473.20
3588.25	1508.22	3102.23	469.46	756.85	380.53	4008.63
1235.62	483.76	901.63	128.82	259.72	95.73	1288.55
147.53	52.44	114.89	20.66	35.54	12.24	185.96
1088.10	431.32	786.74	108.17	224.18	83.49	1102.59
2352.63	1024.46	2200.60	340.64	497.14	284.80	2720.08
355.00	142.00	359.00	59.70	74.96	50.46	420.59
1440.40	621.37	1443.86	196.63	333.15	184.50	1837.67
95.28	48.37	48.58	6.29	12.89	7.70	83.83
74.03	29.75	21.03	3.24	6.41	4.34	51.53
11.25	5.49	27.09	6.20	5.18	1.78	24.79
256.70	131.10	148.18	28.22	32.71	19.58	138.36
119.97	46.38	152.85	40.36	31.84	16.44	163.31
11648.73	5097.57	10693.85	3034.25	2431.01	1146.75	10034.53
4448.64	1878.83	3354.86	885.69	780.79	415.98	3460.21
3080.91	1232.82	2040.68	425.95	506.23	287.38	2383.67
453.96	165.60	497.99	173.15	92.55	45.53	382.33
366.93	208.46	324.18	119.22	74.59	32.93	255.68
83.26	31.78	52.36	14.92	13.96	8.17	49.92
188.77	121.68	123.16	29.14	32.08	13.79	103.55
274.80	118.49	316.49	123.31	61.39	28.19	285.05
7200.10	3218.75	7338.99	2148.56	1650.22	730.76	6574.32
1122.02	487.81	1065.40	236.81	234.65	103.11	1053.19
1839.83	881.22	1846.02	493.80	413.91	219.50	1558.90
767.48	304.31	617.42	161.87	142.03	70.59	536.94
255.24	102.34	265.93	97.88	49.27	24.66	234.87
399.86	173.57	437.82	99.40	104.94	35.41	435.36
695.60	319.03	633.39	194.35	111.86	49.47	602.24
556.35	253.64	555.04	161.66	147.56	53.46	524.20
599.63	301.88	707.38	266.55	159.09	66.71	592.60
964.09	394.96	1210.58	436.23	286.91	107.86	1036.02

2-1 续表 9

行 业	企业单位数（个）	工业销售产值（当年价格）	出口交货值	资产总计	固定资产合计
非金属矿物制品业	33993	58239.63	1912.73	46575.62	18498.36
水泥、石灰和石膏制造	4138	10990.90	31.12	14294.88	6820.76
水泥制造	3462	10182.97	30.77	13872.75	6618.52
石灰和石膏制造	676	807.93	0.35	422.12	202.24
石膏、水泥制品及类似制品制造	9099	11694.82	29.33	9047.62	2648.80
水泥制品制造	7137	9044.57	15.01	7166.75	1941.28
砼结构构件制造	832	1096.46	3.77	791.75	259.20
石棉水泥制品制造	87	202.35	0.17	143.28	65.23
轻质建筑材料制造	659	961.96	7.77	691.56	281.38
其他水泥类似制品制造	384	389.48	2.61	254.28	101.71
砖瓦、石材等建筑材料制造	9497	14282.47	339.67	7661.75	3227.04
粘土砖瓦及建筑砌块制造	3414	3522.07	6.09	1729.19	814.82
建筑陶瓷制品制造	1471	4487.13	101.26	2354.42	1073.67
建筑用石加工	2464	3366.83	170.49	1669.34	672.74
防水建筑材料制造	500	869.43	10.26	462.98	136.30
隔热和隔音材料制造	620	787.06	15.91	508.11	213.85
其他建筑材料制造	1028	1249.95	35.65	937.70	315.65
玻璃制造	733	1471.00	98.33	2170.90	822.31
平板玻璃制造	222	711.07	37.09	1448.14	565.57
其他玻璃制造	511	759.93	61.24	722.75	256.75
玻璃制品制造	2136	3966.65	406.29	3182.96	1116.40
技术玻璃制品制造	519	1203.48	145.45	1284.73	445.39
光学玻璃制造	242	481.34	112.60	376.75	140.75
玻璃仪器制造	68	173.62	4.68	75.16	30.38
日用玻璃制品制造	528	722.36	76.73	502.01	149.93
玻璃包装容器制造	350	771.51	17.95	456.72	194.03
玻璃保温容器制造	48	49.19	7.93	43.10	15.52
制镜及类似品加工	76	85.05	8.86	83.40	16.82
其他玻璃制品制造	305	480.11	32.09	361.09	123.58
玻璃纤维和玻璃纤维增强塑料制品制造	1210	2371.45	159.33	1813.02	826.11
玻璃纤维及制品制造	763	1505.71	130.89	1304.34	659.91
玻璃纤维增强塑料制品制造	447	865.75	28.44	508.68	166.20
陶瓷制品制造	2100	3651.72	508.67	2001.07	793.62
卫生陶瓷制品制造	332	597.96	112.28	455.95	162.63
特种陶瓷制品制造	639	1344.33	70.59	756.94	309.45
日用陶瓷制品制造	677	1020.48	180.05	498.47	201.75
园林、陈设艺术及其他陶瓷制品制造	452	688.94	145.75	289.70	119.78
耐火材料制品制造	2362	4726.39	153.18	2805.00	893.14
石棉制品制造	123	169.03	1.50	78.76	46.09
云母制品制造	54	61.35	4.10	21.95	9.78
耐火陶瓷制品及其他耐火材料制造	2185	4496.00	147.58	2704.29	837.27

单位：亿元

固定资产原价	累计折旧	流动资产合计	应收账款	存货	产成品	负债合计
27809.18	10490.59	21629.83	6071.92	4107.15	1858.04	24935.00
9733.22	3306.93	5360.12	810.74	891.29	262.37	8578.02
9422.83	3187.02	5188.70	749.07	863.99	249.16	8377.18
310.40	119.91	171.42	61.68	27.29	13.21	200.84
4281.53	1794.83	5447.60	2519.52	695.98	303.66	5292.76
3229.21	1408.44	4516.17	2215.93	538.90	228.87	4368.18
410.71	171.43	453.80	180.70	80.75	38.63	453.08
103.80	39.23	62.59	4.46	3.99	1.69	55.24
390.65	123.90	289.04	64.13	52.60	26.22	282.95
147.16	51.82	125.99	54.30	19.74	8.25	133.31
4986.36	1982.72	3310.18	796.69	857.68	491.46	3266.74
1217.98	467.19	649.51	162.29	121.32	71.75	637.33
1803.59	776.98	981.55	173.99	362.59	235.17	1158.63
927.49	311.83	717.95	161.33	198.88	107.80	567.37
230.25	103.78	251.73	94.95	44.44	20.56	202.41
293.80	95.51	227.41	63.46	41.74	22.67	197.68
513.24	227.42	482.02	140.68	88.71	33.52	503.32
1253.79	461.50	899.83	134.49	202.79	96.36	1279.19
874.95	327.34	550.35	48.10	131.45	63.90	905.72
378.84	134.16	349.48	86.39	71.34	32.46	373.46
1876.35	818.62	1598.53	430.51	359.71	164.05	1687.78
670.21	252.32	641.80	214.13	130.06	47.07	696.49
250.66	110.75	203.32	52.67	47.42	18.57	191.69
67.61	38.98	30.56	10.02	6.66	3.76	32.85
240.67	98.89	271.31	52.79	58.74	33.30	297.07
406.47	223.27	209.89	38.35	71.60	38.14	251.49
16.20	4.55	21.48	5.21	7.35	3.67	22.48
27.65	12.05	52.42	12.57	10.44	5.37	45.67
196.88	77.82	167.74	44.79	27.44	14.17	150.06
1261.87	499.66	749.43	221.53	140.87	67.79	870.50
966.14	361.83	465.00	124.77	94.51	47.59	626.03
295.73	137.83	284.43	96.76	46.36	20.20	244.47
1228.28	485.51	917.76	224.73	256.94	138.63	837.12
247.14	93.02	238.24	48.50	68.04	32.33	226.96
518.85	224.85	314.13	96.95	76.93	39.61	265.40
296.37	111.18	225.70	49.95	74.24	41.50	222.90
165.92	56.47	139.69	29.33	37.73	25.19	121.86
1261.66	436.95	1555.29	489.13	257.79	138.13	1245.86
54.16	17.46	23.94	7.52	4.55	2.48	19.81
12.59	4.83	8.42	2.75	2.63	1.30	11.34
1194.91	414.66	1522.93	478.87	250.61	134.35	1214.71

2-1 续表 10

行 业	企业单位数（个）	工业销售产值（当年价格）	出口交货值	资产总计	固定资产合计
石墨及其他非金属矿物制品制造	2718	5084.22	186.81	3598.44	1350.18
石墨及碳素制品制造	960	2229.74	99.23	1711.06	664.97
其他非金属矿物制品制造	1758	2854.48	87.58	1887.38	685.21
黑色金属冶炼和压延加工业	10363	71026.51	2941.81	65248.18	26004.52
炼铁	328	2777.23	20.63	2725.12	941.23
炼钢	213	7773.19	321.10	9940.37	3960.29
黑色金属铸造	3747	6775.83	367.22	3477.04	1511.45
钢压延加工	4687	49393.31	2170.88	46105.47	18497.52
铁合金冶炼	1388	4306.94	61.99	3000.18	1094.02
有色金属冶炼和压延加工业	7385	46154.64	1254.67	36187.30	12486.78
常用有色金属冶炼	1479	15220.47	212.53	16951.69	6310.30
铜冶炼	255	5381.45	120.98	4469.64	1152.72
铅锌冶炼	407	2643.76	15.21	2180.02	702.85
镍钴冶炼	88	1345.49	44.25	2590.08	779.89
锡冶炼	58	368.65	10.00	556.78	168.82
锑冶炼	60	261.70	3.81	134.14	73.62
铝冶炼	293	4298.28	7.72	5938.24	3104.01
镁冶炼	115	296.47	5.10	271.19	123.18
其他常用有色金属冶炼	203	624.67	5.46	811.61	205.21
贵金属冶炼	311	2772.88	21.57	1944.42	489.38
金冶炼	189	2119.80	1.21	1636.74	400.21
银冶炼	87	513.82	20.05	252.59	64.62
其他贵金属冶炼	35	139.25	0.31	55.09	24.55
稀有稀土金属冶炼	419	1881.95	91.02	1456.02	353.00
钨钼冶炼	150	809.87	51.65	639.91	169.95
稀土金属冶炼	163	745.56	25.99	555.44	98.33
其他稀有金属冶炼	106	326.52	13.38	260.66	84.72
有色金属合金制造	940	3508.79	174.19	2404.01	774.16
有色金属铸造	190	324.36	23.17	218.93	60.69
有色金属压延加工	4046	22446.20	732.20	13212.22	4499.25
铜压延加工	1358	9797.93	250.07	3852.20	961.08
铝压延加工	1873	9932.28	341.03	7547.46	3015.43
贵金属压延加工	84	319.71	23.68	160.46	23.68
稀有稀土金属压延加工	212	794.68	47.40	809.62	215.79
其他有色金属压延加工	519	1601.60	70.01	842.48	283.28
金属制品业	20784	36612.45	3836.83	26013.06	9228.89
结构性金属制品制造	6628	12144.85	507.94	7924.82	2303.77
金属结构制造	4794	9356.14	403.17	6131.17	1773.31
金属门窗制造	1834	2788.71	104.77	1793.65	530.47

单位：亿元

固定资产原价	累计折旧	流动资产合计	应收账款	存货	产成品	负债合计
1926.10	703.85	1791.11	444.57	444.11	195.58	1877.03
978.13	375.10	852.90	195.75	237.94	100.20	920.15
947.97	328.75	938.21	248.82	206.16	95.38	956.88
43760.54	19345.21	26778.64	3167.26	7856.73	2835.13	42952.27
1572.25	671.67	1070.20	155.73	271.79	98.91	1839.15
6876.63	3055.74	3691.34	392.67	1220.82	547.90	6861.00
2467.66	1056.93	1580.59	453.12	359.90	184.67	1614.87
31114.39	13818.04	18948.08	1885.67	5566.24	1794.92	30628.67
1729.60	742.83	1488.44	280.08	437.98	208.74	2008.59
17815.90	6536.14	17973.01	2741.41	5413.54	1657.20	23061.39
8930.33	3142.11	8095.35	854.99	2869.85	687.18	12240.24
1843.21	784.41	2722.80	269.00	982.72	165.62	2951.39
976.78	372.25	1069.20	79.79	496.09	133.15	1586.12
1023.87	255.55	1348.68	146.03	553.22	174.24	1849.19
220.22	60.13	269.77	18.09	100.40	37.94	435.27
81.37	19.48	48.60	9.99	17.85	8.21	50.97
4410.69	1553.89	2056.88	262.02	537.83	123.54	4596.55
152.98	36.43	119.49	29.96	30.36	17.77	158.59
221.21	59.96	459.93	40.11	151.38	26.71	612.17
586.11	219.38	954.37	70.05	318.47	120.70	1164.79
486.84	193.13	768.64	58.83	237.03	98.71	972.58
71.75	22.04	163.34	4.97	73.45	19.06	165.39
27.52	4.21	22.39	6.25	7.99	2.94	26.82
496.08	177.12	820.47	147.38	286.35	165.82	646.45
243.79	91.59	336.27	54.00	66.15	32.92	302.71
163.12	64.76	361.76	77.66	167.71	97.13	234.22
89.17	20.77	122.45	15.72	52.48	35.76	109.52
1065.37	329.05	1274.90	315.40	387.18	135.77	1475.54
94.40	39.39	117.54	33.69	30.87	14.52	126.39
6643.61	2629.10	6710.38	1319.91	1520.82	533.21	7407.98
1541.18	668.50	2420.43	549.97	452.61	175.67	2414.44
4308.16	1653.76	3282.67	573.28	781.83	254.88	4045.69
32.70	10.09	128.18	14.42	27.59	4.46	108.27
382.58	173.33	408.56	62.76	109.10	41.49	326.98
379.00	123.42	470.54	119.49	149.70	56.71	512.61
13386.67	5034.31	13797.70	3925.04	3435.13	1380.36	13198.74
3478.60	1375.72	4570.96	1342.73	1161.91	422.31	4365.03
2667.20	1029.40	3525.40	1068.45	893.52	340.31	3418.42
811.40	346.32	1045.56	274.28	268.39	82.00	946.60

2-1 续表 11

行业	企业单位数(个)	工业销售产值(当年价格)	出口交货值	资产总计	固定资产合计
金属工具制造	1788	2326.00	539.30	1396.73	502.27
切削工具制造	540	714.31	92.90	619.11	211.05
手工具制造	408	468.26	117.12	225.59	73.96
农用及园林用金属工具制造	191	210.54	62.91	109.94	33.84
刀剪及类似日用金属工具制造	212	367.11	179.64	136.65	67.54
其他金属工具制造	437	565.78	86.73	305.44	115.88
集装箱及金属包装容器制造	1381	2935.41	653.21	2330.81	711.50
集装箱制造	89	719.85	548.80	416.25	91.66
金属压力容器制造	520	871.03	42.47	873.63	267.45
金属包装容器制造	772	1344.52	61.94	1040.93	352.39
金属丝绳及其制品制造	1470	3278.66	224.21	2325.37	803.64
建筑、安全用金属制品制造	2479	3613.36	585.38	3822.05	2348.77
建筑、家具用金属配件制造	921	1215.93	241.44	628.21	190.74
建筑装饰及水暖管道零件制造	1057	1673.31	294.88	2695.31	1963.53
安全、消防用金属制品制造	257	420.12	20.52	277.81	112.34
其他建筑、安全用金属制品制造	244	304.00	28.54	220.72	82.16
金属表面处理及热处理加工	1400	2385.27	108.87	1589.68	423.67
搪瓷制品制造	167	263.58	35.44	141.14	43.63
生产专用搪瓷制品制造	41	72.69	3.34	41.16	12.50
建筑装饰搪瓷制品制造	9	14.67	2.72	23.51	3.73
搪瓷卫生洁具制造	49	80.37	12.83	41.01	14.05
搪瓷日用品及其他搪瓷制品制造	68	95.86	16.56	35.46	13.35
金属制日用品制造	1840	2422.58	577.56	1384.72	366.26
金属制厨房用器具制造	274	338.77	71.80	230.94	47.58
金属制餐具和器皿制造	749	1017.29	327.24	586.85	162.52
金属制卫生器具制造	110	128.11	31.88	111.18	20.62
其他金属制日用品制造	707	938.40	146.64	455.75	135.54
其他金属制品制造	3631	7242.73	604.91	5097.74	1725.38
锻件及粉末冶金制品制造	1765	3926.65	196.40	2289.57	769.99
交通及公共管理用金属标牌制造	93	118.67	2.37	82.05	21.78
通用设备制造业	24619	47150.91	5173.75	39798.84	10243.68
锅炉及原动设备制造	1770	5388.06	286.36	6232.82	1335.13
锅炉及辅助设备制造	845	2004.02	73.78	1969.73	380.32
内燃机及配件制造	667	2347.33	160.08	2456.65	696.99
汽轮机及辅机制造	108	538.61	37.81	1184.63	152.22
水轮机及辅机制造	46	96.06	6.26	134.22	25.90
风能原动设备制造	77	367.93	7.38	470.83	73.47
其他原动设备制造	27	34.12	1.04	16.76	6.23

单位：亿元

固定资产原价	累计折旧	流动资产合计	应收账款	存货	产成品	负债合计
866.12	404.42	743.98	214.10	207.65	91.25	658.09
386.71	189.61	332.87	93.50	98.88	47.65	292.80
131.94	62.95	123.46	36.18	37.20	16.69	113.26
46.99	17.54	63.04	15.68	14.91	5.26	58.81
102.40	42.52	62.55	16.32	14.88	6.41	54.53
198.09	91.80	162.07	52.42	41.77	15.24	138.69
1084.15	416.98	1329.42	388.79	328.46	109.03	1217.28
147.39	56.87	281.83	83.68	80.75	31.18	234.48
397.69	144.82	496.86	145.96	126.00	38.97	457.64
539.08	215.29	550.72	159.14	121.71	38.88	525.16
1207.92	489.16	1236.80	328.46	306.19	178.41	1282.87
2631.72	526.65	1216.02	359.23	294.57	120.25	1184.81
320.26	140.64	354.96	118.63	100.98	36.44	314.76
1995.18	252.79	631.25	169.94	143.14	57.58	674.45
136.11	32.29	127.96	38.55	26.26	14.51	90.99
180.18	100.93	101.85	32.11	24.20	11.72	104.61
700.60	305.56	1007.76	272.10	185.54	79.07	1012.16
88.56	46.36	81.01	25.75	22.43	10.09	77.09
20.02	7.96	26.23	11.35	6.79	3.03	22.79
7.66	3.93	12.38	5.01	3.24	1.15	10.82
24.36	10.52	24.14	5.67	6.98	3.32	26.87
36.53	23.96	18.26	3.72	5.42	2.59	16.61
733.69	398.76	823.36	206.14	212.60	89.06	737.73
150.16	105.61	158.36	38.80	36.36	16.02	137.92
308.50	161.13	344.49	74.67	86.20	34.87	304.08
33.06	14.92	63.60	13.71	25.42	13.22	82.58
241.96	117.10	256.92	78.96	64.62	24.95	213.16
2595.30	1070.71	2788.40	787.73	715.77	280.90	2663.68
1264.66	556.01	1231.04	368.94	319.81	146.64	1186.36
53.85	34.36	47.31	9.44	10.14	4.16	37.01
16547.82	7128.85	24050.66	7664.01	6289.56	2235.98	21366.13
2251.98	1007.34	4122.12	1226.99	1219.49	274.08	3886.44
695.25	339.75	1408.28	451.25	413.92	74.27	1285.49
1033.57	388.02	1392.10	340.56	318.29	126.95	1306.89
274.74	132.09	917.50	272.54	386.90	30.36	901.82
53.37	30.78	57.06	12.58	19.93	6.22	57.92
187.88	115.26	339.59	147.22	78.30	35.18	326.80
7.16	1.45	7.57	2.84	2.16	1.10	7.50

2-1 续表 12

行　业	企业单位数(个)	工业销售产值(当年价格)	出口交货值	资产总计	固定资产合计
金属加工机械制造	3483	5759.98	234.37	5057.45	1463.10
金属切削机床制造	761	1762.14	64.82	2153.56	529.01
金属成形机床制造	583	866.35	49.70	708.33	208.87
铸造机械制造	648	971.86	26.01	496.97	193.68
金属切割及焊接设备制造	376	490.11	57.39	427.01	84.81
机床附件制造	418	574.88	9.68	399.80	183.89
其他金属加工机械制造	697	1094.64	26.76	871.78	262.84
物料搬运设备制造	2258	6851.90	653.59	6392.22	1319.63
轻小型起重设备制造	259	467.43	107.12	413.81	115.01
起重机制造	800	2691.14	233.22	2894.69	719.86
生产专用车辆制造	140	454.35	67.57	319.67	73.07
连续搬运设备制造	282	385.25	22.60	342.23	88.21
电梯、自动扶梯及升降机制造	639	2610.27	185.87	2214.33	273.17
其他物料搬运设备制造	138	243.45	37.21	207.48	50.31
泵、阀门、压缩机及类似机械制造	5044	8877.65	943.57	6843.14	1835.95
泵及真空设备制造	1337	2192.00	253.04	1700.30	482.76
气体压缩机械制造	528	2025.30	197.19	1557.32	380.23
阀门和旋塞制造	1849	2587.89	381.15	2061.26	483.81
液压和气压动力机械及元件制造	1330	2072.46	112.18	1524.27	489.15
轴承、齿轮和传动部件制造	2938	4849.71	375.78	3739.46	1304.68
轴承制造	1750	2753.84	214.52	2082.48	719.96
齿轮及齿轮减、变速箱制造	890	1625.49	106.70	1309.48	469.20
其他传动部件制造	298	470.37	54.56	347.50	115.52
烘炉、风机、衡器、包装等设备制造	3043	6226.76	890.73	5484.13	1184.92
烘炉、熔炉及电炉制造	226	252.08	15.28	321.86	57.15
风机、风扇制造	486	964.71	61.04	1006.85	197.39
气体、液体分离及纯净设备制造	481	765.09	70.22	831.89	212.93
制冷、空调设备制造	939	2669.14	241.36	1887.02	445.07
风动和电动工具制造	395	964.36	422.94	937.55	143.74
喷枪及类似器具制造	87	100.67	23.33	79.50	18.57
衡器制造	138	187.93	28.61	116.01	34.93
包装专用设备制造	291	322.77	27.94	303.44	75.14
文化、办公用机械制造	471	1895.87	1259.68	1188.32	221.86
电影机械制造	11	27.72	4.21	23.27	1.53
幻灯及投影设备制造	42	91.60	30.35	56.80	11.76
照相机及器材制造	122	484.11	387.83	332.96	83.42
复印和胶印设备制造	128	708.10	521.14	339.81	74.02
计算器及货币专用设备制造	113	517.35	287.70	368.68	39.94
其他文化、办公用机械制造	55	66.98	28.43	66.78	11.19

单位：亿元

固定资产原价	累计折旧	流动资产合计	应收账款	存货	产成品	负债合计
2408.34	1105.06	2885.63	729.68	930.62	316.82	2762.48
897.20	460.23	1346.73	314.21	488.88	155.41	1355.31
338.90	145.11	423.28	105.14	136.03	45.39	380.69
302.31	123.04	250.41	74.49	71.75	34.03	258.33
130.21	50.00	280.06	75.27	70.45	29.60	194.87
344.42	178.10	158.70	43.93	47.84	18.19	167.58
395.31	148.58	426.44	116.65	115.66	34.21	405.71
2063.26	842.08	4105.12	1326.25	969.23	336.53	3738.20
154.07	46.73	252.16	80.35	61.70	22.55	232.16
1151.39	492.89	1646.94	586.70	450.28	132.42	1734.78
140.73	77.43	195.79	53.33	57.83	25.60	152.46
119.06	35.47	213.22	79.56	50.33	17.73	184.59
421.43	160.81	1667.59	483.22	315.15	129.77	1331.44
76.59	28.76	129.41	43.09	33.95	8.47	102.78
2997.94	1308.93	3963.77	1351.40	995.11	417.80	3221.51
739.08	299.73	973.62	318.38	262.79	97.20	805.61
755.86	393.81	935.69	333.81	233.72	119.97	811.62
766.33	326.12	1204.50	434.05	280.92	111.24	909.81
736.67	289.28	849.96	265.16	217.69	89.40	694.46
2047.87	825.05	1939.78	654.81	523.21	242.28	1827.93
1104.39	436.31	1048.99	346.29	289.06	148.98	1004.61
759.51	315.89	697.06	240.64	185.03	73.08	668.25
183.98	72.85	193.73	67.88	49.12	20.22	155.07
1777.55	716.59	3413.04	1113.73	781.92	299.43	2949.94
93.79	38.33	208.83	60.77	59.64	8.86	165.30
288.44	112.66	657.84	245.78	130.97	45.55	543.19
286.12	107.59	481.95	166.80	102.80	41.57	443.52
702.21	304.45	1198.47	379.91	294.48	140.03	967.35
217.35	78.03	551.01	171.90	97.51	30.35	575.00
33.86	16.64	50.16	17.11	11.86	4.40	48.09
50.63	18.73	67.97	22.25	16.89	5.62	43.73
105.14	40.17	196.79	49.19	67.76	23.04	163.76
483.19	271.24	869.71	321.22	206.61	80.78	566.42
3.06	1.53	20.90	6.06	6.63	3.76	11.20
25.19	14.54	40.71	16.44	9.24	4.56	28.68
187.36	106.75	208.75	63.26	49.41	14.63	144.70
182.49	111.44	247.36	103.18	53.16	19.26	144.90
62.96	25.85	302.92	112.63	75.30	34.19	196.04
22.13	11.13	49.08	19.65	12.86	4.38	40.90

2-1 续表 13

行业	企业单位数(个)	工业销售产值(当年价格)	出口交货值	资产总计	固定资产合计
通用零部件制造	4694	6057.72	462.55	3608.15	1246.51
金属密封件制造	412	795.51	84.98	417.68	164.12
紧固件制造	1161	1347.95	190.69	941.92	282.11
弹簧制造	270	304.48	17.89	196.49	60.27
机械零部件加工	2021	2529.24	59.58	1368.51	542.10
其他通用零部件制造	830	1080.54	109.42	683.55	197.91
其他通用设备制造业	918	1243.27	67.15	1253.17	331.90
专用设备制造业	17397	35039.02	3228.73	33724.19	8700.11
采矿、冶金、建筑专用设备制造	5026	15029.89	1200.64	16152.73	3915.10
矿山机械制造	1961	4136.28	117.74	3873.76	1158.75
石油钻采专用设备制造	926	3149.97	343.73	2936.97	753.61
建筑工程用机械制造	909	4503.11	316.41	5532.63	987.64
海洋工程专用设备制造	59	762.41	355.47	1135.29	254.71
建筑材料生产专用机械制造	617	1249.38	22.41	1008.93	266.00
冶金专用设备制造	554	1228.74	44.86	1665.15	494.40
化工、木材、非金属加工专用设备制造	3333	4533.85	527.13	4165.32	1113.51
炼油、化工生产专用设备制造	500	937.63	34.58	972.00	234.25
橡胶加工专用设备制造	159	277.67	24.65	239.06	68.95
塑料加工专用设备制造	402	525.04	90.58	570.31	118.56
木材加工机械制造	148	193.58	17.19	106.94	40.72
模具制造	2005	2442.35	351.40	2191.37	624.89
其他非金属加工专用设备制造	119	157.57	8.73	85.64	26.13
食品、饮料、烟草及饲料生产专用设备制造	790	1085.12	60.87	699.85	210.37
食品、酒、饮料及茶生产专用设备制造	262	264.27	34.18	198.61	50.84
农副食品加工专用设备制造	400	616.95	24.60	336.81	119.57
烟草生产专用设备制造	66	104.71	0.82	130.25	27.39
饲料生产专用设备制造	62	99.19	1.27	34.19	12.57
印刷、制药、日化及日用品生产专用设备制造	952	1439.57	147.86	1222.06	318.17
制浆和造纸专用设备制造	222	364.05	17.70	267.91	100.20
印刷专用设备制造	318	423.14	52.70	364.10	84.25
日用化工专用设备制造	52	55.14	0.84	35.69	11.53
制药专用设备制造	133	162.38	13.18	187.00	36.40
照明器具生产专用设备制造	67	76.65	6.45	40.61	11.82
玻璃、陶瓷和搪瓷制品生产专用设备制造	112	248.09	22.30	243.91	51.90
其他日用品生产专用设备制造	48	110.12	34.68	82.85	22.09
纺织、服装和皮革加工专用设备制造	1065	1589.29	205.85	1378.02	347.31
纺织专用设备制造	736	1124.38	83.16	1012.60	264.60
皮革、毛皮及其制品加工专用设备制造	43	47.16	7.41	34.71	13.09
缝制机械制造	271	401.10	114.30	319.60	67.67
洗涤机械制造	15	16.65	0.97	11.11	1.96

单位：亿元

固定资产原价	累计折旧	流动资产合计	应收账款	存货	产成品	负债合计
2002.32	847.46	1964.59	672.55	465.62	212.36	1785.33
238.69	94.70	206.54	77.15	46.62	22.28	160.72
488.78	223.89	556.13	199.07	149.95	74.44	491.77
94.92	37.80	110.06	41.26	25.00	14.08	97.62
853.36	349.43	698.87	230.90	163.18	63.15	682.11
326.57	141.63	392.98	124.17	80.86	38.41	353.10
515.36	205.11	786.90	267.38	197.75	55.88	627.88
13601.26	5606.07	20505.24	6851.51	4998.08	1767.55	18023.12
6218.12	2669.45	10240.76	3819.90	2371.69	854.64	9397.26
1713.04	692.16	2298.03	865.77	567.58	188.44	2175.43
1332.30	744.96	1850.93	682.54	447.75	180.21	1532.47
1621.26	655.56	3677.37	1312.89	747.12	337.18	3176.82
393.09	148.05	771.11	359.90	172.83	22.40	828.54
405.38	150.24	631.73	232.20	148.19	42.53	566.67
753.05	278.49	1011.60	366.60	288.22	83.88	1117.33
1930.13	869.40	2495.28	801.38	678.72	217.01	2188.19
388.08	163.81	591.22	207.66	151.52	50.04	555.53
104.80	39.33	147.98	46.29	48.86	8.98	142.62
197.83	83.95	350.20	99.13	102.44	33.74	272.73
100.74	63.83	56.44	7.21	22.80	9.24	58.32
1091.01	495.39	1302.09	427.14	339.79	110.29	1116.93
47.66	23.10	47.35	13.95	13.31	4.73	42.07
336.87	141.97	410.95	95.22	126.71	44.47	294.62
84.43	36.61	126.04	34.01	37.68	14.01	94.06
183.19	72.69	178.90	38.62	52.37	20.00	138.98
43.94	19.25	86.88	18.19	31.67	8.93	44.68
25.32	13.42	19.12	4.40	4.99	1.53	16.91
547.83	257.29	674.59	169.76	198.71	59.42	607.24
150.32	56.41	134.46	30.29	39.62	11.54	154.47
161.55	81.39	211.45	56.47	62.43	18.65	166.02
17.01	5.94	19.89	5.39	6.62	2.24	20.13
69.37	36.37	127.24	32.31	35.62	11.77	86.22
33.78	22.91	23.04	7.29	6.20	3.01	24.58
79.99	34.97	109.50	30.63	34.17	8.42	118.45
35.82	19.31	49.01	7.37	14.05	3.79	37.37
546.71	241.85	820.31	203.05	220.26	84.18	731.09
407.68	179.04	586.03	138.63	143.88	49.80	561.36
19.03	6.20	17.95	5.91	5.09	2.25	16.72
116.37	54.92	208.24	55.74	69.28	30.98	147.86
3.63	1.70	8.09	2.76	2.01	1.16	5.15

2-1 续表 14

行　业	企业单位数（个）	工业销售产值（当年价格）	出口交货值	资产总计	固定资产合计
电子和电工机械专用设备制造	899	1655.56	174.16	1446.47	403.50
电工机械专用设备制造	343	481.50	26.80	377.42	104.25
电子工业专用设备制造	556	1174.06	147.36	1069.05	299.25
农、林、牧、渔专用机械制造	1539	2844.99	190.16	1844.44	595.68
拖拉机制造	181	594.88	31.75	523.28	151.92
机械化农业及园艺机具制造	706	1260.42	131.74	858.20	250.15
营林及木竹采伐机械制造	9	12.70		12.55	7.06
畜牧机械制造	90	119.55	13.62	53.85	15.45
渔业机械制造	19	14.88	2.10	9.69	4.59
农林牧渔机械配件制造	379	657.97	7.70	269.67	123.11
棉花加工机械制造	15	14.02	0.71	20.05	6.88
其他农、林、牧、渔业机械制造	140	170.57	2.54	97.15	36.52
医疗仪器设备及器械制造	1196	2139.96	476.10	2487.63	751.28
医疗诊断、监护及治疗设备制造	297	649.26	175.33	1306.86	443.74
口腔科用设备及器具制造	53	44.24	16.02	36.85	8.81
医疗实验室及医用消毒设备和器具制造	54	93.67	3.61	57.03	15.76
医疗、外科及兽医用器械制造	360	780.67	174.87	556.47	154.95
机械治疗及病房护理设备制造	116	160.48	27.21	139.05	38.06
假肢、人工器官及植(介)入器械制造	72	95.76	28.68	167.42	35.83
其他医疗设备及器械制造	244	315.87	50.37	223.95	54.12
环保、社会公共服务及其他专用设备制造	2597	4720.81	245.96	4327.66	1045.19
环境保护专用设备制造	1341	2577.34	69.23	2192.74	437.03
地质勘查专用设备制造	26	47.73	1.69	70.81	17.96
邮政专用机械及器材制造	8	11.25	0.07	8.17	1.82
商业、饮食、服务专用设备制造	32	34.98	3.91	27.02	6.74
社会公共安全设备及器材制造	250	444.32	66.11	365.41	87.71
交通安全、管制及类似专用设备制造	66	137.49	0.65	96.29	16.39
水资源专用机械制造	132	191.02	5.65	144.87	45.86
其他专用设备制造	742	1276.68	98.67	1422.36	431.68
汽车制造业	13457	66342.10	3021.50	52743.12	13434.26
汽车整车制造	395	33127.36	802.94	27332.76	6256.36
改装汽车制造	560	2366.64	84.32	1866.58	475.43
低速载货汽车制造	22	205.72	1.01	94.74	17.97
电车制造	87	99.13	0.05	96.67	43.95
汽车车身、挂车制造	289	948.54	49.87	597.76	161.89
汽车零部件及配件制造	12104	29594.71	2083.30	22754.62	6478.67
铁路、船舶、航空航天和其他运输设备制造业	4977	18653.82	3511.07	21112.58	5248.50
铁路运输设备制造	819	4120.55	157.88	4636.83	929.00

单位：亿元

固定资产原价	累计折旧	流动资产合计	应收账款	存货	产成品	负债合计
716.46	348.06	789.79	254.27	177.44	67.82	687.59
159.69	57.81	196.76	58.21	44.75	16.25	195.64
556.77	290.25	593.02	196.06	132.69	51.57	491.96
871.03	321.52	1007.00	262.67	285.21	148.03	961.18
219.82	80.56	289.63	77.84	74.00	32.60	320.20
363.99	132.33	499.88	122.04	152.16	85.83	437.95
8.08	3.41	4.47	2.31	0.90	0.65	6.25
27.65	13.35	30.91	10.74	8.00	3.39	24.90
8.09	3.62	4.00	1.40	1.35	0.70	3.92
176.60	62.68	120.43	32.43	29.24	15.41	110.44
8.39	1.74	10.36	4.77	3.53	1.89	9.31
58.41	23.84	47.30	11.14	16.01	7.56	48.18
1019.48	292.25	1342.81	375.10	284.42	103.63	919.78
538.68	101.75	695.98	201.58	143.64	45.41	481.23
12.27	4.43	24.81	5.32	5.57	1.71	19.04
37.35	22.30	31.28	8.48	8.09	4.81	22.27
249.25	100.47	289.74	84.02	67.69	28.07	215.21
51.04	17.27	81.39	19.06	13.90	5.43	62.02
49.62	15.36	88.72	28.11	16.88	7.14	42.56
81.27	30.66	130.90	28.52	28.66	11.07	77.46
1414.64	464.27	2723.74	870.18	654.92	188.34	2236.17
647.06	234.45	1424.50	457.15	321.38	88.02	1163.63
21.45	5.52	48.16	16.04	8.97	3.81	30.49
2.86	1.14	5.60	1.73	1.90	1.69	4.14
13.37	6.90	18.64	6.16	6.12	1.69	16.92
124.03	40.25	234.71	65.47	52.61	16.73	166.34
35.16	19.57	60.22	18.84	15.24	6.58	47.32
57.92	14.59	81.39	18.20	26.27	6.03	78.77
512.80	141.85	850.53	286.60	222.42	63.79	728.55
20864.51	8584.81	30034.55	7506.14	5614.80	2413.37	30073.43
9441.24	3883.69	15172.43	2366.00	2498.26	1042.59	16138.81
764.85	336.97	1092.63	295.00	274.18	97.01	1185.86
27.94	11.66	57.85	11.76	23.96	3.29	50.16
51.79	10.51	33.21	6.91	9.03	3.23	32.00
231.46	78.85	348.12	79.80	63.26	19.22	307.84
10347.24	4263.13	13330.32	4746.67	2746.11	1248.02	12358.76
7624.07	2923.26	12736.03	2862.44	3619.01	545.09	13554.77
1360.31	565.48	3078.41	1032.83	951.68	184.66	2913.28

2-1 续表 15

行 业	企业单位数 (个)	工业销售产值 (当年价格)	出口交货值	资产总计	固定资产合计
铁路机车车辆及动车组制造	46	1763.42	103.90	2137.44	403.35
窄轨机车车辆制造	20	34.27	1.09	21.19	5.59
铁路机车车辆配件制造	372	1349.54	40.71	1407.68	290.38
铁路专用设备及器材、配件制造	332	787.18	10.16	851.57	158.86
其他铁路运输设备制造	49	186.13	2.02	218.95	70.83
城市轨道交通设备制造	47	136.25	2.32	185.46	37.61
船舶及相关装置制造	1317	6632.87	2240.60	8516.96	2279.85
金属船舶制造	624	5120.86	2106.73	7266.30	1901.46
非金属船舶制造	45	73.91	12.38	77.96	30.72
娱乐船和运动船制造	49	49.16	7.26	37.04	13.10
船用配套设备制造	521	1038.16	81.60	871.39	256.87
船舶改装与拆除	73	348.12	32.64	262.44	76.77
航标器材及其他相关装置制造	5	2.66		1.83	0.94
航空、航天器及设备制造	291	2667.94	271.15	4305.65	1021.35
飞机制造	136	2041.73	252.43	3372.07	760.36
航天器制造	28	191.30	2.79	411.86	111.17
航空、航天相关设备制造	102	333.71	13.26	428.15	117.18
其他航空航天器制造	25	101.20	2.66	93.57	32.65
摩托车制造	1387	3219.35	491.96	2279.10	592.02
摩托车整车制造	208	1525.82	381.71	1155.81	282.64
摩托车零部件及配件制造	1179	1693.54	110.25	1123.29	309.38
自行车制造	899	1472.52	273.18	976.95	306.37
脚踏自行车及残疾人座车制造	440	616.84	236.20	532.74	143.23
助动自行车制造	459	855.68	36.98	444.21	163.14
非公路休闲车及零配件制造	102	165.89	28.92	87.55	35.23
潜水救捞及其他未列明运输设备制造	115	238.44	45.07	124.07	47.07
潜水及水下救捞装备制造	11	17.94	12.36	12.93	3.57
其他未列明运输设备制造	104	220.49	32.71	111.15	43.51
电气机械和器材制造业	23208	66921.57	9883.03	52333.16	11464.57
电机制造	2753	8056.88	1208.39	7303.90	1429.04
发电机及发电机组制造	889	3885.71	385.20	4315.53	693.28
电动机制造	928	1921.39	243.38	1567.06	401.73
微电机及其他电机制造	936	2249.78	579.81	1421.31	334.02
输配电及控制设备制造	7878	19799.32	2275.62	17187.08	3939.83
变压器、整流器和电感器制造	1908	4353.48	428.42	3777.68	912.72
电容器及其配套设备制造	248	413.65	33.79	300.51	77.12
配电开关控制设备制造	2865	6151.07	256.83	5137.85	918.13
电力电子元器件制造	1332	2010.32	441.21	1529.18	421.41
光伏设备及元器件制造	699	4568.14	1018.67	4673.52	1285.28
其他输配电及控制设备制造	826	2302.67	96.71	1768.33	325.16

单位：亿元

固定资产原价	累计折旧	流动资产合计	应收账款	存货	产成品	负债合计
489.97	171.98	1486.44	436.99	480.05	27.38	1474.83
15.36	10.05	12.15	4.21	4.43	0.98	10.04
516.09	237.27	870.75	304.89	273.24	83.55	804.27
261.27	120.64	591.00	228.38	162.80	60.99	465.32
77.63	25.54	118.07	58.36	31.17	11.76	158.81
50.33	13.22	127.14	58.70	25.30	7.96	107.65
3188.91	1066.86	4989.42	662.95	1402.63	92.99	6035.30
2634.31	875.26	4315.11	466.78	1199.11	45.35	5320.25
39.13	9.10	41.48	8.44	13.46	4.30	39.64
15.58	4.19	17.77	4.77	6.98	2.64	18.90
394.25	149.25	499.49	155.35	144.18	25.34	471.14
104.61	28.88	114.80	27.32	38.76	15.33	184.46
1.02	0.18	0.77	0.29	0.14	0.02	0.91
1470.92	627.03	2516.50	539.58	850.44	97.47	2618.17
1138.98	487.21	1954.32	370.75	657.88	79.56	2078.50
106.70	47.89	259.62	58.77	117.76	2.40	266.83
185.55	78.45	247.98	91.00	60.90	11.76	221.27
39.70	13.48	54.58	19.07	13.89	3.75	51.56
1028.59	473.59	1373.13	388.09	231.15	98.91	1253.04
473.48	194.81	717.10	193.19	103.17	37.68	654.71
555.10	278.78	656.03	194.91	127.98	61.22	598.32
403.42	130.06	544.99	147.19	128.58	53.03	514.34
222.50	90.57	320.06	89.95	76.15	30.23	274.68
180.92	39.49	224.94	57.25	52.43	22.80	239.66
57.08	22.47	44.24	13.20	10.68	4.64	42.70
64.52	24.55	62.19	19.89	18.55	5.45	70.30
5.38	1.87	7.99	1.52	2.14	0.98	5.77
59.14	22.68	54.21	18.37	16.41	4.47	64.53
19186.48	8507.32	33583.06	11191.51	6453.97	2915.77	30138.57
2372.94	1077.46	4805.46	1706.28	1126.46	362.02	4209.22
1097.19	480.94	2944.80	1090.60	707.30	187.31	2713.57
633.10	274.99	988.55	309.40	228.55	90.04	756.60
642.64	321.53	872.11	306.28	190.61	84.67	739.05
6593.71	2964.14	10848.58	4299.02	1961.87	845.56	9796.44
1529.70	727.26	2378.45	854.22	490.78	226.26	2091.86
115.16	43.31	175.48	68.61	32.19	14.12	143.02
1667.62	808.83	3438.29	1374.02	634.96	248.56	2628.69
686.74	284.77	947.08	403.19	204.72	76.64	753.14
2021.43	840.13	2737.77	1088.10	377.02	190.33	3158.96
573.07	259.84	1171.50	510.89	222.20	89.66	1020.78

2-1 续表 16

行业	企业单位数(个)	工业销售产值(当年价格)	出口交货值	资产总计	固定资产合计
电线、电缆、光缆及电工器材制造	4788	15109.39	1028.07	9785.90	2184.81
电线、电缆制造	3863	12531.90	822.73	7697.41	1725.78
光纤、光缆制造	237	1505.94	80.15	1333.75	239.86
绝缘制品制造	423	610.26	68.32	490.50	121.50
其他电工器材制造	265	461.30	56.87	264.23	97.67
电池制造	1251	4297.64	812.28	3453.84	903.78
锂离子电池制造	534	1643.07	440.24	1588.48	441.10
镍氢电池制造	120	420.44	128.05	253.15	86.33
其他电池制造	597	2234.12	243.99	1612.21	376.34
家用电力器具制造	2756	13863.56	3398.11	10382.76	1847.23
家用制冷电器具制造	280	3330.16	579.61	2972.51	535.12
家用空气调节器制造	227	4803.81	1061.47	3891.59	560.20
家用通风电器具制造	227	423.07	151.64	323.40	71.06
家用厨房电器具制造	705	1976.11	681.15	1189.59	214.91
家用清洁卫生电器具制造	234	1424.35	384.16	917.93	168.64
家用美容、保健电器具制造	197	350.25	201.27	243.12	49.27
家用电力器具专用配件制造	446	905.59	75.70	453.94	138.11
其他家用电力器具制造	440	650.22	263.12	390.67	109.92
非电力家用器具制造	642	1161.90	105.84	1045.23	291.34
燃气、太阳能及类似能源家用器具制造	557	1074.43	77.30	858.51	262.48
其他非电力家用器具制造	85	87.47	28.55	186.72	28.87
照明器具制造	2686	4066.89	1008.00	2755.68	761.21
电光源制造	594	1128.94	319.26	724.17	203.86
照明灯具制造	1795	2578.16	549.71	1806.90	492.27
灯用电器附件及其他照明器具制造	297	359.79	139.03	224.61	65.09
其他电气机械及器材制造	454	565.99	46.71	418.76	107.33
电气信号设备装置制造	127	202.67	15.23	145.42	34.36
其他未列明电气机械及器材制造	327	363.32	31.48	273.33	72.97
计算机、通信和其他电子设备制造业	14034	85274.75	46165.14	59973.73	13689.97
计算机制造	1388	21553.97	15346.06	10813.21	2147.61
计算机整机制造	172	13129.52	9323.29	5590.87	1131.20
计算机零部件制造	560	4510.53	3626.38	2705.96	585.06
计算机外围设备制造	442	2770.71	1916.99	1662.33	273.92
其他计算机制造	214	1143.21	479.39	854.05	157.43
通信设备制造	1507	20033.63	9503.19	15191.95	1588.30
通信系统设备制造	770	7824.40	2834.06	8253.83	750.84
通信终端设备制造	737	12209.24	6669.13	6938.12	837.46

单位：亿元

固定资产原价	累计折旧	流动资产合计	应收账款	存货		负债合计
					产成品	
3671.75	1601.77	6319.15	2463.17	1139.74	571.21	5264.07
2888.79	1256.94	5082.34	1993.79	899.86	452.88	4176.13
440.63	209.62	807.62	293.07	157.30	82.92	745.97
200.58	86.14	290.11	119.59	56.71	24.79	230.34
141.75	49.07	139.09	56.71	25.87	10.61	111.63
1371.67	545.56	2049.31	569.58	453.04	194.45	1987.68
650.54	251.35	950.31	265.87	231.67	102.14	938.03
128.14	43.67	135.37	39.21	35.98	14.39	123.80
592.99	250.55	963.63	264.50	185.40	77.91	925.85
3396.16	1621.50	7141.84	1402.88	1226.54	722.08	6796.54
870.75	346.49	2026.66	320.38	323.67	211.53	2099.29
1270.77	716.66	2844.75	445.58	405.16	292.11	2653.16
120.02	53.03	213.35	40.37	61.05	28.39	199.20
347.15	163.12	777.51	238.85	176.03	75.53	714.14
330.18	167.52	626.65	160.85	104.03	54.02	527.25
80.16	31.77	159.82	44.67	35.95	10.51	128.10
210.11	80.53	265.43	89.07	57.13	27.18	250.89
167.02	62.39	227.68	63.10	63.52	22.81	224.50
414.47	145.91	529.50	141.36	98.12	40.22	496.43
373.16	132.57	470.95	131.23	88.39	36.42	404.23
41.30	13.35	58.55	10.12	9.74	3.80	92.20
1188.33	470.12	1625.69	521.03	377.67	151.20	1379.28
343.10	150.65	422.99	128.35	90.02	39.41	345.71
747.49	279.24	1076.98	351.14	245.78	100.14	918.53
97.73	40.24	125.71	41.54	41.87	11.65	115.04
177.46	80.84	263.53	88.20	70.53	29.03	208.91
68.49	35.89	91.40	32.66	21.60	7.15	70.23
108.97	44.96	172.13	55.54	48.93	21.88	138.68
27211.55	14058.67	39969.71	14835.98	7859.88	2629.81	35172.49
4739.90	2641.31	7897.12	3419.81	1310.69	412.83	7558.16
2789.38	1696.09	4149.96	1814.63	662.25	197.59	4404.93
1057.85	480.20	1919.52	790.36	321.87	113.03	1792.49
539.26	270.53	1213.49	545.88	201.49	64.07	900.72
353.41	194.48	614.15	268.94	125.08	38.15	460.01
2897.51	1358.93	12013.66	4281.85	2372.65	712.88	10028.57
1352.48	622.25	6380.88	2113.77	1357.26	442.22	5083.63
1545.03	736.68	5632.77	2168.08	1015.39	270.66	4944.94

2-1 续表 17

行 业	企业单位数（个）	工业销售产值（当年价格）	出口交货值	资产总计	固定资产合计
广播电视设备制造	626	1620.75	553.06	1308.70	280.42
广播电视节目制作及发射设备制造	53	76.66	10.71	68.56	11.78
广播电视接收设备及器材制造	394	1016.82	385.07	818.71	185.18
应用电视设备及其他广播电视设备制造	179	527.27	157.28	421.43	83.46
雷达及配套设备制造	59	413.53	52.92	585.86	118.36
视听设备制造	1036	7277.21	3348.42	4491.98	646.37
电视机制造	186	4116.40	1325.96	2685.15	282.96
音响设备制造	554	1195.88	644.80	704.89	150.06
影视录放设备制造	296	1964.93	1377.65	1101.94	213.36
电子器件制造	2752	15330.82	9439.61	14523.87	5129.69
电子真空器件制造	98	178.61	21.85	422.49	80.60
半导体分立器件制造	335	851.32	438.48	945.34	305.33
集成电路制造	452	2865.22	1972.58	3667.81	1548.11
光电子器件及其他电子器件制造	1867	11435.67	7006.71	9488.23	3195.65
电子元件制造	5490	14822.75	6461.04	10278.29	3156.77
电子元件及组件制造	4581	11263.33	4486.48	7386.98	2211.79
印制电路板制造	909	3559.42	1974.55	2891.31	944.98
其他电子设备制造	1176	4222.08	1460.84	2779.87	622.45
仪器仪表制造业	4178	8286.27	1240.52	7309.82	1631.22
通用仪器仪表制造	2419	5185.31	481.39	4518.93	848.01
工业自动控制系统装置制造	1171	3238.59	245.26	2832.26	540.35
电工仪器仪表制造	372	628.97	62.74	661.73	89.73
绘图、计算及测量仪器制造	174	252.48	33.09	154.08	48.56
实验分析仪器制造	219	289.21	40.55	199.22	42.29
试验机制造	100	114.14	8.97	107.04	16.75
供应用仪表及其他通用仪器制造	383	661.91	90.77	564.61	110.31
专用仪器仪表制造	838	1776.51	243.66	1562.27	379.29
环境监测专用仪器仪表制造	105	205.41	29.75	178.36	35.84
运输设备及生产用计数仪表制造	187	596.59	69.18	442.88	127.06
导航、气象及海洋专用仪器制造	64	162.84	48.06	188.19	40.47
农林牧渔专用仪器仪表制造	14	37.14	0.45	13.39	5.27
地质勘探和地震专用仪器制造	65	150.23	7.41	168.26	36.04
教学专用仪器制造	65	58.79	2.84	40.50	8.15
核子及核辐射测量仪器制造	11	13.09	0.14	51.78	33.14
电子测量仪器制造	160	295.72	39.36	229.71	57.20
其他专用仪器制造	167	256.71	46.47	249.19	36.11
钟表与计时仪器制造	238	340.37	180.09	234.09	50.87
光学仪器及眼镜制造	537	824.35	323.35	839.48	313.50
光学仪器制造	292	556.57	192.60	583.02	232.36
眼镜制造	245	267.78	130.76	256.46	81.14

单位：亿元

固定资产原价	累计折旧	流动资产合计	应收账款	存货	产成品	负债合计
545.49	275.78	888.45	335.87	186.85	66.15	667.75
20.94	9.70	48.17	13.43	13.30	3.24	32.22
336.73	158.77	542.66	226.79	101.41	38.67	413.15
187.83	107.32	297.62	95.64	72.14	24.24	222.38
164.57	59.77	387.81	89.84	132.64	13.04	362.64
1254.45	624.92	3255.52	1058.31	805.52	286.79	2858.51
571.96	299.05	1986.15	568.84	483.36	175.69	1796.29
277.02	132.50	472.50	195.34	120.50	43.84	391.69
405.47	193.38	796.86	294.12	201.66	67.26	670.53
9292.58	4363.24	7596.82	2577.14	1441.98	525.98	7350.66
119.61	55.39	207.95	46.86	31.16	15.70	216.52
577.47	288.23	502.64	154.39	101.61	37.51	400.27
3550.96	1999.75	1682.57	538.13	320.07	88.25	1584.40
5044.53	2019.87	5203.66	1837.76	989.15	384.51	5149.46
6915.72	3894.21	6071.31	2435.18	1228.61	474.52	4905.53
4668.99	2571.28	4377.43	1679.87	932.01	371.11	3454.38
2246.73	1322.93	1693.88	755.31	296.60	103.41	1451.16
1401.33	840.50	1859.03	637.99	380.93	137.62	1440.67
2681.27	1204.81	4714.14	1650.93	1090.94	355.59	3449.67
1470.02	660.67	2995.16	1085.09	679.64	201.17	2157.81
963.10	441.21	1906.39	686.20	449.12	115.49	1414.75
148.98	63.49	441.05	170.37	80.36	31.30	326.38
70.01	27.04	90.39	26.45	28.08	12.78	65.02
65.37	24.75	132.34	41.84	30.88	9.21	71.40
25.34	9.21	73.72	26.18	20.91	6.09	57.19
197.22	94.98	351.27	134.06	70.29	26.29	223.06
639.31	284.27	981.94	335.57	204.79	78.47	708.23
60.10	27.85	114.32	33.68	22.17	6.66	67.24
246.77	130.13	272.44	101.34	50.37	23.80	215.98
61.33	22.57	113.22	39.92	37.29	11.06	102.47
7.59	2.39	6.49	1.28	2.15	1.09	5.10
63.01	27.63	104.06	47.22	21.04	7.32	62.41
10.54	2.92	26.42	8.85	4.75	1.95	17.32
35.01	4.29	16.24	3.98	2.71	1.08	37.67
99.05	45.22	151.88	44.04	33.65	13.65	93.47
55.92	21.26	176.86	55.24	30.67	11.87	106.57
89.77	45.06	159.53	40.63	65.17	25.76	111.18
418.65	189.38	488.74	164.11	124.16	45.02	393.84
284.43	132.78	338.27	107.89	79.96	25.94	270.22
134.22	56.60	150.48	56.21	44.20	19.08	123.62

2-1 续表 18

行业	企业单位数（个）	工业销售产值（当年价格）	出口交货值	资产总计	固定资产合计
其他仪器仪表制造业	146	159.73	12.03	155.05	39.55
其他制造业	1755	2605.23	519.15	2227.75	689.42
日用杂品制造	1101	1401.86	444.70	845.19	244.10
鬃毛加工、制刷及清扫工具制造	308	426.19	99.73	196.11	74.48
其他日用杂品制造	793	975.67	344.97	649.09	169.63
煤制品制造	122	214.69	1.32	114.25	48.99
废弃资源综合利用业	1490	3678.39	6.27	1917.57	469.81
金属废料和碎屑加工处理	905	3058.52	2.87	1453.63	318.56
非金属废料和碎屑加工处理	585	619.87	3.40	463.93	151.24
金属制品、机械和设备修理业	395	858.96	204.41	1096.17	332.57
金属制品修理	42	62.70	1.69	29.75	13.97
通用设备修理	35	54.35		29.59	6.78
专用设备修理	45	60.59	8.41	61.05	14.23
铁路、船舶、航空航天等运输设备修理	196	594.67	192.55	902.76	274.93
铁路运输设备修理	16	55.90		77.00	10.56
船舶修理	129	246.54	58.32	485.04	169.65
航空航天器修理	47	260.36	134.23	291.00	82.62
其他运输设备修理	4	31.87		49.72	12.10
电气设备修理	26	23.61	0.15	24.34	6.04
仪器仪表修理	6	2.03	0.05	1.96	0.33
其他机械和设备修理业	45	61.02	1.56	46.72	16.29
电力、热力、燃气及水生产和供应业	**9274**	**63225.48**	**128.98**	**127181.16**	**79431.17**
电力、热力生产和供应业	6471	56512.33	69.14	112056.76	72624.90
电力生产	3928	18696.76	53.58	61902.01	42763.67
火力发电	1239	13920.24	4.44	29919.41	20087.99
水力发电	1393	2941.62	5.81	18786.37	14369.90
核力发电	11	458.38	40.13	3766.69	1877.34
风力发电	728	855.68	3.20	6562.37	4745.13
太阳能发电	268	186.28		1731.70	1044.77
其他电力生产	289	334.57		1135.48	638.53
电力供应	1514	36288.09	13.28	45461.00	27512.26
热力生产和供应	1029	1527.47	2.28	4693.74	2348.97
燃气生产和供应业	1308	5078.44	26.33	6407.26	2837.01
水的生产和供应业	1495	1634.70	33.51	8717.14	3969.27
自来水生产和供应	1136	1197.19	2.12	6804.26	3324.36
污水处理及其再生利用	337	375.98		1636.00	607.86
其他水的处理、利用与分配	22	61.53	31.39	276.89	37.05

单位：亿元

固定资产原价	累计折旧	流动资产合计	应收账款	存货	产成品	负债合计
63.51	25.44	88.76	25.54	17.19	5.16	78.61
1031.70	418.37	1281.18	281.41	429.43	112.90	1267.84
400.63	172.97	489.26	128.34	127.44	48.07	407.08
120.37	47.57	104.53	30.30	25.52	10.31	93.48
280.26	125.41	384.73	98.04	101.92	37.76	313.60
81.30	27.02	45.35	8.50	11.19	4.84	72.54
940.93	509.13	1113.02	241.39	258.35	132.07	1195.52
692.31	403.78	883.21	190.17	210.61	110.66	941.01
248.62	105.34	229.81	51.22	47.75	21.41	254.51
513.89	191.49	585.75	174.20	118.28	17.69	627.10
26.41	12.98	14.83	5.44	2.94	0.97	15.02
14.33	7.60	20.45	6.43	4.57	1.64	12.58
21.76	8.02	43.68	19.88	10.00	3.77	31.75
408.78	142.73	463.36	128.27	92.90	8.24	531.99
19.59	9.12	49.68	35.93	8.81	0.36	56.17
222.00	60.53	206.07	24.13	28.94	5.62	301.89
147.62	65.59	171.04	62.16	48.76	1.93	151.93
19.57	7.49	36.57	6.06	6.39	0.33	22.01
12.34	6.36	16.00	6.30	1.91	0.46	16.77
0.60	0.27	1.35	0.50	0.20	0.12	0.77
29.68	13.53	26.06	7.37	5.76	2.49	18.22
120666.40	**45882.06**	**21384.76**	**3745.11**	**1603.04**	**154.54**	**81151.64**
111353.16	42843.49	16506.11	3183.35	1342.02	106.36	72557.12
61577.50	19969.30	9238.42	2425.34	1049.47	78.46	42596.82
32958.62	13380.19	5738.79	1647.95	702.77	41.68	20554.40
18682.62	4602.75	1525.38	245.38	44.57	4.20	12870.03
2683.09	816.65	448.03	52.24	248.93	23.94	2923.87
5394.98	916.45	946.19	313.41	15.02	1.36	4329.00
1088.49	75.06	310.94	105.00	4.29	1.89	1224.31
769.70	178.20	269.09	61.35	33.90	5.38	695.21
46517.46	21739.18	5546.60	559.17	151.18	19.23	26557.03
3258.20	1135.01	1721.09	198.84	141.37	8.67	3403.27
3516.67	862.24	2160.79	309.50	173.76	35.93	3575.87
5796.56	2176.32	2717.86	252.27	87.26	12.25	5018.65
4925.51	1908.17	2096.79	179.26	73.88	8.49	3991.61
827.58	259.19	521.24	65.55	11.19	3.34	859.61
43.47	8.96	99.83	7.45	2.19	0.42	167.43

2-1 续表 19

行　业	流动负债合　计	应付账款	所有者权益合计	实收资本	国家资本
总　计	**411634.66**	**112819.42**	**405981.71**	**188294.97**	**39470.22**
采矿业	**35575.86**	**8113.46**	**38436.32**	**17535.57**	**9125.58**
煤炭开采和洗选业	22068.05	4279.49	17539.65	6283.74	2532.98
烟煤和无烟煤开采洗选	20232.62	3958.98	16611.27	5938.17	2413.65
褐煤开采洗选	1798.81	314.24	898.12	329.85	118.49
其他煤炭采选	36.62	6.28	30.26	15.71	0.83
石油和天然气开采业	4707.11	1874.11	10830.32	6462.23	4902.26
石油开采	3955.07	1704.02	10200.37	6039.01	4791.37
天然气开采	752.04	170.09	629.95	423.22	110.89
黑色金属矿采选业	4161.99	811.66	4305.86	1944.05	784.07
铁矿采选	4051.55	786.55	4179.96	1899.13	780.26
锰矿、铬矿采选	62.70	15.94	101.45	29.56	3.80
其他黑色金属矿采选	47.75	9.18	24.45	15.36	
有色金属矿采选业	2027.67	300.98	2585.44	1022.97	222.59
常用有色金属矿采选	1079.81	155.97	1343.54	573.54	132.27
铜矿采选	366.92	48.09	454.33	199.29	74.85
铅锌矿采选	405.77	53.23	577.60	217.06	24.66
镍钴矿采选	37.34	6.10	32.62	18.10	2.34
锡矿采选	41.43	6.55	49.06	28.59	0.04
锑矿采选	8.34	0.71	15.33	7.16	0.26
铝矿采选	110.11	22.11	134.15	67.26	26.61
镁矿采选	34.83	4.66	36.10	16.96	
其他常用有色金属矿采选	75.06	14.52	44.35	19.12	3.52
贵金属矿采选	642.47	89.42	924.03	283.39	60.11
金矿采选	613.85	88.19	897.67	273.83	59.59
银矿采选	25.17	1.10	23.93	8.99	0.51
其他贵金属矿采选	3.45	0.13	2.43	0.57	
稀有稀土金属矿采选	305.39	55.59	317.87	166.03	30.21
钨钼矿采选	250.11	47.48	247.58	119.05	21.68
稀土金属矿采选	33.51	5.48	40.77	24.26	6.90
其他稀有金属矿采选	21.77	2.64	29.03	22.24	1.14
非金属矿采选业	1259.64	199.95	1932.54	711.00	112.64
土砂石开采	529.49	104.81	939.51	378.83	18.55
石灰石、石膏开采	174.61	39.96	233.78	102.29	5.44
建筑装饰用石开采	98.53	15.75	222.05	94.48	2.85
耐火土石开采	65.32	14.56	115.23	49.35	4.23
粘土及其他土砂石开采	191.04	34.53	368.46	132.72	6.03

单位：亿元

集体资本	法人资本	个人资本	港澳台资本	外商资本	主营业务收入	主营业务成本	主营业务税金及附加
3360.39	**67101.55**	**42257.57**	**12408.18**	**23216.68**	**1107032.52**	**943369.58**	**16961.12**
337.81	**5917.09**	**2154.22**	**52.60**	**99.98**	**64796.40**	**49834.37**	**2209.91**
182.76	2442.52	1028.59	9.24	53.43	30321.97	25029.00	407.59
178.02	2253.32	1004.81	9.21	52.94	27329.28	22582.19	379.21
1.64	179.28	21.93	0.03	0.49	2915.39	2381.83	27.21
3.11	9.92	1.84			77.31	64.98	1.16
0.53	1732.92	10.57	2.05	7.84	11425.21	5686.00	1466.83
0.33	1430.76	10.49			10246.31	4845.05	1434.10
0.20	302.16	0.08	2.05	7.84	1178.90	840.95	32.72
20.43	593.81	531.47	12.46	1.38	9340.81	7724.38	145.18
20.02	573.35	511.24	12.46	1.38	8905.83	7353.25	141.22
0.31	9.06	16.39			282.86	234.14	2.97
0.11	11.41	3.84			152.12	136.98	0.99
92.52	384.41	290.07	9.62	15.86	6296.76	5186.87	60.76
20.46	249.80	152.67	8.00	10.27	2926.08	2350.24	36.63
6.30	68.83	37.83	2.49	9.00	724.95	571.70	9.82
12.23	116.68	61.25	1.25	0.91	1307.35	1027.93	17.04
0.02	12.05	2.13	1.58		61.19	51.16	0.63
1.01	9.80	17.74			120.73	94.88	1.62
0.14	4.65	2.13			51.37	43.76	0.39
0.70	23.83	13.45	2.67		298.95	251.37	4.55
0.04	6.15	10.41		0.36	192.85	163.79	1.48
0.02	7.82	7.73	0.01		168.68	145.65	1.10
64.96	56.15	94.00	1.61	5.33	2623.07	2204.16	15.02
62.51	51.61	91.94	1.61	5.33	2530.38	2128.33	13.36
2.45	3.99	2.04			87.83	71.42	1.55
	0.55	0.02			4.86	4.41	0.11
7.09	78.46	43.41	0.01	0.25	747.61	632.48	9.11
6.43	43.69	40.62	0.01	0.01	628.57	533.86	7.25
	16.24	1.11			81.72	69.33	1.38
0.66	18.53	1.67		0.24	32.91	25.12	0.44
27.27	277.62	269.69	7.00	17.11	5287.58	4271.26	96.28
9.50	145.78	192.21	2.22	10.40	3633.66	2975.39	56.63
3.16	40.95	48.71		3.87	1010.61	840.34	16.65
0.90	31.63	54.99	1.48	2.62	750.19	611.13	10.98
1.00	18.76	25.36			400.79	325.69	6.69
4.44	54.45	63.15	0.74	3.91	1472.06	1198.23	22.30

2-1 续表 20

行业	流动负债合计	应付账款	所有者权益合计	实收资本	国家资本
化学矿开采	342.03	42.58	287.34	118.27	29.36
采盐	251.71	26.82	477.76	125.27	60.15
石棉及其他非金属矿采选	136.41	25.74	227.93	88.63	4.58
石棉、云母矿采选	6.84	0.64	12.31	7.36	1.80
石墨、滑石采选	52.67	7.65	77.91	29.92	0.77
宝石、玉石采选	11.88	0.78	29.21	6.73	1.31
其他未列明非金属矿采选	65.02	16.67	108.50	44.62	0.69
开采辅助活动	1347.94	646.82	1234.54	1107.95	571.01
煤炭开采和洗选辅助活动	3.25	1.38	2.09	2.16	
石油和天然气开采辅助活动	1343.84	644.96	1231.76	1105.15	571.01
其他开采辅助活动	0.84	0.48	0.69	0.64	
其他采矿业	3.46	0.43	7.97	3.64	0.04
制造业	**337550.58**	**95479.01**	**321396.53**	**147460.41**	**17183.85**
农副食品加工业	13277.16	2387.32	14679.00	5982.50	205.91
谷物磨制	1505.63	188.18	2673.96	1135.11	31.92
饲料加工	1549.21	375.38	2048.59	774.05	6.64
植物油加工	3192.06	648.26	2015.60	1004.77	72.52
食用植物油加工	3153.54	640.97	1956.58	977.88	70.00
非食用植物油加工	38.52	7.29	59.02	26.90	2.52
制糖业	1175.66	129.37	308.66	202.57	22.87
屠宰及肉类加工	2563.05	431.28	3180.38	1246.29	27.65
牲畜屠宰	1127.96	139.22	1189.85	424.17	15.65
禽类屠宰	638.81	102.84	740.82	292.45	6.48
肉制品及副产品加工	796.27	189.23	1249.71	529.67	5.51
水产品加工	1220.82	234.34	1499.94	537.31	4.03
水产品冷冻加工	932.09	193.95	1116.36	365.17	3.78
鱼糜制品及水产品干腌制加工	121.37	20.19	166.49	67.00	0.03
水产饲料制造	97.11	11.90	115.65	51.29	
鱼油提取及制品制造	4.64	1.28	6.32	2.98	0.23
其他水产品加工	65.60	7.03	95.12	50.87	0.01
蔬菜、水果和坚果加工	813.10	149.32	1400.11	463.09	6.88
蔬菜加工	457.64	83.82	887.87	299.07	2.89
水果和坚果加工	355.45	65.50	512.24	164.02	3.99
其他农副食品加工	1257.64	231.19	1551.76	619.30	33.42
淀粉及淀粉制品制造	782.18	124.62	839.64	331.71	28.27
豆制品制造	129.94	20.71	191.67	74.37	1.24
蛋品加工	33.75	6.97	75.75	37.51	0.10
其他未列明农副食品加工	311.76	78.89	444.69	175.72	3.81
食品制造业	5111.27	1184.58	6870.47	2921.04	90.22
焙烤食品制造	467.89	118.70	781.37	382.97	2.06
糕点、面包制造	209.87	52.11	325.61	167.13	1.75
饼干及其他焙烤食品制造	258.02	66.59	455.76	215.84	0.31

单位：亿元

集体资本	法人资本	个人资本	港澳台资本	外商资本	主营业务收　入	主营业务成　本	主营业务税金及附加
7.68	49.22	31.59	1.25	0.53	564.26	427.12	18.25
8.16	41.44	8.80	2.27	4.45	356.70	276.68	8.21
1.93	41.18	37.10	1.27	1.72	732.97	592.06	13.19
0.58	2.96	2.02			24.23	20.19	0.19
0.79	15.79	11.11	0.90	0.32	216.33	167.41	4.56
	3.08	2.34			8.80	4.10	1.29
0.55	19.35	21.64	0.36	1.41	483.61	400.36	7.16
14.23	484.76	21.34	12.24	4.37	2099.53	1917.95	32.97
0.01	0.01	0.60	1.54		11.26	9.76	0.11
14.22	484.62	20.23	10.70	4.37	2082.00	1903.42	32.81
	0.14	0.51			6.27	4.77	0.06
0.06	1.05	2.49			24.54	18.92	0.30
2737.44	**53560.02**	**39402.45**	**11583.89**	**22433.87**	**978229.96**	**837722.05**	**14429.46**
119.18	2413.99	2411.46	219.41	580.07	63665.12	56780.86	294.08
9.24	402.74	618.32	22.95	40.19	12649.94	11260.73	67.15
15.39	353.72	300.39	31.97	53.70	10945.00	9794.82	35.80
11.75	410.57	276.69	38.76	191.85	10333.93	9551.45	37.21
11.55	403.65	264.75	38.24	187.05	10051.74	9298.85	35.93
0.20	6.92	11.94	0.51	4.80	282.18	252.60	1.28
3.42	120.75	36.86	1.37	15.18	1113.84	992.94	4.78
33.15	590.32	436.67	44.43	109.46	13058.91	11636.61	61.32
7.69	183.32	177.32	14.76	22.14	5532.07	4931.11	27.01
3.87	121.41	121.17	10.49	29.03	3293.56	3005.40	14.22
21.59	285.59	138.18	19.17	58.29	4233.29	3700.10	20.09
22.86	171.82	261.10	29.21	48.30	5102.42	4483.24	28.12
19.61	107.57	176.75	18.20	39.26	3763.78	3316.49	19.57
0.86	28.15	27.16	4.25	6.57	657.34	568.60	4.01
2.11	27.22	17.94	3.25	0.78	418.65	368.47	2.57
	1.34	0.13	0.87	0.41	17.48	14.91	0.12
0.28	7.54	39.13	2.64	1.27	245.16	214.76	1.84
4.12	157.64	215.64	23.22	55.58	4926.97	4202.74	28.07
3.27	97.60	146.22	8.22	40.85	3239.71	2769.13	18.29
0.85	60.04	69.41	15.00	14.73	1687.25	1433.61	9.78
19.24	206.43	265.80	27.51	65.82	5534.12	4858.33	31.62
7.60	88.63	139.91	18.89	47.32	3150.82	2814.89	16.34
1.18	32.17	30.90	0.29	8.59	680.70	579.05	4.93
5.95	10.72	17.37	0.05	3.31	277.23	238.62	1.70
4.50	74.91	77.63	8.28	6.59	1425.37	1225.77	8.66
71.58	1156.24	820.44	266.66	511.12	20399.89	16293.88	138.04
2.80	118.99	116.85	62.37	79.68	2501.53	2004.24	16.32
1.56	61.74	61.44	22.57	18.07	928.71	728.41	6.57
1.24	57.25	55.41	39.80	61.61	1572.83	1275.83	9.76

2-1 续表 21

行业	流动负债合计	应付账款	所有者权益合计	实收资本	国家资本
糖果、巧克力及蜜饯制造	362.27	121.96	624.28	273.09	0.25
糖果、巧克力制造	283.70	98.80	454.41	226.19	0.23
蜜饯制作	78.58	23.17	169.86	46.90	0.03
方便食品制造	674.63	160.02	1158.69	487.27	8.60
米、面制品制造	127.46	20.61	241.92	104.50	1.25
速冻食品制造	188.47	52.58	300.80	136.28	1.06
方便面及其他方便食品制造	358.70	86.83	615.97	246.50	6.30
乳制品制造	1109.18	317.67	1094.90	483.64	26.64
罐头食品制造	405.81	85.15	418.08	211.79	7.53
肉、禽类罐头制造	29.22	5.86	78.13	37.82	1.95
水产品罐头制造	24.91	2.94	22.18	10.32	0.05
蔬菜、水果罐头制造	326.77	70.18	292.49	150.30	5.53
其他罐头食品制造	24.91	6.18	25.28	13.35	
调味品、发酵制品制造	827.14	144.05	1099.64	409.43	25.65
味精制造	178.55	26.31	211.37	73.20	15.33
酱油、食醋及类似制品制造	259.70	43.55	344.85	120.11	3.81
其他调味品、发酵制品制造	388.89	74.19	543.42	216.12	6.52
其他食品制造	1264.34	237.03	1693.52	672.85	19.48
营养食品制造	87.90	18.25	175.31	93.80	1.57
保健食品制造	344.05	44.80	370.76	134.74	0.18
冷冻饮品及食用冰制造	90.55	21.57	80.12	73.00	1.86
盐加工	55.90	12.71	50.05	33.05	8.48
食品及饲料添加剂制造	535.69	103.52	812.40	268.38	6.66
其他未列明食品制造	150.26	36.19	204.89	69.89	0.74
酒、饮料和精制茶制造业	5463.20	1100.37	7703.39	2911.06	355.82
酒的制造	3413.35	592.94	5005.58	1467.25	176.64
酒精制造	342.92	58.55	215.98	75.70	17.40
白酒制造	1783.98	295.65	3167.72	596.93	88.02
啤酒制造	923.38	177.64	1103.19	668.07	63.17
黄酒制造	73.41	15.78	136.20	26.95	3.89
葡萄酒制造	152.16	33.38	228.22	65.95	3.71
其他酒制造	137.50	11.94	154.26	33.65	0.45
饮料制造	1740.64	439.31	2112.30	1249.52	175.37
碳酸饮料制造	230.09	58.43	184.84	125.19	3.78
瓶(罐)装饮用水制造	360.75	92.67	346.12	213.73	5.39
果菜汁及果菜汁饮料制造	368.16	72.08	590.18	468.63	156.92
含乳饮料和植物蛋白饮料制造	236.26	58.50	392.28	157.87	5.72
固体饮料制造	91.82	24.24	194.55	93.12	2.93
茶饮料及其他饮料制造	453.55	133.39	404.32	190.98	0.63

单位：亿元

集体资本	法人资本	个人资本	港澳台资本	外商资本	主营业务收　入	主营业务成　本	主营业务税金及附加
3.90	112.64	59.46	27.68	69.16	1710.82	1312.57	12.12
1.95	93.06	37.28	26.91	66.77	1200.21	888.00	9.16
1.95	19.58	22.19	0.77	2.39	510.60	424.56	2.96
13.87	177.08	137.83	72.68	76.81	3526.30	2923.02	19.85
0.58	41.96	44.59	10.09	5.61	873.05	745.80	5.65
12.37	48.19	43.77	13.48	17.41	800.54	676.85	4.82
0.92	86.92	49.47	49.11	53.78	1852.71	1500.37	9.38
28.63	200.94	100.23	32.00	93.65	3352.43	2638.61	13.42
2.93	105.76	67.38	12.17	16.02	1663.48	1432.90	10.21
0.46	22.15	7.09	3.12	3.05	245.36	219.38	1.86
0.23	3.71	2.81	0.46	3.06	96.37	78.93	0.31
2.18	75.08	51.32	6.36	9.84	1201.71	1039.53	7.22
0.06	4.83	6.16	2.23	0.07	120.04	95.06	0.82
6.69	177.44	116.05	19.39	63.67	2641.39	2140.68	17.19
0.83	28.13	20.19	2.21	6.50	439.62	355.15	2.62
4.91	49.13	36.58	7.77	17.36	909.27	701.38	5.96
0.95	100.17	59.28	9.40	39.81	1292.50	1084.15	8.61
12.76	263.39	222.63	40.37	112.12	5003.95	3841.87	48.93
0.32	58.13	22.48	5.61	5.69	462.92	370.90	2.92
2.59	35.38	57.95	13.53	25.06	1366.53	860.97	26.98
1.92	26.50	18.74	5.69	18.29	393.77	305.73	2.96
0.01	18.15	6.41			139.70	110.69	1.64
6.92	102.71	92.08	9.03	48.95	1934.34	1629.93	9.87
0.99	22.52	24.97	6.52	14.13	706.70	563.65	4.56
49.10	1000.38	700.84	254.66	538.01	16369.97	12164.42	504.83
21.90	522.05	403.53	76.02	260.81	8828.32	6298.70	454.87
0.04	10.40	39.57		8.29	786.55	670.42	20.32
18.39	203.59	271.70	6.18	8.05	5288.84	3591.59	283.97
3.00	254.06	49.79	65.61	227.14	1888.30	1391.67	121.79
0.27	11.00	7.92	3.19	0.69	160.64	118.77	3.65
0.10	29.46	19.18	1.04	12.46	423.13	318.30	14.77
0.11	13.54	15.36		4.18	280.86	207.93	10.37
23.16	399.35	204.02	168.12	274.03	5817.62	4497.07	34.17
0.11	31.32	16.66	20.44	52.85	802.05	587.97	4.42
5.14	97.86	41.67	18.04	45.06	1149.65	857.66	7.73
6.41	96.81	85.73	53.21	68.42	1195.04	974.71	8.72
4.63	58.20	36.33	7.84	42.71	1051.43	830.52	5.53
1.72	54.96	6.52	1.27	25.72	505.43	407.80	3.68
5.15	60.20	17.11	67.33	39.27	1114.02	838.41	4.08

2-1 续表 22

行业	流动负债合计	应付账款	所有者权益合计	实收资本	国家资本
精制茶加工	309.21	68.12	585.52	194.30	3.81
烟草制品业	1802.12	787.41	6641.20	1020.01	346.55
烟叶复烤	42.19	11.08	295.10	201.70	75.56
卷烟制造	1702.02	753.17	6258.31	790.97	257.60
其他烟草制品制造	57.91	23.16	87.80	27.34	13.39
纺织业	10317.47	1814.68	10883.81	4980.46	114.82
棉纺织及印染精加工	6024.12	1033.16	6677.66	3098.25	79.74
棉纺纱加工	3013.37	483.19	3946.24	1741.91	57.85
棉织造加工	1679.57	271.54	1690.78	709.01	15.67
棉印染精加工	1331.18	278.43	1040.64	647.33	6.21
毛纺织及染整精加工	834.90	154.58	864.52	320.75	9.06
毛条和毛纱线加工	497.63	89.95	417.07	170.22	6.06
毛织造加工	266.40	49.97	388.38	121.11	3.00
毛染整精加工	70.86	14.66	59.06	29.42	
麻纺织及染整精加工	132.15	23.89	181.41	84.73	5.37
麻纤维纺前加工和纺纱	52.16	11.32	88.85	42.35	0.48
麻织造加工	74.86	11.22	88.96	40.44	4.41
麻染整精加工	5.13	1.34	3.60	1.93	0.47
丝绢纺织及印染精加工	324.22	47.63	316.23	112.68	2.13
缫丝加工	176.50	19.01	160.27	53.46	1.88
绢纺和丝织加工	114.14	23.05	125.00	49.07	0.15
丝印染精加工	33.58	5.56	30.96	10.15	0.10
化纤织造及印染精加工	627.02	72.93	401.81	232.27	0.63
化纤织造加工	490.48	53.16	334.08	184.89	0.63
化纤织物染整精加工	136.54	19.76	67.73	47.38	
针织或钩针编织物及其制品制造	1022.55	202.71	984.14	420.91	0.94
针织或钩针编织物织造	781.86	135.48	678.26	315.23	0.64
针织或钩针编织物印染精加工	83.04	28.40	143.66	24.66	0.05
针织或钩针编织品制造	157.66	38.83	162.22	81.01	0.25
家用纺织制成品制造	660.86	137.54	673.96	317.96	0.38
床上用品制造	323.33	74.05	361.27	151.33	0.15
毛巾类制品制造	156.52	25.82	164.53	84.52	0.11
窗帘、布艺类产品制造	70.61	14.18	57.37	29.20	
其他家用纺织制成品制造	110.39	23.49	90.79	52.92	0.11
非家用纺织制成品制造	691.65	142.26	784.08	392.91	16.58
非织造布制造	298.93	75.14	386.79	186.78	2.32
绳、索、缆制造	34.62	7.16	66.24	27.82	0.63

单位：亿元

集体资本	法人资本	个人资本	港澳台资本	外商资本	主营业务收入	主营业务成本	主营业务税金及附加
4.05	78.98	93.30	10.52	3.17	1724.03	1368.66	15.80
4.18	667.63	1.09	0.14	0.42	8962.65	2394.77	4834.34
	125.57	0.15		0.42	182.98	126.10	3.06
0.33	532.58	0.46			8655.22	2184.58	4829.75
3.85	9.48	0.47	0.14		124.45	84.08	1.53
49.42	1582.74	2134.42	620.55	470.34	38294.75	33990.06	197.71
29.54	978.79	1401.50	367.58	238.56	24256.73	21682.96	123.56
20.40	497.29	961.62	119.75	82.46	14807.20	13282.80	74.94
4.82	242.68	288.37	99.82	57.65	5886.47	5247.26	30.50
4.32	238.83	151.51	148.01	98.44	3563.06	3152.90	18.12
7.34	106.73	139.69	34.61	23.33	2575.62	2299.08	10.18
2.08	57.94	79.19	16.28	8.67	1234.88	1091.11	5.16
4.31	41.44	52.19	8.50	11.67	1151.59	1041.29	4.24
0.95	7.35	8.31	9.82	2.99	189.16	166.67	0.79
1.04	41.05	28.70	5.72	2.50	544.87	477.29	3.77
0.17	31.25	8.80	0.38	0.93	271.84	234.92	1.99
0.78	9.73	19.85	4.10	1.57	264.01	234.28	1.74
0.09	0.06	0.06	1.25		9.02	8.10	0.04
1.42	38.27	52.14	9.96	8.45	1185.10	1050.71	6.54
0.97	18.64	30.97	0.66	0.04	728.39	648.47	4.03
0.43	16.09	18.21	6.72	7.48	383.54	336.85	2.16
0.02	3.54	2.97	2.59	0.93	73.17	65.40	0.34
1.46	75.01	87.00	40.15	25.78	1224.77	1086.71	6.88
1.44	59.46	71.84	32.22	19.30	1017.57	908.24	5.79
0.02	15.55	15.16	7.93	6.48	207.20	178.47	1.09
2.49	120.36	183.41	68.48	43.69	3151.58	2734.86	17.48
1.56	92.66	120.86	58.97	39.65	2320.82	2042.23	12.58
0.20	9.88	11.35	1.62	1.54	310.89	245.97	1.70
0.72	17.82	51.20	7.89	2.50	519.87	446.66	3.21
1.61	110.20	130.20	36.48	39.10	2618.21	2281.56	14.46
0.69	45.12	70.46	20.40	14.52	1310.99	1127.74	6.79
0.79	40.68	30.20	5.97	6.77	679.29	604.14	4.06
0.06	7.17	10.68	4.63	6.66	224.85	198.11	1.22
0.07	17.23	18.86	5.48	11.16	403.07	351.57	2.39
4.52	112.32	111.78	57.56	88.93	2737.86	2376.89	14.84
1.58	51.07	55.34	26.88	49.47	1366.76	1176.96	7.99
1.22	8.29	10.34	3.49	3.85	251.72	216.11	1.65

2-1 续表 23

行　业	流动负债合　计	应付账款	所有者权益合计	实收资本	国家资本
纺织带和帘子布制造	188.49	11.61	148.06	71.95	13.03
篷、帆布制造	78.52	21.37	53.82	30.00	0.41
其他非家用纺织制成品制造	91.09	26.97	129.16	76.35	0.19
纺织服装、服饰业	4964.95	1327.54	6273.57	2580.52	27.69
机织服装制造	3566.51	949.50	4934.81	1985.01	20.36
针织或钩针编织服装制造	1100.54	298.48	1028.47	439.23	5.38
服饰制造	297.90	79.55	310.29	156.28	1.96
皮革、毛皮、羽毛及其制品和制鞋业	2797.35	697.62	3690.20	1416.01	5.78
皮革鞣制加工	339.93	64.45	458.56	140.92	0.15
皮革制品制造	672.53	180.21	855.58	293.41	0.10
皮革服装制造	148.24	15.33	208.65	51.53	0.06
皮箱、包(袋)制造	347.11	115.94	326.71	151.63	0.04
皮手套及皮装饰制品制造	38.73	12.77	64.25	25.87	
其他皮革制品制造	138.45	36.17	255.97	64.38	
毛皮鞣制及制品加工	113.29	21.69	209.25	78.44	0.81
毛皮鞣制加工	33.01	5.81	78.81	26.82	0.10
毛皮服装加工	37.35	8.28	71.69	23.57	0.71
其他毛皮制品加工	42.94	7.60	58.75	28.05	
羽毛(绒)加工及制品制造	247.01	42.33	212.63	90.76	0.21
羽毛(绒)加工	111.10	15.68	98.46	40.12	0.10
羽毛(绒)制品加工	135.90	26.65	114.17	50.64	0.11
制鞋业	1424.59	388.94	1954.17	812.48	4.51
纺织面料鞋制造	129.93	40.94	214.73	108.97	
皮鞋制造	985.87	261.33	1381.01	529.79	2.35
塑料鞋制造	99.07	25.83	102.07	49.54	0.02
橡胶鞋制造	156.90	43.91	202.71	80.72	2.13
其他制鞋业	52.81	16.93	53.65	43.46	0.01
木材加工和木、竹、藤、棕、草制品业	1935.67	365.27	3349.33	1474.24	25.02
木材加工	229.91	52.93	458.29	201.96	6.40
锯材加工	102.28	29.82	219.96	84.36	2.65
木片加工	51.05	8.94	127.12	62.81	3.09
单板加工	59.32	10.80	84.89	43.19	0.67
其他木材加工	17.27	3.37	26.34	11.60	
人造板制造	1071.52	178.69	1982.46	869.64	12.15
胶合板制造	389.12	81.36	981.48	342.38	2.46
纤维板制造	464.44	58.38	545.67	277.90	8.22
刨花板制造	92.36	11.42	131.72	63.76	1.18
其他人造板制造	125.61	27.53	323.60	185.61	0.28

单位：亿元

集体资本	法人资本	个人资本	港澳台资本	外商资本	主营业务收　　入	主营业务成　　本	主营业务税金及附加
0.46	18.60	16.07	12.48	11.31	583.77	523.07	2.19
	10.61	10.91	5.54	2.52	208.53	181.69	1.06
1.27	23.74	19.11	9.18	21.77	327.08	279.07	1.95
23.14	866.01	899.73	453.50	306.65	21054.40	17932.05	136.20
18.89	714.99	683.44	323.88	219.93	16114.27	13649.39	103.89
3.48	101.35	160.47	107.48	60.71	3838.40	3332.14	25.69
0.77	49.67	55.82	22.15	26.01	1101.72	950.52	6.62
11.26	374.35	505.80	272.81	244.90	13896.08	11914.06	81.54
2.51	43.60	58.19	12.18	24.30	1675.92	1432.86	6.64
2.39	72.04	117.48	54.28	47.00	3358.97	2886.35	19.90
0.09	8.63	34.73	4.89	3.13	764.19	632.18	4.32
1.24	42.40	44.36	37.63	25.97	1521.91	1324.33	10.26
0.04	6.22	9.88	5.34	4.39	275.90	238.65	1.58
1.02	14.79	28.51	6.42	13.51	796.97	691.19	3.74
1.00	23.46	37.97	11.98	2.88	893.34	783.53	4.17
0.07	10.90	11.14	2.69	1.57	291.32	252.28	1.49
0.12	7.13	13.16	2.24	0.20	346.78	305.65	1.50
0.81	5.43	13.67	7.05	1.11	255.23	225.60	1.18
0.63	29.26	47.16	5.20	8.21	933.20	824.27	3.71
0.42	13.84	23.11	1.19	1.37	435.31	384.22	1.55
0.21	15.42	24.05	4.01	6.84	497.89	440.05	2.16
4.74	205.99	245.00	189.18	162.51	7034.65	5987.04	47.12
0.10	42.35	32.42	20.12	13.93	822.81	712.19	5.89
3.76	120.07	151.81	128.15	123.19	4509.16	3771.19	28.92
0.55	17.79	20.63	6.22	4.29	715.59	638.11	4.77
0.29	15.35	31.32	19.77	11.86	714.45	625.17	4.85
0.03	10.43	8.81	14.91	9.24	272.64	240.38	2.68
12.23	497.04	810.07	57.24	71.20	13246.85	11437.07	92.50
1.15	75.83	90.58	18.00	9.10	1834.63	1567.15	14.78
0.78	37.95	38.40	2.04	2.46	877.29	743.94	6.80
0.27	26.37	30.85	0.73	1.49	533.98	460.11	4.81
0.10	8.81	17.16	14.91	0.75	341.28	292.62	2.62
	2.70	4.18	0.31	4.41	82.07	70.47	0.55
7.88	301.01	498.56	23.04	26.88	7794.43	6774.04	52.11
2.77	90.82	227.91	8.39	9.94	4828.64	4222.11	34.00
3.56	148.91	100.23	9.47	7.46	1558.81	1345.07	9.73
1.04	27.25	32.05	0.02	2.22	383.68	327.47	2.36
0.51	34.02	138.37	5.16	7.26	1023.30	879.39	6.02

2-1 续表 24

行 业	流动负债合 计	应付账款	所 有 者权益合计	实收资本	国家资本
木制品制造	530.42	111.95	735.27	335.34	6.26
建筑用木料及木材组件加工	104.84	16.87	165.08	70.22	2.56
木门窗、楼梯制造	91.12	20.95	122.34	52.43	0.57
地板制造	203.88	34.04	252.69	96.25	2.80
木制容器制造	51.93	21.22	62.29	34.41	0.19
软木制品及其他木制品制造	78.65	18.85	132.87	82.03	0.14
竹、藤、棕、草等制品制造	103.81	21.71	173.30	67.30	0.21
竹制品制造	88.29	19.29	137.76	55.49	0.04
藤制品制造	3.49	0.79	5.31	3.44	0.17
棕制品制造	2.21	0.49	3.50	1.62	
草及其他制品制造	9.83	1.13	26.74	6.75	
家具制造业	1988.20	517.16	2284.33	1083.91	7.35
木质家具制造	1179.83	258.83	1465.41	675.16	2.30
竹、藤家具制造	47.21	16.85	29.92	15.75	0.03
金属家具制造	438.89	151.21	460.75	258.53	4.59
塑料家具制造	26.46	7.65	32.78	16.35	0.02
其他家具制造	295.82	82.62	295.47	118.11	0.41
造纸和纸制品业	5822.58	1244.10	5663.19	3351.32	213.41
纸浆制造	134.82	23.91	83.16	85.22	1.64
木竹浆制造	98.62	13.57	52.34	53.30	1.64
非木竹浆制造	36.20	10.34	30.82	31.92	
造纸	4072.32	769.33	3844.79	2299.89	205.88
机制纸及纸板制造	3938.37	740.67	3662.31	2206.20	205.20
手工纸制造	28.17	3.77	28.27	15.50	0.66
加工纸制造	105.78	24.90	154.21	78.18	0.02
纸制品制造	1615.44	450.85	1735.24	966.22	5.89
纸和纸板容器制造	893.19	237.99	989.34	570.19	2.47
其他纸制品制造	722.24	212.87	745.90	396.03	3.42
印刷和记录媒介复制业	1991.21	557.10	2759.22	1251.05	127.54
印刷	1938.35	544.51	2664.75	1197.44	126.39
书、报刊印刷	360.97	104.70	476.73	236.83	53.46
本册印制	88.21	25.26	117.52	47.21	0.21
包装装潢及其他印刷	1489.17	414.55	2070.49	913.40	72.72
装订及印刷相关服务	34.09	7.45	53.99	25.73	0.71
记录媒介复制	18.77	5.15	40.49	27.88	0.45
文教、工美、体育和娱乐用品制造业	3583.95	1232.76	3524.24	1838.17	37.31
文教办公用品制造	238.22	53.90	265.91	117.71	1.86
文具制造	139.27	30.92	129.30	62.63	0.16
笔的制造	72.85	16.27	62.81	28.86	0.80
教学用模型及教具制造	11.46	3.30	43.69	14.03	
墨水、墨汁制造	2.01	0.76	5.72	1.58	
其他文教办公用品制造	12.65	2.65	24.39	10.62	0.90

单位：亿元

集体资本	法人资本	个人资本	港澳台资本	外商资本	主营业务收入	主营业务成本	主营业务税金及附加
2.98	97.71	181.10	13.98	33.35	2834.93	2430.37	19.34
1.85	23.94	36.41	0.51	4.95	720.45	626.42	4.02
0.45	17.66	28.95	1.18	3.63	394.28	330.38	3.16
0.18	22.79	45.01	6.98	18.51	809.10	686.79	6.42
0.20	4.77	25.80	2.27	1.18	270.30	232.39	1.67
0.31	28.56	44.93	3.04	5.10	640.80	554.38	4.08
0.22	22.49	39.82	2.22	1.87	782.86	665.51	6.27
0.19	19.13	32.38	2.05	1.23	644.18	543.58	5.69
	0.41	2.65	0.03	0.17	22.49	19.77	0.12
	0.77	0.81	0.04		7.89	6.85	0.03
0.03	2.18	3.98	0.09	0.47	108.30	95.31	0.42
9.79	314.05	467.82	128.19	156.41	7273.41	6130.53	47.20
6.56	226.25	291.14	68.73	79.89	4623.55	3909.45	33.02
0.31	6.72	7.15	0.32	1.21	152.56	128.69	1.03
2.20	38.84	126.28	33.88	52.73	1351.52	1131.39	7.81
	3.71	5.56	4.81	2.26	100.10	87.07	0.55
0.71	38.53	37.70	20.45	20.32	1045.68	873.93	4.79
61.31	1095.32	629.20	302.35	1047.24	13535.18	11714.37	66.51
1.63	70.33	8.42	1.70	1.00	139.46	122.66	0.71
	42.39	6.08	1.70	1.00	89.87	76.62	0.37
1.63	27.94	2.35			49.59	46.05	0.34
46.33	711.79	348.49	174.56	812.64	7830.10	6859.82	32.73
44.17	674.77	319.29	169.10	793.48	7358.31	6448.09	30.28
0.52	8.82	2.91	2.18	0.42	96.08	82.80	0.67
1.64	28.20	26.29	3.29	18.75	375.71	328.93	1.79
13.35	313.20	272.29	126.09	233.59	5565.62	4731.88	33.07
8.29	215.75	172.18	56.68	114.11	3335.13	2873.23	20.05
5.06	97.44	100.12	69.42	119.48	2230.49	1858.65	13.02
20.46	436.18	380.90	171.97	113.06	6765.30	5637.85	49.47
18.98	414.95	368.96	158.47	108.76	6565.57	5474.76	47.88
3.71	72.76	58.98	38.94	8.74	1047.91	889.76	8.80
0.35	11.43	25.22	5.15	4.86	384.48	321.78	3.07
14.92	330.76	284.75	114.39	95.16	5133.17	4263.22	36.01
1.39	8.77	7.69	3.55	3.62	136.79	112.87	1.26
0.10	12.46	4.25	9.94	0.68	62.94	50.22	0.33
22.14	760.52	521.21	261.95	230.48	14939.35	13087.64	75.60
4.09	29.28	35.71	22.93	20.22	895.27	754.54	4.90
3.61	10.86	18.31	18.10	11.59	442.75	377.26	2.30
0.20	10.25	9.00	2.75	5.86	278.57	235.66	1.56
0.05	2.93	6.24	0.82	0.37	119.55	96.00	0.74
	1.01	0.42	0.03	0.12	15.87	12.57	0.10
0.23	4.24	1.74	1.23	2.28	38.53	33.05	0.20

2-1　续表 25

行　　业	流动负债合　　计	应付账款	所有者权益合计	实收资本	国家资本
乐器制造	64.51	25.32	121.81	65.58	12.34
中乐器制造	4.91	2.03	9.31	2.89	
西乐器制造	40.79	14.24	78.85	45.00	12.34
电子乐器制造	10.64	7.01	21.15	12.13	
其他乐器及零件制造	8.17	2.05	12.51	5.56	
工艺美术品制造	2407.24	850.34	2131.93	1133.60	21.06
雕塑工艺品制造	120.36	32.95	302.96	445.47	0.65
金属工艺品制造	141.03	40.49	161.85	65.25	11.91
漆器工艺品制造	37.27	5.41	69.14	18.57	
花画工艺品制造	24.21	6.73	52.97	26.78	0.09
天然植物纤维编织工艺品制造	86.41	19.22	159.38	68.12	0.64
抽纱刺绣工艺品制造	229.82	32.17	226.80	81.34	0.37
地毯、挂毯制造	172.33	39.47	167.45	74.61	1.43
珠宝首饰及有关物品制造	1306.32	607.77	582.30	180.04	5.85
其他工艺美术品制造	289.48	66.14	409.09	173.43	0.12
体育用品制造	308.92	115.61	382.47	200.35	1.25
球类制造	29.31	9.95	40.76	23.62	0.61
体育器材及配件制造	90.75	36.70	126.52	69.42	0.62
训练健身器材制造	96.60	32.60	88.11	50.09	
运动防护用具制造	27.16	12.27	28.23	21.04	
其他体育用品制造	65.11	24.09	98.86	36.18	0.02
玩具制造	427.91	150.33	492.92	254.15	
游艺器材及娱乐用品制造	137.15	37.26	129.19	66.80	0.81
露天游乐场所游乐设备制造	48.18	8.40	47.59	26.08	0.79
游艺用品及室内游艺器材制造	42.79	17.04	39.64	21.37	
其他娱乐用品制造	46.17	11.82	41.97	19.35	0.02
石油加工、炼焦和核燃料加工业	12875.01	3133.37	8236.18	5890.30	2335.28
精炼石油产品制造	7991.33	1915.94	6450.16	4088.27	2109.55
原油加工及石油制品制造	7861.15	1872.62	6345.25	3993.54	2093.55
人造原油制造	130.17	43.33	104.91	94.74	16.00
炼焦	4813.86	1188.37	1737.22	1762.74	186.45
化学原料和化学制品制造业	29953.29	6545.66	28444.50	14692.16	1997.08
基础化学原料制造	9504.26	1884.99	8262.98	4798.12	651.83
无机酸制造	286.05	62.95	359.98	161.33	11.13
无机碱制造	1249.17	240.27	751.26	443.42	141.10
无机盐制造	1051.74	255.35	881.81	405.53	46.94
有机化学原料制造	5745.55	1095.20	5004.78	3090.20	383.97
其他基础化学原料制造	1171.75	231.22	1265.15	697.65	68.68

单位：亿元

					主营业务收　入	主营业务成　本	主营业务税金及附加
集体资本	法人资本	个人资本	港澳台资本	外商资本			
0.95	16.07	10.29	4.05	21.89	330.88	283.85	1.88
0.05	0.45	1.77	0.01	0.60	35.39	30.18	0.25
0.75	10.17	2.79	1.89	17.07	173.78	150.81	0.77
	4.40	2.51	1.83	3.39	70.60	58.99	0.46
0.15	1.04	3.22	0.32	0.83	51.11	43.87	0.39
12.99	586.71	349.76	85.91	76.90	10035.30	8886.95	47.52
1.90	380.17	54.83	5.08	2.75	977.28	807.47	7.74
0.47	18.72	21.84	5.70	6.60	512.69	430.91	3.74
0.59	5.51	11.10	1.15	0.22	197.84	165.61	1.43
	7.63	9.97	6.41	2.67	240.42	209.63	2.22
0.16	22.15	42.39	0.44	2.30	812.80	696.72	6.10
0.64	23.28	38.19	9.13	9.67	937.52	809.05	5.57
1.38	22.62	23.38	8.69	17.10	645.72	561.51	2.56
5.68	54.61	54.82	34.29	24.75	4031.73	3755.79	6.36
2.15	52.02	93.23	15.02	10.83	1679.30	1450.26	11.81
1.07	49.93	50.21	49.95	47.42	1305.18	1124.60	8.71
0.36	5.35	4.00	5.13	8.17	175.78	154.26	1.05
0.26	22.15	14.00	16.11	15.73	362.27	309.14	2.17
0.06	11.60	15.71	13.76	8.96	336.73	290.78	1.98
	4.39	3.63	6.92	6.11	133.57	114.29	0.96
0.38	6.43	12.88	8.02	8.46	296.82	256.14	2.55
2.17	54.26	52.69	92.56	52.34	1965.19	1695.09	10.31
0.88	24.28	22.56	6.56	11.72	407.54	342.62	2.28
0.83	15.28	6.51	1.24	1.43	101.43	85.15	0.50
0.05	3.78	10.05	4.28	3.21	174.22	145.76	0.97
	5.22	6.00	1.04	7.08	131.89	111.71	0.81
93.92	2311.04	679.26	123.00	169.73	41094.41	36082.13	3178.97
56.24	1272.95	275.76	59.30	151.98	35384.59	30883.66	3158.90
55.68	1206.30	264.31	59.23	151.98	35269.65	30785.43	3156.54
0.55	66.64	11.45	0.07		114.94	98.23	2.36
37.69	1038.10	403.50	63.71	17.75	5632.35	5131.33	19.90
281.15	5576.56	3224.15	1004.36	2627.92	83104.14	71865.88	604.16
82.82	2133.42	785.72	277.65	866.00	25030.34	22312.84	248.52
4.42	71.58	59.90	2.66	11.53	1062.55	927.23	6.23
9.79	190.83	41.37	56.76	3.57	1791.85	1571.83	6.31
28.01	171.57	133.97	7.10	17.94	2538.12	2222.29	15.29
29.40	1464.60	434.77	166.50	610.57	16483.55	14873.87	199.92
11.20	234.84	115.69	44.64	222.40	3154.28	2717.62	20.77

2-1 续表 26

行　　业	流动负债合　　计	应付账款	所有者权益合计	实收资本	国家资本
肥料制造	5102.03	942.37	3703.13	1781.50	516.33
氮肥制造	2392.78	421.29	1527.06	847.75	333.75
磷肥制造	674.43	90.64	315.12	149.89	80.78
钾肥制造	351.92	82.13	356.75	90.51	15.87
复混肥料制造	1479.89	313.80	1173.44	551.32	78.03
有机肥料及微生物肥料制造	164.11	25.99	294.68	118.87	1.41
其他肥料制造	38.89	8.51	36.07	23.16	6.49
农药制造	917.31	195.78	1010.97	383.63	22.33
化学农药制造	858.53	182.32	906.10	331.28	20.51
生物化学农药及微生物农药制造	58.79	13.47	104.86	52.35	1.82
涂料、油墨、颜料及类似产品制造	1885.08	533.09	2238.14	856.40	32.03
涂料制造	1092.65	333.73	1320.00	483.35	16.77
油墨及类似产品制造	124.03	44.43	191.36	87.50	3.18
颜料制造	302.04	65.79	283.85	137.80	8.11
染料制造	291.26	66.62	346.86	101.44	0.36
密封用填料及类似品制造	75.10	22.53	96.07	46.32	3.60
合成材料制造	5190.37	1338.48	4500.64	2785.68	480.24
初级形态塑料及合成树脂制造	3308.56	885.52	2984.34	1786.58	398.72
合成橡胶制造	374.83	70.12	384.44	188.78	4.84
合成纤维单(聚合)体制造	1226.77	299.55	775.90	603.26	65.73
其他合成材料制造	280.21	83.28	355.96	207.06	10.95
专用化学产品制造	5726.57	1190.32	6440.50	3224.29	234.42
化学试剂和助剂制造	1509.01	293.56	1886.85	836.71	42.46
专项化学用品制造	1866.51	380.88	2125.06	922.28	40.38
林产化学产品制造	114.07	24.88	183.90	76.13	1.46
信息化学品制造	1651.61	350.92	1416.91	956.47	105.47
环境污染处理专用药剂材料制造	80.38	25.05	149.06	46.33	0.44
动物胶制造	21.38	4.22	39.69	19.59	0.32
其他专用化学产品制造	483.60	110.80	639.05	366.79	43.89
炸药、火工及焰火产品制造	412.32	96.54	782.67	238.61	46.10
炸药及火工产品制造	323.49	64.41	487.06	140.08	44.17
焰火、鞭炮产品制造	88.83	32.13	295.60	98.53	1.93
日用化学产品制造	1215.35	364.09	1505.48	623.93	13.79
肥皂及合成洗涤剂制造	438.51	140.13	455.10	198.40	8.64
化妆品制造	399.36	104.70	511.66	203.61	0.97
口腔清洁用品制造	48.78	19.53	77.08	24.59	1.18
香料、香精制造	179.36	61.78	299.56	107.20	1.47
其他日用化学产品制造	149.34	37.95	162.08	90.13	1.54

单位：亿元

集体资本	法人资本	个人资本	港澳台资本	外商资本	主营业务收　入	主营业务成　本	主营业务税金及附加
24.61	835.63	335.54	32.24	32.58	9110.54	7988.65	55.23
9.99	394.68	84.16	7.23	15.37	2653.87	2418.18	6.34
1.86	50.22	15.60	0.06	1.37	997.60	891.62	6.43
0.28	28.27	28.62	13.27	2.71	278.57	181.27	18.38
9.84	298.72	154.60	2.10	7.61	4268.79	3736.54	17.35
1.56	60.14	40.59	9.58	5.52	778.41	642.43	5.64
1.08	3.61	11.98			133.31	118.61	1.07
8.98	151.16	164.77	8.68	25.59	2966.61	2522.51	13.45
8.75	124.21	143.95	7.29	24.45	2677.81	2287.65	9.96
0.23	26.96	20.82	1.39	1.14	288.80	234.86	3.48
15.26	290.63	240.94	96.23	176.98	6212.20	5092.73	32.57
8.45	165.21	128.18	56.78	104.56	3905.89	3173.68	21.29
1.07	21.26	24.20	11.56	25.39	392.93	317.92	2.25
2.88	53.26	39.27	9.05	25.22	797.80	681.78	3.64
2.61	43.61	31.72	11.79	11.34	863.41	708.05	4.18
0.25	7.29	17.57	7.03	10.47	252.16	211.30	1.22
78.84	1024.41	474.40	185.14	530.34	13883.82	12538.28	47.81
28.05	549.59	345.52	93.68	358.72	8567.87	7666.45	31.45
2.63	89.11	50.79	7.93	33.49	1407.19	1242.44	6.27
44.15	313.76	32.77	77.25	69.61	2879.81	2735.36	4.61
4.02	71.95	45.33	6.28	68.53	1028.95	894.03	5.48
62.96	911.21	978.24	304.59	780.31	19581.32	16931.54	110.15
14.85	261.38	333.22	41.94	142.29	6039.31	5178.26	31.79
23.18	244.05	267.65	116.95	278.47	7938.24	6934.22	50.21
2.72	33.07	32.72	1.97	3.78	799.38	685.82	5.09
12.14	269.33	147.50	133.19	288.83	2539.42	2194.84	8.86
2.06	17.39	16.42	1.63	8.38	394.37	313.51	2.55
0.05	5.95	5.86		7.41	120.90	102.12	0.95
7.96	80.02	174.87	8.90	51.14	1749.68	1522.77	10.71
5.18	86.26	97.57	0.48	3.15	1920.12	1466.70	56.99
4.33	54.34	34.28		3.01	570.53	397.23	5.87
0.85	31.92	63.29	0.48	0.15	1349.59	1069.47	51.12
2.52	143.83	146.97	99.35	212.97	4399.18	3012.64	39.46
0.55	48.31	31.65	62.35	46.90	1709.37	1209.32	12.28
0.89	34.32	52.83	14.77	95.83	1300.34	744.47	15.88
0.04	6.16	3.43	3.53	10.26	170.33	96.34	1.31
0.44	30.30	32.00	11.72	30.77	644.71	501.53	5.99
0.60	24.75	27.06	6.98	29.20	574.44	460.98	4.00

2-1 续表 27

行业	流动负债合计	应付账款	所有者权益合计	实收资本	国家资本
医药制造业	7637.43	1683.66	12214.46	4969.79	238.52
化学药品原料药制造	1541.07	320.53	2064.70	1763.10	54.35
化学药品制剂制造	2507.88	650.00	3498.91	1111.05	70.17
中药饮片加工	359.34	115.84	554.07	197.31	8.53
中成药生产	1849.25	365.03	3117.18	921.79	49.52
兽用药品制造	199.92	30.29	397.81	149.56	4.89
生物药品制造	786.22	127.16	1904.43	608.05	48.45
卫生材料及医药用品制造	393.75	74.80	677.36	218.94	2.62
化学纤维制造业	3350.68	508.50	2422.63	1309.32	47.04
纤维素纤维原料及纤维制造	1031.78	181.32	724.75	336.85	28.33
化纤浆粕制造	140.56	39.50	62.39	39.44	5.29
人造纤维(纤维素纤维)制造	891.22	141.83	662.36	297.42	23.05
合成纤维制造	2318.90	327.18	1697.88	972.47	18.70
锦纶纤维制造	328.35	30.62	246.44	164.98	3.68
涤纶纤维制造	1589.18	233.34	1095.04	614.93	2.28
腈纶纤维制造	69.19	6.27	29.23	24.00	
维纶纤维制造	36.54	3.94	40.94	22.69	6.72
丙纶纤维制造	22.71	3.33	14.25	6.79	0.14
氨纶纤维制造	128.46	31.59	175.04	83.47	3.25
其他合成纤维制造	144.49	18.08	96.94	55.60	2.63
橡胶和塑料制品业	8316.42	2070.00	10091.60	4695.25	148.44
橡胶制品业	2778.70	680.81	3457.90	1482.33	94.90
轮胎制造	1881.45	419.59	2142.60	903.92	84.93
橡胶板、管、带制造	335.15	82.98	523.43	227.67	7.39
橡胶零件制造	183.52	64.80	318.25	114.18	1.21
再生橡胶制造	41.63	9.75	68.82	24.62	
日用及医用橡胶制品制造	84.27	19.58	114.86	54.55	0.37
其他橡胶制品制造	252.67	84.10	289.93	157.39	1.01
塑料制品业	5537.72	1389.19	6633.70	3212.92	53.54
塑料薄膜制造	845.81	168.86	978.67	510.16	15.51
塑料板、管、型材制造	1276.71	247.47	1800.74	839.23	15.73
塑料丝、绳及编织品制造	421.82	85.82	696.39	311.10	2.76
泡沫塑料制造	203.80	58.87	244.67	97.64	1.26
塑料人造革、合成革制造	391.34	74.48	323.80	153.95	0.65
塑料包装箱及容器制造	503.93	121.82	602.19	309.27	2.20
日用塑料制品制造	445.57	120.55	465.96	240.90	4.63
塑料零件制造	546.27	203.43	527.17	289.45	1.49
其他塑料制品制造	902.50	307.90	994.11	461.22	9.32

单位：亿元

					主营业务收　　入	主营业务成　　本	主营业务税金及附加
集体资本	法人资本	个人资本	港澳台资本	外商资本			
81.90	1654.10	2230.30	218.63	539.11	23350.33	16576.64	178.11
7.79	270.40	1264.76	64.10	101.14	4197.03	3375.63	27.36
28.34	459.80	248.78	52.74	249.74	6321.05	3832.67	49.36
3.42	90.66	83.38	6.81	4.31	1546.81	1288.45	10.60
29.00	452.54	305.57	44.77	38.72	5745.82	3832.61	44.45
3.15	61.55	64.64	1.03	13.92	1078.62	862.67	8.76
9.08	250.09	172.03	37.08	88.39	2801.34	2074.13	22.17
1.12	69.06	91.16	12.09	42.89	1659.67	1310.49	15.42
15.63	462.59	355.13	236.82	192.12	7158.81	6481.83	20.30
3.84	147.59	84.31	37.81	34.98	1963.94	1749.65	7.47
0.01	11.98	10.81	11.24	0.10	231.55	204.71	1.03
3.83	135.61	73.49	26.57	34.88	1732.39	1544.93	6.44
11.79	315.00	270.82	199.01	157.14	5194.87	4732.18	12.83
4.18	36.17	34.49	23.08	63.38	742.60	648.64	1.90
3.00	227.80	184.94	139.25	57.66	3591.57	3320.53	7.72
	11.61	2.21	10.16	0.02	77.41	72.28	0.33
	2.42	12.73		0.81	55.07	45.41	0.14
	2.38	1.53	1.56	1.19	55.26	48.68	0.26
1.90	17.24	13.54	20.01	27.53	230.78	185.72	1.03
2.70	17.38	21.40	4.95	6.55	442.17	410.93	1.45
98.01	1396.29	1514.35	565.37	964.09	29919.12	25764.22	165.77
31.07	387.14	414.52	102.86	447.08	9154.56	7801.13	49.94
15.84	222.81	161.90	73.15	344.99	5381.16	4622.14	26.86
3.41	66.45	111.51	3.72	35.19	1288.42	1081.58	8.35
1.49	31.18	43.09	4.56	32.64	853.68	707.44	5.50
0.04	8.55	14.78	0.64	0.62	267.88	227.74	1.67
0.56	19.89	17.57	8.54	7.63	475.96	401.43	2.69
9.73	38.26	65.68	12.26	26.00	887.46	760.80	4.87
66.93	1009.14	1099.83	462.51	517.01	20764.56	17963.08	115.83
28.18	139.11	139.20	87.71	101.05	2662.84	2347.89	11.26
21.27	322.07	372.27	44.35	62.31	4987.75	4284.24	29.18
6.59	126.59	154.36	9.64	11.07	2860.66	2498.27	20.39
0.79	25.92	39.56	13.11	16.96	896.65	778.40	4.56
1.99	47.38	63.54	32.81	7.48	1194.43	1053.62	4.71
2.24	115.03	80.54	37.55	71.20	1739.71	1490.48	11.02
1.80	50.05	80.18	51.90	50.24	1649.10	1402.77	9.52
1.53	69.74	62.05	62.50	91.65	1572.64	1353.46	8.05
2.54	113.26	108.12	122.92	105.05	3200.78	2753.95	17.15

2-1 续表 28

行业	流动负债合计	应付账款	所有者权益合计	实收资本	国家资本
非金属矿物制品业	19842.65	4777.92	21276.73	10815.68	981.98
水泥、石灰和石膏制造	6418.66	1200.13	5641.23	3157.65	611.38
水泥制造	6256.64	1150.39	5425.44	3049.80	605.91
石灰和石膏制造	162.03	49.74	215.79	107.85	5.47
石膏、水泥制品及类似制品制造	4645.48	1533.32	3682.49	1995.74	97.73
水泥制品制造	3868.34	1330.06	2748.61	1579.07	72.92
砼结构构件制造	383.46	116.21	333.64	177.65	6.57
石棉水泥制品制造	46.71	3.41	87.25	11.90	0.16
轻质建筑材料制造	231.20	47.83	395.77	157.40	12.20
其他水泥类似制品制造	115.77	35.81	117.22	69.72	5.87
砖瓦、石材等建筑材料制造	2560.95	603.05	4292.36	1845.83	21.77
粘土砖瓦及建筑砌块制造	473.17	102.09	1057.70	472.22	8.26
建筑陶瓷制品制造	926.15	223.33	1181.26	428.70	0.07
建筑用石加工	426.64	94.14	1067.08	441.58	2.52
防水建筑材料制造	166.83	48.99	256.87	104.32	1.91
隔热和隔音材料制造	166.60	33.25	306.00	193.65	3.41
其他建筑材料制造	401.55	101.25	423.45	205.36	5.61
玻璃制造	1021.85	190.15	880.52	699.57	27.23
平板玻璃制造	727.87	138.13	533.73	493.28	14.18
其他玻璃制造	293.97	52.02	346.79	206.30	13.06
玻璃制品制造	1339.17	337.28	1472.04	671.26	44.88
技术玻璃制品制造	576.82	148.17	582.69	262.57	27.02
光学玻璃制造	165.75	51.03	181.41	97.99	5.66
玻璃仪器制造	26.48	6.57	42.19	21.33	0.80
日用玻璃制品制造	173.78	42.08	195.46	102.83	0.17
玻璃包装容器制造	205.85	47.64	202.22	79.89	6.40
玻璃保温容器制造	15.86	3.30	20.63	7.67	0.05
制镜及类似品加工	41.38	10.81	37.34	16.96	
其他玻璃制品制造	133.24	27.68	210.11	82.03	4.77
玻璃纤维和玻璃纤维增强塑料制品制造	663.68	122.16	917.94	427.45	73.19
玻璃纤维及制品制造	464.92	76.42	656.25	312.75	66.65
玻璃纤维增强塑料制品制造	198.76	45.74	261.69	114.69	6.54
陶瓷制品制造	637.75	152.85	1148.83	756.06	21.29
卫生陶瓷制品制造	191.81	45.32	228.81	120.50	1.38
特种陶瓷制品制造	180.67	52.72	482.97	439.56	16.17
日用陶瓷制品制造	173.50	34.08	270.53	128.19	2.91
园林、陈设艺术及其他陶瓷制品制造	91.78	20.73	166.51	67.81	0.84
耐火材料制品制造	1055.34	282.40	1542.25	503.86	24.91
石棉制品制造	13.35	4.73	59.06	19.63	
云母制品制造	7.05	1.88	10.21	5.19	0.01
耐火陶瓷制品及其他耐火材料制造	1034.94	275.79	1472.98	479.04	24.90

单位：亿元

					主营业务收　　入	主营业务成　　本	主营业务税金及附加
集体资本	法人资本	个人资本	港澳台资本	外商资本			
274.07	4073.31	3763.92	610.05	699.13	57436.70	48709.90	435.65
135.61	1195.28	595.40	222.93	188.44	10647.91	8884.27	70.59
131.01	1157.69	543.72	222.00	181.09	9852.21	8196.96	62.74
4.60	37.59	51.69	0.93	7.34	795.70	687.32	7.85
42.36	785.37	945.80	58.63	63.07	11600.43	9900.76	89.19
33.21	625.09	779.42	40.79	26.33	8962.19	7663.49	66.95
5.83	72.99	77.72	11.52	2.05	1080.81	929.65	8.99
0.08	2.75	8.65	0.01	0.25	208.53	170.19	1.54
1.19	57.68	53.93	5.23	26.67	964.56	811.09	7.66
2.06	26.86	26.08	1.08	7.77	384.34	326.34	4.05
32.01	732.20	910.05	74.72	73.69	14070.44	11938.12	119.65
7.63	188.90	260.50	2.31	4.98	3475.39	2928.49	36.75
3.25	156.64	220.39	31.96	16.38	4423.10	3838.98	26.57
12.92	168.58	216.66	17.33	23.34	3286.07	2742.43	30.14
1.26	38.62	59.04	0.86	2.14	866.51	737.65	6.96
2.98	98.69	66.45	9.31	12.72	776.25	652.70	6.76
3.97	80.77	87.01	12.96	14.14	1243.12	1037.87	12.47
5.35	282.40	226.33	54.74	103.32	1458.23	1262.52	8.86
3.98	176.68	176.25	34.35	87.65	693.35	629.06	4.04
1.37	105.73	50.08	20.39	15.67	764.88	633.46	4.82
9.73	212.69	205.05	103.13	96.97	3898.54	3328.09	24.88
2.40	69.14	65.96	68.12	31.11	1185.62	999.43	7.52
0.49	23.68	17.01	20.36	30.78	470.43	408.67	2.77
3.05	4.10	11.78		1.60	170.54	144.72	1.20
0.81	40.88	38.17	6.61	16.20	707.40	604.27	4.96
1.22	29.22	33.29	1.51	8.24	751.50	642.54	4.25
0.03	2.52	4.18	0.70	0.19	45.81	38.05	0.29
	6.44	5.54	1.29	3.69	88.25	75.34	0.61
1.73	36.72	29.12	4.53	5.16	478.99	415.07	3.28
2.48	150.98	137.08	35.58	28.22	2391.31	2038.73	16.68
1.50	116.59	78.48	29.71	19.83	1518.81	1295.66	10.03
0.99	34.38	58.61	5.87	8.39	872.50	743.08	6.65
7.73	232.80	198.15	31.41	64.06	3615.13	3023.38	30.24
0.08	38.18	38.14	13.91	28.82	594.29	496.15	4.05
2.28	111.82	76.56	7.50	24.88	1339.07	1107.86	11.16
4.13	55.38	53.82	8.13	3.64	998.61	850.14	8.53
1.25	27.41	29.63	1.87	6.71	683.17	569.24	6.50
11.81	159.14	262.42	13.54	32.04	4714.49	3988.60	41.67
0.08	3.78	15.38	0.39		160.23	139.28	1.06
0.01	1.58	2.63	0.69	0.26	59.10	49.95	0.40
11.72	153.78	244.41	12.46	31.78	4495.16	3799.36	40.21

2-1 续表 29

行业	流动负债合计	应付账款	所有者权益合计	实收资本	国家资本
石墨及其他非金属矿物制品制造	1499.76	356.58	1699.06	758.25	59.59
石墨及碳素制品制造	746.54	149.38	783.01	368.93	33.85
其他非金属矿物制品制造	753.21	207.20	916.05	389.32	25.74
黑色金属冶炼和压延加工业	35422.82	8090.48	22004.09	10024.30	2251.69
炼铁	1562.56	412.29	866.03	458.51	18.72
炼钢	5943.52	1435.60	3001.76	839.39	306.86
黑色金属铸造	1322.49	278.73	1834.57	737.38	27.45
钢压延加工	24954.53	5450.68	15323.27	7349.12	1846.65
铁合金冶炼	1639.72	513.18	978.46	639.90	52.01
有色金属冶炼和压延加工业	17809.60	3459.67	13002.04	5863.16	1379.29
常用有色金属冶炼	9236.46	2017.34	4696.84	2227.00	864.77
铜冶炼	2356.44	428.21	1514.75	460.45	246.75
铅锌冶炼	1318.19	308.92	590.57	339.17	51.93
镍钴冶炼	1339.41	287.99	729.81	323.45	234.55
锡冶炼	342.21	27.86	121.45	43.16	26.98
锑冶炼	41.63	5.62	82.97	24.00	9.52
铝冶炼	3240.55	695.04	1350.08	895.15	285.88
镁冶炼	138.77	29.35	108.77	52.92	1.97
其他常用有色金属冶炼	459.27	234.34	198.45	88.69	7.19
贵金属冶炼	880.28	92.44	768.81	215.37	43.46
金冶炼	727.34	74.84	655.29	168.07	38.27
银冶炼	131.70	12.85	85.46	29.58	3.50
其他贵金属冶炼	21.24	4.75	28.06	17.72	1.69
稀有稀土金属冶炼	469.14	92.87	805.07	248.92	28.81
钨钼冶炼	170.66	29.20	334.18	103.71	10.47
稀土金属冶炼	204.54	44.10	321.63	94.58	15.16
其他稀有金属冶炼	93.94	19.57	149.26	50.63	3.19
有色金属合金制造	1029.50	270.29	920.45	508.68	178.98
有色金属铸造	109.97	39.75	91.49	149.50	4.45
有色金属压延加工	6084.24	946.98	5719.39	2513.70	258.81
铜压延加工	2075.75	387.40	1398.21	713.24	60.02
铝压延加工	3244.39	429.36	3484.31	1456.75	112.97
贵金属压延加工	88.69	11.78	52.52	26.54	0.38
稀有稀土金属压延加工	245.11	48.38	464.20	152.27	63.86
其他有色金属压延加工	430.30	70.05	320.14	164.90	21.58
金属制品业	11183.76	2604.23	12654.31	5217.61	415.17
结构性金属制品制造	3629.23	852.41	3504.03	1652.97	80.08
金属结构制造	2881.63	652.89	2690.96	1276.21	73.83
金属门窗制造	747.59	199.52	813.07	376.76	6.25

单位：亿元

					主营业务收　入	主营业务成　本	主营业务税金及附加
集体资本	法人资本	个人资本	港澳台资本	外商资本			
26.97	322.46	283.62	15.36	49.33	5040.22	4345.43	33.87
14.46	170.73	120.43	3.46	25.64	2190.28	1887.27	13.31
12.51	151.73	163.20	11.90	23.68	2849.94	2458.17	20.57
449.90	4314.88	2208.55	296.87	478.46	74332.77	68288.60	235.44
18.78	279.71	109.29	2.23	27.26	2742.63	2543.34	6.91
3.49	273.32	176.30	48.27	31.10	8164.63	7593.81	11.27
8.96	316.96	283.77	17.03	82.64	6718.17	5870.58	49.50
398.75	3148.45	1445.55	226.75	263.70	52434.20	48368.79	148.59
19.92	296.44	193.63	2.59	73.76	4273.13	3912.09	19.16
94.37	2533.34	1147.79	368.03	333.48	51312.09	47203.18	162.36
23.55	985.31	267.00	43.38	36.10	19988.55	18639.12	52.63
1.81	139.45	64.07	7.36	0.81	8401.90	7950.60	16.46
7.58	191.82	81.67	0.80	2.62	2809.86	2541.09	9.47
0.48	63.89	14.72	3.26	6.54	2815.01	2656.69	6.06
1.32	8.90	5.82	0.09	0.05	462.82	428.06	1.66
0.42	4.01	9.94			264.11	221.90	1.07
8.27	503.76	38.05	30.82	24.57	4305.49	4020.42	10.86
3.33	18.09	28.27	0.71	0.54	290.89	266.46	2.49
0.34	55.38	24.46	0.32	0.98	638.47	553.92	4.56
11.59	97.25	46.46	8.53	8.08	2763.62	2556.90	13.45
11.43	78.45	23.93	8.21	7.78	2128.68	1973.01	9.53
	5.66	19.84	0.32	0.26	506.44	467.92	3.35
0.16	13.14	2.69		0.04	128.49	115.97	0.57
6.94	97.23	91.00	4.05	20.89	1895.34	1639.74	14.29
0.10	47.65	35.97	3.18	6.34	804.83	703.72	6.31
2.98	24.44	40.01	0.69	11.31	765.47	655.98	6.88
3.85	25.13	15.02	0.19	3.25	325.04	280.04	1.10
6.28	116.89	121.71	23.00	61.80	3558.76	3232.43	14.18
0.78	116.98	16.28	7.19	3.82	312.55	274.12	1.51
45.23	1119.68	605.35	281.88	202.79	22793.27	20860.88	66.31
21.76	316.61	231.16	40.93	42.93	10262.50	9576.03	24.62
20.53	684.39	295.31	229.82	113.62	9822.57	8812.39	30.26
0.20	13.24	8.85	0.06	3.80	330.63	312.20	0.80
1.33	56.46	20.34	1.82	8.42	808.03	739.67	4.58
1.41	48.97	49.68	9.25	34.01	1569.53	1420.60	6.05
121.89	1632.34	1843.10	501.85	684.68	36396.44	31666.73	217.98
27.53	638.96	712.15	86.90	108.60	12032.32	10438.22	83.91
21.29	508.27	531.97	53.55	88.95	9254.41	8036.30	62.00
6.24	130.69	180.18	33.35	19.64	2777.91	2401.92	21.91

2-1 续表 30

行　业	流动负债合计	应付账款	所有者权益合计	实收资本	国家资本
金属工具制造	562.39	144.65	734.07	306.48	20.45
切削工具制造	243.32	48.81	323.56	133.25	17.11
手工具制造	100.17	24.32	110.73	55.15	1.62
农用及园林用金属工具制造	52.60	16.55	52.35	25.53	0.12
刀剪及类似日用金属工具制造	48.10	16.82	81.64	19.17	0.24
其他金属工具制造	118.20	38.16	165.78	73.38	1.36
集装箱及金属包装容器制造	1024.66	258.93	1093.24	533.55	27.93
集装箱制造	218.87	77.46	174.09	96.04	3.00
金属压力容器制造	390.14	79.04	407.72	186.77	13.52
金属包装容器制造	415.65	102.44	511.44	250.74	11.41
金属丝绳及其制品制造	1045.38	221.39	1031.75	466.20	22.57
建筑、安全用金属制品制造	1080.79	213.62	2616.77	569.35	19.28
建筑、家具用金属配件制造	284.17	78.45	310.03	145.44	0.26
建筑装饰及水暖管道零件制造	635.22	95.35	2014.81	284.74	18.20
安全、消防用金属制品制造	72.88	21.80	179.92	91.26	0.08
其他建筑、安全用金属制品制造	88.53	18.02	112.01	47.90	0.75
金属表面处理及热处理加工	897.13	166.87	574.21	305.22	11.28
搪瓷制品制造	68.21	18.32	62.45	29.81	1.23
生产专用搪瓷制品制造	21.34	8.77	18.32	11.06	0.63
建筑装饰搪瓷制品制造	9.42	1.94	11.92	5.61	0.60
搪瓷卫生洁具制造	23.32	4.32	13.58	6.26	
搪瓷日用品及其他搪瓷制品制造	14.13	3.29	18.63	6.88	
金属制日用品制造	659.95	140.76	632.95	292.66	0.52
金属制厨房用器具制造	129.37	26.77	91.27	54.38	
金属制餐具和器皿制造	267.88	51.75	273.18	116.12	0.06
金属制卫生器具制造	79.18	8.64	28.59	17.98	0.15
其他金属制日用品制造	183.51	53.60	239.91	104.17	0.31
其他金属制品制造	2216.00	587.27	2404.85	1061.37	231.82
锻件及粉末冶金制品制造	981.84	216.88	1084.03	467.79	44.41
交通及公共管理用金属标牌制造	32.56	7.86	42.06	15.59	0.32
通用设备制造业	17926.62	5458.81	18302.28	8042.31	640.70
锅炉及原动设备制造	3373.14	1003.43	2383.09	971.71	175.59
锅炉及辅助设备制造	1176.99	328.30	677.99	276.41	18.68
内燃机及配件制造	995.93	330.28	1196.51	448.72	117.03
汽轮机及辅机制造	852.78	205.42	281.69	121.16	27.79
水轮机及辅机制造	44.81	12.24	74.37	36.88	0.69
风能原动设备制造	298.15	126.58	143.54	80.65	11.40
其他原动设备制造	4.48	0.60	8.99	7.89	

单位：亿元

					主营业务收　　入	主营业务成　　本	主营业务税金及附加
集体资本	法人资本	个人资本	港澳台资本	外商资本			
4.71	88.29	87.10	36.28	69.63	2329.96	1958.58	16.20
3.68	32.53	35.57	14.14	30.23	709.28	583.59	4.78
0.03	20.77	17.05	6.23	9.45	469.13	403.75	3.81
0.15	6.58	11.01	5.89	1.78	216.12	184.35	1.72
0.02	4.34	4.41	3.16	6.99	376.52	306.43	1.82
0.83	24.06	19.06	6.87	21.18	558.91	480.46	4.08
11.99	170.32	124.25	96.77	97.29	2896.64	2508.27	15.12
3.88	36.36	10.32	20.05	22.44	714.47	641.31	2.49
3.22	67.56	69.28	6.23	21.97	830.07	705.57	5.77
4.89	66.40	44.65	70.49	52.88	1352.09	1161.40	6.86
36.28	133.39	172.34	42.71	58.75	3270.50	2893.75	15.38
8.03	198.96	220.24	35.58	87.24	3556.84	3078.07	19.43
2.16	34.62	51.62	18.21	38.58	1210.70	1056.40	6.70
3.82	128.40	86.70	14.12	33.48	1636.07	1420.92	7.89
0.36	22.75	61.01	1.52	5.55	418.28	346.63	3.30
1.69	13.19	20.91	1.73	9.63	291.80	254.12	1.55
7.66	73.42	109.56	41.22	52.08	2417.55	2148.91	10.02
0.34	12.34	10.42	1.53	3.94	264.51	227.66	1.57
0.16	8.13	2.14		0.01	72.77	62.99	0.42
	0.07	4.57	0.37		14.66	11.35	0.09
0.03	1.13	1.93	0.90	2.27	80.07	69.53	0.39
0.15	3.02	1.79	0.26	1.66	97.01	83.80	0.67
1.58	73.13	90.02	49.09	75.68	2392.71	2057.97	13.75
0.14	12.11	14.75	7.85	19.49	324.62	279.47	1.34
1.26	31.91	40.58	18.39	23.58	1015.27	857.39	6.86
	4.84	5.92	2.48	4.39	126.15	110.71	0.56
0.18	24.28	28.77	20.37	28.23	926.68	810.40	4.99
23.78	243.52	317.02	111.77	131.46	7235.40	6355.29	42.59
13.52	133.53	200.25	15.93	59.98	3891.64	3427.38	25.93
0.27	2.79	11.05	0.95	0.23	119.92	104.64	0.74
126.04	2719.07	2869.48	449.44	1451.32	47016.78	39522.43	291.91
22.87	416.31	226.69	17.55	111.05	5354.79	4480.85	35.19
5.50	101.49	117.68	4.35	27.67	1982.65	1668.98	12.73
15.92	175.61	73.57	6.72	59.81	2336.77	1924.43	18.08
1.04	63.67	12.08	2.63	13.93	547.17	464.35	2.54
0.16	19.57	12.96	0.25	3.24	92.70	78.65	0.45
	53.98	8.16	1.11	5.98	361.41	313.17	1.14
0.24	1.99	2.25	2.49	0.42	34.09	31.27	0.25

2-1 续表 31

行 业	流动负债合计	应付账款	所有者权益合计	实收资本	国家资本
金属加工机械制造	2233.07	547.15	2265.73	901.32	90.70
金属切削机床制造	1094.03	266.05	792.09	335.90	66.53
金属成形机床制造	324.66	77.12	322.19	128.44	4.95
铸造机械制造	218.29	47.44	234.74	105.50	3.11
金属切割及焊接设备制造	166.56	48.21	229.18	85.34	1.07
机床附件制造	136.97	34.95	229.91	88.94	3.02
其他金属加工机械制造	292.55	73.37	457.63	157.21	12.02
物料搬运设备制造	3194.25	962.71	2633.25	1080.22	68.28
轻小型起重设备制造	196.59	64.94	179.98	70.79	8.34
起重机制造	1336.65	379.12	1152.66	421.25	45.48
生产专用车辆制造	141.20	57.16	166.88	68.20	5.95
连续搬运设备制造	161.97	39.61	155.60	82.03	5.48
电梯、自动扶梯及升降机制造	1264.95	392.60	875.75	389.76	1.55
其他物料搬运设备制造	92.89	29.28	102.38	48.19	1.48
泵、阀门、压缩机及类似机械制造	2807.74	894.58	3585.01	1734.73	87.49
泵及真空设备制造	709.67	229.72	889.95	552.54	25.34
气体压缩机械制造	743.09	282.38	739.57	306.13	27.64
阀门和旋塞制造	775.81	232.16	1132.85	508.69	5.24
液压和气压动力机械及元件制造	579.16	150.32	822.64	367.38	29.26
轴承、齿轮和传动部件制造	1524.03	414.58	1889.19	857.25	53.51
轴承制造	823.54	222.86	1064.02	508.01	41.03
齿轮及齿轮减、变速箱制造	567.81	149.14	633.99	268.26	6.87
其他传动部件制造	132.68	42.58	191.19	80.98	5.61
烘炉、风机、衡器、包装等设备制造	2303.71	792.92	2511.31	974.25	46.66
烘炉、熔炉及电炉制造	149.23	41.50	155.53	56.53	1.68
风机、风扇制造	479.23	190.14	459.82	139.92	18.76
气体、液体分离及纯净设备制造	386.36	106.73	385.95	149.49	3.81
制冷、空调设备制造	836.33	301.95	908.55	430.42	16.75
风动和电动工具制造	220.68	86.43	359.46	96.47	0.87
喷枪及类似器具制造	45.13	11.59	31.37	14.54	1.80
衡器制造	38.14	14.19	71.59	27.97	0.97
包装专用设备制造	148.63	40.39	139.03	58.91	2.03
文化、办公用机械制造	519.14	283.04	620.06	283.97	9.59
电影机械制造	11.13	4.60	12.07	4.74	0.03
幻灯及投影设备制造	25.33	18.50	28.11	17.34	0.32
照相机及器材制造	133.53	53.84	187.84	102.08	1.35
复印和胶印设备制造	137.42	82.57	194.58	77.15	0.03
计算器及货币专用设备制造	175.51	107.49	171.58	66.41	5.67
其他文化、办公用机械制造	36.23	16.04	25.87	16.26	2.18

单位：亿元

集体资本	法人资本	个人资本	港澳台资本	外商资本	主营业务收　入	主营业务成　本	主营业务税金及附加
21.47	318.97	302.58	59.03	107.86	5738.62	4851.22	37.20
6.51	118.48	80.60	26.69	36.96	1715.48	1449.75	8.27
1.71	40.99	49.98	8.59	21.97	847.80	714.95	4.94
2.55	43.00	41.65	5.60	9.38	963.33	822.02	7.93
0.80	29.76	30.05	9.59	14.08	488.16	397.01	2.97
3.35	28.46	32.47	4.17	17.46	573.77	485.84	4.20
6.56	58.27	67.83	4.38	8.02	1150.09	981.63	8.88
17.59	355.08	412.89	51.32	173.90	6951.56	5712.99	38.60
0.20	18.84	27.67	2.65	12.09	478.32	400.85	2.53
7.81	136.52	177.59	8.50	45.35	2727.99	2317.29	13.81
0.21	19.05	20.55	1.14	21.15	470.83	393.55	2.60
1.60	23.07	41.27	5.76	4.84	390.14	323.57	2.02
6.58	139.97	132.35	25.94	83.37	2644.59	2080.71	15.86
1.18	17.63	13.47	7.33	7.09	239.69	197.02	1.77
29.48	672.73	730.90	72.45	363.67	8781.48	7302.82	55.84
6.80	293.41	332.56	9.63	107.00	2161.07	1764.11	14.76
3.52	121.93	35.36	15.67	102.00	1985.14	1665.90	9.67
14.23	162.80	248.24	25.31	52.65	2609.37	2167.04	17.87
4.93	94.60	114.73	21.83	102.01	2025.90	1705.77	13.55
12.01	254.13	264.07	43.81	229.32	4806.71	4114.08	33.49
6.46	138.35	167.48	26.91	127.38	2738.16	2369.35	21.31
4.11	95.20	80.42	8.31	73.34	1605.95	1346.10	9.78
1.44	20.58	16.17	8.59	28.59	462.60	398.63	2.40
9.12	374.25	293.04	67.37	180.19	6187.91	5109.97	35.72
0.22	18.89	25.26	3.75	6.74	251.17	205.80	1.96
1.92	46.58	48.95	5.24	15.18	926.75	765.21	5.74
0.91	58.98	51.86	10.31	23.62	772.33	629.64	5.50
4.46	199.23	91.20	27.89	90.56	2680.64	2238.15	14.05
0.61	20.17	35.47	12.50	26.86	927.11	778.43	4.62
0.21	3.59	5.24	0.22	3.48	116.62	80.47	0.75
0.05	6.74	12.30	1.77	6.13	189.01	152.78	0.95
0.74	20.07	22.75	5.70	7.61	324.30	259.50	2.15
0.79	51.11	31.64	53.46	137.39	1914.16	1678.63	7.01
	1.87	0.23	2.11	0.50	29.96	23.66	0.11
	5.13	3.03	2.07	6.80	91.63	80.10	0.48
0.08	11.32	3.87	24.63	60.82	486.83	442.36	1.82
0.01	11.69	6.84	11.25	47.32	702.58	624.57	2.32
0.70	18.83	13.96	9.72	17.51	536.66	452.20	1.82
	2.27	3.70	3.68	4.43	66.49	55.75	0.46

2-1 续表 32

行业	流动负债合计	应付账款	所有者权益合计	实收资本	国家资本
通用零部件制造	1524.32	433.88	1796.00	847.69	79.66
金属密封件制造	126.97	40.43	252.42	85.67	1.13
紧固件制造	444.32	114.12	444.37	215.29	7.77
弹簧制造	89.03	23.74	97.25	42.24	3.98
机械零部件加工	562.32	167.41	676.92	377.65	63.66
其他通用零部件制造	301.67	88.17	325.04	126.84	3.12
其他通用设备制造业	447.21	126.53	618.63	391.16	29.23
专用设备制造业	14616.72	4412.87	15502.13	6976.14	747.12
采矿、冶金、建筑专用设备制造	7177.39	2214.00	6671.34	2836.41	571.62
矿山机械制造	1793.83	604.05	1680.34	786.83	172.24
石油钻采专用设备制造	1251.21	495.01	1353.50	670.50	110.50
建筑工程用机械制造	2137.66	501.09	2345.86	713.06	102.34
海洋工程专用设备制造	564.26	213.85	306.35	193.99	103.59
建筑材料生产专用机械制造	463.64	122.03	439.95	172.74	19.42
冶金专用设备制造	966.78	277.97	545.34	299.29	63.53
化工、木材、非金属加工专用设备制造	1921.06	549.70	1950.77	896.81	31.36
炼油、化工生产专用设备制造	483.75	97.31	406.13	190.58	21.34
橡胶加工专用设备制造	123.78	39.73	96.06	39.99	2.49
塑料加工专用设备制造	257.74	86.82	296.71	106.79	0.70
木材加工机械制造	46.23	10.07	48.35	22.89	1.64
模具制造	974.89	304.09	1061.35	515.67	5.20
其他非金属加工专用设备制造	34.67	11.67	42.16	20.88	
食品、饮料、烟草及饲料生产专用设备制造	246.80	64.57	399.88	160.68	7.67
食品、酒、饮料及茶生产专用设备制造	86.33	23.81	103.81	42.96	3.05
农副食品加工专用设备制造	104.82	19.52	193.37	73.90	1.29
烟草生产专用设备制造	41.07	16.83	85.46	34.90	3.22
饲料生产专用设备制造	14.58	4.41	17.23	8.92	0.12
印刷、制药、日化及日用品生产专用设备制造	492.46	142.70	604.33	255.33	5.71
制浆和造纸专用设备制造	119.47	28.30	111.26	46.03	1.40
印刷专用设备制造	135.20	44.50	197.84	81.74	3.03
日用化工专用设备制造	17.25	3.52	15.47	7.69	
制药专用设备制造	77.72	18.12	100.65	27.23	0.29
照明器具生产专用设备制造	20.70	6.45	15.77	16.64	0.50
玻璃、陶瓷和搪瓷制品生产专用设备制造	92.24	34.70	118.00	51.44	
其他日用品生产专用设备制造	29.87	7.10	45.34	24.55	0.50
纺织、服装和皮革加工专用设备制造	637.66	172.82	633.17	271.23	22.84
纺织专用设备制造	485.95	118.21	439.60	183.81	15.06
皮革、毛皮及其制品加工专用设备制造	11.31	2.87	17.82	5.50	
缝制机械制造	135.80	50.26	169.80	77.76	7.78
洗涤机械制造	4.61	1.47	5.96	4.17	

单位：亿元

集体资本	法人资本	个人资本	港澳台资本	外商资本	主营业务收入	主营业务成本	主营业务税金及附加
10.89	222.93	345.36	71.36	116.79	6065.79	5233.84	41.41
1.54	27.30	33.33	10.92	11.45	790.41	665.13	7.56
0.73	59.54	60.69	33.23	53.05	1349.62	1158.59	7.30
0.26	6.19	14.17	6.68	10.96	308.58	261.61	1.68
6.87	102.19	183.64	8.93	11.94	2560.60	2242.27	18.81
1.49	27.71	53.53	11.60	29.39	1056.58	906.23	6.06
1.82	53.57	262.32	13.08	31.15	1215.76	1038.02	7.46
149.64	2282.24	2020.12	441.18	1336.38	34826.39	29270.92	214.45
78.99	1045.63	735.22	100.51	309.53	14913.55	12771.41	85.79
21.38	273.15	251.90	14.44	53.75	4172.62	3573.54	25.29
13.03	284.13	160.46	34.01	67.91	3126.03	2659.13	23.50
17.58	263.71	167.37	38.53	129.37	4468.11	3826.47	20.55
	22.95	31.84	3.79	31.82	731.22	623.53	2.82
2.70	65.33	69.89	6.72	8.69	1236.66	1056.72	7.60
24.31	136.36	53.77	3.02	17.99	1178.92	1032.01	6.03
16.98	261.89	229.59	161.64	195.14	4506.51	3769.37	26.08
3.14	76.39	57.57	7.35	24.80	931.52	784.39	5.28
	15.16	14.91	2.08	5.34	273.36	232.66	1.88
1.03	18.68	24.50	41.28	20.60	524.92	413.33	2.82
0.07	4.84	10.58	2.55	3.21	187.22	156.32	1.23
12.25	137.14	115.20	107.56	138.11	2436.87	2051.86	13.67
0.49	9.67	6.82	0.83	3.07	152.62	130.81	1.19
0.75	66.60	69.83	2.23	13.36	1079.63	890.25	8.04
0.56	15.37	15.68	1.60	6.67	271.02	222.19	1.49
	24.17	41.29	0.48	6.68	606.41	504.95	5.29
0.19	23.02	8.12	0.15		101.77	76.47	0.62
	4.05	4.74		0.01	100.43	86.63	0.64
6.37	68.64	96.50	37.27	40.83	1425.00	1168.63	8.32
3.01	13.49	11.97	0.84	15.32	364.83	310.96	2.02
1.13	26.98	22.99	10.08	17.54	423.57	344.89	2.64
0.48	2.34	4.40	0.32	0.16	53.43	45.51	0.37
	7.85	15.85	0.88	2.37	164.74	123.91	1.07
0.40	5.56	2.44	7.38	0.36	75.12	64.41	0.42
0.40	9.86	35.78	1.91	3.48	237.73	191.73	1.17
0.94	2.56	3.07	15.86	1.61	105.58	87.23	0.64
7.62	71.23	93.54	32.74	43.26	1609.66	1360.71	12.96
6.42	47.92	71.37	24.98	18.06	1143.97	962.31	10.38
0.01	1.06	3.39	0.30	0.74	46.64	38.72	0.53
1.19	21.57	17.98	5.02	24.20	402.12	345.22	2.01
	0.67	0.80	2.44	0.25	16.93	14.46	0.04

2-1 续表 33

行　业	流动负债合　计	应付账款	所有者权益合计	实收资本	国家资本
电子和电工机械专用设备制造	523.99	148.43	752.25	345.13	35.27
电工机械专用设备制造	128.87	37.19	180.70	81.70	19.67
电子工业专用设备制造	395.12	111.24	571.55	263.43	15.60
农、林、牧、渔专用机械制造	799.16	239.35	862.36	441.53	28.87
拖拉机制造	265.72	72.16	202.68	123.11	9.38
机械化农业及园艺机具制造	367.28	118.25	408.02	228.18	10.90
营林及木竹采伐机械制造	3.09	0.96	6.30	1.31	
畜牧机械制造	21.49	8.13	28.77	11.88	0.41
渔业机械制造	3.57	1.47	5.77	2.08	
农林牧渔机械配件制造	91.37	24.48	155.79	47.29	1.16
棉花加工机械制造	7.23	2.56	10.24	2.97	0.12
其他农、林、牧、渔业机械制造	39.41	11.34	44.80	24.71	6.91
医疗仪器设备及器械制造	819.76	308.66	1555.24	844.77	6.02
医疗诊断、监护及治疗设备制造	446.34	203.14	817.94	555.82	4.14
口腔科用设备及器具制造	9.67	2.68	15.89	8.28	
医疗实验室及医用消毒设备和器具制造	18.56	3.95	34.48	10.26	0.41
医疗、外科及兽医用器械制造	189.10	48.72	339.51	126.33	0.72
机械治疗及病房护理设备制造	49.65	14.82	76.31	37.82	0.28
假肢、人工器官及植(介)入器械制造	36.26	10.90	124.85	46.38	0.35
其他医疗设备及器械制造	70.17	24.46	146.28	59.88	0.11
环保、社会公共服务及其他专用设备制造	1998.45	572.64	2072.78	924.24	37.75
环境保护专用设备制造	1023.05	271.01	1017.91	534.91	16.87
地质勘查专用设备制造	19.40	7.26	39.26	10.39	3.31
邮政专用机械及器材制造	4.11	1.33	4.03	2.75	1.91
商业、饮食、服务专用设备制造	16.40	5.22	9.82	5.44	0.26
社会公共安全设备及器材制造	153.75	52.26	198.05	51.68	1.77
交通安全、管制及类似专用设备制造	43.75	12.07	48.39	16.66	0.88
水资源专用机械制造	72.62	19.00	68.73	39.73	1.10
其他专用设备制造	665.38	204.50	686.59	262.68	11.66
汽车制造业	25804.56	10525.57	22572.35	8449.60	1219.87
汽车整车制造	13929.81	5876.01	11188.06	3541.14	911.62
改装汽车制造	994.62	274.57	669.01	342.80	41.98
低速载货汽车制造	45.45	7.56	44.58	23.13	0.75
电车制造	25.06	7.34	64.20	29.57	
汽车车身、挂车制造	255.37	69.74	287.13	97.38	5.74
汽车零部件及配件制造	10554.25	4290.33	10319.37	4415.58	259.79
铁路、船舶、航空航天和其他运输设备制造业	11198.94	3241.64	7830.84	3528.02	1309.64
铁路运输设备制造	2618.09	1037.81	1719.50	825.65	418.27

单位：亿元

					主营业务收入	主营业务成本	主营业务税金及附加
集体资本	法人资本	个人资本	港澳台资本	外商资本			
3.37	116.19	70.43	20.78	98.50	1618.45	1355.83	10.64
2.73	25.67	23.15	1.18	8.70	476.89	391.30	3.36
0.64	90.51	47.28	19.60	89.81	1141.56	964.53	7.28
8.82	179.10	164.50	16.06	42.04	2844.04	2439.71	15.48
2.15	57.52	28.59	6.38	17.79	608.23	525.76	2.45
4.84	93.71	89.17	8.39	20.41	1254.64	1069.39	6.38
	0.10	1.21			7.84	6.77	0.09
0.10	4.40	4.79	0.97	1.22	115.04	96.15	1.19
	0.65	1.13	0.30		15.18	12.41	0.10
0.05	16.09	27.34	0.03	2.62	657.34	578.32	4.19
1.07	0.28	1.41			14.55	11.67	0.06
0.60	6.34	10.86			171.23	139.25	1.01
8.43	140.64	131.86	44.40	513.42	2182.55	1674.36	15.15
1.48	60.91	33.03	8.83	447.42	696.22	505.37	4.83
	0.92	1.97	1.76	3.62	45.35	36.45	0.30
0.40	3.91	4.89	0.36	0.30	90.50	76.82	0.40
4.77	35.78	44.21	12.53	28.32	785.35	633.75	4.49
	10.80	15.19	6.88	4.67	153.29	121.84	1.08
1.28	11.41	9.42	6.91	17.01	98.76	53.67	2.12
0.50	16.90	23.15	7.13	12.09	313.08	246.47	1.93
18.31	332.33	428.65	25.56	80.29	4646.99	3840.63	31.99
13.70	176.63	285.63	13.12	28.42	2538.63	2126.21	19.11
0.30	4.56	2.20	0.02		34.11	24.84	0.35
		0.44		0.40	11.60	10.15	0.04
0.15	1.20	1.67	1.41	0.76	35.08	28.24	0.23
0.30	17.96	20.32	3.87	7.47	437.81	351.02	2.99
0.30	4.02	11.26	0.13	0.07	139.58	117.47	1.59
0.46	9.40	22.98	2.16	2.85	181.06	149.96	1.40
3.09	118.56	84.16	4.84	40.32	1269.12	1032.76	6.29
115.90	3330.96	1132.07	362.23	2284.80	67818.48	55845.71	1463.05
25.03	1501.06	163.31	97.96	842.15	34337.84	27299.46	1305.53
8.26	191.91	73.45	15.51	10.40	2281.69	2019.42	11.29
	11.81	1.98		8.60	204.74	186.99	0.28
	18.12	11.05	0.18	0.22	101.13	86.20	0.55
2.22	29.01	45.09	9.45	5.84	914.72	806.27	6.10
80.39	1579.05	837.19	239.13	1417.59	29978.36	25447.38	139.31
33.82	1195.62	536.26	92.68	357.67	18158.64	15644.06	98.19
16.05	257.82	102.08	11.12	20.24	4100.51	3322.14	20.89

2-1 续表 34

行业	流动负债合计	应付账款	所有者权益合计	实收资本	国家资本
铁路机车车辆及动车组制造	1346.46	460.92	662.61	400.42	280.21
窄轨机车车辆制造	7.60	3.52	11.15	6.18	1.19
铁路机车车辆配件制造	723.26	318.98	601.12	202.15	79.06
铁路专用设备及器材、配件制造	417.47	195.56	384.48	171.16	32.18
其他铁路运输设备制造	123.30	58.83	60.14	45.75	25.63
城市轨道交通设备制造	100.35	49.96	77.80	54.19	19.82
船舶及相关装置制造	4673.43	1094.92	2466.80	1323.29	370.47
金属船舶制造	4110.89	953.78	1935.27	1004.98	301.31
非金属船舶制造	36.41	8.58	38.26	16.27	0.19
娱乐船和运动船制造	17.58	4.72	17.95	12.67	0.07
船用配套设备制造	398.00	106.57	396.45	240.87	67.20
船舶改装与拆除	109.74	21.20	77.94	48.01	1.70
航标器材及其他相关装置制造	0.82	0.07	0.92	0.49	
航空、航天器及设备制造	2163.95	598.42	2008.59	710.27	463.93
飞机制造	1729.62	492.06	1620.00	580.60	395.34
航天器制造	215.84	47.40	145.03	27.97	12.70
航空、航天相关设备制造	178.67	50.72	201.56	84.88	44.80
其他航空航天器制造	39.83	8.25	41.99	16.81	11.09
摩托车制造	1109.96	295.99	1020.54	337.28	24.22
摩托车整车制造	582.81	171.99	500.28	156.95	17.73
摩托车零部件及配件制造	527.15	124.00	520.26	180.32	6.49
自行车制造	438.87	131.65	439.55	227.20	5.28
脚踏自行车及残疾人座车制造	247.38	82.11	253.24	129.57	5.28
助动自行车制造	191.49	49.54	186.31	97.62	
非公路休闲车及零配件制造	39.83	15.50	44.78	22.06	0.05
潜水救捞及其他未列明运输设备制造	54.44	17.37	53.29	28.09	7.60
潜水及水下救捞装备制造	4.53	0.94	7.16	4.17	1.60
其他未列明运输设备制造	49.91	16.43	46.13	23.91	6.00
电气机械和器材制造业	25905.46	8146.69	21931.02	11318.97	561.86
电机制造	3686.72	1270.05	3005.72	2284.30	177.90
发电机及发电机组制造	2343.39	810.98	1529.31	1729.84	164.16
电动机制造	670.60	226.94	801.75	280.68	11.08
微电机及其他电机制造	672.73	232.13	674.65	273.79	2.66
输配电及控制设备制造	8147.02	2722.38	7347.37	3843.44	247.11
变压器、整流器和电感器制造	1736.23	527.94	1668.07	804.95	27.99
电容器及其配套设备制造	116.04	35.11	155.22	73.75	1.52
配电开关控制设备制造	2304.01	774.65	2488.41	1053.69	62.79
电力电子元器件制造	652.75	258.56	787.84	363.66	18.72
光伏设备及元器件制造	2444.13	742.95	1507.43	1219.08	57.36
其他输配电及控制设备制造	893.86	383.18	740.40	328.31	78.73

单位：亿元

					主营业务收　　入	主营业务成　　本	主营业务税金及附加
集体资本	法人资本	个人资本	港澳台资本	外商资本			
4.21	99.91	9.33	0.33	6.43	1735.76	1427.44	7.76
0.03	2.70	1.85		0.42	32.18	27.98	0.16
4.17	48.89	52.37	9.20	8.40	1349.15	1078.69	7.27
7.02	90.00	36.69	0.54	4.74	792.55	621.12	5.03
0.62	16.33	1.85	1.05	0.27	190.87	166.91	0.67
	26.64	3.31		4.41	150.64	130.67	0.66
7.93	541.73	200.14	23.28	179.26	6071.50	5468.50	31.73
4.09	414.35	131.68	9.88	143.46	4645.69	4221.14	23.90
0.51	6.41	6.68	0.21	2.27	72.69	59.38	0.69
0.02	6.45	1.74	1.03	3.36	49.08	41.29	0.67
3.21	88.21	49.67	8.64	23.65	997.52	876.16	5.18
0.10	26.31	9.87	3.51	6.52	303.96	268.31	1.27
		0.49			2.55	2.22	0.02
3.15	167.15	27.00	7.53	40.32	2768.30	2355.28	10.17
2.92	129.49	11.12	5.17	36.60	2100.36	1795.19	5.23
	13.48	1.79			221.10	188.31	0.33
0.21	23.30	11.59	2.32	1.43	342.17	291.34	3.99
0.02	0.88	2.50	0.04	2.28	104.68	80.43	0.64
5.62	130.46	117.91	15.60	43.47	3195.56	2733.00	25.59
0.95	75.51	35.91	5.65	21.20	1529.01	1301.79	15.81
4.67	54.94	81.99	9.95	22.27	1666.54	1431.22	9.78
0.74	59.06	73.68	30.14	57.69	1464.21	1280.32	6.04
0.21	22.84	21.52	25.69	54.03	616.24	543.97	2.53
0.53	36.22	52.16	4.45	3.66	847.98	736.35	3.51
0.15	4.70	5.19	3.11	8.86	167.45	141.24	0.68
0.18	8.05	6.94	1.90	3.42	240.47	212.92	2.43
	0.37	0.23	0.79	1.19	17.65	14.79	0.08
0.18	7.68	6.72	1.11	2.22	222.82	198.13	2.35
195.22	4776.19	3494.87	824.85	1438.88	66977.77	56891.49	317.75
11.73	1485.78	333.65	80.32	188.01	7897.73	6717.76	40.70
2.78	1327.96	140.26	23.83	64.14	3779.25	3224.26	21.65
5.00	97.32	101.46	15.18	50.46	1900.89	1617.13	9.64
3.94	60.50	91.92	41.30	73.41	2217.60	1876.36	9.41
94.09	1517.10	1214.90	266.89	487.08	19720.74	16724.42	98.41
24.94	346.84	256.95	48.44	93.29	4380.81	3696.47	23.44
1.43	25.69	23.17	8.20	13.59	405.78	346.54	2.08
41.22	350.04	502.48	25.84	71.61	6060.37	4966.95	35.06
8.57	90.59	115.40	47.64	82.74	1989.62	1691.79	10.11
6.55	601.85	200.72	131.74	211.06	4579.04	4068.57	13.43
11.38	102.09	116.18	5.04	14.79	2305.11	1954.10	14.28

2-1 续表 35

行业	流动负债合计	应付账款	所有者权益合计	实收资本	国家资本
电线、电缆、光缆及电工器材制造	4608.86	1015.38	4461.38	2241.06	60.22
电线、电缆制造	3727.14	806.65	3463.53	1813.48	49.94
光纤、光缆制造	607.39	125.30	587.15	253.47	7.91
绝缘制品制造	191.33	56.39	259.80	112.80	1.88
其他电工器材制造	83.00	27.04	150.90	61.31	0.48
电池制造	1566.96	476.32	1440.44	713.88	23.59
锂离子电池制造	772.80	244.60	639.57	354.72	9.17
镍氢电池制造	113.16	34.73	127.72	69.00	0.61
其他电池制造	681.01	196.99	673.15	290.16	13.81
家用电力器具制造	6157.20	2070.80	3576.78	1161.28	27.02
家用制冷电器具制造	1741.46	417.89	872.90	285.32	9.80
家用空气调节器制造	2563.02	923.79	1237.88	243.52	15.78
家用通风电器具制造	183.06	53.61	123.86	53.01	0.17
家用厨房电器具制造	657.04	292.34	474.80	212.91	0.02
家用清洁卫生电器具制造	472.98	189.82	388.60	131.01	0.45
家用美容、保健电器具制造	118.61	54.36	112.24	42.72	0.20
家用电力器具专用配件制造	221.48	65.47	201.87	103.79	0.29
其他家用电力器具制造	199.55	73.52	164.64	88.99	0.32
非电力家用器具制造	371.28	114.10	540.76	275.69	4.90
燃气、太阳能及类似能源家用器具制造	329.41	105.24	446.14	202.28	4.90
其他非电力家用器具制造	41.87	8.86	94.61	73.41	
照明器具制造	1198.59	416.90	1352.44	689.74	18.00
电光源制造	302.08	123.35	368.64	202.77	3.57
照明灯具制造	795.27	253.74	876.98	435.25	6.46
灯用电器附件及其他照明器具制造	101.24	39.82	106.82	51.72	7.97
其他电气机械及器材制造	168.84	60.77	206.14	109.58	3.13
电气信号设备装置制造	60.08	25.71	74.33	29.07	1.25
其他未列明电气机械及器材制造	108.76	35.05	131.81	80.52	1.88
计算机、通信和其他电子设备制造业	31104.52	15828.12	24628.06	12345.35	1009.86
计算机制造	7189.55	4442.93	3242.78	1328.08	55.68
计算机整机制造	4183.00	2720.99	1184.92	358.00	12.27
计算机零部件制造	1746.93	1004.90	910.29	438.61	0.99
计算机外围设备制造	843.57	488.60	753.90	347.13	37.04
其他计算机制造	416.04	228.45	393.67	184.34	5.38
通信设备制造	9273.16	4926.00	5116.84	1921.83	157.21
通信系统设备制造	4488.77	2046.85	3165.20	1115.52	126.66
通信终端设备制造	4784.39	2879.15	1951.64	806.32	30.55

单位：亿元

集体资本	法人资本	个人资本	港澳台资本	外商资本	主营业务收入	主营业务成本	主营业务税金及附加
39.08	704.54	1100.89	131.00	204.80	15034.16	13170.40	58.33
28.72	557.69	928.09	97.88	151.13	12418.04	10917.34	48.00
7.48	83.74	109.02	14.74	30.56	1553.64	1346.13	4.58
1.07	48.46	36.93	9.39	14.67	601.55	514.90	2.83
1.81	14.66	26.85	8.98	8.44	460.92	392.03	2.91
8.39	243.41	182.71	115.72	139.96	4244.91	3734.20	18.52
4.53	147.22	67.24	56.56	69.89	1662.53	1449.46	8.03
0.68	20.26	17.95	7.94	21.56	414.56	371.64	1.96
3.18	75.93	97.51	51.22	48.51	2167.83	1913.10	8.54
33.17	445.38	249.07	143.10	262.98	14344.79	11765.63	71.15
6.13	132.94	51.77	2.30	82.39	3590.11	2926.19	17.54
18.20	88.67	46.25	9.81	64.81	5126.46	4050.38	27.73
0.10	15.88	10.15	22.24	4.49	415.08	339.97	1.92
5.58	76.78	52.48	40.65	37.14	1907.48	1627.58	8.91
0.25	53.03	17.02	25.16	35.11	1400.78	1144.50	6.30
	13.05	14.97	7.33	7.17	352.90	306.14	1.41
1.86	51.16	26.05	11.07	13.35	916.55	822.56	4.44
1.05	13.87	30.37	24.55	18.52	635.42	548.31	2.91
2.38	175.78	72.69	7.90	11.54	1136.99	945.21	6.71
2.32	109.55	68.12	6.76	10.12	1046.40	869.96	6.15
0.06	66.23	4.56	1.14	1.42	90.58	75.25	0.56
5.50	168.12	305.35	77.43	113.41	4053.35	3391.34	20.73
0.57	43.93	100.68	20.29	32.25	1131.49	948.64	5.72
4.28	116.34	194.35	44.28	69.09	2567.98	2138.89	13.34
0.65	7.85	10.32	12.87	12.07	353.87	303.81	1.68
0.87	36.08	35.62	2.48	31.10	545.11	442.53	3.20
0.31	8.28	11.83	0.81	6.59	201.74	162.42	1.43
0.56	27.80	23.79	1.67	24.52	343.37	280.11	1.77
88.02	3399.75	1324.31	2266.56	4227.95	85486.30	75460.82	239.55
6.90	276.80	154.79	338.15	494.87	22259.82	20717.09	26.02
1.53	71.47	42.33	91.62	138.78	13769.34	12978.19	7.94
1.63	81.00	27.60	104.07	223.27	4505.81	4182.97	7.47
2.18	74.25	39.75	98.11	95.17	2774.68	2523.52	6.44
1.57	50.08	45.10	44.35	37.66	1209.99	1032.41	4.17
5.28	825.73	263.20	213.24	455.85	19959.94	16644.66	71.47
4.44	636.34	170.31	58.39	118.14	7734.72	5533.31	48.65
0.84	189.40	92.89	154.85	337.70	12225.23	11111.35	22.83

2-1 续表 36

行业	流动负债合计	应付账款	所有者权益合计	实收资本	国家资本
广播电视设备制造	589.93	231.25	639.83	262.81	6.78
广播电视节目制作及发射设备制造	30.97	7.68	36.15	19.71	1.73
广播电视接收设备及器材制造	349.41	149.48	405.17	157.45	2.53
应用电视设备及其他广播电视设备制造	209.56	74.09	198.51	85.64	2.52
雷达及配套设备制造	292.44	94.18	208.09	65.77	41.96
视听设备制造	2468.79	1093.93	1624.19	629.00	51.14
电视机制造	1495.14	581.36	885.81	273.55	41.21
音响设备制造	347.77	180.05	311.38	155.23	0.08
影视录放设备制造	625.88	332.52	427.00	200.22	9.86
电子器件制造	5652.84	2451.08	7128.74	4727.84	628.17
电子真空器件制造	131.08	32.96	199.98	104.91	6.04
半导体分立器件制造	304.08	113.80	543.58	310.05	6.50
集成电路制造	1225.40	410.30	2077.32	1539.79	52.72
光电子器件及其他电子器件制造	3992.29	1894.02	4307.86	2773.09	562.91
电子元件制造	4327.80	2009.14	5336.93	2869.30	57.85
电子元件及组件制造	3003.81	1351.65	3897.22	2013.09	50.54
印制电路板制造	1323.98	657.49	1439.70	856.22	7.30
其他电子设备制造	1310.01	579.61	1330.68	540.71	11.06
仪器仪表制造业	3062.96	1078.82	3832.55	1408.37	122.02
通用仪器仪表制造	1940.79	688.59	2350.40	808.84	45.92
工业自动控制系统装置制造	1274.62	449.74	1411.07	469.19	38.50
电工仪器仪表制造	292.77	113.30	333.21	131.65	1.96
绘图、计算及测量仪器制造	57.18	18.77	88.81	30.10	0.52
实验分析仪器制造	64.74	22.73	127.97	44.09	2.25
试验机制造	51.53	15.18	49.55	16.91	0.92
供应用仪表及其他通用仪器制造	199.96	68.86	339.79	116.91	1.77
专用仪器仪表制造	617.05	217.15	847.81	298.15	43.46
环境监测专用仪器仪表制造	59.61	15.43	110.27	35.49	1.74
运输设备及生产用计数仪表制造	188.62	74.38	225.94	69.62	3.48
导航、气象及海洋专用仪器制造	90.95	28.23	86.78	42.53	2.00
农林牧渔专用仪器仪表制造	4.12	1.73	8.29	4.11	
地质勘探和地震专用仪器制造	57.88	25.44	105.77	48.37	27.13
教学专用仪器制造	16.56	3.80	22.75	11.77	0.11
核子及核辐射测量仪器制造	31.74	9.04	14.11	5.02	1.45
电子测量仪器制造	80.01	31.73	134.81	37.05	3.23
其他专用仪器制造	87.55	27.37	139.09	44.19	4.33
钟表与计时仪器制造	93.21	33.52	119.71	64.83	0.51
光学仪器及眼镜制造	348.02	118.86	438.36	204.54	31.25
光学仪器制造	235.11	83.80	306.22	130.14	30.54
眼镜制造	112.91	35.06	132.13	74.40	0.71

单位：亿元

集体资本	法人资本	个人资本	港澳台资本	外商资本	主营业务收入	主营业务成本	主营业务税金及附加
2.02	105.17	77.92	35.67	35.23	1619.01	1346.48	7.31
0.24	4.37	7.40	1.71	4.27	80.69	64.76	0.48
0.49	69.64	51.54	14.91	18.34	1017.79	846.14	5.06
1.30	31.16	18.99	19.05	12.62	520.53	435.58	1.76
0.85	18.91	3.65	0.16	1.09	443.52	371.72	1.74
6.97	154.72	74.40	151.21	168.94	7358.91	6591.97	19.83
1.43	76.75	35.53	50.40	68.23	4189.38	3726.14	12.18
4.86	37.09	21.84	34.68	56.68	1182.59	1058.45	4.26
0.67	40.88	17.03	66.12	44.02	1986.95	1807.38	3.39
30.96	1259.13	308.96	682.76	1810.73	14879.53	13209.96	35.54
0.33	68.48	14.07	0.61	15.28	176.28	143.65	1.10
1.36	66.28	35.72	74.49	125.69	866.53	751.15	3.32
8.10	271.16	57.70	269.80	878.80	2617.71	2224.19	6.30
21.19	853.21	201.47	337.86	790.96	11219.01	10090.96	24.82
28.00	606.68	335.61	755.78	1081.22	14717.34	12870.90	64.96
24.86	479.97	280.91	434.67	738.28	11170.65	9693.55	54.89
3.14	126.71	54.70	321.11	342.94	3546.69	3177.35	10.07
7.04	152.61	105.79	89.58	180.02	4248.21	3708.06	12.68
22.95	435.04	469.21	125.68	233.09	8347.58	6719.29	47.26
19.40	263.52	314.09	47.20	118.94	5214.07	4181.56	29.70
10.01	147.14	172.98	26.41	74.37	3274.30	2642.69	18.20
5.53	50.80	59.96	9.52	3.89	623.33	489.96	3.81
1.41	7.64	11.34	3.87	5.30	261.48	216.20	1.49
0.31	11.56	16.31	2.30	11.38	290.66	220.27	1.81
0.14	5.11	5.73	0.61	4.41	116.49	87.17	0.78
2.01	41.28	47.77	4.49	19.59	647.82	525.28	3.60
2.21	97.09	105.48	8.22	41.08	1791.36	1431.79	11.03
0.40	11.48	17.67	1.51	2.69	204.13	165.47	1.14
0.15	19.18	21.75	1.90	23.18	608.50	496.87	3.20
0.28	28.12	8.52	0.14	3.48	161.43	138.15	0.55
	1.08	1.50		1.53	37.17	31.77	0.13
0.04	4.78	13.65		2.77	141.58	110.71	1.22
	2.81	8.85			58.04	46.30	0.31
	3.53	0.03		0.01	14.75	11.98	0.03
1.22	13.20	11.52	3.41	4.47	292.81	217.96	2.42
0.12	12.93	21.99	1.26	2.96	272.96	212.59	2.04
0.46	11.36	8.42	32.27	11.81	340.55	273.99	1.67
0.46	52.07	27.75	34.25	58.77	830.96	690.34	3.94
0.46	39.24	14.45	16.89	28.57	547.88	461.20	2.43
	12.83	13.30	17.36	30.20	283.09	229.14	1.50

2-1 续表 37

行业	流动负债合计	应付账款	所有者权益合计	实收资本	国家资本
其他仪器仪表制造业	63.90	20.70	76.27	32.01	0.89
其他制造业	998.33	307.38	954.64	467.31	81.13
日用杂品制造	371.93	80.39	435.13	206.58	0.39
鬃毛加工、制刷及清扫工具制造	85.43	19.63	101.88	40.91	0.24
其他日用杂品制造	286.50	60.76	333.25	165.67	0.14
煤制品制造	47.72	9.30	41.03	24.31	4.25
废弃资源综合利用业	970.38	234.80	708.12	353.49	13.06
金属废料和碎屑加工处理	770.38	191.60	503.28	240.52	9.47
非金属废料和碎屑加工处理	200.00	43.20	204.84	112.97	3.59
金属制品、机械和设备修理业	515.30	154.95	466.04	282.97	126.67
金属制品修理	12.25	3.21	14.72	6.33	0.07
通用设备修理	10.73	4.22	16.55	5.84	1.17
专用设备修理	29.48	10.94	28.86	11.46	1.29
铁路、船舶、航空航天等运输设备修理	429.07	122.63	369.24	238.74	119.95
铁路运输设备修理	52.18	29.45	20.80	15.43	9.82
船舶修理	231.50	38.92	181.65	137.50	80.46
航空航天器修理	123.42	43.25	139.07	78.02	22.02
其他运输设备修理	21.97	11.01	27.72	7.80	7.66
电气设备修理	16.69	6.59	7.51	8.46	3.13
仪器仪表修理	0.75	0.39	1.19	0.81	0.15
其他机械和设备修理业	16.33	6.99	27.96	11.34	0.92
电力、热力、燃气及水生产和供应业	**38508.22**	**9226.95**	**46148.86**	**23298.99**	**13160.79**
电力、热力生产和供应业	33492.44	8459.29	39598.11	19547.00	11468.97
电力生产	16820.80	3240.21	19422.76	13233.77	6727.12
火力发电	9946.83	2236.42	9474.79	7070.57	3936.01
水力发电	3790.28	333.72	5945.59	3209.71	1679.58
核力发电	574.67	102.54	842.81	698.86	190.18
风力发电	1554.15	370.16	2219.95	1617.00	744.52
太阳能发电	607.31	133.00	506.20	349.81	92.47
其他电力生产	347.56	64.37	433.41	287.82	84.37
电力供应	14413.77	4780.98	18891.07	5515.87	4441.39
热力生产和供应	2257.88	438.10	1284.27	797.36	300.46
燃气生产和供应业	2515.76	512.77	2867.81	1710.61	458.34
水的生产和供应业	2500.02	254.89	3682.94	2041.38	1233.48
自来水生产和供应	2079.57	202.23	2799.51	1498.21	948.26
污水处理及其再生利用	389.57	48.33	773.99	474.79	284.58
其他水的处理、利用与分配	30.87	4.33	109.44	68.38	0.64

单位：亿元

集体资本	法人资本	个人资本	港澳台资本	外商资本	主营业务收入	主营业务成本	主营业务税金及附加
0.41	11.00	13.47	3.74	2.49	170.63	141.60	0.93
3.15	107.21	144.23	46.38	84.62	2579.38	2208.49	15.39
0.45	49.59	51.91	36.07	68.16	1398.89	1203.58	9.59
0.08	11.65	13.83	4.00	11.09	424.15	372.30	2.91
0.37	37.95	38.08	32.07	57.06	974.74	831.29	6.68
1.17	13.15	5.74			213.86	188.32	1.86
28.00	127.86	129.63	29.39	25.55	3668.55	3319.32	19.99
21.53	81.69	89.72	21.83	16.28	3026.11	2762.62	15.21
6.47	46.17	39.91	7.56	9.27	642.45	556.70	4.78
10.07	67.18	32.73	11.10	34.99	842.33	722.84	5.15
0.03	2.04	3.54		0.64	62.39	53.26	0.54
0.49	1.55	1.62		0.91	53.97	48.85	0.26
0.25	5.82	2.23	0.45	1.42	59.15	47.19	0.36
5.79	50.64	21.62	9.56	31.04	575.01	494.72	3.01
0.02	4.66	0.40		0.52	61.02	52.71	0.17
0.07	23.57	16.09	6.69	10.48	231.90	206.64	2.07
5.59	22.40	5.11	2.87	20.04	259.26	217.41	0.73
0.11	0.02	0.02			22.84	17.96	0.04
2.04	2.82	0.48			28.11	24.22	0.46
		0.23	0.28	0.16	2.03	1.45	0.02
1.46	4.29	3.02	0.81	0.81	61.67	53.15	0.48
285.14	**7624.44**	**700.91**	**771.68**	**682.83**	**64006.17**	**55813.16**	**321.75**
225.48	6330.95	547.80	510.47	402.54	57065.54	49977.35	282.09
193.15	4880.46	436.06	494.45	384.49	18602.49	13498.24	146.02
75.24	2316.87	117.82	376.72	207.64	13910.36	10868.49	93.90
89.93	1195.05	167.85	30.32	40.81	2898.21	1536.51	39.02
	446.89			8.32	457.20	255.28	6.13
19.71	587.10	82.79	53.86	113.49	819.14	471.02	4.41
5.21	207.97	36.87	3.81	1.73	187.18	104.21	0.23
3.07	126.58	30.73	29.73	12.51	330.40	262.72	2.31
13.18	1095.03	20.25	0.35	2.97	36873.98	35016.03	127.54
19.14	355.45	91.49	15.68	15.08	1589.07	1463.08	8.54
35.17	821.38	78.65	180.61	132.22	5227.09	4548.85	23.97
24.50	472.11	74.46	80.60	148.07	1713.53	1286.97	15.68
17.10	343.42	56.96	52.11	72.48	1251.64	965.34	13.07
7.40	122.06	16.10	22.28	22.07	398.98	287.11	1.85
	6.63	1.40	6.20	53.51	62.92	34.52	0.76

2-1 续表 38

行　业	销售费用	管理费用		财务费用		
			税　金		利息收入	利息支出
总　计	**28001.07**	**41120.97**	**2108.78**	**13482.25**	**2001.19**	**13577.53**
采矿业	**1300.56**	**3703.82**	**235.56**	**1355.96**	**177.77**	**1367.71**
煤炭开采和洗选业	809.48	1976.12	140.81	874.87	97.97	877.54
烟煤和无烟煤开采洗选	767.65	1866.31	126.88	833.37	93.91	836.49
褐煤开采洗选	40.16	104.42	13.34	38.01	3.88	37.02
其他煤炭采选	1.68	5.40	0.59	3.49	0.18	4.03
石油和天然气开采业	48.83	790.67	37.75	158.99	59.38	202.38
石油开采	43.85	756.17	36.86	138.63	53.44	180.60
天然气开采	4.98	34.50	0.90	20.36	5.94	21.78
黑色金属矿采选业	151.45	345.40	24.90	167.80	6.54	150.89
铁矿采选	142.24	331.65	24.04	163.50	6.29	147.17
锰矿、铬矿采选	8.02	11.61	0.79	2.22	0.22	2.02
其他黑色金属矿采选	1.20	2.14	0.07	2.09	0.03	1.69
有色金属矿采选业	86.18	283.31	14.32	74.69	4.34	70.75
常用有色金属矿采选	53.21	150.49	7.17	38.74	2.57	36.09
铜矿采选	14.61	45.95	1.81	14.38	0.91	14.01
铅锌矿采选	22.48	72.85	3.89	14.27	1.33	14.10
镍钴矿采选	1.13	3.69	0.15	1.49	0.02	0.91
锡矿采选	1.53	5.18	0.13	1.10	0.05	1.02
锑矿采选	0.65	3.24	0.06	0.39		0.30
铝矿采选	4.56	8.00	0.40	3.49	0.24	3.28
镁矿采选	4.45	5.37	0.53	1.51	0.02	0.90
其他常用有色金属矿采选	3.80	6.20	0.21	2.13	0.01	1.57
贵金属矿采选	26.85	101.00	5.31	24.09	1.03	23.24
金矿采选	25.58	95.85	5.19	23.49	1.01	22.79
银矿采选	1.23	4.80	0.12	0.48	0.01	0.33
其他贵金属矿采选	0.03	0.35		0.11		0.11
稀有稀土金属矿采选	6.13	31.82	1.83	11.86	0.74	11.42
钨钼矿采选	4.24	26.41	1.51	10.34	0.68	10.09
稀土金属矿采选	0.63	2.56	0.10	0.33	0.01	0.34
其他稀有金属矿采选	1.18	2.79	0.22	1.19	0.05	0.99
非金属矿采选业	197.02	225.23	14.68	59.32	2.55	47.76
土砂石开采	121.42	129.34	9.16	29.84	0.79	20.91
石灰石、石膏开采	35.73	35.68	2.15	8.47	0.42	5.94
建筑装饰用石开采	22.04	28.88	2.21	7.22	0.16	4.63
耐火土石开采	13.22	12.54	0.66	3.12	0.03	2.35
粘土及其他土砂石开采	50.43	52.25	4.14	11.02	0.18	7.99

单位：亿元

投资收益（损失以“–”号记）	营业利润	利润总额	亏损企业亏损额	应交增值税	所得税费用	平均用工人数（万人）
1931.08	**67254.92**	**68154.89**	**7035.43**	**33979.04**	**9889.75**	**9977.21**
179.83	**6410.46**	**6439.58**	**956.50**	**3808.08**	**845.30**	**776.99**
137.80	1395.01	1424.34	709.04	1748.98	336.62	488.43
142.20	1096.42	1133.85	660.90	1525.13	299.04	469.70
-4.42	296.24	288.55	44.88	220.47	36.40	17.52
0.01	2.34	1.95	3.27	3.39	1.18	1.22
-20.08	3117.56	3114.29	86.68	1100.18	274.42	76.93
-21.96	2868.34	2854.48	83.99	1000.02	260.96	75.19
1.88	249.22	259.82	2.69	100.16	13.46	1.74
63.29	866.27	851.14	64.01	460.92	112.88	68.34
63.59	835.09	820.95	61.76	445.53	111.22	64.33
-0.30	22.02	20.99	1.21	10.64	1.36	3.02
	9.17	9.20	1.03	4.76	0.31	0.99
-1.86	592.06	582.46	35.66	196.50	60.03	53.86
-2.62	286.03	279.09	19.46	140.73	32.40	29.50
0.12	72.49	67.78	8.16	41.20	7.71	9.11
1.81	141.92	139.56	5.96	60.73	16.95	13.42
0.17	3.93	4.05	0.14	2.64	0.43	0.43
-3.42	12.46	11.77	0.85	7.49	1.00	1.35
	2.87	2.82	0.03	2.46	0.45	0.81
0.09	26.46	26.51	1.59	12.92	2.13	1.93
0.01	16.20	16.78	0.60	8.19	2.48	1.07
-1.41	9.71	9.81	2.12	5.11	1.24	1.38
0.82	252.77	252.51	6.75	19.82	19.52	15.89
0.71	243.76	243.46	6.16	16.00	17.72	15.17
0.11	9.15	9.22	0.25	3.45	1.90	0.66
0.01	-0.14	-0.16	0.34	0.37	-0.09	0.06
-0.06	53.26	50.86	9.45	35.95	8.11	8.46
-0.19	43.65	40.95	8.37	29.52	6.56	7.26
0.25	7.79	7.97	0.02	4.15	1.30	0.44
-0.12	1.75	1.87	1.05	2.17	0.24	0.70
-4.62	422.35	413.42	17.01	211.64	43.83	58.20
-7.75	301.16	293.63	6.42	132.89	28.25	38.09
-1.14	70.71	68.48	2.59	38.62	7.05	10.64
0.01	68.94	66.04	0.37	24.95	5.23	6.54
-0.64	32.68	32.10	1.11	17.96	2.70	7.87
-5.99	128.84	127.01	2.35	51.36	13.26	13.04

2-1 续表 39

行 业	销售费用	管理费用	税 金	财务费用	利息收入	利息支出
化学矿开采	21.52	37.42	1.68	15.05	0.26	13.36
采盐	23.27	29.39	1.70	8.73	1.41	9.53
石棉及其他非金属矿采选	30.81	29.08	2.15	5.69	0.09	3.96
石棉、云母矿采选	0.72	1.17	0.06	0.25	0.02	0.24
石墨、滑石采选	10.37	9.11	0.68	1.44	0.03	0.97
宝石、玉石采选	0.16	0.26	0.02	0.15	-0.02	0.17
其他未列明非金属矿采选	19.56	18.54	1.39	3.85	0.06	2.57
开采辅助活动	5.82	81.01	2.98	19.96	6.98	18.20
煤炭开采和洗选辅助活动	0.27	0.43	0.01	0.11		0.07
石油和天然气开采辅助活动	5.34	80.38	2.97	19.82	6.98	18.10
其他开采辅助活动	0.21	0.20		0.03		0.03
其他采矿业	1.77	2.07	0.11	0.32	0.01	0.21
制造业	**26313.21**	**35962.56**	**1784.95**	**9641.56**	**1689.55**	**9687.68**
农副食品加工业	1306.33	1448.03	90.35	537.86	60.55	496.14
谷物磨制	238.80	249.50	17.83	98.31	2.52	81.50
饲料加工	246.39	241.70	14.07	54.66	7.76	50.71
植物油加工	161.96	211.81	12.19	72.99	28.73	89.14
食用植物油加工	157.40	204.25	11.70	70.80	28.54	87.32
非食用植物油加工	4.56	7.55	0.49	2.19	0.19	1.82
制糖业	22.36	55.37	3.18	38.93	5.35	38.15
屠宰及肉类加工	272.35	278.53	15.09	104.55	7.40	93.42
牲畜屠宰	104.98	111.15	5.65	45.56	3.04	41.19
禽类屠宰	52.93	59.65	3.58	32.46	0.51	28.97
肉制品及副产品加工	114.44	107.74	5.86	26.53	3.85	23.26
水产品加工	90.06	122.15	9.09	58.29	1.47	47.92
水产品冷冻加工	57.65	85.41	6.83	45.42	1.17	38.07
鱼糜制品及水产品干腌制加工	19.06	17.59	0.77	6.56	0.06	4.90
水产饲料制造	7.78	11.84	0.63	3.59	0.19	2.98
鱼油提取及制品制造	0.59	0.50	0.01	0.50		0.45
其他水产品加工	4.98	6.81	0.85	2.22	0.05	1.52
蔬菜、水果和坚果加工	136.08	137.32	8.56	46.55	2.25	36.93
蔬菜加工	86.16	88.46	5.80	29.87	1.21	21.98
水果和坚果加工	49.91	48.87	2.76	16.68	1.04	14.95
其他农副食品加工	138.33	151.65	10.35	63.58	5.06	58.36
淀粉及淀粉制品制造	62.46	73.82	6.48	39.51	4.31	39.20
豆制品制造	25.53	25.81	1.25	5.85	0.24	4.83
蛋品加工	8.03	6.97	0.48	2.45	0.04	1.92
其他未列明农副食品加工	42.31	45.05	2.14	15.76	0.48	12.42
食品制造业	1439.57	740.56	43.79	141.00	30.65	142.21
焙烤食品制造	168.07	95.25	5.49	14.75	1.82	13.49
糕点、面包制造	66.67	40.25	1.94	6.65	0.48	5.58
饼干及其他焙烤食品制造	101.40	54.99	3.55	8.11	1.35	7.91

单位：亿元

投资收益（损失以“-”号记）	营业利润	利润总额	亏损企业亏损额	应交增值税	所得税费用	平均用工人数（万人）
1.60	45.77	45.41	4.86	33.17	8.38	6.41
0.94	15.24	19.41	2.70	15.42	3.37	7.15
0.60	60.18	54.97	3.04	30.15	3.83	6.55
	0.99	1.02	0.46	1.86	0.05	0.42
0.56	23.94	19.51	0.88	10.30	1.51	1.94
0.01	2.76	2.75	0.03	1.04	0.11	0.13
0.03	32.50	31.69	1.67	16.96	2.16	4.06
5.27	15.63	52.42	44.11	89.08	17.35	30.97
	0.58	0.60	0.02	0.40	0.17	0.12
5.27	14.37	51.15	44.09	88.54	17.18	30.79
	0.68	0.68		0.14		0.06
0.04	1.58	1.49		0.77	0.17	0.27
1157.82	**56393.46**	**56898.46**	**5499.45**	**27470.84**	**8172.03**	**8849.87**
-92.62	3377.16	3263.56	207.65	1204.37	309.92	439.49
-10.94	707.64	685.50	14.56	215.84	44.65	66.23
2.74	549.90	544.61	12.60	164.04	52.80	60.00
-35.12	392.58	392.68	52.06	204.39	45.12	34.24
-35.34	377.48	377.92	51.23	198.69	43.83	33.02
0.21	15.10	14.76	0.83	5.70	1.29	1.21
-14.41	44.27	24.18	54.76	33.73	3.46	13.47
-21.97	729.18	668.99	41.26	210.79	65.79	110.99
-12.52	329.11	277.34	16.60	74.65	20.28	34.13
-6.14	136.74	137.10	15.98	50.87	10.68	35.28
-3.31	263.33	254.54	8.68	85.28	34.83	41.58
1.37	294.82	290.56	9.06	140.97	33.56	60.83
-2.72	208.78	204.44	6.73	108.17	25.86	48.79
-0.10	40.91	40.63	1.23	15.79	2.53	7.05
3.73	28.74	28.88	0.57	9.07	3.40	2.31
	0.65	0.68		0.28	0.09	0.13
0.46	15.73	15.92	0.53	7.66	1.67	2.54
-4.48	368.29	361.08	4.93	123.47	36.05	49.48
-6.14	243.46	235.99	3.73	82.46	21.71	33.71
1.66	124.82	125.10	1.20	41.01	14.34	15.77
-9.79	290.49	295.97	18.42	111.14	28.50	44.25
-6.29	149.09	154.82	11.92	57.58	15.03	19.93
-0.10	39.20	38.91	1.23	18.64	4.69	9.37
0.01	18.36	18.15	0.33	5.08	1.69	2.21
-3.41	83.83	84.09	4.94	29.84	7.09	12.75
10.81	1716.24	1744.68	75.74	660.78	204.89	206.47
1.85	205.23	208.19	8.37	81.29	27.03	36.47
1.41	83.45	85.09	5.78	30.41	8.95	16.70
0.44	121.78	123.10	2.59	50.88	18.09	19.77

2-1 续表 40

行　　业	销售费用	管理费用	税　金	财务费用	利息收入	利息支出
糖果、巧克力及蜜饯制造	144.72	70.07	2.99	10.10	2.39	9.71
糖果、巧克力制造	127.05	54.61	2.25	5.86	2.17	6.15
蜜饯制作	17.67	15.46	0.74	4.24	0.23	3.56
方便食品制造	220.46	102.86	9.64	15.43	5.47	19.82
米、面制品制造	29.78	29.63	3.82	6.28	0.29	5.42
速冻食品制造	29.43	24.06	1.16	6.25	0.45	5.44
方便面及其他方便食品制造	161.24	49.17	4.66	2.90	4.72	8.97
乳制品制造	351.77	115.14	5.96	11.88	9.22	15.20
罐头食品制造	56.85	51.08	4.26	18.11	0.97	15.38
肉、禽类罐头制造	5.82	5.92	0.23	2.12	0.20	1.63
水产品罐头制造	4.69	4.75	1.44	1.59	0.06	1.49
蔬菜、水果罐头制造	39.61	34.24	2.03	13.48	0.69	11.52
其他罐头食品制造	6.74	6.17	0.55	0.92	0.02	0.74
调味品、发酵制品制造	122.01	113.77	7.74	32.19	3.20	31.28
味精制造	20.20	15.60	1.30	7.42	0.29	6.86
酱油、食醋及类似制品制造	50.67	43.42	2.12	6.77	1.08	6.56
其他调味品、发酵制品制造	51.14	54.76	4.32	18.00	1.83	17.85
其他食品制造	375.69	192.41	7.71	38.53	7.57	37.33
营养食品制造	32.67	17.66	0.71	3.32	0.12	2.86
保健食品制造	185.86	44.39	1.18	2.49	3.27	3.62
冷冻饮品及食用冰制造	38.84	17.97	0.76	2.25	0.17	2.02
盐加工	8.09	6.87	0.29	2.11	0.36	2.18
食品及饲料添加剂制造	57.22	74.09	3.54	24.36	2.28	22.24
其他未列明食品制造	53.01	31.41	1.24	3.99	1.37	4.41
酒、饮料和精制茶制造业	1283.99	730.41	53.71	127.18	33.60	136.35
酒的制造	602.62	457.57	38.06	69.50	24.14	84.06
酒精制造	13.63	21.18	2.30	13.27	0.34	12.20
白酒制造	388.47	286.34	23.93	33.64	17.01	45.78
啤酒制造	144.74	113.10	9.16	12.48	6.26	17.21
黄酒制造	9.07	9.95	0.74	2.93	0.07	2.80
葡萄酒制造	28.50	14.67	0.82	4.43	0.17	3.71
其他酒制造	18.22	12.33	1.12	2.75	0.28	2.36
饮料制造	605.96	192.50	12.32	38.92	8.97	36.02
碳酸饮料制造	138.03	29.52	1.93	2.53	0.84	2.63
瓶(罐)装饮用水制造	118.90	42.70	1.95	9.11	1.44	6.32
果菜汁及果菜汁饮料制造	57.50	40.08	2.98	14.18	0.96	11.32
含乳饮料和植物蛋白饮料制造	68.79	30.99	1.94	1.63	2.07	3.75
固体饮料制造	33.52	15.33	0.80	6.20	0.32	6.25
茶饮料及其他饮料制造	189.24	33.88	2.71	5.27	3.33	5.76

单位：亿元

投资收益（损失以"－"号记）	营业利润	利润总额	亏损企业亏损额	应交增值税	所得税费用	平均用工人数（万人）
1.12	162.28	162.09	1.39	68.98	27.58	20.35
1.97	117.60	118.66	1.01	52.95	22.73	13.67
-0.86	44.67	43.43	0.38	16.03	4.85	6.68
-6.36	246.52	246.84	6.28	107.96	23.98	39.42
-0.61	55.07	55.81	1.03	21.52	4.94	9.29
-1.05	58.75	59.56	1.29	20.10	5.73	10.74
-4.71	132.70	131.48	3.97	66.34	13.31	19.38
14.88	243.90	250.81	19.57	95.97	27.85	24.46
-6.79	98.21	97.44	13.85	54.72	11.22	21.93
-1.60	13.97	13.86	0.67	10.49	1.42	2.07
	5.67	5.28	0.37	4.41	0.97	1.11
-4.64	68.11	66.23	12.59	34.88	7.28	17.78
-0.55	10.46	12.07	0.21	4.94	1.56	0.97
-9.06	236.24	241.78	7.72	89.67	37.24	25.11
-10.82	30.98	33.01	1.95	14.41	6.79	4.33
0.42	100.09	102.46	1.13	37.28	15.38	8.44
1.34	105.17	106.31	4.63	37.98	15.06	12.34
15.18	523.86	537.53	18.55	162.18	49.99	38.73
1.84	35.77	36.56	0.50	13.74	4.38	4.38
8.46	254.55	261.16	4.73	57.38	17.62	6.48
0.12	23.35	22.92	2.58	14.73	2.29	4.03
0.13	10.19	11.07	1.15	3.83	1.64	2.19
4.43	147.31	150.59	8.84	47.56	16.06	14.11
0.19	52.70	55.22	0.74	24.95	8.00	7.54
25.31	1670.03	1670.75	82.25	635.14	290.17	162.35
20.23	1011.81	1008.14	42.05	384.04	198.89	89.06
-5.12	45.70	43.76	1.89	16.39	4.69	4.32
10.50	733.10	723.29	11.66	245.35	150.95	53.30
12.17	136.65	143.65	24.66	87.96	26.13	22.96
0.23	17.02	17.75	0.01	6.52	2.75	2.25
0.89	42.68	43.44	3.50	15.25	7.76	3.32
1.56	36.67	36.24	0.33	12.56	6.62	2.91
5.27	492.17	499.35	39.57	199.84	76.18	51.37
2.05	42.35	41.90	4.38	32.37	7.14	8.54
-5.44	109.07	106.56	5.76	42.12	17.11	11.11
3.26	111.83	114.58	5.07	35.64	10.26	9.62
5.35	125.02	129.15	0.51	35.25	19.76	8.66
2.24	34.68	35.06	0.79	13.27	5.33	5.06
-2.18	69.21	72.09	23.06	41.20	16.59	8.38

2-1 续表 41

行 业	销售费用	管理费用	税 金	财务费用	利息收入	利息支出
精制茶加工	75.40	80.33	3.33	18.76	0.49	16.27
烟草制品业	146.34	457.20	17.75	-18.18	31.46	13.76
烟叶复烤	7.16	15.75	1.27	-3.11	2.62	-0.30
卷烟制造	135.83	430.48	16.19	-15.90	28.76	12.84
其他烟草制品制造	3.36	10.98	0.28	0.84	0.08	1.22
纺织业	556.18	971.01	64.48	504.36	48.20	483.84
棉纺织及印染精加工	306.03	556.76	40.63	329.87	34.20	320.51
棉纺纱加工	177.11	291.51	23.26	218.00	20.80	210.65
棉织造加工	84.28	141.88	8.75	68.61	7.10	66.01
棉印染精加工	44.64	123.37	8.62	43.26	6.30	43.85
毛纺织及染整精加工	26.94	56.03	2.92	34.71	2.40	32.23
毛条和毛纱线加工	12.84	25.20	1.56	19.49	1.53	18.25
毛织造加工	11.17	24.85	1.10	13.15	0.74	12.15
毛染整精加工	2.93	5.97	0.26	2.06	0.13	1.83
麻纺织及染整精加工	10.82	15.17	1.23	7.13	0.23	6.37
麻纤维纺前加工和纺纱	5.77	7.42	0.55	4.12	0.14	3.64
麻织造加工	4.97	7.34	0.64	2.70	0.07	2.41
麻染整精加工	0.08	0.41	0.04	0.31	0.02	0.32
丝绢纺织及印染精加工	14.73	32.90	1.95	13.34	1.16	13.00
缫丝加工	9.29	19.06	1.10	7.79	0.46	7.43
绢纺和丝织加工	4.57	10.39	0.68	4.67	0.42	4.49
丝印染精加工	0.88	3.44	0.16	0.88	0.29	1.08
化纤织造及印染精加工	13.66	34.92	2.11	21.36	1.78	19.10
化纤织造加工	10.81	25.60	1.67	16.71	1.33	14.88
化纤织物染整精加工	2.85	9.32	0.43	4.64	0.44	4.22
针织或钩针编织物及其制品制造	56.17	98.88	5.07	46.00	3.46	43.34
针织或钩针编织物织造	39.29	72.51	3.79	37.10	2.80	35.14
针织或钩针编织物印染精加工	7.55	10.12	0.35	1.97	0.27	1.96
针织或钩针编织品制造	9.33	16.25	0.93	6.93	0.39	6.24
家用纺织制成品制造	64.97	76.68	4.73	23.84	2.40	22.47
床上用品制造	39.36	42.40	2.47	11.62	1.24	11.17
毛巾类制品制造	10.78	14.30	1.39	6.14	0.59	5.37
窗帘、布艺类产品制造	4.00	6.66	0.35	2.64	0.22	2.55
其他家用纺织制成品制造	10.83	13.31	0.52	3.44	0.35	3.39
非家用纺织制成品制造	62.85	99.68	5.84	28.12	2.58	26.80
非织造布制造	35.45	52.05	3.52	13.77	1.00	12.44
绳、索、缆制造	5.82	7.78	0.32	2.31	0.05	2.00

单位：亿元

投资收益（损失以"-"号记）	营业利润	利润总额	亏损企业亏损额	应交增值税	所得税费用	平均用工人数（万人）
-0.19	166.06	163.27	0.62	51.25	15.09	21.92
63.16	1238.02	1221.09	0.79	1105.19	296.80	21.63
0.16	35.54	36.72	0.51	16.46	8.77	3.32
61.43	1176.04	1155.71	0.13	1081.16	285.59	17.12
1.57	26.44	28.66	0.15	7.57	2.45	1.19
33.73	2161.38	2167.98	102.62	987.55	288.18	490.20
17.63	1326.27	1340.78	71.32	619.81	183.43	300.40
14.89	818.43	830.75	50.51	368.06	108.84	182.28
-0.42	322.66	325.51	12.65	149.72	46.83	66.68
3.16	185.19	184.53	8.15	102.04	27.77	51.45
7.05	151.02	149.19	7.11	53.29	20.96	28.32
1.18	72.88	70.70	4.20	23.67	8.54	11.94
6.21	67.22	67.96	1.82	25.19	10.68	13.27
-0.34	10.92	10.53	1.09	4.43	1.74	3.12
0.05	33.15	31.91	1.13	15.31	3.18	10.26
-0.16	20.04	18.40	0.27	7.68	1.95	4.01
0.15	12.94	13.34	0.73	7.39	1.20	6.07
0.06	0.17	0.17	0.13	0.24	0.02	0.19
0.74	70.65	69.99	2.57	33.64	6.75	17.74
-0.18	42.48	42.03	1.46	22.02	4.02	11.58
0.28	25.07	24.53	0.58	9.98	2.45	4.92
0.63	3.10	3.44	0.53	1.64	0.28	1.24
2.18	65.64	63.70	3.56	29.68	9.04	18.19
1.67	52.98	52.11	3.26	22.41	7.54	13.24
0.51	12.66	11.59	0.30	7.28	1.50	4.94
4.82	195.81	193.18	4.25	84.52	22.45	43.99
4.32	123.53	120.58	3.42	52.80	13.84	32.78
0.11	34.51	34.63	0.43	19.34	5.16	4.14
0.39	37.78	37.97	0.40	12.38	3.46	7.06
1.33	159.20	158.16	6.24	77.56	22.86	38.00
0.21	81.87	81.59	3.94	39.49	12.44	19.32
0.14	40.21	40.32	0.48	20.25	5.53	9.66
0.02	12.63	12.61	0.59	6.83	1.78	2.88
0.97	24.49	23.65	1.23	10.99	3.11	6.14
-0.08	159.65	161.06	6.45	73.73	19.50	33.31
-0.44	84.39	84.85	3.17	36.69	10.21	15.45
0.06	16.22	15.83	0.47	8.10	1.99	3.28

2-1 续表 42

行　　业	销售费用	管理费用	税　金	财务费用	利息收入	利息支出
纺织带和帘子布制造	7.74	15.64	0.79	7.07	0.87	7.11
篷、帆布制造	4.84	9.04	0.44	2.17	0.29	2.18
其他非家用纺织制成品制造	9.00	15.17	0.77	2.80	0.37	3.09
纺织服装、服饰业	699.20	854.72	38.36	159.57	19.61	143.82
机织服装制造	580.87	647.24	29.59	120.33	15.64	108.81
针织或钩针编织服装制造	85.02	166.83	6.66	30.04	2.84	26.64
服饰制造	33.31	40.66	2.11	9.20	1.13	8.37
皮革、毛皮、羽毛及其制品和制鞋业	334.94	497.41	26.20	111.97	13.26	106.38
皮革鞣制加工	25.63	41.82	2.20	18.21	1.57	17.87
皮革制品制造	73.32	118.91	4.89	34.07	4.33	33.41
皮革服装制造	18.17	24.15	0.73	17.02	0.21	16.74
皮箱、包(袋)制造	35.84	64.78	2.87	11.83	0.61	9.43
皮手套及皮装饰制品制造	5.16	8.78	0.41	2.10	0.05	1.62
其他皮革制品制造	14.15	21.20	0.89	3.12	3.46	5.63
毛皮鞣制及制品加工	9.75	14.13	0.91	5.45	0.30	4.05
毛皮鞣制加工	3.60	3.96	0.19	1.84	0.03	1.37
毛皮服装加工	3.81	5.31	0.29	1.80	0.23	1.57
其他毛皮制品加工	2.34	4.87	0.43	1.81	0.03	1.11
羽毛(绒)加工及制品制造	16.20	22.98	1.13	9.58	1.53	10.16
羽毛(绒)加工	6.08	10.85	0.47	4.83	0.48	4.80
羽毛(绒)制品加工	10.11	12.13	0.66	4.75	1.04	5.35
制鞋业	210.04	299.57	17.07	44.66	5.53	40.90
纺织面料鞋制造	16.73	33.21	2.66	5.70	0.12	4.64
皮鞋制造	158.14	203.81	10.69	26.11	4.35	26.38
塑料鞋制造	14.62	20.82	1.23	5.18	0.04	3.00
橡胶鞋制造	13.99	26.11	1.59	6.38	0.90	5.87
其他制鞋业	6.56	15.62	0.90	1.28	0.12	1.00
木材加工和木、竹、藤、棕、草制品业	309.78	386.69	21.73	118.72	3.18	93.68
木材加工	41.93	55.14	3.00	13.47	0.37	9.69
锯材加工	18.53	22.58	1.08	5.33	0.09	3.77
木片加工	10.72	16.09	1.22	4.88	0.07	3.22
单板加工	10.59	13.70	0.47	2.52	0.13	2.04
其他木材加工	2.09	2.77	0.23	0.74	0.09	0.66
人造板制造	168.62	198.69	12.01	74.01	1.94	59.67
胶合板制造	90.31	109.19	7.14	32.06	0.61	23.14
纤维板制造	39.93	49.03	2.82	27.07	0.92	24.11
刨花板制造	11.29	11.90	0.73	6.19	0.17	5.23
其他人造板制造	27.08	28.56	1.32	8.67	0.25	7.20

单位：亿元

投资收益（损失以“-”号记）	营业利润	利润总额	亏损企业亏损额	应交增值税	所得税费用	平均用工人数（万人）
0.93	29.49	29.79	0.70	14.46	3.19	5.43
0.45	10.38	10.62	0.85	5.85	1.53	3.96
-1.07	19.17	19.97	1.24	8.63	2.59	5.20
56.11	1330.76	1335.86	48.88	611.03	198.66	462.19
50.33	1062.14	1062.89	36.20	475.47	156.88	342.99
5.77	206.11	210.32	9.64	101.49	31.10	94.48
0.01	62.51	62.65	3.04	34.06	10.67	24.72
3.25	978.24	949.57	17.48	386.37	91.50	303.93
-0.84	158.57	124.16	2.11	46.87	8.18	16.18
-0.93	230.08	231.50	4.83	82.05	18.95	69.69
0.35	68.80	68.97	0.76	10.49	2.51	13.38
-1.47	77.16	78.40	2.09	39.84	9.03	40.61
0.07	19.78	20.15	0.16	8.43	2.29	6.29
0.13	64.33	63.99	1.83	23.29	5.12	9.41
0.22	74.88	74.89	0.65	19.95	6.13	8.75
-0.02	26.94	26.96	0.23	10.21	3.01	2.68
0.02	29.13	29.16	0.17	4.30	1.24	2.75
0.22	18.81	18.77	0.25	5.44	1.88	3.32
-1.29	52.81	51.77	0.84	27.50	5.79	8.86
-1.52	26.62	25.91	0.55	12.67	2.71	2.94
0.24	26.19	25.86	0.28	14.83	3.09	5.91
6.08	461.91	467.24	9.05	210.00	52.44	200.45
-0.31	52.90	52.84	1.28	22.60	4.99	23.11
10.98	329.75	335.47	4.89	137.82	39.80	132.93
-2.06	28.38	28.66	0.45	19.95	2.48	14.62
-2.01	38.54	37.86	1.34	21.10	3.62	18.40
-0.51	12.34	12.40	1.08	8.54	1.55	11.39
-27.26	875.99	875.08	17.63	371.85	92.08	142.30
-6.79	132.24	129.68	2.48	47.14	10.53	19.77
-6.08	73.80	72.61	0.59	19.66	4.51	9.31
-1.02	34.47	33.23	1.38	15.85	3.89	5.71
0.55	17.39	17.08	0.30	9.67	1.44	3.72
-0.24	6.59	6.76	0.21	1.96	0.68	1.03
-15.05	518.14	520.50	12.11	233.04	59.69	78.96
-8.17	332.41	328.49	2.29	148.04	42.93	51.20
-3.92	85.34	94.89	6.29	48.02	6.56	13.53
-1.98	24.46	25.15	2.55	10.68	2.41	3.98
-0.98	75.93	71.96	0.98	26.31	7.80	10.25

2-1 续表 43

行　业	销售费用	管理费用	税　金	财务费用	利息收入	利息支出
木制品制造	79.76	104.91	5.14	23.92	0.67	18.61
建筑用木料及木材组件加工	15.35	21.46	1.10	4.25	0.17	3.53
木门窗、楼梯制造	12.42	15.79	0.73	4.25	0.08	3.26
地板制造	26.11	35.33	2.00	8.44	0.25	7.11
木制容器制造	8.98	9.48	0.35	1.55	0.04	1.01
软木制品及其他木制品制造	16.90	22.85	0.96	5.43	0.13	3.70
竹、藤、棕、草等制品制造	19.47	27.95	1.58	7.32	0.19	5.71
竹制品制造	17.33	24.83	1.17	6.30	0.18	5.16
藤制品制造	0.28	0.36	0.07	0.16		0.08
棕制品制造	0.19	0.27	0.01	0.09		0.06
草及其他制品制造	1.68	2.49	0.33	0.77		0.41
家具制造业	257.50	319.03	15.69	66.79	6.77	60.33
木质家具制造	156.45	195.72	10.31	42.95	3.97	37.96
竹、藤家具制造	4.09	5.76	0.65	3.51	0.28	2.28
金属家具制造	46.90	64.85	2.72	11.95	1.77	12.43
塑料家具制造	2.86	4.02	0.16	0.74	0.06	0.68
其他家具制造	47.20	48.68	1.86	7.63	0.69	6.98
造纸和纸制品业	373.44	464.30	28.75	242.13	29.28	237.77
纸浆制造	3.67	9.33	0.51	8.65	0.09	8.40
木竹浆制造	2.72	5.49	0.38	6.57	0.09	6.36
非木竹浆制造	0.95	3.84	0.13	2.08	0.01	2.04
造纸	181.01	251.82	18.81	184.25	23.58	185.06
机制纸及纸板制造	169.74	233.98	17.48	180.00	23.26	181.23
手工纸制造	2.30	3.77	0.20	1.25	0.09	1.12
加工纸制造	8.97	14.07	1.13	3.00	0.23	2.71
纸制品制造	188.76	203.15	9.42	49.23	5.61	44.32
纸和纸板容器制造	84.41	114.32	5.48	31.55	2.19	26.92
其他纸制品制造	104.35	88.83	3.95	17.68	3.43	17.40
印刷和记录媒介复制业	172.23	342.32	15.84	62.13	7.12	56.44
印刷	165.19	330.57	15.37	60.12	6.97	54.49
书、报刊印刷	23.33	60.88	3.42	10.33	1.12	9.53
本册印制	8.78	15.19	0.65	4.33	0.16	3.74
包装装潢及其他印刷	133.08	254.51	11.29	45.46	5.69	41.22
装订及印刷相关服务	4.15	7.43	0.35	1.03	0.11	1.02
记录媒介复制	2.88	4.32	0.12	0.99	0.04	0.93
文教、工美、体育和娱乐用品制造业	318.98	499.69	25.47	113.14	13.90	102.59
文教办公用品制造	31.88	44.97	1.77	8.33	2.03	8.82
文具制造	15.83	21.12	0.98	4.27	1.76	5.40
笔的制造	9.15	12.49	0.50	2.73	0.25	2.54
教学用模型及教具制造	4.99	7.70	0.19	0.89	-0.02	0.65
墨水、墨汁制造	0.44	1.34	0.01	0.08	0.01	0.03
其他文教办公用品制造	1.47	2.33	0.09	0.37	0.03	0.21

单位：亿元

投资收益（损失以“-”号记）	营业利润	利润总额	亏损企业亏损额	应交增值税	所得税费用	平均用工人数（万人）
-5.47	172.55	173.50	2.78	69.21	18.55	31.43
-0.50	47.12	46.35	0.28	15.08	4.52	6.39
-0.56	28.53	28.18	0.66	10.50	2.86	5.48
-0.93	45.68	48.79	1.15	17.93	5.53	7.50
-0.22	16.04	16.09	0.21	7.84	1.94	2.99
-3.26	35.18	34.08	0.49	17.86	3.71	9.07
0.05	53.06	51.40	0.26	22.45	3.31	12.14
0.05	43.59	42.05	0.16	20.02	2.84	9.69
	1.48	1.42		0.54	0.09	0.49
	0.52	0.49	0.09	0.11	0.03	0.17
	7.47	7.44	0.02	1.79	0.34	1.78
5.16	471.15	467.03	19.37	207.66	53.67	120.05
-4.60	292.61	285.78	14.39	140.40	32.43	77.26
0.17	9.43	9.86	0.14	5.20	0.76	1.70
9.94	101.78	103.13	2.44	34.82	12.93	22.14
0.10	4.45	4.57	0.42	2.38	0.64	1.84
-0.45	62.87	63.68	1.99	24.86	6.90	17.11
7.31	709.19	726.99	93.22	376.86	101.30	138.12
0.08	-4.22	-3.99	10.69	5.16	0.97	1.59
0.12	-1.80	-1.66	6.68	3.55	0.95	0.99
-0.04	-2.42	-2.33	4.01	1.61	0.01	0.60
20.17	353.27	370.76	62.62	213.63	52.93	70.63
19.47	329.24	346.73	60.26	201.87	50.45	65.65
-0.59	4.30	3.94	0.69	2.54	0.36	1.19
1.29	19.73	20.09	1.67	9.22	2.12	3.79
-12.94	360.14	360.22	19.92	158.07	47.41	65.90
-6.97	211.54	211.47	9.98	96.23	27.04	40.48
-5.97	148.61	148.75	9.94	61.84	20.37	25.42
18.60	539.57	550.58	17.45	224.24	76.58	95.91
18.63	525.15	535.99	16.36	217.49	74.57	92.66
0.43	58.96	64.16	4.89	31.97	9.01	18.12
1.03	32.85	33.20	0.44	9.34	3.21	4.53
17.16	433.34	438.64	11.04	176.19	62.34	70.02
-0.10	10.05	10.07	0.05	5.22	1.27	2.48
0.06	4.37	4.51	1.04	1.53	0.74	0.77
12.32	855.82	845.51	21.26	356.70	101.08	227.83
1.84	51.80	52.99	2.52	22.81	6.33	15.41
0.80	23.34	23.69	1.10	10.83	2.76	8.46
1.00	16.62	17.44	0.23	6.86	2.33	5.06
0.01	9.07	9.10	0.58	3.62	0.83	1.07
	1.34	1.36		0.76	0.17	0.10
0.03	1.44	1.40	0.61	0.74	0.24	0.73

2-1 续表 44

行业	销售费用	管理费用		财务费用		
			税金		利息收入	利息支出
乐器制造	7.15	15.67	1.06	1.73	0.22	1.46
中乐器制造	0.88	1.39	0.15	0.20	0.02	0.11
西乐器制造	4.34	8.85	0.59	0.99	0.16	0.98
电子乐器制造	1.28	3.58	0.16	0.22	0.03	0.11
其他乐器及零件制造	0.65	1.85	0.16	0.33	0.01	0.27
工艺美术品制造	194.52	263.10	15.26	80.06	8.99	71.51
雕塑工艺品制造	26.79	32.63	2.26	8.03	0.19	5.65
金属工艺品制造	16.44	21.50	1.50	5.39	0.65	4.63
漆器工艺品制造	5.28	6.01	0.39	1.89	0.30	1.93
花画工艺品制造	5.01	7.62	0.28	1.50	0.10	1.39
天然植物纤维编织工艺品制造	25.30	24.24	2.36	7.58	0.40	4.58
抽纱刺绣工艺品制造	13.05	29.49	2.43	8.38	0.82	7.61
地毯、挂毯制造	18.03	22.87	1.33	6.23	0.47	5.76
珠宝首饰及有关物品制造	46.75	66.00	2.23	24.44	5.00	26.37
其他工艺美术品制造	37.87	52.74	2.47	16.62	1.06	13.59
体育用品制造	30.03	57.88	2.46	8.97	1.18	8.49
球类制造	3.33	5.22	0.27	0.84	0.05	0.80
体育器材及配件制造	10.19	17.23	0.67	2.13	0.36	1.88
训练健身器材制造	7.72	14.63	0.45	2.33	0.42	2.53
运动防护用具制造	3.05	6.74	0.30	0.71	0.04	0.69
其他体育用品制造	5.74	14.06	0.78	2.96	0.30	2.59
玩具制造	43.32	100.78	4.17	10.13	1.13	8.71
游艺器材及娱乐用品制造	12.08	17.29	0.75	3.90	0.34	3.60
露天游乐场所游乐设备制造	2.51	5.15	0.24	1.38	0.19	1.47
游艺用品及室内游艺器材制造	4.30	6.73	0.26	1.67	0.04	1.38
其他娱乐用品制造	5.27	5.40	0.25	0.85	0.11	0.75
石油加工、炼焦和核燃料加工业	364.95	854.85	41.56	468.44	33.68	435.27
精炼石油产品制造	198.97	703.40	28.26	273.75	21.55	271.24
原油加工及石油制品制造	196.96	699.73	28.13	270.89	21.50	269.20
人造原油制造	2.01	3.68	0.13	2.87	0.05	2.05
炼焦	165.96	147.39	13.21	191.84	12.00	161.13
化学原料和化学制品制造业	2361.23	2894.99	152.51	1216.08	116.58	1137.09
基础化学原料制造	451.24	742.94	44.87	409.06	34.94	379.05
无机酸制造	24.80	35.56	1.63	11.05	0.40	8.77
无机碱制造	36.46	77.61	5.12	59.33	2.54	52.05
无机盐制造	71.83	79.50	6.89	47.98	1.67	41.80
有机化学原料制造	242.76	440.07	25.47	234.00	28.16	225.63
其他基础化学原料制造	75.40	110.21	5.76	56.69	2.17	50.81

单位：亿元

投资收益（损失以"-"号记）	营业利润	利润总额	亏损企业亏损额	应交增值税	所得税费用	平均用工人数（万人）
0.53	21.26	21.28	1.91	8.76	2.40	6.22
0.34	2.89	2.92	0.02	1.23	0.31	0.70
0.16	8.70	8.70	1.84	4.72	1.08	3.75
0.02	6.18	6.21	0.04	1.41	0.53	1.04
0.01	3.49	3.45		1.39	0.48	0.72
5.25	575.01	564.45	8.23	229.02	66.11	109.36
-2.72	91.95	90.91	0.40	28.45	8.67	13.81
1.39	36.51	36.75	1.47	16.04	3.49	8.99
-0.06	17.53	14.38	0.06	4.70	1.44	2.65
0.02	15.83	15.89	0.10	5.94	1.22	3.70
-0.12	50.03	49.82	0.16	25.78	5.36	12.99
1.20	73.97	73.43	1.05	32.98	12.59	13.15
1.08	35.48	36.03	1.25	15.96	3.18	8.11
3.34	145.06	137.04	2.79	45.44	17.42	18.23
1.12	108.64	110.21	0.93	53.72	12.73	27.73
1.09	74.19	73.77	2.87	38.21	9.88	27.36
0.41	11.68	11.70	0.12	4.46	1.16	3.57
0.04	20.23	20.39	1.11	9.51	3.71	7.99
0.44	18.87	18.77	0.86	11.35	2.61	5.00
0.01	7.17	6.63	0.43	3.69	1.04	4.33
0.19	16.24	16.27	0.35	9.22	1.36	6.47
0.99	101.53	100.86	4.66	45.48	12.90	64.08
2.63	32.03	32.15	1.08	12.43	3.46	5.41
-0.21	6.56	6.91	0.02	4.04	0.83	1.66
0.33	15.14	14.91	0.89	4.02	1.51	1.88
2.50	10.33	10.33	0.17	4.37	1.13	1.88
10.41	97.90	78.08	729.79	1529.25	99.87	96.84
6.48	100.25	102.97	531.69	1407.20	83.15	54.72
6.48	95.68	97.27	528.77	1403.38	82.71	53.77
	4.57	5.70	2.91	3.82	0.43	0.95
3.29	-6.24	-29.26	198.10	121.49	16.20	41.43
81.94	4349.75	4450.25	905.26	2280.11	698.78	498.86
34.50	972.78	1027.07	330.65	673.18	165.16	127.10
1.62	66.88	65.96	6.09	29.79	7.89	7.63
4.27	54.25	61.23	40.11	48.40	9.92	14.82
0.27	110.71	114.72	29.07	71.05	19.02	22.13
28.88	554.52	596.59	228.54	430.23	100.41	63.07
-0.53	186.42	188.57	26.84	93.71	27.93	19.45

2-1 续表 45

行　业	销售费用	管理费用	税　金	财务费用	利息收入	利息支出
肥料制造	281.17	331.68	19.25	223.47	14.00	221.83
氮肥制造	64.36	138.55	7.81	121.61	10.40	124.89
磷肥制造	24.51	32.19	2.10	26.29	-1.42	25.47
钾肥制造	34.12	14.40	0.43	14.08	1.30	14.38
复混肥料制造	123.20	116.14	7.63	53.38	3.26	50.27
有机肥料及微生物肥料制造	32.47	26.24	1.02	6.05	0.45	4.95
其他肥料制造	2.51	4.16	0.27	2.06	0.01	1.88
农药制造	68.86	107.47	5.93	30.32	3.93	28.66
化学农药制造	60.67	96.50	5.38	27.03	3.75	25.88
生物化学农药及微生物农药制造	8.19	10.97	0.55	3.29	0.18	2.77
涂料、油墨、颜料及类似产品制造	259.81	328.74	15.12	53.55	8.24	53.78
涂料制造	195.59	212.91	9.19	27.86	5.87	29.61
油墨及类似产品制造	15.44	25.00	0.97	2.81	0.57	2.78
颜料制造	20.44	36.70	2.14	9.91	0.63	8.83
染料制造	19.11	41.26	2.45	10.57	1.04	10.35
密封用填料及类似品制造	9.23	12.88	0.38	2.40	0.13	2.21
合成材料制造	224.07	396.95	24.22	242.98	23.45	206.69
初级形态塑料及合成树脂制造	153.81	259.14	17.11	161.90	15.20	142.76
合成橡胶制造	19.66	39.44	1.96	21.84	1.25	12.53
合成纤维单(聚合)体制造	24.87	53.48	3.40	48.25	6.03	41.51
其他合成材料制造	25.74	44.88	1.75	10.99	0.97	9.88
专用化学产品制造	402.50	610.24	30.56	214.68	21.85	204.65
化学试剂和助剂制造	140.46	200.74	8.97	58.83	4.25	52.11
专项化学用品制造	149.32	194.26	11.33	79.03	8.60	75.46
林产化学产品制造	18.54	25.45	1.23	6.65	0.11	5.76
信息化学品制造	32.13	106.87	5.64	48.64	6.76	50.60
环境污染处理专用药剂材料制造	13.96	20.36	0.41	2.02	0.55	1.87
动物胶制造	2.96	2.99	0.34	0.80	0.03	1.09
其他专用化学产品制造	45.13	59.57	2.64	18.71	1.54	17.76
炸药、火工及焰火产品制造	76.46	114.74	3.72	21.50	2.00	19.64
炸药及火工产品制造	33.27	67.94	1.99	9.85	1.85	11.47
焰火、鞭炮产品制造	43.20	46.80	1.73	11.65	0.15	8.17
日用化学产品制造	597.12	262.23	8.84	20.52	8.17	22.79
肥皂及合成洗涤剂制造	240.75	79.26	1.94	9.14	3.19	9.15
化妆品制造	264.68	112.90	4.29	3.61	3.09	5.33
口腔清洁用品制造	34.59	9.87	0.26	0.11	0.53	0.47
香料、香精制造	22.95	33.77	1.01	3.88	1.16	4.51
其他日用化学产品制造	34.14	26.43	1.33	3.78	0.19	3.32

单位：亿元

投资收益（损失以"–"号记）	营业利润	利润总额	亏损企业亏损额	应交增值税	所得税费用	平均用工人数（万人）
5.57	262.16	298.69	185.70	144.99	54.14	72.65
11.65	-84.38	-61.62	138.12	43.31	7.61	28.00
-2.61	20.57	20.75	10.59	13.59	3.21	7.23
0.28	31.24	45.85	4.84	13.45	8.46	3.31
-3.03	228.21	227.35	25.25	58.75	27.78	27.33
0.05	64.21	64.17	0.93	13.45	6.59	5.70
-0.78	2.31	2.19	5.96	2.44	0.49	1.08
1.89	229.53	230.41	5.77	67.02	34.13	19.85
0.25	200.63	201.04	5.64	58.19	31.65	17.42
1.63	28.90	29.37	0.12	8.83	2.48	2.43
7.55	478.74	466.29	17.75	201.92	74.39	46.83
4.32	295.11	286.12	8.39	131.46	46.71	27.20
-0.24	30.60	31.40	1.19	13.15	5.45	3.84
1.02	47.86	48.28	6.00	24.18	5.97	7.38
2.61	89.59	84.48	0.68	25.95	14.35	5.95
-0.17	15.57	16.01	1.50	7.18	1.92	2.46
9.72	436.56	453.52	249.52	310.71	84.53	57.69
0.27	290.74	308.97	138.16	220.22	63.37	36.31
1.35	75.95	75.52	19.90	39.53	11.25	7.23
7.45	15.26	15.36	83.47	27.12	3.04	7.15
0.64	54.61	53.66	7.99	23.84	6.87	6.99
-3.36	1311.18	1306.34	94.80	559.52	187.05	100.82
-2.53	421.12	415.29	25.79	164.89	57.94	32.60
-0.82	535.04	531.38	36.56	244.31	79.14	31.50
-4.36	54.06	52.79	1.90	23.29	3.82	5.49
3.23	156.85	160.41	23.43	69.19	25.02	17.95
0.15	41.98	41.72	0.27	15.44	7.39	2.56
	8.67	8.78	0.70	2.72	0.69	0.88
0.96	93.46	95.98	6.15	39.67	13.05	9.83
6.94	180.50	182.56	7.36	100.93	16.67	39.53
8.46	62.27	65.09	6.95	31.53	10.06	11.72
-1.52	118.23	117.47	0.41	69.40	6.61	27.82
19.14	478.29	485.37	13.71	221.85	82.72	34.39
6.36	150.21	148.20	4.70	82.18	30.34	11.35
7.55	172.29	180.26	6.97	90.92	29.56	11.18
-0.20	29.20	29.98	0.23	9.44	6.10	1.82
6.36	83.92	85.11	1.38	21.44	11.35	4.57
-0.93	42.66	41.82	0.43	17.87	5.36	5.46

2-1 续表 46

行 业	销售费用	管理费用	税 金	财务费用	利息收入	利息支出
医药制造业	2719.26	1410.40	55.08	231.29	46.19	228.37
化学药品原料药制造	217.19	237.94	10.38	59.19	8.70	55.46
化学药品制剂制造	1210.92	474.61	14.55	51.93	16.39	56.27
中药饮片加工	63.97	58.04	2.71	13.63	0.70	10.93
中成药生产	887.07	355.57	15.95	57.16	9.38	56.21
兽用药品制造	46.81	45.88	1.60	8.44	0.99	7.82
生物药品制造	198.13	165.47	5.78	23.96	8.79	27.53
卫生材料及医药用品制造	95.17	72.90	4.10	16.98	1.24	14.16
化学纤维制造业	75.98	196.84	10.63	130.13	18.44	130.86
纤维素纤维原料及纤维制造	30.55	54.97	3.54	40.87	6.88	41.78
化纤浆粕制造	3.61	7.68	0.51	4.91	0.07	4.62
人造纤维(纤维素纤维)制造	26.95	47.29	3.04	35.95	6.81	37.16
合成纤维制造	45.43	141.87	7.09	89.26	11.56	89.08
锦纶纤维制造	7.41	24.32	0.91	14.09	1.30	14.09
涤纶纤维制造	25.41	88.94	4.60	58.44	9.28	59.64
腈纶纤维制造	1.70	3.00	0.38	4.54	0.26	4.17
维纶纤维制造	1.51	4.55	0.19	2.02	0.02	2.07
丙纶纤维制造	1.29	1.77	0.11	0.79	0.03	0.68
氨纶纤维制造	5.00	10.36	0.46	4.80	0.32	4.18
其他合成纤维制造	3.11	8.94	0.45	4.57	0.35	4.25
橡胶和塑料制品业	713.80	1119.39	57.11	295.76	28.09	271.43
橡胶制品业	239.62	335.52	17.75	110.69	7.81	104.03
轮胎制造	148.65	172.11	10.91	77.86	6.00	76.23
橡胶板、管、带制造	32.02	52.45	3.30	12.35	0.63	10.04
橡胶零件制造	21.69	45.87	1.31	5.43	0.57	4.90
再生橡胶制造	6.41	8.67	0.42	3.14	0.06	2.63
日用及医用橡胶制品制造	10.74	17.79	0.61	4.28	0.17	3.68
其他橡胶制品制造	20.12	38.64	1.19	7.61	0.38	6.55
塑料制品业	474.17	783.87	39.36	185.08	20.28	167.41
塑料薄膜制造	51.83	86.10	4.39	31.28	5.27	30.95
塑料板、管、型材制造	126.80	174.27	11.62	45.03	4.73	40.80
塑料丝、绳及编织品制造	53.86	74.10	4.79	23.77	1.25	18.58
泡沫塑料制造	20.78	29.84	1.46	6.43	0.52	5.34
塑料人造革、合成革制造	16.05	39.01	3.45	10.66	1.69	10.91
塑料包装箱及容器制造	41.31	71.27	3.04	18.81	1.26	16.83
日用塑料制品制造	50.28	73.90	2.66	14.95	1.03	12.61
塑料零件制造	36.66	88.52	2.96	10.23	1.94	10.24
其他塑料制品制造	76.62	146.87	4.99	23.91	2.60	21.16

单位：亿元

投资收益（损失以“–”号记）	营业利润	利润总额	亏损企业亏损额	应交增值税	所得税费用	平均用工人数（万人）
54.98	2328.02	2382.47	78.17	1109.17	347.16	222.39
15.44	302.69	313.74	21.68	149.90	53.82	40.35
19.12	733.17	750.50	21.65	404.98	129.99	55.12
-5.61	113.15	114.31	1.66	45.05	11.11	12.31
22.47	601.96	619.10	13.58	307.43	73.53	63.47
-3.45	100.77	100.82	1.83	34.60	13.38	9.49
7.09	327.44	333.36	14.65	115.32	47.93	22.80
-0.07	148.85	150.65	3.13	51.89	17.40	18.86
10.39	279.68	292.57	49.59	157.96	42.82	47.06
5.52	90.46	92.01	15.21	67.60	19.05	15.71
-0.04	10.12	10.68	2.95	6.60	1.60	2.25
5.57	80.34	81.33	12.27	61.00	17.44	13.46
4.87	189.21	200.56	34.38	90.36	23.77	31.35
0.38	46.67	47.30	3.87	13.30	5.08	3.95
0.31	99.65	108.81	25.98	63.07	13.68	20.72
1.63	-1.87	-0.87	1.59	1.46	0.03	0.94
0.29	1.82	2.39	0.46	0.61	0.54	0.74
0.03	2.39	2.38	0.32	0.88	0.46	0.47
2.08	26.99	27.39	0.39	5.73	2.64	1.52
0.13	13.58	13.16	1.77	5.32	1.33	3.00
-13.29	1888.99	1889.19	107.88	745.30	259.31	342.03
1.84	614.17	617.59	35.51	218.41	94.24	86.86
1.50	336.32	340.35	24.32	105.30	58.16	38.45
0.05	103.55	102.64	2.45	36.94	14.03	14.79
0.49	65.88	68.94	2.47	25.00	9.57	13.26
-1.92	19.24	18.29	0.22	8.74	2.31	2.61
0.07	32.53	32.89	1.02	21.00	3.27	5.70
1.64	56.65	54.48	5.03	21.43	6.89	12.05
-15.13	1274.82	1271.60	72.36	526.88	165.07	255.16
-2.97	135.84	141.51	16.26	53.59	19.94	21.54
-4.95	335.32	331.53	10.20	130.87	42.42	43.44
-9.26	191.55	186.86	2.51	81.68	17.50	35.26
-0.16	58.02	57.48	1.93	21.95	7.59	9.89
-0.48	77.45	78.09	4.27	34.43	10.17	12.32
0.32	113.18	113.46	5.87	46.18	15.23	21.84
-0.04	97.51	97.49	5.12	39.97	12.27	28.98
-0.22	77.43	77.30	14.36	41.28	14.23	32.47
2.63	188.51	187.87	11.85	76.94	25.74	49.43

2-1 续表 47

行　业	销售费用	管理费用		财务费用		
			税　金		利息收入	利息支出
非金属矿物制品业	1556.25	2003.26	121.78	756.27	68.52	702.35
水泥、石灰和石膏制造	276.32	438.29	31.10	270.10	37.02	279.51
水泥制造	252.17	417.94	29.84	262.76	36.78	273.85
石灰和石膏制造	24.15	20.35	1.26	7.35	0.25	5.66
石膏、水泥制品及类似制品制造	348.69	401.14	20.75	128.40	8.72	110.45
水泥制品制造	270.46	311.26	15.25	103.19	6.20	88.87
砼结构构件制造	27.54	35.53	2.00	11.30	0.94	9.46
石棉水泥制品制造	6.32	6.86	0.18	0.78	0.04	0.67
轻质建筑材料制造	30.78	33.15	2.73	9.26	1.47	8.38
其他水泥类似制品制造	13.59	14.34	0.59	3.86	0.07	3.07
砖瓦、石材等建筑材料制造	341.86	440.69	27.85	121.95	5.47	102.92
粘土砖瓦及建筑砌块制造	95.50	111.62	7.54	31.75	0.60	23.81
建筑陶瓷制品制造	88.13	115.79	8.46	32.04	1.71	29.37
建筑用石加工	76.44	105.92	5.91	29.60	1.41	21.48
防水建筑材料制造	24.36	27.55	1.79	8.85	0.26	6.49
隔热和隔音材料制造	21.90	27.83	1.40	6.71	0.26	5.86
其他建筑材料制造	35.53	51.98	2.76	12.99	1.24	15.91
玻璃制造	39.69	75.90	5.59	32.46	3.03	30.73
平板玻璃制造	14.49	38.98	3.58	23.50	2.07	23.09
其他玻璃制造	25.20	36.91	2.01	8.96	0.97	7.64
玻璃制品制造	106.43	162.37	8.10	46.21	3.46	41.58
技术玻璃制品制造	34.70	56.94	3.22	17.97	1.68	17.43
光学玻璃制造	8.82	24.02	0.92	4.21	0.32	3.79
玻璃仪器制造	4.80	6.60	0.25	0.92	0.01	0.75
日用玻璃制品制造	21.05	25.51	1.48	10.46	0.28	8.61
玻璃包装容器制造	23.38	24.52	1.03	6.45	0.42	5.60
玻璃保温容器制造	1.63	2.43	0.18	0.68	0.04	0.69
制镜及类似品加工	1.89	4.54	0.26	0.76	0.31	0.93
其他玻璃制品制造	10.17	17.81	0.75	4.75	0.40	3.78
玻璃纤维和玻璃纤维增强塑料制品制造	54.86	78.50	3.90	34.32	1.86	31.75
玻璃纤维及制品制造	37.00	52.00	2.70	27.54	1.55	25.68
玻璃纤维增强塑料制品制造	17.86	26.50	1.20	6.78	0.31	6.08
陶瓷制品制造	108.86	132.17	6.51	29.04	1.44	24.26
卫生陶瓷制品制造	22.32	23.76	1.26	4.42	0.62	4.08
特种陶瓷制品制造	32.17	40.88	2.07	9.58	0.48	8.36
日用陶瓷制品制造	33.19	35.14	1.77	8.65	0.20	6.81
园林、陈设艺术及其他陶瓷制品制造	21.18	32.38	1.41	6.39	0.14	5.01
耐火材料制品制造	157.30	134.76	7.39	37.08	2.16	29.55
石棉制品制造	3.37	4.51	0.25	1.16	0.01	0.81
云母制品制造	1.49	1.96	0.18	0.39		0.33
耐火陶瓷制品及其他耐火材料制造	152.44	128.29	6.96	35.52	2.14	28.41

单位：亿元

投资收益（损失以“-”号记）	营业利润	利润总额	亏损企业亏损额	应交增值税	所得税费用	平均用工人数（万人）
22.85	4035.09	4130.53	287.07	1928.24	540.09	595.19
7.23	744.28	847.31	107.95	443.50	154.49	94.25
9.59	695.87	799.89	105.65	419.70	151.18	87.35
-2.35	48.41	47.41	2.31	23.79	3.31	6.90
13.25	743.36	744.86	36.03	371.44	95.20	103.64
1.41	540.62	538.57	29.18	292.66	72.25	78.18
-0.97	69.27	69.59	3.36	30.93	8.62	10.21
0.17	24.23	24.50	0.08	9.40	4.98	2.09
12.45	85.00	87.48	2.41	25.43	7.22	9.52
0.19	24.23	24.72	1.00	13.02	2.12	3.65
-8.13	1082.97	1066.64	21.68	404.50	92.77	150.80
-2.82	259.34	258.77	4.38	97.38	23.15	40.43
-2.48	327.14	317.62	6.23	129.83	23.81	54.64
-2.77	286.51	284.75	1.64	104.52	24.56	30.70
-0.15	59.50	59.19	0.70	26.57	5.83	5.54
-0.75	58.69	55.29	3.10	17.03	5.10	8.44
0.85	91.78	91.01	5.62	29.16	10.32	11.04
25.57	76.00	79.68	38.21	45.45	12.45	19.67
23.23	15.21	15.41	34.74	23.24	3.97	10.22
2.34	60.79	64.27	3.47	22.22	8.49	9.45
-0.82	233.46	237.97	31.32	112.18	33.78	56.58
-4.07	63.87	68.33	15.08	29.63	10.02	12.08
0.23	24.25	25.21	3.56	16.64	5.35	9.65
-0.37	11.74	12.03	0.63	5.81	1.33	1.46
-0.53	40.96	40.66	6.73	20.70	6.70	12.98
1.27	50.87	50.49	3.01	22.28	5.98	11.27
	2.85	2.91	0.15	1.36	0.44	1.64
0.13	5.93	6.01	0.21	2.28	0.56	1.05
2.51	32.99	32.32	1.95	13.48	3.40	6.45
-1.49	168.58	170.68	6.20	87.27	16.53	21.57
-1.33	97.55	99.38	3.86	51.45	11.16	14.50
-0.17	71.03	71.30	2.34	35.81	5.37	7.07
2.81	300.53	301.77	10.10	131.24	32.82	69.82
0.49	45.60	45.52	2.96	19.83	7.05	13.14
2.43	140.54	141.34	3.02	49.90	15.05	16.28
0.10	63.60	64.40	2.37	39.53	5.76	26.70
-0.21	50.79	50.52	1.75	21.98	4.95	13.69
-10.76	358.12	357.65	10.00	174.00	53.46	37.67
0.01	12.73	12.82	0.10	4.58	1.74	1.51
	4.87	4.86	0.14	1.72	0.32	0.54
-10.77	340.53	339.97	9.76	167.70	51.40	35.62

2-1 续表 48

行　业	销售费用	管理费用		财务费用		
			税　金		利息收入	利息支出
石墨及其他非金属矿物制品制造	122.23	139.45	10.58	56.71	5.35	51.60
石墨及碳素制品制造	51.84	63.49	5.07	29.91	3.81	27.99
其他非金属矿物制品制造	70.40	75.96	5.51	26.81	1.54	23.61
黑色金属冶炼和压延加工业	792.49	1741.21	147.82	1164.39	174.42	1169.14
炼铁	22.93	48.77	3.99	54.29	4.83	55.65
炼钢	75.41	254.42	19.21	159.64	31.83	168.82
黑色金属铸造	123.79	195.37	12.12	61.17	2.55	52.34
钢压延加工	497.19	1136.64	104.69	828.71	125.70	833.88
铁合金冶炼	73.17	106.02	7.82	60.59	9.51	58.44
有色金属冶炼和压延加工业	416.10	915.80	63.35	687.43	91.74	666.69
常用有色金属冶炼	162.85	362.97	30.12	369.79	44.75	365.02
铜冶炼	29.99	91.53	6.58	78.56	12.62	77.83
铅锌冶炼	26.48	79.45	6.51	52.11	0.82	48.69
镍钴冶炼	13.61	43.01	3.91	49.90	15.15	53.66
锡冶炼	3.29	20.29	0.48	16.92	0.31	16.01
锑冶炼	2.20	6.76	0.21	1.93	0.10	1.80
铝冶炼	74.38	101.63	10.73	152.51	14.15	152.68
镁冶炼	6.11	5.74	0.56	5.08	0.14	3.80
其他常用有色金属冶炼	6.78	14.57	1.13	12.78	1.46	10.54
贵金属冶炼	9.33	62.40	2.51	23.34	10.99	31.60
金冶炼	6.64	54.64	2.27	18.10	10.75	26.79
银冶炼	0.96	5.46	0.11	4.51		3.95
其他贵金属冶炼	1.73	2.29	0.12	0.72	0.24	0.86
稀有稀土金属冶炼	15.79	46.31	2.24	15.90	3.96	17.56
钨钼冶炼	5.38	16.17	0.96	6.76	2.97	8.69
稀土金属冶炼	5.66	21.97	1.02	5.85	0.71	5.73
其他稀有金属冶炼	4.74	8.16	0.27	3.30	0.28	3.14
有色金属合金制造	43.32	93.61	5.17	46.65	2.47	43.64
有色金属铸造	4.63	12.74	0.54	2.97	0.15	2.57
有色金属压延加工	180.18	337.78	22.78	228.78	29.41	206.30
铜压延加工	42.59	88.17	7.50	72.28	14.15	67.03
铝压延加工	102.94	181.80	12.16	130.51	10.86	113.64
贵金属压延加工	2.06	5.43	0.24	2.29	0.70	2.28
稀有稀土金属压延加工	8.08	25.03	0.85	9.11	2.83	10.33
其他有色金属压延加工	24.51	37.35	2.03	14.59	0.87	13.01
金属制品业	726.20	1340.55	70.81	346.78	35.70	316.30
结构性金属制品制造	230.41	391.34	20.97	125.51	10.30	108.91
金属结构制造	166.57	286.98	15.80	95.53	8.64	83.31
金属门窗制造	63.83	104.36	5.17	29.98	1.67	25.59

单位：亿元

投资收益（损失以"-"号记）	营业利润	利润总额	亏损企业亏损额	应交增值税	所得税费用	平均用工人数（万人）
-4.82	327.78	323.96	25.58	158.66	48.59	41.19
-0.53	135.87	130.78	14.63	70.66	18.33	17.39
-4.28	191.91	193.19	10.94	87.99	30.25	23.80
-266.29	1882.11	1832.91	530.76	1469.33	279.11	404.59
-1.39	54.01	57.29	29.90	58.87	7.52	18.66
-18.68	53.51	58.27	78.42	150.32	16.41	47.83
-2.33	409.47	403.99	11.31	182.23	44.28	60.33
-239.61	1257.88	1210.27	348.33	981.74	198.89	245.49
-4.29	107.23	103.08	62.80	96.18	12.01	32.28
18.84	1916.77	1656.54	386.06	1050.51	198.84	208.93
31.01	384.15	227.07	252.76	410.51	46.09	82.62
4.05	250.28	160.65	16.54	154.62	21.13	17.78
31.78	72.40	76.27	29.09	74.45	6.23	17.90
12.09	57.60	31.73	9.35	39.07	4.92	7.78
-2.55	-13.06	-11.12	17.53	11.53	-2.01	5.04
-18.45	16.80	8.16	3.66	5.64	2.47	2.31
3.69	-32.84	-71.01	167.35	101.81	8.08	23.04
-0.53	5.80	6.60	3.67	8.30	1.15	4.32
0.92	27.18	25.80	5.57	15.09	4.12	4.44
21.78	115.55	112.39	13.45	57.69	18.85	9.99
21.68	87.75	91.69	9.88	33.59	18.09	7.96
0.11	22.90	15.27	3.33	17.66	0.29	1.50
-0.01	4.90	5.42	0.24	6.44	0.48	0.53
8.88	160.04	147.20	8.97	64.43	15.98	10.02
7.13	75.38	66.11	2.00	24.42	7.53	4.01
1.59	59.10	54.60	5.38	29.04	5.49	4.09
0.16	25.56	26.49	1.58	10.97	2.97	1.92
-10.54	131.85	129.69	34.71	90.95	17.26	18.34
-2.58	15.99	13.90	2.26	8.08	2.12	3.17
-29.71	1109.19	1026.30	73.92	418.85	98.54	84.78
-18.02	468.04	392.04	22.12	189.31	35.16	21.17
-24.15	535.60	527.01	37.29	176.67	45.50	50.25
0.15	6.10	6.49	1.26	3.48	0.90	0.94
10.38	28.75	30.72	9.79	15.35	6.49	4.73
1.93	70.70	70.03	3.45	34.02	10.50	7.69
-81.81	2159.03	2160.81	113.31	953.34	286.22	380.12
-61.15	739.95	732.56	31.73	307.66	80.62	112.65
-59.69	569.37	562.56	26.45	245.07	63.88	80.99
-1.46	170.59	170.00	5.28	62.59	16.74	31.66

2-1 续表 49

行业	销售费用	管理费用	税金	财务费用	利息收入	利息支出
金属工具制造	59.60	107.14	3.96	21.15	1.38	17.95
切削工具制造	21.72	42.44	1.42	9.78	0.67	7.96
手工具制造	10.77	18.72	0.79	3.78	0.17	3.20
农用及园林用金属工具制造	6.21	8.02	0.36	1.90	0.13	1.72
刀剪及类似日用金属工具制造	9.03	15.20	0.25	1.57	0.26	1.70
其他金属工具制造	11.86	22.76	1.15	4.11	0.15	3.37
集装箱及金属包装容器制造	71.64	119.02	5.94	23.45	4.19	23.59
集装箱制造	19.07	20.25	1.80	1.31	2.12	3.44
金属压力容器制造	20.79	42.64	2.06	10.00	0.54	8.69
金属包装容器制造	31.79	56.13	2.08	12.14	1.53	11.45
金属丝绳及其制品制造	56.05	94.07	6.32	38.05	3.39	35.97
建筑、安全用金属制品制造	85.89	132.80	6.09	29.31	2.76	26.63
建筑、家具用金属配件制造	26.83	44.32	2.23	8.80	0.58	7.56
建筑装饰及水暖管道零件制造	35.98	61.29	2.86	13.57	1.58	13.07
安全、消防用金属制品制造	15.99	16.67	0.53	3.98	0.06	3.41
其他建筑、安全用金属制品制造	7.09	10.51	0.48	2.95	0.55	2.59
金属表面处理及热处理加工	30.81	78.52	3.97	25.19	3.79	23.09
搪瓷制品制造	6.05	11.13	0.88	1.75	0.11	1.50
生产专用搪瓷制品制造	1.67	3.23	0.15	0.37	0.02	0.32
建筑装饰搪瓷制品制造	0.42	1.12	0.02	0.23	0.02	0.16
搪瓷卫生洁具制造	1.82	2.57	0.25	0.33	0.06	0.40
搪瓷日用品及其他搪瓷制品制造	2.13	4.21	0.45	0.82	0.01	0.62
金属制日用品制造	66.90	87.78	3.71	20.22	1.23	17.51
金属制厨房用器具制造	13.81	11.18	0.62	3.66	0.25	3.46
金属制餐具和器皿制造	27.99	37.00	1.44	9.75	0.48	8.09
金属制卫生器具制造	3.28	5.69	0.16	1.63	0.07	1.42
其他金属制日用品制造	21.82	33.91	1.49	5.18	0.43	4.54
其他金属制品制造	118.84	318.75	18.97	62.16	8.56	61.15
锻件及粉末冶金制品制造	59.37	149.86	12.63	38.73	3.03	34.72
交通及公共管理用金属标牌制造	2.33	4.49	0.14	0.67	0.11	0.64
通用设备制造业	1329.17	2349.75	100.55	425.23	65.06	424.59
锅炉及原动设备制造	141.86	297.12	11.85	45.38	8.15	52.49
锅炉及辅助设备制造	48.81	103.52	4.60	17.49	0.61	18.73
内燃机及配件制造	68.20	120.64	4.83	18.58	5.08	22.00
汽轮机及辅机制造	13.05	52.36	1.24	3.26	1.67	6.10
水轮机及辅机制造	2.36	6.02	0.12	1.40	0.15	1.31
风能原动设备制造	9.08	13.52	1.04	4.40	0.63	4.11
其他原动设备制造	0.37	1.05	0.03	0.26	0.01	0.23

单位：亿元

投资收益（损失以"–"号记）	营业利润	利润总额	亏损企业亏损额	应交增值税	所得税费用	平均用工人数（万人）
-3.56	170.20	172.24	4.63	76.23	24.05	32.88
-1.74	50.43	52.33	1.17	22.56	7.11	10.64
0.04	25.32	25.44	1.14	12.77	3.40	6.67
0.28	13.92	15.62	1.02	6.88	1.44	2.85
-0.01	42.83	43.27	0.02	16.34	6.24	5.51
-2.12	37.70	35.57	1.28	17.68	5.86	7.21
-1.19	174.53	176.38	13.39	78.72	24.92	28.28
0.27	34.66	35.07	0.92	19.98	6.96	6.16
-0.49	45.74	47.21	6.17	23.65	6.33	9.31
-0.97	94.12	94.10	6.30	35.10	11.63	12.81
-2.55	176.40	173.57	12.74	88.44	25.75	22.86
-0.05	218.33	217.62	10.80	88.56	32.72	43.40
-0.17	69.56	69.46	3.82	34.26	9.85	18.15
-0.36	96.82	96.04	4.96	36.89	16.78	17.42
0.44	35.75	35.78	0.82	11.15	3.89	4.62
0.04	16.19	16.35	1.19	6.26	2.20	3.21
-16.75	113.58	114.44	11.47	55.16	16.53	24.68
1.52	18.54	18.47	0.24	7.89	2.39	3.64
0.01	4.08	4.00	0.13	2.70	0.71	1.25
	1.43	1.43	0.02	0.41	0.18	0.13
1.51	7.05	7.03	0.04	1.68	0.82	0.83
	5.98	6.01	0.05	3.10	0.68	1.43
-6.76	144.54	144.61	7.12	65.11	18.57	38.29
-4.22	14.68	14.79	0.90	8.52	1.69	4.44
-2.43	72.95	73.34	2.38	28.15	9.21	18.13
0.11	4.60	4.60	1.60	3.71	1.01	2.10
-0.22	52.31	51.88	2.25	24.74	6.66	13.62
8.69	402.97	410.92	21.18	185.56	60.68	73.44
0.52	231.40	228.91	9.47	105.16	29.99	28.72
-0.09	7.61	7.49	0.34	3.00	1.06	1.10
45.58	3122.56	3149.34	189.10	1348.55	465.80	489.62
26.00	328.83	324.87	41.47	154.75	45.70	48.99
1.19	123.12	120.78	6.41	60.53	16.43	17.05
14.27	161.65	160.24	19.14	65.28	23.00	24.28
7.16	15.46	16.79	13.54	18.38	3.11	4.84
2.98	5.74	5.99	0.40	2.26	0.79	0.93
0.39	22.08	20.26	1.22	7.21	2.23	1.57
	0.78	0.81	0.77	1.09	0.15	0.31

2-1 续表 50

行 业	销售费用	管理费用	税 金	财务费用	利息收入	利息支出
金属加工机械制造	162.08	279.59	15.29	74.20	6.99	67.95
金属切削机床制造	55.15	101.03	5.61	39.09	2.55	38.05
金属成形机床制造	22.49	44.54	2.37	7.67	1.70	7.95
铸造机械制造	25.13	35.03	2.32	8.04	0.22	6.54
金属切割及焊接设备制造	17.06	30.21	0.66	3.45	1.09	3.88
机床附件制造	14.22	24.88	1.45	5.61	0.64	4.05
其他金属加工机械制造	28.03	43.91	2.89	10.35	0.79	7.49
物料搬运设备制造	233.53	372.74	13.84	58.56	19.00	70.69
轻小型起重设备制造	15.63	25.31	1.99	5.57	0.22	5.46
起重机制造	65.92	115.31	4.93	47.16	5.23	48.02
生产专用车辆制造	15.93	25.16	1.08	1.92	0.88	2.20
连续搬运设备制造	14.67	21.04	1.07	4.40	0.20	3.90
电梯、自动扶梯及升降机制造	111.42	171.66	4.02	-2.79	12.05	8.61
其他物料搬运设备制造	9.96	14.27	0.75	2.30	0.43	2.50
泵、阀门、压缩机及类似机械制造	285.67	467.96	17.74	71.41	10.35	68.19
泵及真空设备制造	84.18	126.67	4.76	18.96	3.03	18.74
气体压缩机械制造	60.38	116.00	3.45	11.48	3.01	11.72
阀门和旋塞制造	84.56	125.40	5.10	25.80	1.72	23.31
液压和气压动力机械及元件制造	56.55	99.89	4.43	15.17	2.59	14.43
轴承、齿轮和传动部件制造	101.28	206.84	11.18	54.49	3.98	49.72
轴承制造	52.49	108.13	5.62	30.85	2.06	26.11
齿轮及齿轮减、变速箱制造	38.05	77.20	4.59	18.96	1.38	19.14
其他传动部件制造	10.74	21.51	0.97	4.68	0.54	4.47
烘炉、风机、衡器、包装等设备制造	204.96	331.42	11.90	47.75	9.18	49.63
烘炉、熔炉及电炉制造	7.93	17.99	0.69	3.09	0.62	3.33
风机、风扇制造	31.18	57.68	2.36	5.78	1.71	6.67
气体、液体分离及纯净设备制造	29.55	49.26	1.59	8.06	0.76	7.15
制冷、空调设备制造	87.79	131.34	4.56	18.51	3.67	19.84
风动和电动工具制造	19.82	33.81	1.22	7.33	1.73	7.94
喷枪及类似器具制造	5.01	6.86	0.40	0.89	0.06	0.78
衡器制造	6.85	10.01	0.31	0.89	0.18	0.93
包装专用设备制造	16.83	24.47	0.77	3.20	0.44	2.99
文化、办公用机械制造	44.72	83.97	3.05	3.83	2.73	5.48
电影机械制造	0.51	1.58	0.04	-0.01	0.09	0.08
幻灯及投影设备制造	2.14	4.82	0.10	0.27	0.06	0.29
照相机及器材制造	4.04	24.55	0.89	0.98	1.05	1.45
复印和胶印设备制造	13.67	24.53	1.37	0.59	0.89	1.38
计算器及货币专用设备制造	21.77	23.48	0.52	1.19	0.55	1.42
其他文化、办公用机械制造	2.58	5.02	0.12	0.82	0.10	0.87

单位：亿元

投资收益（损失以“-”号记）	营业利润	利润总额	亏损企业亏损额	应交增值税	所得税费用	平均用工人数（万人）
-6.67	335.26	343.55	38.83	168.39	50.02	62.77
0.75	71.27	73.86	26.32	48.45	13.15	20.60
0.26	57.26	59.89	2.94	27.47	8.75	9.14
0.06	61.35	61.83	2.33	31.63	6.53	10.37
1.37	40.67	39.98	1.45	12.88	5.27	5.48
0.13	34.88	36.38	2.69	15.84	4.56	6.24
-9.26	69.83	71.61	3.09	32.12	11.76	10.95
12.36	520.14	530.10	12.49	201.24	83.02	56.13
0.87	29.98	30.50	1.21	16.06	3.27	5.70
3.97	150.05	154.09	5.84	65.01	22.49	21.68
1.76	26.74	29.15	2.23	12.20	4.29	3.25
-0.04	25.62	25.69	0.58	11.91	3.34	4.28
5.59	274.27	276.36	1.73	89.35	47.43	18.45
0.21	13.48	14.32	0.91	6.72	2.20	2.77
1.65	624.04	621.09	24.92	265.42	89.43	95.72
2.41	153.72	157.03	6.65	65.63	21.18	25.44
-1.43	131.77	122.63	6.02	53.90	19.92	17.38
0.70	200.82	201.54	4.64	79.16	27.54	31.13
-0.03	137.73	139.88	7.61	66.73	20.78	21.77
2.03	309.32	310.85	23.32	140.55	40.02	56.17
3.38	165.86	171.88	12.36	78.66	17.18	34.04
-1.23	115.93	111.60	9.14	49.73	18.67	16.80
-0.13	27.53	27.37	1.82	12.16	4.17	5.33
8.36	450.45	461.49	19.09	180.81	76.89	63.73
1.32	14.23	17.00	2.09	7.81	2.45	3.01
2.59	61.68	65.09	1.35	31.36	9.75	9.55
3.60	56.28	58.68	3.41	24.68	9.68	8.17
3.73	201.15	203.38	9.63	75.67	34.28	24.01
-3.67	72.28	72.69	0.93	22.65	14.11	10.80
-0.95	6.99	7.02	0.26	3.51	1.20	1.41
0.72	17.40	17.39	0.24	5.13	2.67	2.22
1.02	20.43	20.23	1.18	10.00	2.74	4.57
-3.22	95.67	99.88	8.59	32.02	19.02	25.24
0.15	3.93	4.01	0.54	0.50	0.59	0.19
0.20	4.04	3.76	0.35	1.41	0.62	0.94
0.90	13.88	13.38	4.75	9.66	3.55	9.66
0.47	37.08	37.35	1.26	8.73	8.55	7.66
-4.89	34.94	39.45	0.73	10.50	5.26	5.43
-0.04	1.80	1.93	0.98	1.22	0.45	1.37

2-1 续表 51

行　业	销售费用	管理费用	税　金	财务费用	利息收入	利息支出
通用零部件制造	122.77	248.27	12.56	52.05	3.34	44.55
金属密封件制造	17.76	29.39	1.70	6.42	0.27	5.36
紧固件制造	32.23	59.05	2.96	14.25	1.26	13.80
弹簧制造	8.25	16.04	0.70	2.67	0.16	2.21
机械零部件加工	43.86	97.12	5.12	17.14	1.09	13.06
其他通用零部件制造	20.66	46.66	2.08	11.57	0.56	10.12
其他通用设备制造业	32.29	61.83	3.14	17.56	1.34	15.88
专用设备制造业	1024.32	1820.03	79.75	361.75	68.04	368.76
采矿、冶金、建筑专用设备制造	403.33	684.08	36.45	185.48	42.95	204.18
矿山机械制造	108.81	189.46	11.28	52.89	6.64	51.66
石油钻采专用设备制造	64.93	128.79	5.75	21.92	7.17	29.39
建筑工程用机械制造	161.94	193.07	9.83	67.85	21.74	80.05
海洋工程专用设备制造	12.18	38.48	2.08	9.90	3.75	12.72
建筑材料生产专用机械制造	30.58	49.62	2.88	10.31	1.22	9.90
冶金专用设备制造	24.89	84.66	4.63	22.62	2.44	20.46
化工、木材、非金属加工专用设备制造	116.95	272.04	9.23	46.85	5.61	43.62
炼油、化工生产专用设备制造	20.95	52.74	2.40	13.78	0.78	12.71
橡胶加工专用设备制造	5.98	16.24	0.53	3.34	0.57	3.58
塑料加工专用设备制造	26.48	36.86	1.28	4.27	1.32	4.61
木材加工机械制造	4.52	8.77	0.39	1.86	0.09	1.29
模具制造	55.59	151.10	4.31	22.63	2.75	20.69
其他非金属加工专用设备制造	3.42	6.33	0.32	0.97	0.10	0.75
食品、饮料、烟草及饲料生产专用设备制造	33.65	55.59	2.00	7.85	1.09	6.87
食品、酒、饮料及茶生产专用设备制造	8.64	16.31	0.49	1.82	0.51	1.62
农副食品加工专用设备制造	18.35	24.51	1.02	5.08	0.25	4.27
烟草生产专用设备制造	4.47	11.35	0.30	0.33	0.31	0.54
饲料生产专用设备制造	2.19	3.42	0.19	0.61	0.02	0.44
印刷、制药、日化及日用品生产专用设备制造	48.12	85.49	3.26	8.86	1.82	9.17
制浆和造纸专用设备制造	9.49	16.00	0.87	3.22	0.15	2.74
印刷专用设备制造	17.11	27.46	0.93	2.26	0.70	2.44
日用化工专用设备制造	1.15	2.52	0.15	0.53	0.01	0.43
制药专用设备制造	8.03	13.93	0.44	0.63	0.74	1.24
照明器具生产专用设备制造	1.75	3.43	0.13	0.47	0.03	0.40
玻璃、陶瓷和搪瓷制品生产专用设备制造	7.45	16.02	0.54	1.30	0.18	1.39
其他日用品生产专用设备制造	3.14	6.13	0.21	0.46	0.01	0.52
纺织、服装和皮革加工专用设备制造	43.53	88.37	4.53	15.44	3.68	15.90
纺织专用设备制造	32.19	62.24	3.40	11.70	3.05	11.99
皮革、毛皮及其制品加工专用设备制造	1.29	2.71	0.07	0.43	0.01	0.39
缝制机械制造	9.52	22.55	1.04	3.19	0.61	3.41
洗涤机械制造	0.53	0.87	0.01	0.11		0.11

单位：亿元

投资收益（损失以“−”号记）	营业利润	利润总额	亏损企业亏损额	应交增值税	所得税费用	平均用工人数（万人）
5.41	395.06	386.61	15.70	172.10	51.16	67.31
-0.45	63.89	64.43	0.73	27.80	7.74	6.83
-0.29	81.67	82.64	3.45	40.61	12.13	15.67
0.15	19.38	19.91	0.25	8.86	2.61	4.12
4.73	161.05	150.57	8.24	64.93	18.65	27.99
1.26	69.07	69.05	3.03	29.91	10.03	12.70
-0.33	63.79	70.89	4.68	33.28	10.54	13.55
77.05	2193.42	2261.53	268.26	991.88	323.15	355.02
38.50	776.43	799.70	177.25	406.39	111.44	123.47
-0.15	213.59	216.66	34.30	108.57	27.96	41.03
4.45	241.56	243.57	12.20	96.45	26.23	22.55
39.38	231.31	264.81	21.40	110.81	34.02	29.10
0.02	45.69	30.53	3.75	19.74	5.40	5.59
0.23	87.55	89.76	5.38	39.80	11.41	10.97
-5.44	-43.28	-45.64	100.21	31.01	6.43	14.24
2.99	288.20	293.53	24.48	137.66	45.09	64.18
-0.16	55.85	57.32	6.37	32.82	8.57	9.08
0.28	13.54	13.03	2.40	7.76	2.30	2.66
2.72	45.76	48.75	2.20	16.26	6.78	6.03
-0.74	13.81	13.87	0.46	5.02	1.48	2.15
0.93	151.20	152.46	12.63	71.49	25.17	42.74
-0.05	8.03	8.10	0.42	4.32	0.79	1.52
0.75	85.00	84.21	0.87	31.28	10.40	12.21
0.21	20.01	19.72	0.26	8.24	2.82	3.41
0.25	49.17	47.76	0.27	16.44	5.79	6.57
0.29	8.86	9.70	0.31	3.85	1.07	1.38
	6.96	7.03	0.02	2.74	0.71	0.86
3.81	111.25	114.27	7.20	44.45	13.84	16.55
0.49	24.52	24.73	1.07	12.10	2.45	3.58
0.86	31.37	32.81	2.97	11.78	4.88	5.20
-0.01	3.18	3.15	0.28	1.47	0.58	0.57
0.12	17.75	18.84	0.41	6.84	2.44	2.06
0.01	3.29	3.50	2.22	2.26	0.23	1.09
2.31	22.90	22.94	0.09	7.63	2.22	2.34
0.03	8.25	8.31	0.16	2.36	1.03	1.72
5.76	96.57	102.23	8.73	48.39	18.29	19.60
4.89	71.53	74.97	6.52	36.88	13.83	12.95
0.03	2.96	2.96	0.21	1.73	0.38	0.58
0.84	20.85	22.98	1.92	9.24	3.77	5.85
0.01	1.24	1.32	0.08	0.54	0.31	0.20

2-1 续表 52

行 业	销售费用	管理费用		财务费用		
			税 金		利息收入	利息支出
电子和电工机械专用设备制造	39.04	87.97	3.70	14.87	1.53	13.19
电工机械专用设备制造	15.24	27.26	1.01	4.61	0.76	4.46
电子工业专用设备制造	23.80	60.71	2.69	10.26	0.77	8.73
农、林、牧、渔专用机械制造	81.43	120.03	6.58	24.83	2.49	21.05
拖拉机制造	14.43	33.09	2.03	7.54	0.98	7.20
机械化农业及园艺机具制造	43.99	56.55	2.82	11.62	1.06	9.07
营林及木竹采伐机械制造	0.16	0.44	0.09	0.07		0.05
畜牧机械制造	4.59	4.77	0.18	0.55	0.04	0.39
渔业机械制造	0.37	0.62	0.04	0.12	0.02	0.12
农林牧渔机械配件制造	12.29	15.14	1.07	3.53	0.16	3.01
棉花加工机械制造	0.79	1.63	0.09	0.23	0.03	0.23
其他农、林、牧、渔业机械制造	4.81	7.79	0.27	1.17	0.21	0.98
医疗仪器设备及器械制造	114.31	170.93	4.95	12.54	4.08	13.13
医疗诊断、监护及治疗设备制造	50.19	72.73	1.65	3.33	1.40	3.47
口腔科用设备及器具制造	2.19	3.31	0.06	0.20	0.04	0.20
医疗实验室及医用消毒设备和器具制造	3.59	4.18	0.22	0.41	0.07	0.42
医疗、外科及兽医用器械制造	25.45	43.52	1.80	5.97	1.11	5.68
机械治疗及病房护理设备制造	6.81	10.15	0.33	1.46	0.36	1.50
假肢、人工器官及植(介)入器械制造	10.38	14.39	0.17	-0.01	0.52	0.42
其他医疗设备及器械制造	15.70	22.65	0.71	1.18	0.60	1.44
环保、社会公共服务及其他专用设备制造	143.96	255.53	9.05	45.02	4.80	41.66
环境保护专用设备制造	63.16	121.93	4.96	29.89	2.60	26.23
地质勘查专用设备制造	1.20	4.34	0.20	0.01	0.09	0.09
邮政专用机械及器材制造	0.43	0.64	0.02	0.14	0.01	0.08
商业、饮食、服务专用设备制造	1.50	2.82	0.17	0.24	0.06	0.18
社会公共安全设备及器材制造	17.92	27.51	0.68	2.80	0.39	2.66
交通安全、管制及类似专用设备制造	3.77	5.75	0.49	1.21	0.07	1.02
水资源专用机械制造	6.38	9.89	0.29	1.29	0.08	1.19
其他专用设备制造	49.60	82.66	2.26	9.44	1.50	10.21
汽车制造业	2081.34	3154.95	126.88	247.42	165.83	409.23
汽车整车制造	1389.76	1516.62	65.40	-3.34	124.41	156.92
改装汽车制造	47.89	84.78	4.81	20.86	3.36	20.35
低速载货汽车制造	2.04	7.03	0.32	1.10	0.15	1.43
电车制造	2.37	3.08	0.11	1.05	0.02	0.66
汽车车身、挂车制造	17.93	25.16	1.62	5.99	0.87	6.18
汽车零部件及配件制造	621.35	1518.30	54.62	221.76	37.02	223.67
铁路、船舶、航空航天和其他运输设备制造业	317.38	969.30	49.18	184.45	77.42	210.47
铁路运输设备制造	117.26	293.13	13.09	24.28	7.29	29.59

单位：亿元

投资收益（损失以“-”号记）	营业利润	利润总额	亏损企业亏损额	应交增值税	所得税费用	平均用工人数（万人）
2.49	108.36	113.70	5.20	44.61	15.55	18.31
1.63	32.52	33.08	1.26	12.63	3.26	4.79
0.86	75.84	80.63	3.93	31.98	12.30	13.52
-2.04	153.33	156.71	21.31	58.16	19.84	28.16
-0.19	23.48	25.23	8.37	9.64	3.58	6.67
-2.04	65.76	68.01	10.52	23.66	9.10	12.54
	0.33	0.39		0.26	0.05	0.10
0.01	8.06	8.08	0.61	3.00	1.37	1.08
	1.58	1.57		0.53	0.32	0.22
-0.03	40.93	41.07	1.42	15.99	4.30	5.43
0.01	0.24	0.81	0.18	0.25	0.11	0.27
0.19	12.95	11.55	0.20	4.82	1.01	1.86
18.18	225.82	237.18	7.09	72.24	30.72	29.81
16.21	83.26	88.91	1.18	22.04	11.36	7.71
	2.98	3.11	0.42	1.17	0.36	0.86
-0.46	9.82	9.99	0.37	2.77	0.39	1.01
1.19	72.93	75.41	2.01	25.29	11.02	11.56
-0.53	10.81	11.71	1.51	5.01	1.32	2.15
0.42	19.78	20.38	0.92	6.46	3.21	2.18
1.35	26.23	27.68	0.68	9.49	3.07	4.34
6.61	348.46	360.00	16.15	148.70	57.98	42.73
4.71	189.31	190.17	5.74	85.34	27.80	21.52
0.72	3.93	5.02	0.13	1.49	0.73	0.67
	0.22	0.20	0.20	0.54	0.02	0.12
0.07	2.09	1.99	0.24	1.04	0.28	0.48
1.24	37.89	39.90	1.00	13.64	6.69	4.72
0.15	9.28	9.76	0.17	3.20	1.23	0.91
0.10	12.67	13.21	0.80	5.20	1.85	2.01
-0.38	93.08	99.75	7.87	38.25	19.38	12.31
745.64	6016.95	6158.42	300.62	2206.63	1018.96	477.26
645.77	3603.08	3692.27	177.90	1281.93	633.77	125.47
1.15	118.18	130.70	14.64	59.98	14.57	18.84
	7.54	7.84	0.99	0.75	1.36	1.46
0.03	7.48	7.57	0.26	2.78	0.77	1.36
0.37	67.99	58.59	1.38	26.32	7.34	7.13
98.32	2212.67	2261.45	105.46	834.87	361.16	323.00
40.98	1032.73	1079.27	148.51	476.53	165.48	193.32
15.55	335.91	348.00	21.66	141.77	44.72	35.83

2-1 续表 53

行　　业	销售费用	管理费用	税　金	财务费用	利息收入	利息支出
铁路机车车辆及动车组制造	47.66	128.27	4.23	8.36	4.67	11.26
窄轨机车车辆制造	0.61	1.12	0.08	0.26		0.24
铁路机车车辆配件制造	38.98	91.39	5.68	8.62	1.45	10.48
铁路专用设备及器材、配件制造	26.43	57.41	2.46	5.23	1.04	5.73
其他铁路运输设备制造	3.57	14.93	0.64	1.82	0.12	1.88
城市轨道交通设备制造	3.14	8.33	0.38	0.42	0.53	0.76
船舶及相关装置制造	46.31	252.27	13.93	85.54	52.94	102.04
金属船舶制造	24.38	199.36	10.92	70.95	51.86	88.31
非金属船舶制造	1.99	3.70	0.33	0.66	0.02	0.37
娱乐船和运动船制造	1.54	2.95	0.08	0.49	0.01	0.41
船用配套设备制造	15.99	39.76	2.21	8.17	0.70	8.32
船舶改装与拆除	2.35	6.41	0.38	5.24	0.35	4.62
航标器材及其他相关装置制造	0.06	0.09		0.03		
航空、航天器及设备制造	32.37	200.17	8.45	36.09	7.54	39.31
飞机制造	23.55	149.42	7.86	29.47	5.42	31.32
航天器制造	1.20	18.09	0.15	1.27	0.88	2.03
航空、航天相关设备制造	5.33	25.81	0.34	2.88	1.10	3.36
其他航空航天器制造	2.29	6.86	0.10	2.47	0.14	2.60
摩托车制造	71.32	155.08	10.52	27.68	7.13	28.46
摩托车整车制造	35.39	85.75	7.13	10.36	4.97	11.25
摩托车零部件及配件制造	35.94	69.34	3.39	17.32	2.16	17.21
自行车制造	39.79	49.32	2.24	8.64	1.81	8.60
脚踏自行车及残疾人座车制造	15.23	24.06	0.88	3.99	1.07	4.50
助动自行车制造	24.56	25.26	1.36	4.65	0.75	4.10
非公路休闲车及零配件制造	3.50	4.79	0.23	0.45	0.10	0.51
潜水救捞及其他未列明运输设备制造	3.69	6.20	0.34	1.35	0.08	1.20
潜水及水下救捞装备制造	0.38	1.15	0.03	0.19		0.16
其他未列明运输设备制造	3.31	5.05	0.31	1.16	0.08	1.04
电气机械和器材制造业	2355.86	2840.21	127.57	605.56	122.00	612.30
电机制造	198.51	365.91	13.88	81.70	14.67	79.49
发电机及发电机组制造	103.39	167.03	6.91	45.03	10.70	44.87
电动机制造	48.26	94.03	3.29	20.95	1.48	19.47
微电机及其他电机制造	46.86	104.85	3.67	15.72	2.48	15.16
输配电及控制设备制造	544.78	911.26	32.99	231.15	34.67	220.74
变压器、整流器和电感器制造	150.87	212.11	9.39	49.95	15.15	59.24
电容器及其配套设备制造	9.37	16.05	0.60	3.17	0.43	2.99
配电开关控制设备制造	218.55	326.55	11.50	51.76	7.74	51.01
电力电子元器件制造	47.62	109.75	2.73	14.38	1.49	13.10
光伏设备及元器件制造	59.32	153.46	5.29	95.01	6.76	77.43
其他输配电及控制设备制造	59.04	93.34	3.47	16.89	3.10	16.98

单位：亿元

投资收益（损失以“-”号记）	营业利润	利润总额	亏损企业亏损额	应交增值税	所得税费用	平均用工人数（万人）
5.52	118.32	122.01	10.95	53.50	18.50	12.47
0.02	1.61	1.69	0.12	0.60	0.09	0.31
9.60	132.06	138.49	4.91	48.59	14.04	12.13
0.31	81.81	83.21	1.56	34.54	11.37	7.40
0.10	2.12	2.60	4.11	4.55	0.73	3.51
0.01	7.11	7.69	1.02	4.92	1.43	1.00
23.53	230.13	254.67	101.77	140.56	56.67	57.22
22.28	152.38	175.20	89.70	100.34	44.12	42.33
0.01	6.39	6.28	0.02	2.25	0.36	0.89
0.01	2.42	2.84	0.55	1.15	0.35	0.69
0.61	46.62	48.39	7.13	23.96	9.05	10.10
0.63	22.18	21.81	4.36	12.76	2.77	3.16
	0.14	0.15		0.11	0.02	0.04
-3.52	153.67	153.09	9.33	52.08	19.49	35.07
-6.71	107.67	104.99	7.65	37.79	14.06	26.97
2.12	14.67	15.79		0.89	1.80	2.68
1.47	19.59	23.19	1.68	10.10	2.42	4.51
-0.40	11.74	9.13		3.30	1.20	0.91
4.10	193.25	200.98	7.34	86.64	27.84	38.81
3.70	83.54	88.10	4.32	36.68	12.73	11.86
0.41	109.71	112.88	3.01	49.95	15.11	26.95
1.70	83.72	85.57	5.61	36.63	9.72	20.88
0.83	27.92	30.08	2.72	14.67	4.67	11.88
0.88	55.80	55.49	2.89	21.96	5.05	9.00
0.07	17.18	17.24	0.57	7.23	4.65	2.11
-0.48	11.75	12.02	1.21	6.71	0.96	2.40
-0.57	1.02	1.11		0.72	0.13	0.41
0.09	10.73	10.91	1.21	5.99	0.83	1.99
105.61	4134.27	4162.98	318.33	1858.38	586.32	637.82
9.52	515.84	516.59	31.61	230.32	75.52	79.31
2.50	227.74	227.17	21.98	114.72	33.94	24.31
3.86	118.06	118.42	6.24	52.91	15.90	21.84
3.16	170.04	171.00	3.39	62.69	25.68	33.16
36.50	1190.54	1245.87	186.05	593.67	190.56	180.11
13.68	180.62	174.78	115.91	124.36	36.38	44.55
0.13	28.55	28.95	0.82	10.30	2.64	4.25
20.06	476.07	487.77	13.13	227.33	77.61	55.40
-0.17	122.95	127.34	10.48	48.85	17.72	32.40
-8.26	200.35	253.31	39.36	107.60	26.08	27.17
11.06	182.00	173.71	6.35	75.22	30.13	16.35

2-1 续表 54

行 业	销售费用	管理费用	税 金	财务费用	利息收入	利息支出
电线、电缆、光缆及电工器材制造	320.70	455.89	23.38	163.37	14.46	152.66
电线、电缆制造	267.54	356.30	19.73	135.00	10.92	123.27
光纤、光缆制造	28.66	51.39	1.85	20.63	2.90	22.54
绝缘制品制造	15.32	30.41	1.02	4.77	0.60	4.44
其他电工器材制造	9.19	17.79	0.78	2.96	0.04	2.41
电池制造	91.25	174.64	7.72	44.78	5.49	44.22
锂离子电池制造	29.13	83.98	2.92	15.94	2.72	16.00
镍氢电池制造	8.15	14.99	0.64	3.58	0.41	2.97
其他电池制造	53.97	75.66	4.16	25.26	2.36	25.25
家用电力器具制造	1012.84	619.38	39.17	39.17	46.11	70.90
家用制冷电器具制造	258.73	164.38	12.79	18.26	6.99	19.34
家用空气调节器制造	519.09	192.27	16.50	-9.39	30.31	18.86
家用通风电器具制造	25.43	25.93	0.80	2.44	1.06	3.27
家用厨房电器具制造	79.79	81.54	2.95	9.93	2.56	10.01
家用清洁卫生电器具制造	90.32	64.71	3.49	2.76	2.99	5.22
家用美容、保健电器具制造	7.45	19.88	0.37	1.02	0.56	1.33
家用电力器具专用配件制造	14.54	38.40	1.24	8.55	1.04	7.54
其他家用电力器具制造	17.50	32.26	1.03	5.61	0.60	5.33
非电力家用器具制造	49.81	50.07	2.10	11.83	1.84	12.70
燃气、太阳能及类似能源家用器具制造	46.78	44.68	1.76	10.75	1.27	9.53
其他非电力家用器具制造	3.03	5.39	0.34	1.08	0.58	3.17
照明器具制造	120.91	218.83	7.16	29.39	4.23	27.93
电光源制造	30.76	57.85	1.89	7.28	0.91	6.19
照明灯具制造	81.97	141.04	4.60	20.21	3.08	19.82
灯用电器附件及其他照明器具制造	8.18	19.93	0.68	1.90	0.24	1.92
其他电气机械及器材制造	17.06	44.24	1.16	4.18	0.53	3.66
电气信号设备装置制造	7.85	14.69	0.64	1.54	0.09	1.42
其他未列明电气机械及器材制造	9.20	29.55	0.52	2.63	0.44	2.23
计算机、通信和其他电子设备制造业	1862.26	3807.76	110.15	236.84	250.72	405.50
计算机制造	269.15	504.30	13.04	-9.37	91.30	76.85
计算机整机制造	166.93	231.05	4.50	-7.56	68.82	54.53
计算机零部件制造	31.52	124.72	4.26	-3.35	13.07	10.39
计算机外围设备制造	38.87	78.88	2.99	-1.49	5.63	7.04
其他计算机制造	31.83	69.65	1.29	3.03	3.78	4.89
通信设备制造	773.01	1328.98	25.32	60.67	75.95	84.44
通信系统设备制造	533.85	950.94	10.24	64.37	42.83	55.49
通信终端设备制造	239.16	378.05	15.08	-3.70	33.12	28.95

单位：亿元

投资收益（损失以"-"号记）	营业利润	利润总额	亏损企业亏损额	应交增值税	所得税费用	平均用工人数（万人）
-18.32	885.70	840.89	29.15	343.92	102.71	98.26
-27.06	703.13	658.41	22.66	263.67	74.85	77.58
9.88	112.39	111.98	3.88	54.79	19.20	8.31
-0.35	33.89	35.55	2.19	15.74	5.19	7.96
-0.79	36.29	34.94	0.43	9.73	3.47	4.40
4.56	196.27	195.64	26.95	102.53	25.27	53.14
2.13	77.01	81.57	16.45	35.48	9.83	25.77
1.10	22.40	15.43	2.36	11.76	2.05	5.52
1.33	96.85	98.65	8.13	55.29	13.39	21.86
62.69	948.60	964.84	19.51	433.35	145.26	140.17
-8.19	202.08	216.86	4.64	94.41	45.67	24.41
62.77	442.81	444.83	2.11	199.31	59.13	32.13
0.42	19.99	20.90	2.27	14.54	3.66	9.07
5.07	107.61	106.48	4.19	40.76	13.08	30.99
-2.46	89.84	89.30	2.68	41.42	11.92	11.77
0.64	17.65	17.91	0.55	6.87	2.57	7.87
4.21	37.85	38.52	0.96	22.57	4.86	10.47
0.23	30.76	30.03	2.12	13.46	4.35	13.45
1.78	76.94	78.88	5.35	32.93	9.73	13.63
1.78	71.55	72.61	4.80	29.65	8.90	11.00
0.01	5.39	6.27	0.56	3.27	0.83	2.63
9.16	286.37	285.33	16.57	105.52	32.96	66.09
2.00	87.59	84.31	3.63	27.24	8.54	18.53
7.01	180.22	182.62	11.11	71.05	22.22	39.94
0.14	18.55	18.40	1.83	7.24	2.20	7.62
-0.28	34.02	34.95	3.14	16.14	4.31	7.11
-0.37	13.50	14.06	0.77	5.82	1.88	2.79
0.09	20.52	20.88	2.37	10.32	2.43	4.32
165.97	3976.63	4282.57	306.16	1735.97	611.22	906.59
16.50	812.98	812.35	34.16	255.42	95.15	172.72
-3.32	425.98	421.99	4.93	147.45	28.62	68.61
-1.62	175.53	172.30	10.98	52.78	25.08	60.41
28.16	147.41	152.93	10.82	31.22	27.94	29.58
-6.71	64.06	65.14	7.43	23.98	13.50	14.11
71.10	927.87	1046.25	44.95	723.88	158.97	158.56
52.75	570.62	655.03	11.25	405.29	86.48	61.29
18.35	357.25	391.22	33.69	318.59	72.49	97.28

2-1　续表 55

行　业	销售费用	管理费用	税　金	财务费用	利息收入	利息支出
广播电视设备制造	50.56	94.42	2.60	14.19	2.16	13.95
广播电视节目制作及发射设备制造	4.69	6.15	0.12	1.70	0.14	1.74
广播电视接收设备及器材制造	27.74	58.51	1.70	8.24	1.05	8.02
应用电视设备及其他广播电视设备制造	18.12	29.76	0.78	4.25	0.97	4.20
雷达及配套设备制造	9.44	34.66	0.61	3.47	2.22	4.94
视听设备制造	233.54	282.02	13.44	20.36	7.89	24.62
电视机制造	181.11	133.74	8.99	10.74	3.99	12.97
音响设备制造	21.64	65.52	2.53	4.59	1.16	4.04
影视录放设备制造	30.78	82.76	1.92	5.03	2.74	7.61
电子器件制造	201.94	678.56	23.80	63.51	35.96	102.56
电子真空器件制造	5.54	13.64	0.83	3.94	0.09	3.51
半导体分立器件制造	15.03	53.47	1.61	5.70	4.07	9.04
集成电路制造	32.03	191.73	4.95	9.28	8.40	19.41
光电子器件及其他电子器件制造	149.34	419.71	16.41	44.59	23.41	70.60
电子元件制造	243.17	685.55	26.40	65.41	29.65	83.86
电子元件及组件制造	198.06	531.72	20.00	53.92	18.96	63.91
印制电路板制造	45.11	153.83	6.41	11.49	10.69	19.95
其他电子设备制造	81.46	199.26	4.93	18.59	5.58	14.28
仪器仪表制造业	306.32	563.56	16.13	58.56	14.75	63.48
通用仪器仪表制造	203.68	337.66	9.54	38.48	8.09	40.79
工业自动控制系统装置制造	118.68	200.38	5.65	25.06	5.05	27.16
电工仪器仪表制造	31.54	46.31	1.31	5.87	1.46	6.04
绘图、计算及测量仪器制造	7.96	13.13	0.51	1.87	0.18	1.53
实验分析仪器制造	16.19	28.10	0.66	0.87	0.28	1.12
试验机制造	5.90	10.69	0.28	0.59	0.04	0.66
供应用仪表及其他通用仪器制造	23.41	39.04	1.13	4.23	1.08	4.27
专用仪器仪表制造	62.20	131.06	4.20	12.78	3.78	13.92
环境监测专用仪器仪表制造	9.29	11.63	0.39	1.40	1.17	2.18
运输设备及生产用计数仪表制造	15.47	42.16	1.30	4.95	0.61	4.54
导航、气象及海洋专用仪器制造	3.13	13.27	1.15	1.19	0.25	1.17
农林牧渔专用仪器仪表制造	0.54	1.83	0.01	0.18	0.05	0.22
地质勘探和地震专用仪器制造	3.40	9.36	0.25	1.29	0.24	1.28
教学专用仪器制造	2.81	3.54	0.10	0.42	0.02	0.39
核子及核辐射测量仪器制造	0.49	2.12	0.03	0.06	0.05	0.12
电子测量仪器制造	15.54	26.99	0.56	1.15	0.71	1.75
其他专用仪器制造	11.52	20.15	0.41	2.15	0.68	2.27
钟表与计时仪器制造	14.79	21.82	0.48	1.71	0.66	2.04
光学仪器及眼镜制造	20.26	63.09	1.50	4.33	2.05	5.50
光学仪器制造	10.29	44.05	1.01	2.10	1.70	3.41
眼镜制造	9.97	19.04	0.49	2.23	0.35	2.08

单位：亿元

投资收益（损失以“-”号记）	营业利润	利润总额	亏损企业亏损额	应交增值税	所得税费用	平均用工人数（万人）
0.69	102.73	107.96	10.14	33.78	14.95	21.74
0.03	2.57	3.07	1.83	1.79	0.62	1.02
1.16	67.70	69.88	5.66	21.84	9.74	15.78
-0.50	32.46	35.01	2.65	10.15	4.59	4.94
1.11	25.66	29.26	0.57	4.78	4.08	4.79
35.92	265.17	293.83	28.66	113.59	42.38	69.59
33.67	162.91	189.27	2.37	60.18	22.63	23.06
0.63	50.63	51.31	3.05	27.22	7.79	24.91
1.62	51.64	53.25	23.24	26.19	11.97	21.62
10.21	712.02	847.19	106.23	200.51	116.62	168.34
1.41	8.54	13.15	5.12	5.57	2.88	2.97
3.80	39.20	42.80	11.21	13.69	8.79	13.02
-0.57	163.70	217.88	30.34	48.53	25.99	29.03
5.57	500.59	573.36	59.55	132.71	78.96	123.31
25.56	870.07	870.30	67.42	308.59	140.70	258.36
22.67	688.22	689.63	47.82	252.72	113.00	197.12
2.88	181.85	180.66	19.61	55.87	27.69	61.24
4.87	260.13	275.43	14.03	95.42	38.37	52.49
22.04	686.85	720.76	23.84	278.31	105.25	106.93
22.13	448.22	469.90	12.89	181.96	69.04	52.91
14.79	282.29	296.09	8.88	113.60	45.04	28.50
2.13	47.53	51.42	2.01	22.29	7.01	7.88
-0.57	20.45	21.43	0.54	7.73	2.90	3.92
1.42	26.77	28.08	0.62	10.92	4.58	3.64
0.18	10.65	11.12	0.13	4.44	1.30	1.46
4.19	60.53	61.76	0.70	22.98	8.20	7.52
1.61	149.44	154.74	3.76	63.21	23.12	19.05
0.24	16.53	16.77	0.36	8.52	1.79	2.05
0.25	47.51	47.89	1.54	18.60	8.25	5.79
0.28	6.60	7.19	0.87	2.93	1.09	1.94
-0.29	2.44	2.45	0.07	1.05	0.43	0.31
0.10	15.99	16.61	0.14	6.72	2.45	1.70
0.01	4.83	4.66	0.06	2.09	0.64	0.80
0.51	0.65	1.29		0.29	0.09	0.22
0.19	30.30	31.81	0.43	12.50	5.74	3.30
0.33	24.60	26.07	0.30	10.48	2.63	2.94
-1.61	25.62	26.60	1.13	8.07	3.52	11.46
0.02	51.50	56.34	5.68	18.80	7.24	20.76
0.47	28.93	33.86	4.72	11.23	3.81	11.20
-0.45	22.57	22.48	0.96	7.57	3.43	9.56

2-1 续表 56

行　业	销售费用	管理费用		财务费用		
			税　金		利息收入	利息支出
其他仪器仪表制造业	5.39	9.92	0.40	1.26	0.16	1.24
其他制造业	64.17	129.02	4.80	20.69	3.72	20.72
日用杂品制造	36.83	56.77	2.77	11.09	1.33	9.76
鬃毛加工、制刷及清扫工具制造	10.83	13.17	0.67	2.72	0.10	2.37
其他日用杂品制造	26.00	43.60	2.10	8.37	1.23	7.39
煤制品制造	5.02	6.56	0.50	2.19	0.08	2.04
废弃资源综合利用业	35.40	76.45	4.39	26.65	2.15	22.97
金属废料和碎屑加工处理	21.24	53.82	3.48	20.59	1.70	18.13
非金属废料和碎屑加工处理	14.16	22.63	0.91	6.05	0.45	4.84
金属制品、机械和设备修理业	12.26	62.84	2.76	11.18	8.93	18.86
金属制品修理	1.21	2.53	0.11	0.55	0.01	0.51
通用设备修理	0.59	2.50	0.06	0.17	0.02	0.14
专用设备修理	1.80	4.77	0.14	0.50	0.07	0.53
铁路、船舶、航空航天等运输设备修理	6.56	46.24	2.26	9.40	8.62	17.21
铁路运输设备修理	1.04	4.98	0.61	0.86	0.02	0.94
船舶修理	3.72	14.99	0.60	6.29	0.73	6.43
航空航天器修理	1.69	22.94	0.96	2.76	7.87	10.36
其他运输设备修理	0.11	3.34	0.09	-0.52		-0.52
电气设备修理	0.42	2.01	0.05	0.08	0.01	0.09
仪器仪表修理	0.12	0.33	0.01	0.02		0.01
其他机械和设备修理业	1.56	4.46	0.14	0.48	0.20	0.37
电力、热力、燃气及水生产和供应业	**387.30**	**1454.59**	**88.28**	**2484.73**	**133.87**	**2522.14**
电力、热力生产和供应业	152.40	1088.07	68.35	2341.40	107.26	2357.48
电力生产	39.38	500.07	50.20	1758.52	72.81	1773.42
火力发电	18.25	337.87	42.90	866.09	35.06	877.23
水力发电	10.75	99.38	4.53	581.95	14.44	581.83
核力发电	0.73	16.26	1.01	62.51	1.20	68.17
风力发电	5.88	22.32	1.32	184.19	5.37	175.17
太阳能发电	0.87	7.55	-1.06	36.54	15.63	47.26
其他电力生产	2.89	16.69	1.50	27.24	1.10	23.76
电力供应	94.74	404.67	11.84	523.98	29.97	526.27
热力生产和供应	18.27	183.33	6.31	58.91	4.48	57.79
燃气生产和供应业	134.38	177.97	8.54	53.52	12.91	61.95
水的生产和供应业	100.52	188.55	11.38	89.81	13.71	102.72
自来水生产和供应	94.94	160.30	9.79	62.19	10.64	74.94
污水处理及其再生利用	4.59	25.46	1.52	17.88	1.56	16.91
其他水的处理、利用与分配	0.99	2.79	0.07	9.74	1.51	10.87

单位：亿元

投资收益（损失以“-”号记）	营业利润	利润总额	亏损企业亏损额	应交增值税	所得税费用	平均用工人数（万人）
-0.11	12.07	13.17	0.39	6.27	2.35	2.74
4.11	147.36	156.27	10.04	72.21	19.46	43.58
0.26	81.02	81.31	1.69	47.49	11.30	28.00
-1.06	25.41	25.56	0.40	15.43	3.81	6.57
1.31	55.60	55.76	1.29	32.06	7.49	21.44
0.02	10.05	9.50	1.50	5.76	0.81	1.50
-5.17	188.22	198.71	29.93	128.28	14.02	17.88
-6.88	149.77	156.87	27.87	106.34	10.15	12.31
1.70	38.44	41.83	2.07	21.94	3.87	5.57
2.12	33.55	36.61	12.42	23.16	5.33	15.35
	4.36	3.60	0.12	2.66	0.59	0.77
0.04	1.66	1.73	0.31	1.33	0.32	1.16
0.02	5.16	5.72	0.11	2.44	0.67	1.19
2.11	17.73	21.27	11.49	12.74	2.97	10.39
-0.02	1.07	1.17	0.10	1.63	0.26	1.13
0.74	-1.23	-0.13	10.38	7.13	0.82	6.02
0.97	15.34	17.26	1.01	3.80	1.85	2.96
0.42	2.54	2.97		0.18	0.04	0.27
0.01	1.41	0.86	0.24	1.66	0.16	0.83
	0.09	0.11		0.15	0.01	0.06
-0.06	3.15	3.31	0.15	2.18	0.62	0.96
593.43	**4450.99**	**4816.85**	**579.49**	**2700.12**	**872.43**	**350.35**
523.84	3953.07	4235.81	481.39	2533.54	756.98	284.00
189.54	2876.96	3063.48	318.38	1295.33	542.48	100.69
137.38	1949.42	1994.11	215.87	858.69	416.33	70.41
29.30	610.67	697.42	67.57	332.26	92.99	22.29
3.14	115.40	148.94		52.34	17.72	0.92
17.46	140.53	151.02	21.92	36.06	9.40	2.83
0.11	37.92	38.89	3.84	3.14	0.78	0.72
2.15	23.03	33.09	9.19	12.83	5.27	3.51
322.50	1109.82	1122.70	112.91	1210.42	198.07	158.82
11.81	-33.72	49.64	50.10	27.79	16.44	24.49
50.16	397.47	429.82	42.69	110.92	81.17	25.82
19.43	100.46	151.22	55.41	55.66	34.27	40.53
17.39	20.33	65.92	48.26	49.04	18.34	36.37
2.04	65.89	71.04	5.76	6.03	12.30	3.84
	14.24	14.26	1.39	0.59	3.63	0.32

2-2 国有控股工业企业

行 业	企业单位数（个）	工业销售产值（当年价格）	出口交货值	资产总计	固定资产合计
总 计	**18808**	**244458.39**	**9313.99**	**371308.84**	**164827.72**
采矿业	**1699**	**28700.48**	**70.69**	**66702.65**	**33038.88**
煤炭开采和洗选业	955	13340.42	16.02	37113.43	15210.10
烟煤和无烟煤开采洗选	905	12780.15	16.02	35723.83	14632.65
褐煤开采洗选	47	551.54		1314.60	538.07
其他煤炭采选	3	8.73		75.00	39.37
石油和天然气开采业	79	10230.50	29.83	19064.81	14503.18
石油开采	56	9851.06	29.83	17655.08	13633.08
天然气开采	23	379.44		1409.73	870.10
黑色金属矿采选业	159	1262.52		4721.41	1208.28
铁矿采选	144	1236.27		4667.48	1196.41
锰矿、铬矿采选	11	8.56		39.00	6.71
其他黑色金属矿采选	4	17.69		14.92	5.17
有色金属矿采选业	266	1857.71	2.08	2378.15	954.13
常用有色金属矿采选	121	701.03	1.99	1085.49	448.58
贵金属矿采选	85	941.50		923.99	333.52
稀有稀土金属矿采选	60	215.17	0.09	368.68	172.04
非金属矿采选业	204	541.57	3.66	1150.41	349.30
土砂石开采	98	212.36		155.26	62.99
化学矿开采	35	89.04		253.57	62.98
采盐	49	184.98	1.84	662.17	206.61
石棉及其他非金属矿采选	22	55.19	1.82	79.41	16.73
开采辅助活动	35	1466.67	19.10	2272.35	812.94
石油和天然气开采辅助活动	35	1466.67	19.10	2272.35	812.94
制造业	**11679**	**159572.07**	**9166.69**	**193249.90**	**60682.69**
农副食品加工业	654	3402.59	61.00	2527.76	617.66
谷物磨制	232	578.32	0.56	386.21	128.91
饲料加工	67	176.95		92.16	29.87
植物油加工	84	1536.53	8.21	1115.75	186.36
制糖业	49	162.18	0.01	270.17	96.34
屠宰及肉类加工	138	620.50	9.81	386.37	87.26
水产品加工	21	88.07	36.15	56.82	18.20
蔬菜、水果和坚果加工	28	85.16	2.38	60.73	28.36
其他农副食品加工	35	154.87	3.88	159.55	42.37
食品制造业	298	1068.96	47.42	1231.24	303.15
焙烤食品制造	29	29.14	0.33	18.18	7.41
方便食品制造	34	60.81	2.28	32.56	10.29
乳制品制造	76	585.94		715.00	146.39

主要经济指标(大、中类行业)

单位：亿元

固定资产原价	累计折旧	流动资产合计	应收账款	存货	产成品	负债合计
255218.27	**104050.68**	**131827.32**	**24270.87**	**32852.09**	**9278.55**	**230132.08**
51502.73	**22989.24**	**18622.12**	**3269.06**	**2468.32**	**941.27**	**39288.71**
19455.87	8006.98	12349.95	2046.58	1545.25	647.33	24888.75
18643.94	7684.06	11987.16	1941.18	1503.18	632.26	23941.88
772.25	316.44	340.56	105.07	41.57	14.91	881.78
39.68	6.47	22.23	0.34	0.49	0.15	65.09
26908.84	13183.89	2457.92	217.33	254.65	92.67	8477.93
25999.80	12980.34	2206.86	173.73	235.60	91.76	7643.21
909.04	203.55	251.06	43.60	19.05	0.92	834.72
1628.54	533.41	1502.22	287.28	176.82	61.86	2753.10
1618.65	529.83	1486.02	284.59	173.05	58.78	2727.84
6.31	3.03	11.22	1.74	1.72	1.47	12.92
3.58	0.55	4.98	0.95	2.05	1.60	12.34
1192.79	372.89	697.77	89.39	221.22	93.98	1374.19
583.13	171.64	299.54	57.24	91.27	39.18	591.52
423.32	145.36	294.11	17.07	90.28	31.95	553.65
186.33	55.89	104.12	15.08	39.67	22.85	229.02
450.35	150.68	461.82	44.54	78.80	35.79	540.68
81.68	22.36	56.96	11.78	9.29	6.29	80.93
85.08	30.42	100.38	10.31	33.14	10.98	160.87
257.24	86.35	282.83	20.70	29.15	15.76	271.53
26.34	11.55	21.65	1.75	7.22	2.76	27.34
1865.22	741.21	1152.10	583.91	191.41	9.60	1252.93
1865.22	741.21	1152.10	583.91	191.41	9.60	1252.93
94588.80	**38873.17**	**96390.21**	**18041.31**	**29046.20**	**8223.73**	**119501.95**
989.87	441.21	1665.43	126.19	548.89	270.49	1745.92
181.03	80.78	226.26	23.35	114.33	46.55	252.55
37.70	11.44	55.54	10.20	12.31	2.93	43.58
261.56	90.25	824.29	41.06	259.62	116.61	867.65
164.95	72.51	137.18	10.28	42.51	31.92	189.55
120.46	44.01	244.88	18.44	52.03	32.65	225.99
32.65	16.16	34.56	5.07	17.68	9.55	33.85
43.72	18.03	29.09	4.13	10.90	3.78	31.59
147.80	108.03	113.64	13.67	39.52	26.51	101.15
538.96	246.35	601.72	114.88	128.21	64.34	694.63
11.04	3.65	9.34	2.96	1.39	0.44	9.76
15.29	7.15	19.16	4.69	4.52	2.35	23.45
268.45	124.59	362.76	71.10	59.41	27.07	370.66

2-2 续表 1

行 业	企业单位数（个）	工业销售产值（当年价格）	出口交货值	资产总计	固定资产合计
罐头食品制造	30	58.61	17.10	76.14	27.29
调味品、发酵制品制造	37	101.51	12.53	169.40	40.64
其他食品制造	90	227.09	15.04	208.14	70.95
酒、饮料和精制茶制造业	275	2348.12	57.16	3654.48	821.88
酒的制造	190	2129.07	49.08	3499.57	791.21
饮料制造	50	184.32	7.64	133.80	22.73
精制茶加工	35	34.74	0.44	21.12	7.94
烟草制品业	103	9051.35	36.45	8385.85	1267.72
烟叶复烤	36	156.06		323.97	91.85
卷烟制造	51	8820.11	30.07	7988.58	1152.79
其他烟草制品制造	16	75.18	6.38	73.31	23.08
纺织业	221	698.83	133.42	1107.53	383.09
棉纺织及印染精加工	125	439.39	74.82	799.76	288.96
毛纺织及染整精加工	26	89.41	7.58	64.03	16.41
麻纺织及染整精加工	10	8.65	1.71	11.38	2.86
丝绢纺织及印染精加工	12	45.05	1.41	61.84	8.49
化纤织造及印染精加工	3	7.87	1.96	9.74	4.49
针织或钩针编织物及其制品制造	17	50.57	19.98	47.02	16.53
家用纺织制成品制造	7	4.42	2.11	3.00	0.37
非家用纺织制成品制造	21	53.46	23.84	110.74	44.98
纺织服装、服饰业	168	182.89	20.15	273.02	60.72
机织服装制造	140	160.29	18.41	237.60	51.51
针织或钩针编织服装制造	18	17.44	1.31	29.83	7.41
服饰制造	10	5.15	0.43	5.58	1.80
皮革、毛皮、羽毛及其制品和制鞋业	29	77.32	1.47	53.74	9.49
毛皮鞣制及制品加工	3	4.99	0.32	6.19	0.61
制鞋业	21	68.21	1.15	46.62	8.50
木材加工和木、竹、藤、棕、草制品业	108	218.79	18.45	238.73	89.35
木材加工	30	44.84	1.38	48.41	16.44
人造板制造	55	137.76	0.14	156.02	65.20
木制品制造	20	34.17	15.99	32.95	7.27
竹、藤、棕、草等制品制造	3	2.02	0.94	1.35	0.43
家具制造业	19	89.63	13.94	98.10	10.09
木质家具制造	11	9.25	1.95	8.99	1.52
金属家具制造	4	74.46	11.99	80.78	7.22
其他家具制造	3	4.66		7.43	0.56
造纸和纸制品业	113	719.76	35.96	1667.35	644.93
纸浆制造	8	42.68		140.88	78.53
造纸	65	631.74	30.58	1481.32	548.74
纸制品制造	40	45.35	5.38	45.15	17.66

单位：亿元

固定资产原价	累计折旧	流动资产合计	应收账款	存货	产成品	负债合计
52.28	24.09	43.29	6.32	22.65	16.63	75.75
67.21	27.17	63.24	6.27	18.54	7.75	79.16
124.17	59.30	97.58	20.13	21.18	9.81	134.81
1170.57	446.42	2249.19	125.46	691.87	169.37	1285.73
1122.89	427.28	2148.71	116.75	662.73	150.36	1185.79
35.61	13.63	89.95	6.82	24.94	17.22	90.84
12.07	5.51	10.53	1.89	4.20	1.79	9.10
2470.49	1302.79	5755.75	324.73	3846.14	297.53	1784.24
164.51	78.06	202.64	15.80	56.15	53.00	43.45
2271.76	1211.85	5505.86	296.10	3771.53	233.06	1714.62
34.22	12.88	47.25	12.83	18.46	11.47	26.17
584.32	239.66	559.95	66.44	169.05	87.77	674.65
441.83	173.57	403.28	36.23	124.20	67.41	502.14
30.85	14.96	30.76	6.61	12.65	6.07	37.60
5.15	2.45	6.89	0.60	3.48	1.63	4.55
11.46	4.32	34.66	3.28	7.98	2.45	31.86
7.27	2.91	4.54	1.55	1.65	0.82	2.94
25.85	10.37	25.02	6.11	7.33	2.83	25.07
0.58	0.22	2.24	0.24	1.36	0.57	2.76
61.33	30.85	52.56	11.81	10.41	6.00	67.75
93.91	41.57	190.31	19.44	40.71	18.41	139.93
81.60	34.89	166.18	16.61	37.56	16.70	125.20
9.48	5.48	20.51	2.22	2.95	1.68	12.52
2.84	1.19	3.63	0.62	0.20	0.03	2.21
21.36	12.78	34.06	2.88	14.59	9.86	25.07
1.24	0.63	3.75	1.20	1.37	0.73	3.33
19.60	11.94	29.76	1.66	12.85	8.86	21.31
167.36	82.29	114.35	18.33	38.05	21.68	167.76
25.39	9.87	26.54	4.65	6.07	4.63	31.63
114.31	51.14	67.23	9.60	24.28	12.85	114.18
26.97	20.91	20.06	3.94	7.59	4.17	21.64
0.70	0.37	0.52	0.13	0.11	0.03	0.31
17.33	7.41	58.52	28.95	8.60	4.43	59.35
2.58	1.22	6.68	1.00	3.06	1.58	5.60
12.30	5.08	47.98	27.43	3.62	1.13	50.08
1.12	0.57	3.79	0.52	1.91	1.72	3.01
1069.88	460.52	730.81	113.10	178.76	56.74	1115.11
116.92	45.27	33.64	2.56	13.28	4.68	111.65
926.11	404.54	673.69	104.08	158.42	48.81	979.50
26.85	10.71	23.48	6.46	7.06	3.25	23.96

2-2 续表 2

行　　业	企业单位数（个）	工业销售产值（当年价格）	出口交货值	资产总计	固定资产合计
印刷和记录媒介复制业	310	493.76	11.04	709.19	247.01
印刷	296	482.19	9.46	690.95	241.37
装订及印刷相关服务	5	3.41		4.74	0.91
记录媒介复制	9	8.16	1.58	13.49	4.72
文教、工美、体育和娱乐用品制造业	79	432.15	14.93	262.11	34.71
文教办公用品制造	13	10.04	1.86	13.10	2.17
乐器制造	7	24.36	2.72	40.42	8.12
工艺美术品制造	47	385.92	9.47	199.57	22.01
体育用品制造	7	7.03	0.62	4.52	1.54
游艺器材及娱乐用品制造	3	2.87		3.26	0.52
石油加工、炼焦和核燃料加工业	224	27097.84	380.12	13395.91	6381.98
精炼石油产品制造	153	25898.07	359.89	11362.53	5490.89
炼焦	68	1072.21	20.23	1804.63	739.91
化学原料和化学制品制造业	1176	12479.99	585.76	19341.59	9609.39
基础化学原料制造	353	5339.59	202.78	6842.90	3798.94
肥料制造	205	2724.68	102.90	5864.24	2732.56
农药制造	42	422.15	111.22	446.16	152.57
涂料、油墨、颜料及类似产品制造	76	181.68	13.62	240.46	85.49
合成材料制造	145	1809.76	61.63	3694.66	1930.83
专用化学产品制造	218	1590.69	80.92	1609.43	698.65
炸药、火工及焰火产品制造	102	300.37	6.07	522.46	187.18
日用化学产品制造	35	111.07	6.63	121.29	23.17
医药制造业	416	1942.38	166.05	3499.93	912.57
化学药品原料药制造	70	436.09	110.63	873.35	283.48
化学药品制剂制造	105	543.07	32.42	989.68	263.54
中药饮片加工	38	80.13	0.34	97.53	18.58
中成药生产	138	565.32	4.99	1029.00	199.09
兽用药品制造	14	20.41	0.06	31.11	12.23
生物药品制造	42	220.24	8.67	431.59	118.41
卫生材料及医药用品制造	9	77.13	8.95	47.66	17.25
化学纤维制造业	44	453.58	45.10	673.95	288.77
纤维素纤维原料及纤维制造	26	331.99	34.64	433.03	187.38
合成纤维制造	18	121.60	10.46	240.92	101.39
橡胶和塑料制品业	271	1244.36	237.19	1539.36	475.65
橡胶制品业	74	766.73	207.06	1004.99	324.98
塑料制品业	197	477.63	30.13	534.37	150.67

单位：亿元

固定资产原价	累计折旧	流动资产合计	应收账款	存货	产成品	负债合计
551.79	312.83	377.84	87.51	76.56	30.82	242.51
535.55	302.86	366.26	83.69	74.65	30.16	235.93
3.36	2.43	3.76	0.63	0.32	0.13	1.17
12.88	7.54	7.82	3.19	1.59	0.52	5.41
53.06	22.70	194.48	21.89	95.39	57.82	154.81
2.93	0.98	9.61	1.84	2.49	0.93	6.97
14.51	6.38	20.02	3.69	9.92	3.08	14.32
31.22	13.24	159.08	14.54	80.90	53.01	129.76
2.47	1.01	2.88	0.74	1.22	0.69	1.72
1.34	0.82	2.17	0.92	0.74	0.10	1.76
11244.98	5124.80	4505.50	445.04	2214.64	581.38	8367.06
10075.19	4735.96	3797.15	323.96	2012.75	486.63	6698.46
992.85	316.72	642.11	118.33	161.65	71.40	1488.74
13763.89	4931.93	5857.99	749.17	1478.50	571.19	13066.63
5783.17	2256.95	1911.94	228.84	472.88	170.13	4369.79
3828.14	1368.67	1814.01	136.22	440.53	171.40	4270.80
238.46	95.02	207.22	33.53	70.62	25.80	270.11
127.75	53.35	98.17	24.32	25.87	12.22	135.64
2555.14	787.96	921.18	142.11	195.03	73.87	2635.00
925.39	251.64	606.88	129.90	220.38	93.51	1060.03
253.55	90.02	216.63	37.81	38.46	17.03	250.52
52.28	28.31	81.96	16.45	14.73	7.22	74.73
1314.58	498.35	1848.05	330.06	448.57	157.75	1614.55
385.05	146.84	378.97	61.69	88.58	38.98	437.05
409.76	165.25	529.70	110.30	109.82	39.89	483.20
27.90	9.56	61.39	27.83	17.95	6.59	41.65
297.25	116.64	640.47	73.50	174.91	50.13	437.55
16.09	4.80	13.62	2.94	3.69	1.43	12.10
149.74	43.70	196.15	45.08	46.77	15.03	189.22
28.80	11.55	27.74	8.72	6.86	5.69	13.79
509.72	243.89	267.18	21.38	86.49	38.36	394.04
314.11	148.45	191.93	13.62	66.59	24.71	261.85
195.61	95.44	75.25	7.76	19.90	13.65	132.19
754.88	331.35	798.93	157.81	245.62	136.22	918.16
495.50	205.55	496.18	93.92	142.97	91.37	640.46
259.38	125.80	302.75	63.89	102.65	44.85	277.70

2-2 续表 3

行 业	企业单位数（个）	工业销售产值（当年价格）	出口交货值	资产总计	固定资产合计
非金属矿物制品业	1510	5045.85	104.29	8795.10	3682.80
水泥、石灰和石膏制造	659	3192.21	13.34	5791.20	2812.22
石膏、水泥制品及类似制品制造	473	906.47	0.21	1217.60	236.63
砖瓦、石材等建筑材料制造	116	169.30	4.88	227.56	62.13
玻璃制造	23	57.02	1.52	151.46	59.76
玻璃制品制造	42	105.06	10.39	229.05	85.32
玻璃纤维和玻璃纤维增强塑料制品制造	29	213.61	44.65	512.77	231.90
陶瓷制品制造	42	59.78	9.47	136.51	32.61
耐火材料制品制造	46	132.79	6.14	151.64	30.41
石墨及其他非金属矿物制品制造	80	209.62	13.68	377.30	131.82
黑色金属冶炼和压延加工业	390	20244.46	1472.92	33717.75	13144.94
炼铁	19	749.81	2.48	1283.97	388.82
炼钢	14	3304.35	243.37	6256.92	2066.29
黑色金属铸造	63	187.57	3.20	193.80	69.28
钢压延加工	245	15766.28	1219.25	25661.27	10496.87
铁合金冶炼	49	236.45	4.62	321.80	123.67
有色金属冶炼和压延加工业	509	11696.55	305.25	14101.86	5045.60
常用有色金属冶炼	154	6538.97	163.80	9505.97	3642.72
贵金属冶炼	82	1307.31	0.02	1047.48	231.95
稀有稀土金属冶炼	53	486.98	31.98	622.79	111.78
有色金属合金制造	56	567.09	37.02	737.81	332.27
有色金属铸造	7	36.67	2.39	39.51	13.10
有色金属压延加工	157	2759.54	70.04	2148.30	713.77
金属制品业	473	2131.61	176.14	3177.90	935.85
结构性金属制品制造	183	556.50	31.68	837.53	188.70
金属工具制造	26	70.88	11.64	107.10	35.91
集装箱及金属包装容器制造	61	313.54	70.69	344.60	130.14
金属丝绳及其制品制造	26	118.66	5.34	297.78	79.36
建筑、安全用金属制品制造	14	46.62		78.43	13.44
金属表面处理及热处理加工	22	73.72	2.10	87.87	19.22
金属制日用品制造	6	39.12	4.28	5.30	1.18
其他金属制品制造	134	912.35	50.41	1418.36	467.58
通用设备制造业	758	4779.22	312.61	8770.65	1679.21
锅炉及原动设备制造	132	1472.80	87.04	2819.24	481.27
金属加工机械制造	129	604.07	21.93	1275.91	296.72
物料搬运设备制造	82	971.06	57.90	1579.03	257.88
泵、阀门、压缩机及类似机械制造	124	583.69	70.95	865.76	197.09
轴承、齿轮和传动部件制造	65	263.07	18.83	413.59	114.71

单位：亿元

固定资产原价	累计折旧	流动资产合计	应收账款	存货	产成品	负债合计
5208.24	1746.58	3687.74	873.69	627.66	226.69	5559.93
3922.43	1256.95	2057.72	258.17	349.16	86.91	3659.13
362.16	135.61	812.89	411.63	80.99	39.75	813.97
92.61	34.53	133.38	35.09	17.59	8.52	134.82
93.72	33.52	56.40	9.36	18.40	10.65	98.47
125.07	44.52	96.16	20.41	22.77	13.20	129.53
324.10	129.68	185.33	44.93	31.05	16.43	315.27
48.66	16.98	64.86	13.31	17.65	9.85	79.89
47.84	19.55	93.30	29.99	20.33	11.84	107.12
191.65	75.24	187.70	50.81	69.71	29.54	221.73
22122.36	9672.05	11916.63	1053.94	4049.63	1243.47	23167.46
567.33	194.06	368.00	45.54	104.82	13.39	880.30
3769.13	1733.50	2274.92	165.22	887.92	402.73	4342.08
109.51	47.98	111.83	37.57	35.59	14.12	140.37
17453.08	7595.29	9036.82	780.90	2975.93	791.80	17569.21
223.31	101.23	125.06	24.71	45.38	21.44	235.49
7296.94	2673.75	6407.00	720.99	2416.40	616.61	9619.48
5427.97	2061.16	4296.21	383.15	1795.17	389.56	6933.94
256.66	95.33	440.36	41.35	95.23	11.76	605.91
174.44	62.29	370.83	59.45	122.21	75.63	263.67
431.48	107.03	290.25	70.03	108.50	34.62	447.42
22.37	9.44	19.03	5.48	8.13	3.90	27.36
984.00	338.50	990.32	161.53	287.16	101.14	1341.18
1195.81	447.52	1831.88	477.27	550.48	217.03	1939.46
236.15	75.53	497.46	182.17	159.08	53.07	565.32
69.54	35.24	61.10	15.92	24.38	11.93	55.04
190.23	59.99	180.47	53.71	43.20	11.75	170.09
57.67	17.13	194.86	27.55	80.79	71.32	221.34
23.28	10.16	60.39	13.76	10.44	4.31	47.33
27.06	8.98	46.32	10.32	8.13	3.51	52.95
2.29	1.12	3.84	0.53	1.19	0.17	2.06
588.73	238.85	786.88	173.19	223.04	60.81	824.75
2415.87	973.72	5843.78	1948.59	1695.62	516.05	5687.05
740.72	294.29	2036.99	630.57	670.56	88.78	1956.18
383.17	158.57	758.64	198.48	260.80	79.64	856.12
367.56	152.03	1017.97	412.11	252.34	147.66	1055.98
279.57	116.25	571.84	221.99	137.89	60.03	485.00
178.05	76.29	216.31	71.85	75.78	37.43	229.58

2-2 续表 4

行业	企业单位数（个）	工业销售产值（当年价格）	出口交货值	资产总计	固定资产合计
烘炉、风机、衡器、包装等设备制造	93	531.21	35.15	850.08	122.23
文化、办公用机械制造	15	49.08	7.07	104.13	12.51
通用零部件制造	83	164.60	8.16	309.91	82.48
其他通用设备制造业	35	139.64	5.59	552.99	114.32
专用设备制造业	718	4835.32	568.06	8848.67	1742.39
采矿、冶金、建筑专用设备制造	351	3607.00	516.88	6866.67	1353.70
化工、木材、非金属加工专用设备制造	65	230.89	11.92	491.43	119.04
食品、饮料、烟草及饲料生产专用设备制造	22	67.53	0.50	98.03	19.06
印刷、制药、日化及日用品生产专用设备制造	28	45.04	1.62	94.26	27.75
纺织、服装和皮革加工专用设备制造	33	76.76	13.76	183.22	37.24
电子和电工机械专用设备制造	34	183.03	2.76	208.39	39.07
农、林、牧、渔专用机械制造	47	213.88	9.37	310.47	64.71
医疗仪器设备及器械制造	23	51.11	3.10	135.44	19.80
环保、社会公共服务及其他专用设备制造	115	360.07	8.15	460.77	62.00
汽车制造业	699	27407.57	613.87	24825.99	5461.18
汽车整车制造	152	23732.05	475.12	20960.19	4541.61
改装汽车制造	105	463.45	36.44	518.07	135.79
低速载货汽车制造	3	13.62		18.06	5.58
汽车车身、挂车制造	13	136.37	5.85	68.50	28.53
汽车零部件及配件制造	426	3062.09	96.45	3261.17	749.68
铁路、船舶、航空航天和其他运输设备制造业	505	7283.38	1220.48	11815.55	2578.94
铁路运输设备制造	159	2662.88	119.97	3238.48	657.78
城市轨道交通设备制造	14	74.37	0.37	123.56	26.22
船舶及相关装置制造	133	2268.43	886.46	4270.78	986.01
航空、航天器及设备制造	148	1977.58	159.85	3893.23	842.19
摩托车制造	36	276.24	50.67	243.78	56.84
自行车制造	5	8.75	2.80	15.05	1.03
潜水救捞及其他未列明运输设备制造	8	14.65	0.36	30.14	8.85
电气机械和器材制造业	582	5168.69	403.45	7481.32	1145.91
电机制造	112	1184.27	45.53	2131.83	298.23
输配电及控制设备制造	250	1527.38	79.67	2318.79	461.35
电线、电缆、光缆及电工器材制造	86	690.65	21.95	558.38	115.85
电池制造	44	193.16	24.03	260.63	84.75
家用电力器具制造	30	1365.12	221.68	1862.29	120.32
非电力家用器具制造	13	78.77	3.36	238.90	42.10
照明器具制造	31	106.24	7.23	83.00	20.81
其他电气机械及器材制造	16	23.11		27.49	2.50

单位：亿元

固定资产原价	累计折旧	流动资产合计	应收账款	存货	产成品	负债合计
166.16	67.98	587.58	203.14	126.65	47.35	553.99
16.98	7.14	82.51	18.83	24.18	18.39	52.57
133.94	56.37	193.39	49.11	59.61	22.59	187.52
149.72	44.79	378.54	142.50	87.81	14.18	310.11
2409.59	931.35	6016.02	2375.30	1537.15	494.88	5803.81
1826.10	702.09	4780.06	1995.73	1169.69	379.77	4649.27
171.21	57.45	292.43	109.61	87.51	20.07	304.74
31.19	14.77	68.67	11.85	30.03	8.08	29.61
40.67	20.23	47.61	12.09	16.46	3.54	55.67
52.81	23.09	120.14	21.02	36.58	11.85	113.20
63.38	25.28	106.40	30.73	26.87	11.28	131.59
102.74	41.56	177.54	44.43	42.53	17.55	188.98
27.45	11.25	73.84	18.83	26.59	8.59	57.76
94.03	35.65	349.32	131.01	100.89	34.13	272.99
8488.27	3677.79	14075.60	2297.26	2484.27	1089.53	14282.01
6995.51	3055.46	11740.81	1578.78	1978.63	848.91	11844.42
193.38	68.98	308.02	82.07	86.14	27.55	392.31
8.69	3.32	10.94	3.59	3.55	1.74	14.23
39.95	13.61	35.21	11.50	9.90	2.91	36.48
1250.73	536.42	1980.62	621.33	406.05	208.42	1994.57
3556.87	1345.89	7446.54	1605.18	2298.61	236.59	7979.81
874.98	328.47	2122.79	727.52	683.37	119.48	2096.18
33.94	8.01	81.96	39.01	14.97	3.04	75.74
1326.72	436.00	2746.68	309.92	762.60	20.59	3195.26
1188.46	510.99	2336.62	482.22	802.01	82.21	2438.85
121.19	60.70	134.81	40.09	31.56	10.08	145.83
1.51	0.49	7.91	1.17	1.26	0.11	6.12
10.04	1.21	15.23	4.97	2.65	1.06	21.12
1804.77	799.04	5425.68	1773.99	1100.86	444.71	5258.34
391.23	161.88	1587.18	638.91	445.47	100.83	1541.51
713.00	314.34	1620.92	774.54	324.62	131.89	1585.87
268.39	126.46	377.19	160.39	92.79	45.76	349.26
105.60	36.60	141.93	40.29	45.22	28.13	154.15
245.57	128.81	1530.80	109.76	156.70	123.26	1431.67
43.79	14.22	95.43	21.37	14.95	5.95	128.95
34.46	15.74	47.67	17.50	13.51	8.04	47.12
2.73	0.98	24.55	11.22	7.59	0.85	19.83

2-2 续表 5

行　　业	企业单位数(个)	工业销售产　值(当年价格)	出口交货值	资产总计	固定资产合　计
计算机、通信和其他电子设备制造业	596	7245.80	2031.65	10183.25	2396.86
计算机制造	47	777.54	186.12	905.82	125.51
通信设备制造	124	2197.75	698.08	2592.75	308.21
广播电视设备制造	21	47.11	1.94	81.62	13.96
雷达及配套设备制造	28	348.89	48.00	525.33	109.83
视听设备制造	32	1635.80	304.50	1617.00	166.82
电子器件制造	179	1757.96	660.67	3743.71	1535.93
电子元件制造	138	395.29	129.36	532.22	112.50
其他电子设备制造	27	85.46	2.98	184.80	24.11
仪器仪表制造业	235	796.27	22.82	1252.02	216.33
通用仪器仪表制造	134	504.00	11.78	716.54	62.38
专用仪器仪表制造	61	149.78	1.25	256.21	69.27
钟表与计时仪器制造	4	11.15	0.11	10.61	0.76
光学仪器及眼镜制造	31	127.37	9.65	237.19	80.85
其他仪器仪表制造业	5	3.97	0.03	31.47	3.08
其他制造业	63	427.91	14.56	868.18	280.70
日用杂品制造	5	1.44		2.42	0.39
煤制品制造	5	20.06		32.85	14.97
废弃资源综合利用业	50	220.21	0.44	136.72	28.54
金属废料和碎屑加工处理	30	199.12		105.66	16.30
非金属废料和碎屑加工处理	20	21.09	0.44	31.06	12.24
金属制品、机械和设备修理业	83	286.89	54.55	615.09	185.31
金属制品修理	3	1.01		1.55	0.49
通用设备修理	10	9.98		7.61	1.58
专用设备修理	9	13.28		17.27	4.31
铁路、船舶、航空航天等运输设备修理	46	246.74	54.55	564.73	172.71
电气设备修理	10	6.87		12.61	3.59
其他机械和设备修理业	4	8.29		11.15	2.61
电力、热力、燃气及水生产和供应业	**5430**	**56185.84**	**76.61**	**111356.29**	**71106.15**
电力、热力生产和供应业	4147	52654.34	65.33	100872.16	66135.74
电力生产	2300	15645.79	53.12	52421.63	37089.10
电力供应	1436	36159.20	9.94	45332.73	27449.97
热力生产和供应	411	849.35	2.26	3117.80	1596.67
燃气生产和供应业	374	2418.24	9.16	3403.74	1591.84
水的生产和供应业	909	1113.27	2.12	7080.39	3378.57
自来水生产和供应	797	952.03	2.12	6018.56	2927.03
污水处理及其再生利用	108	159.70		1042.02	439.69
其他水的处理、利用与分配	4	1.53		19.82	11.85

单位：亿元

固定资产原价	累计折旧	流动资产合计	应收账款	存货		负债合计
					产成品	
3725.22	1451.17	6127.60	1638.07	1460.93	463.80	5995.41
187.72	66.20	552.73	116.42	100.22	40.69	492.83
543.76	241.51	1891.30	627.30	505.68	146.19	1687.65
19.79	6.72	57.30	21.24	20.92	3.44	43.92
154.21	55.99	347.73	80.63	126.18	11.35	331.70
344.32	183.47	1167.74	231.60	351.14	118.65	1060.34
2221.84	778.73	1659.52	417.28	258.04	105.02	1959.78
216.34	105.07	337.15	98.00	69.02	31.04	308.12
37.23	13.48	114.13	45.59	29.74	7.42	111.06
332.98	140.56	865.88	337.53	198.71	51.14	693.94
111.70	53.75	555.72	243.18	122.02	22.99	402.02
103.30	38.56	156.31	52.51	44.15	18.56	133.71
1.35	0.59	9.69	2.00	4.95	2.15	4.13
111.62	45.72	129.09	38.06	26.12	7.34	134.89
5.00	1.94	15.07	1.79	1.48	0.09	19.19
396.57	161.79	512.99	68.78	229.53	38.81	592.94
0.73	0.34	1.92	0.24	0.14	0.05	0.81
36.11	13.61	9.30	1.95	3.77	1.26	27.05
40.27	12.07	76.31	35.56	9.07	3.05	93.67
21.89	5.86	66.58	34.12	8.02	2.63	75.87
18.38	6.21	9.73	1.44	1.05	0.42	17.80
278.09	93.02	346.49	81.91	76.64	7.21	378.49
0.94	0.45	0.99	0.20	0.64	0.11	1.50
3.71	2.13	5.62	1.95	1.48	0.68	3.52
8.10	3.79	11.74	3.98	2.22	0.13	8.85
253.65	81.13	312.18	70.56	69.15	5.99	351.70
7.19	3.65	7.92	3.69	1.19	0.03	9.00
4.40	1.79	7.88	1.40	1.96	0.27	3.77
109126.73	**42188.27**	**16814.99**	**2960.51**	**1337.56**	**113.55**	**71341.43**
102193.30	39822.58	13551.66	2656.79	1166.11	90.66	65368.75
53599.01	17384.81	6962.67	1984.08	921.86	67.05	36659.45
46420.75	21700.47	5497.00	555.08	150.08	18.76	26481.79
2173.54	737.29	1091.99	117.63	94.17	4.85	2227.52
2000.15	507.80	1069.25	121.52	104.84	15.82	1902.05
4933.28	1857.90	2194.08	182.21	66.62	7.07	4070.63
4338.49	1685.71	1847.90	146.49	63.82	6.50	3530.38
580.72	169.76	339.88	32.26	2.72	0.51	527.03
14.07	2.42	6.30	3.45	0.08	0.06	13.22

2-2 续表 6

行业	流动负债合计	应付账款	所有者权益合计	实收资本	国家资本
总计	**151557.21**	**41249.02**	**141476.81**	**67132.27**	**37857.17**
采矿业	**23437.44**	**5935.48**	**27368.75**	**13301.04**	**9069.86**
煤炭开采和洗选业	15176.03	3087.54	12192.54	4330.98	2503.57
烟煤和无烟煤开采洗选	14544.06	2989.94	11711.92	4083.42	2384.41
褐煤开采洗选	599.66	93.13	470.71	239.19	118.36
其他煤炭采选	32.31	4.46	9.91	8.37	0.80
石油和天然气开采业	4006.47	1762.51	10585.00	6421.55	4898.36
石油开采	3556.30	1637.14	10010.35	6012.80	4787.47
天然气开采	450.17	125.37	574.64	408.76	110.89
黑色金属矿采选业	1682.57	310.30	1958.15	918.71	779.31
铁矿采选	1661.24	308.75	1929.65	908.07	775.56
锰矿、铬矿采选	11.49	0.82	25.92	8.05	3.75
其他黑色金属矿采选	9.83	0.73	2.58	2.58	
有色金属矿采选业	991.77	144.86	1003.92	405.40	213.47
常用有色金属矿采选	414.46	60.33	494.03	232.90	126.27
贵金属矿采选	430.65	63.50	370.24	88.31	59.51
稀有稀土金属矿采选	146.66	21.04	139.64	84.19	27.68
非金属矿采选业	378.12	50.83	609.45	184.17	104.16
土砂石开采	64.69	11.07	74.36	31.71	14.19
化学矿开采	114.44	16.70	92.63	53.51	29.02
采盐	178.86	19.01	390.41	93.31	58.05
石棉及其他非金属矿采选	20.13	4.06	52.05	5.63	2.90
开采辅助活动	1201.34	579.30	1018.75	1040.14	570.99
石油和天然气开采辅助活动	1201.34	579.30	1018.75	1040.14	570.99
制造业	**95110.21**	**27117.79**	**73934.52**	**34030.36**	**16021.25**
农副食品加工业	1553.77	249.37	783.51	380.54	139.44
谷物磨制	214.11	22.27	130.02	76.17	22.17
饲料加工	31.35	7.45	47.85	17.07	3.98
植物油加工	804.63	157.07	255.61	140.16	60.66
制糖业	159.19	23.95	80.38	40.01	16.05
屠宰及肉类加工	192.08	15.25	160.27	56.26	12.45
水产品加工	30.14	4.10	22.33	8.79	2.82
蔬菜、水果和坚果加工	27.77	4.69	28.76	11.56	4.75
其他农副食品加工	94.50	14.59	58.30	30.52	16.55
食品制造业	605.83	133.56	535.61	233.56	66.80
焙烤食品制造	8.72	1.81	8.38	4.96	1.39
方便食品制造	21.55	4.05	9.07	13.46	6.88
乳制品制造	348.39	87.60	343.91	111.17	23.88

单位：亿元

集体资本	法人资本	个人资本	港澳台资本	外商资本	主营业务收入	主营业务成本	主营业务税金及附加
852.93	**24049.44**	**1911.56**	**513.39**	**1867.55**	**262692.28**	**217409.68**	**11640.58**
137.74	**4032.52**	**208.54**	**7.75**	**30.77**	**33403.88**	**24318.74**	**1721.59**
114.89	1507.11	177.47	4.00	19.44	17734.60	14812.29	234.71
114.73	1384.92	171.92	4.00	18.95	17188.30	14396.07	221.40
0.16	114.63	5.55		0.49	537.60	406.97	13.08
	7.57				8.70	9.26	0.23
0.04	1717.06	0.04			9973.94	4659.66	1405.00
0.04	1419.20	0.03			9639.74	4468.27	1393.84
	297.86	0.01			334.20	191.39	11.16
2.69	124.67	12.04			1503.73	1232.06	21.01
2.69	121.56	8.27			1475.53	1211.29	20.42
	0.52	3.77			10.51	7.80	0.20
	2.58				17.69	12.97	0.38
11.53	152.19	10.03	3.70	9.79	1885.83	1555.51	19.48
4.67	87.65	4.56	3.70	5.98	682.40	521.36	10.91
2.20	21.77	1.22		3.56	981.14	848.42	4.73
4.65	42.77	4.25		0.24	222.29	185.73	3.84
8.60	63.40	8.02	0.05	1.34	530.08	387.74	15.92
1.27	12.48	3.76			206.68	160.67	5.62
	24.17	1.17	0.05	0.50	83.71	53.91	3.42
7.17	25.24	2.09		0.77	184.92	136.94	5.27
0.15	1.51	1.00		0.07	54.76	36.21	1.61
0.01	467.99	0.94		0.20	1774.76	1670.91	25.47
0.01	467.99	0.94		0.20	1774.76	1670.91	25.47
556.85	**13987.71**	**1460.97**	**306.39**	**1478.71**	**172353.10**	**142894.03**	**9643.62**
6.75	183.60	31.38	6.14	12.39	3624.39	3353.20	26.86
1.68	37.90	12.77	0.21	1.34	625.91	577.55	1.94
0.12	11.40	0.98	0.16	0.43	179.36	160.24	0.50
2.31	63.07	2.77	1.71	8.89	1683.87	1620.52	10.86
1.57	16.40	5.98		0.01	186.89	173.40	0.62
0.29	39.01	4.22	0.08	0.21	615.53	537.95	11.02
0.18	3.94	1.03		0.82	88.64	78.53	0.45
0.13	4.91	1.77			85.12	69.10	0.55
0.46	6.97	1.87	3.98	0.69	159.07	135.92	0.93
10.35	100.28	45.05	2.35	8.72	1213.82	947.99	7.28
0.05	2.59	0.53	0.15	0.25	28.39	20.99	0.22
0.01	3.84	0.29	0.65	1.79	60.87	48.71	0.37
8.22	35.76	38.00		5.30	691.74	528.54	3.53

2-2 续表 7

行 业	流动负债合计	应付账款	所有者权益合计	实收资本	国家资本
罐头食品制造	70.54	7.15	0.39	25.36	6.35
调味品、发酵制品制造	58.66	9.94	89.74	20.53	12.04
其他食品制造	96.93	22.28	73.33	49.91	16.19
酒、饮料和精制茶制造业	1079.81	218.53	2363.56	542.74	314.50
酒的制造	988.72	207.79	2309.19	356.64	153.63
饮料制造	84.30	8.73	42.93	182.71	159.10
精制茶加工	6.79	2.01	11.45	3.40	1.77
烟草制品业	1765.20	771.44	6580.42	999.58	344.95
烟叶复烤	41.13	11.03	279.67	188.28	73.96
卷烟制造	1698.57	751.65	6253.61	790.37	257.60
其他烟草制品制造	25.51	8.77	47.14	20.93	13.39
纺织业	513.00	70.37	442.67	203.70	101.86
棉纺织及印染精加工	367.79	55.55	308.43	154.09	70.01
毛纺织及染整精加工	31.34	6.03	26.44	14.36	8.12
麻纺织及染整精加工	3.45	0.60	6.39	5.42	4.30
丝绢纺织及印染精加工	23.27	0.92	29.99	3.06	1.74
化纤织造及印染精加工	2.57	0.61	6.80	1.26	0.48
针织或钩针编织物及其制品制造	19.96	1.73	21.95	4.51	0.77
家用纺织制成品制造	2.66	0.77	0.25	0.28	0.13
非家用纺织制成品制造	61.96	4.15	42.42	20.71	16.29
纺织服装、服饰业	117.81	21.21	132.13	49.45	20.37
机织服装制造	106.10	19.04	111.69	38.10	14.54
针织或钩针编织服装制造	9.80	1.93	17.31	9.33	4.00
服饰制造	1.90	0.24	3.13	2.02	1.83
皮革、毛皮、羽毛及其制品和制鞋业	18.10	5.35	28.66	6.90	3.63
毛皮鞣制及制品加工	2.29	0.06	2.87	0.92	0.81
制鞋业	15.55	5.27	25.30	5.64	2.76
木材加工和木、竹、藤、棕、草制品业	109.99	17.62	69.56	42.84	17.00
木材加工	24.16	4.33	16.63	6.76	4.32
人造板制造	70.08	9.80	40.72	28.86	8.61
木制品制造	15.54	3.42	11.17	6.74	3.90
竹、藤、棕、草等制品制造	0.20	0.07	1.04	0.49	0.17
家具制造业	55.89	28.17	37.98	15.43	4.66
木质家具制造	5.46	1.04	3.39	2.50	0.63
金属家具制造	47.92	26.77	29.92	9.79	3.70
其他家具制造	1.87	0.36	4.41	3.07	0.32
造纸和纸制品业	779.57	137.48	543.22	369.55	195.68
纸浆制造	61.62	9.00	26.00	41.72	1.64
造纸	697.35	122.95	496.16	316.24	189.49
纸制品制造	20.60	5.53	21.06	11.60	4.55

单位：亿元

集体资本	法人资本	个人资本	港澳台资本	外商资本	主营业务收入	主营业务成本	主营业务税金及附加
0.21	18.41	0.14	0.12	0.12	68.26	57.61	0.26
0.63	5.92	1.93	0.02		118.71	97.97	1.05
1.22	25.67	4.16	1.41	1.25	239.99	189.89	1.77
7.95	154.63	47.92	3.60	11.15	2617.60	1643.46	148.82
7.74	132.56	45.62	3.60	10.52	2405.77	1488.41	146.58
0.20	21.08	1.74	0.01	0.58	176.69	126.04	2.00
0.01	0.99	0.56		0.05	35.14	29.01	0.24
0.35	653.75	0.10		0.42	8895.79	2351.58	4833.75
	113.82	0.07		0.42	176.25	120.90	3.00
0.30	532.48				8646.38	2178.44	4829.67
0.05	7.45	0.03			73.16	52.24	1.07
1.70	69.71	22.70	3.64	2.99	878.11	814.05	3.15
1.00	56.19	20.49	3.55	2.85	535.86	503.62	1.74
0.05	5.68	0.40	0.10		91.78	81.87	0.32
0.12	0.03	0.97			8.60	7.79	0.10
0.32	0.89	0.12			48.52	44.19	0.45
0.12	0.63	0.03			8.27	7.34	0.05
0.08	3.15	0.43		0.08	57.49	50.89	0.20
0.01	0.13	0.01		0.01	4.60	4.07	0.06
	3.01	0.25		0.06	123.00	114.29	0.24
0.24	27.20	0.53	0.99	0.12	187.19	141.74	1.38
0.06	21.93	0.50	0.99	0.07	165.28	124.32	1.17
0.16	5.09	0.04		0.04	16.88	14.21	0.13
0.02	0.18				5.02	3.21	0.08
0.12	3.03	0.11	0.01		87.32	76.39	0.43
		0.11			7.05	6.13	
0.10	2.77		0.01		75.94	66.43	0.39
0.42	19.73	4.78	0.11		211.61	184.45	1.48
	1.34	0.30			45.46	38.78	0.27
0.42	16.42	3.40			129.72	112.72	1.02
	1.65	1.08	0.11		34.45	31.39	0.18
	0.32				1.98	1.56	0.02
	6.50	0.23	2.20	1.84	80.99	61.30	0.27
	1.53			0.34	9.49	7.99	0.08
	2.35	0.04	2.20	1.50	65.57	49.01	0.17
	2.63	0.12			4.67	3.24	0.02
2.71	119.02	23.31	0.31	28.52	729.74	643.98	2.53
	40.08				41.81	37.72	0.11
2.51	72.87	23.08	0.12	28.17	641.44	567.32	2.11
0.21	6.07	0.23	0.19	0.34	46.49	38.94	0.31

2-2 续表 8

行　　业	流动负债合　计	应付账款	所有者权益合计	实收资本	国家资本
印刷和记录媒介复制业	214.26	68.63	465.94	248.83	120.14
印刷	208.19	67.15	454.29	241.86	119.03
装订及印刷相关服务	1.17	0.32	3.57	0.77	0.70
记录媒介复制	4.90	1.16	8.08	6.20	0.41
文教、工美、体育和娱乐用品制造业	139.16	52.12	107.30	54.71	34.47
文教办公用品制造	6.91	1.05	6.13	3.79	1.55
乐器制造	8.55	4.14	26.10	18.33	12.34
工艺美术品制造	119.96	45.77	69.82	29.43	19.02
体育用品制造	1.71	0.44	2.81	1.60	0.77
游艺器材及娱乐用品制造	1.75	0.71	1.50	1.25	0.79
石油加工、炼焦和核燃料加工业	6568.99	1706.81	5013.78	3847.67	2307.69
精炼石油产品制造	5379.35	1433.19	4661.76	3435.08	2104.10
炼焦	1119.82	244.56	303.23	373.31	164.30
化学原料和化学制品制造业	8907.83	1727.11	6214.30	4172.74	1859.07
基础化学原料制造	3077.19	613.96	2458.65	1692.19	595.19
肥料制造	2916.39	475.39	1581.93	982.58	501.20
农药制造	224.03	49.09	176.03	61.48	19.94
涂料、油墨、颜料及类似产品制造	109.18	21.55	104.34	56.28	28.31
合成材料制造	1444.73	355.17	1043.70	880.95	454.91
专用化学产品制造	889.88	147.18	538.33	381.82	203.22
炸药、火工及焰火产品制造	175.02	43.96	264.77	85.95	43.52
日用化学产品制造	71.41	20.81	46.56	31.48	12.78
医药制造业	1274.80	305.68	1882.52	646.59	203.69
化学药品原料药制造	292.84	64.30	435.74	120.22	43.88
化学药品制剂制造	433.41	115.58	506.26	225.90	60.62
中药饮片加工	33.25	14.30	55.49	16.35	4.78
中成药生产	347.08	82.79	589.77	163.70	45.14
兽用药品制造	9.30	1.07	19.01	8.67	2.96
生物药品制造	145.28	16.62	242.37	105.53	44.58
卫生材料及医药用品制造	13.65	11.03	33.87	6.23	1.73
化学纤维制造业	312.07	49.45	278.95	140.67	42.14
纤维素纤维原料及纤维制造	215.02	35.15	171.18	86.56	26.33
合成纤维制造	97.05	14.30	107.77	54.10	15.81
橡胶和塑料制品业	710.58	161.95	617.85	326.54	127.55
橡胶制品业	492.70	118.92	364.50	188.15	88.72
塑料制品业	217.88	43.03	253.35	138.39	38.84

单位：亿元

集体资本	法人资本	个人资本	港澳台资本	外商资本	主营业务收　入	主营业务成　本	主营业务税金及附加
1.36	111.04	9.01	2.56	4.48	504.61	383.17	3.59
1.30	105.66	8.99	2.51	4.13	492.96	374.51	3.53
	0.01		0.05		3.27	2.57	0.02
0.06	5.37	0.02		0.35	8.38	6.09	0.04
1.49	17.18	0.90	0.22	0.45	503.62	454.98	2.37
	2.00	0.02	0.12	0.10	10.52	8.32	0.04
	5.96			0.03	23.43	19.13	0.15
0.90	8.39	0.73	0.10	0.29	452.73	412.86	2.09
0.59	0.08	0.15		0.01	12.17	10.82	0.06
	0.46				2.79	2.32	0.03
44.50	1139.17	38.59	43.02	96.85	27226.90	23470.36	3047.50
37.18	974.56	19.88	43.02	94.03	26140.12	22458.06	3043.79
7.32	164.61	18.71		2.83	1009.31	945.15	3.54
32.86	1806.68	216.37	8.75	242.33	13285.58	11824.84	166.35
8.79	863.67	27.45	6.62	190.46	5679.29	5155.02	121.21
5.79	428.60	36.52	1.00	6.93	2976.72	2655.90	24.03
0.15	18.72	17.73	0.32	2.61	450.59	376.78	0.68
0.21	25.03	2.22	0.12	0.39	183.11	151.84	0.74
10.36	295.72	103.44	0.24	16.27	1980.91	1761.91	7.17
5.49	128.29	18.50	0.36	23.84	1613.66	1435.36	9.43
1.87	32.73	6.41		1.43	291.38	215.18	2.28
0.20	13.92	4.10	0.09	0.40	109.93	72.84	0.81
8.32	297.58	85.96	13.57	36.17	2265.55	1568.44	15.72
0.22	50.09	22.48		3.55	476.14	368.98	2.34
3.06	119.87	12.84	1.78	27.58	713.15	520.11	4.50
0.03	7.40	1.67	2.46		76.63	56.68	0.59
4.15	64.99	35.20	9.33	3.76	691.82	437.51	6.02
	3.40	1.19		1.11	17.69	8.74	0.11
0.87	50.30	9.62		0.17	213.94	120.41	1.28
	1.54	2.96			76.19	56.00	0.87
3.62	48.40	31.44	9.08	5.98	472.85	394.29	2.96
3.62	30.31	12.43	9.08	4.80	334.82	275.39	2.47
	18.10	19.02		1.18	138.03	118.90	0.48
37.22	107.17	27.51	6.85	15.56	1258.51	1086.35	6.13
11.71	58.39	11.69	2.33	10.63	767.05	662.31	3.68
25.51	48.78	15.82	4.52	4.93	491.46	424.04	2.45

2-2 续表 9

行业	流动负债合计	应付账款	所有者权益合计	实收资本	国家资本
非金属矿物制品业	4290.19	840.58	3215.57	1931.09	857.04
水泥、石灰和石膏制造	2710.93	419.60	2114.90	1249.67	540.32
石膏、水泥制品及类似制品制造	736.21	252.62	404.20	194.55	80.24
砖瓦、石材等建筑材料制造	121.90	26.53	92.16	56.92	15.32
玻璃制造	76.46	23.66	52.09	49.69	18.62
玻璃制品制造	99.90	17.69	99.52	66.31	36.56
玻璃纤维和玻璃纤维增强塑料制品制造	223.09	28.13	197.51	135.78	67.14
陶瓷制品制造	57.19	8.81	56.31	31.04	20.92
耐火材料制品制造	100.89	28.07	44.42	36.63	22.81
石墨及其他非金属矿物制品制造	163.63	35.47	154.47	110.50	55.11
黑色金属冶炼和压延加工业	19126.12	4109.78	10551.07	5275.64	2210.45
炼铁	748.73	175.12	403.66	234.07	15.06
炼钢	3829.14	666.88	1914.84	441.52	306.75
黑色金属铸造	132.72	39.72	52.37	43.02	21.88
钢压延加工	14214.97	3187.56	8092.49	4454.52	1815.75
铁合金冶炼	200.56	40.49	87.71	102.52	51.00
有色金属冶炼和压延加工业	6943.70	1254.76	4447.15	2172.70	1334.42
常用有色金属冶炼	5085.41	946.98	2571.80	1270.37	838.90
贵金属冶炼	412.34	45.08	433.05	115.64	41.02
稀有稀土金属冶炼	151.02	24.45	357.08	79.35	23.58
有色金属合金制造	227.44	85.20	284.18	188.35	174.26
有色金属铸造	22.19	9.21	12.11	9.06	4.45
有色金属压延加工	1045.29	143.83	788.93	509.94	252.22
金属制品业	1624.88	522.65	1252.00	650.39	389.06
结构性金属制品制造	448.31	135.59	286.79	170.19	70.30
金属工具制造	46.38	12.49	51.97	27.84	17.96
集装箱及金属包装容器制造	158.49	40.15	174.33	60.34	23.78
金属丝绳及其制品制造	206.49	86.03	76.44	59.45	19.80
建筑、安全用金属制品制造	45.88	11.43	30.78	26.13	18.43
金属表面处理及热处理加工	50.99	10.33	34.93	23.09	10.07
金属制日用品制造	2.01	0.81	3.24	1.31	0.35
其他金属制品制造	665.88	225.75	593.19	281.34	227.74
通用设备制造业	4613.98	1501.67	3140.29	1124.80	558.53
锅炉及原动设备制造	1697.60	508.45	926.72	345.46	150.06
金属加工机械制造	621.80	177.02	416.11	146.58	84.44
物料搬运设备制造	805.94	278.47	521.45	119.40	54.39
泵、阀门、压缩机及类似机械制造	425.87	164.17	380.71	157.25	74.20
轴承、齿轮和传动部件制造	182.26	65.19	184.59	87.14	44.55

单位：亿元

集体资本	法人资本	个人资本	港澳台资本	外商资本	主营业务收入	主营业务成本	主营业务税金及附加
30.76	920.27	86.87	7.96	22.93	5011.34	4090.41	29.25
21.05	606.93	56.30	4.60	15.42	3118.27	2486.59	19.90
3.43	103.09	5.94	1.00	0.85	914.00	773.99	4.42
0.35	34.82	4.56	0.28	1.59	174.18	146.32	1.40
0.02	29.25	0.44	0.50	0.66	54.52	48.26	0.24
0.41	17.25	10.65	0.53	0.91	105.77	94.54	0.39
0.24	66.69	0.23		1.47	221.18	177.30	1.26
0.03	4.31	3.82	0.91	1.04	58.06	45.89	0.34
0.95	9.56	2.36	0.07	0.88	150.64	135.44	0.44
4.27	48.37	2.58	0.06	0.11	214.74	182.07	0.85
207.94	2526.48	238.33	29.34	60.60	23260.33	21630.43	59.78
0.70	215.40	0.41			688.33	635.78	0.68
0.63	134.13				3711.08	3429.21	1.61
0.55	18.20	1.64		0.74	192.16	173.08	0.69
205.96	2127.86	233.48	29.34	42.14	18436.05	17171.52	56.05
0.10	30.89	2.80		17.72	232.72	220.85	0.75
23.75	709.36	71.23	9.40	23.33	16670.29	15823.96	39.58
11.83	376.28	27.54	2.18	12.44	11399.58	10910.35	21.57
5.42	53.52	9.35	6.33		1311.75	1236.50	5.39
1.03	29.73	19.03	0.07	5.92	491.69	410.36	5.23
0.49	11.94	0.77		0.90	592.56	539.12	1.81
	3.81			0.80	39.96	34.95	0.08
4.98	234.09	14.55	0.82	3.28	2834.75	2692.69	5.50
12.11	213.23	16.56	2.82	18.46	2220.36	1961.54	9.68
1.81	87.82	7.03	0.24	4.85	572.58	506.67	3.33
2.47	6.71	0.40		0.30	66.86	52.74	0.47
0.26	28.58	1.36	0.44	5.92	305.58	267.50	1.32
0.48	36.76	2.41	0.01		177.58	166.12	0.34
1.45	2.50	0.64		3.12	44.02	39.04	0.24
	10.86	0.26	0.17	1.73	94.04	87.38	0.22
0.03	0.72	0.08	0.14		38.18	37.01	0.05
5.62	39.29	4.31	1.84	2.55	921.30	804.91	3.70
10.49	432.59	66.57	2.97	52.30	4975.31	4125.44	29.77
0.39	151.06	17.09		26.86	1450.39	1177.35	12.00
6.45	45.41	9.14	0.05	1.08	636.09	551.78	3.39
0.67	46.82	8.23	0.95	7.35	1046.01	858.95	5.12
0.47	59.54	12.50		10.53	637.05	536.02	2.34
0.74	33.43	7.83	0.18	0.41	273.10	237.83	1.98

2-2 续表 10

行　业	流动负债合　计		所有者权益合计		
		应付账款		实收资本	
					国家资本
烘炉、风机、衡器、包装等设备制造	485.64	192.61	295.10	109.52	41.06
文化、办公用机械制造	50.51	16.14	51.35	15.13	8.87
通用零部件制造	162.29	48.72	122.05	107.48	75.05
其他通用设备制造业	182.08	50.90	242.21	36.86	25.91
专用设备制造业	4511.89	1613.25	3037.27	1612.31	687.41
采矿、冶金、建筑专用设备制造	3548.06	1296.19	2210.36	1193.98	537.98
化工、木材、非金属加工专用设备制造	266.62	62.26	186.59	96.42	28.36
食品、饮料、烟草及饲料生产专用设备制造	26.48	13.68	68.42	29.59	6.67
印刷、制药、日化及日用品生产专用设备制造	41.95	12.96	38.58	23.09	5.31
纺织、服装和皮革加工专用设备制造	92.77	33.29	70.03	37.29	15.88
电子和电工机械专用设备制造	71.30	14.50	76.80	48.97	34.56
农、林、牧、渔专用机械制造	155.76	48.51	121.48	66.77	23.67
医疗仪器设备及器械制造	52.73	15.10	77.48	27.60	3.49
环保、社会公共服务及其他专用设备制造	256.23	116.76	187.53	88.61	31.50
汽车制造业	12303.48	5240.04	10539.38	3244.93	1086.98
汽车整车制造	10259.05	4412.30	9115.30	2565.89	843.79
改装汽车制造	334.51	98.25	123.69	98.53	38.76
低速载货汽车制造	10.66	3.66	3.83	17.51	0.21
汽车车身、挂车制造	32.65	12.67	32.03	11.50	5.36
汽车零部件及配件制造	1666.60	713.16	1264.54	551.50	198.87
铁路、船舶、航空航天和其他运输设备制造业	6595.69	2115.00	4152.90	2051.40	1282.38
铁路运输设备制造	1914.99	758.55	1140.18	624.18	406.88
城市轨道交通设备制造	71.66	39.25	47.82	44.77	19.71
船舶及相关装置制造	2443.09	699.08	1073.31	704.39	362.34
航空、航天器及设备制造	2012.81	558.57	1776.00	618.73	462.35
摩托车制造	132.25	52.85	97.82	45.95	19.31
自行车制造	5.76	1.70	8.93	4.87	4.16
潜水救捞及其他未列明运输设备制造	14.42	4.56	9.01	8.42	7.60
电气机械和器材制造业	4525.93	1733.79	2223.83	1089.87	480.15
电机制造	1337.82	507.61	590.31	353.15	161.68
输配电及控制设备制造	1261.32	541.85	729.97	368.13	211.92
电线、电缆、光缆及电工器材制造	303.71	75.93	208.83	106.25	50.46
电池制造	111.75	29.89	110.61	62.97	18.15
家用电力器具制造	1384.25	524.11	430.60	83.30	18.79
非电力家用器具制造	62.73	18.37	109.96	88.43	4.38
照明器具制造	44.95	25.96	35.88	21.40	11.93
其他电气机械及器材制造	19.41	10.08	7.67	6.25	2.85

单位：亿元

集体资本	法人资本	个人资本	港澳台资本	外商资本	主营业务收　入	主营业务成　本	主营业务税金及附加
1.20	54.45	6.38	1.34	5.03	524.07	412.87	2.66
	3.07	3.18			53.00	34.66	0.50
0.37	29.46	1.22	0.45	0.65	222.42	199.67	0.85
0.21	9.34	1.00		0.40	133.19	116.31	0.92
45.92	752.09	55.59	16.97	53.03	4955.40	4262.49	26.43
38.55	528.33	29.65	15.44	44.02	3695.31	3228.30	20.35
1.70	53.99	7.69	1.03	3.65	247.24	203.06	1.01
	19.32	3.60			68.29	49.86	0.34
	16.12	1.27	0.27	0.13	46.21	38.14	0.36
0.09	13.90	4.11	0.24	3.06	75.41	63.16	0.46
	13.08	1.21		0.13	166.92	137.73	0.83
0.92	39.15	1.72			234.07	204.75	0.64
0.24	20.85	2.53		0.48	81.24	60.70	0.39
4.40	47.33	3.81		1.56	340.71	276.78	2.04
21.30	1317.86	123.05	69.04	627.60	29565.23	23589.70	1071.43
13.53	966.32	100.56	66.18	575.51	25548.12	20127.14	1056.22
2.44	50.33	4.64		2.07	462.91	412.61	1.91
	8.70			8.60	13.93	12.40	0.04
0.07	4.16	0.92	0.24	0.75	134.22	119.37	0.28
5.27	288.35	16.93	2.62	40.67	3406.05	2918.17	12.98
7.73	678.97	25.01	14.24	41.87	7216.10	6209.53	36.59
5.00	190.77	11.19	5.52	4.81	2659.77	2154.22	13.35
	22.33			2.74	86.78	79.36	0.26
1.70	305.90	3.13	6.34	25.00	2108.03	1935.48	10.42
0.86	138.64	10.16	2.28	3.27	2069.26	1790.63	8.32
0.18	19.85	0.44	0.10	6.07	264.59	225.41	4.18
	0.66	0.05			10.44	9.25	0.01
	0.79	0.03			16.75	14.72	0.04
14.56	482.77	66.62	18.28	17.67	5531.75	4470.50	26.17
0.43	166.89	15.90	6.00	2.25	1114.50	958.96	4.88
6.50	112.12	18.90	4.01	4.88	1447.57	1166.04	6.84
4.82	41.05	5.64	0.46	3.80	682.41	590.93	1.56
1.70	40.27	2.07		0.78	189.19	168.94	0.49
0.78	30.97	22.30	7.66	2.79	1895.04	1412.72	11.43
	82.74	1.31			74.14	63.30	0.63
0.13	5.70	0.45	0.14	3.05	105.82	89.80	0.25
0.20	3.04	0.05		0.11	23.09	19.80	0.10

2-2 续表 11

行　　业	流动负债合　　计	应付账款	所 有 者权益合计	实收资本	国家资本
计算机、通信和其他电子设备制造业	4404.54	1926.66	4166.19	2058.20	917.47
计算机制造	412.30	108.38	411.10	140.31	54.80
通信设备制造	1425.91	961.24	904.89	249.06	103.21
广播电视设备制造	42.16	11.68	37.68	17.52	5.10
雷达及配套设备制造	264.32	86.79	178.62	51.94	41.91
视听设备制造	795.69	261.20	553.74	115.02	45.11
电子器件制造	1150.17	361.48	1782.53	1343.98	612.76
电子元件制造	246.09	115.18	223.27	125.27	49.06
其他电子设备制造	67.89	20.71	74.35	15.09	5.53
仪器仪表制造业	613.50	249.47	557.87	244.91	112.67
通用仪器仪表制造	367.76	171.04	314.38	133.73	40.64
专用仪器仪表制造	119.39	46.65	122.45	65.12	40.85
钟表与计时仪器制造	3.67	0.84	6.48	0.63	0.12
光学仪器及眼镜制造	110.56	28.47	102.30	43.50	30.26
其他仪器仪表制造业	12.12	2.47	12.27	1.93	0.81
其他制造业	426.53	163.54	274.61	99.74	70.86
日用杂品制造	0.79	0.20	1.61	0.49	0.07
煤制品制造	15.23	3.66	5.79	3.00	2.65
废弃资源综合利用业	80.62	24.12	42.11	25.79	10.26
金属废料和碎屑加工处理	70.52	21.61	28.85	17.60	7.66
非金属废料和碎屑加工处理	10.10	2.51	13.26	8.19	2.60
金属制品、机械和设备修理业	322.50	97.64	236.29	166.53	119.93
金属制品修理	1.50	0.77	0.06	0.28	0.07
通用设备修理	2.92	1.90	4.09	1.77	1.17
专用设备修理	7.80	3.78	8.42	2.56	1.18
铁路、船舶、航空航天等运输设备修理	298.03	85.97	212.71	155.80	113.67
电气设备修理	8.96	3.23	3.62	5.07	2.83
其他机械和设备修理业	3.13	1.86	7.39	0.91	0.87
电力、热力、燃气及水生产和供应业	**33009.56**	**8195.75**	**40173.55**	**19800.86**	**12766.06**
电力、热力生产和供应业	29727.12	7732.38	35631.88	17039.29	11157.20
电力生产	13926.92	2681.13	15906.53	11001.97	6433.57
电力供应	14364.96	4771.53	18838.20	5489.76	4434.25
热力生产和供应	1435.23	279.73	887.15	547.56	289.38
燃气生产和供应业	1275.40	262.51	1542.34	1103.15	413.91
水的生产和供应业	2007.05	200.86	2999.34	1658.42	1194.96
自来水生产和供应	1817.41	173.75	2478.51	1306.08	914.64
污水处理及其再生利用	184.68	26.92	514.24	347.83	279.68
其他水的处理、利用与分配	4.96	0.19	6.58	4.50	0.64

单位：亿元

					主营业务收　入	主营业务成　本	主营业务税金及附加
集体资本	法人资本	个人资本	港澳台资本	外商资本			
17.52	933.36	85.57	27.40	73.94	7224.32	5916.37	37.16
2.35	58.91	21.89	0.45	1.91	836.75	676.66	3.34
0.32	126.14	13.49	1.47	4.44	2000.73	1537.24	17.10
0.24	11.07	0.97	0.03	0.12	50.51	38.30	0.20
0.85	9.17	0.79		0.07	378.63	316.73	1.50
0.45	47.47	12.67	4.79	4.22	1688.07	1455.98	8.13
10.17	621.89	27.22	17.20	54.79	1751.57	1471.71	4.69
1.76	51.63	7.87	3.37	8.05	417.28	344.74	1.50
1.38	7.08	0.67	0.09	0.34	100.78	75.00	0.70
1.24	98.07	27.98	1.23	4.62	800.37	645.85	4.11
0.89	62.31	25.92	0.56	4.33	513.82	419.69	2.71
0.33	22.94	0.95		0.06	138.29	106.54	0.97
	0.45	0.05		0.01	10.30	6.61	0.09
0.03	11.28	1.04	0.67	0.22	121.84	99.36	0.31
	1.10	0.02			16.12	13.65	0.02
0.10	22.91	5.83	0.03	0.01	410.12	349.42	1.34
	0.41	0.01			1.38	0.89	0.02
	0.35				24.98	23.11	0.23
3.47	10.32	0.91	0.19	0.64	187.29	174.64	0.60
3.47	5.35	0.79		0.33	163.44	155.55	0.42
	4.97	0.12	0.19	0.31	23.85	19.08	0.18
	24.74	4.93	3.09	13.72	280.71	243.18	1.19
	0.21				1.02	0.96	0.01
	0.53	0.02		0.05	9.73	8.29	0.11
	1.03	0.35			11.47	9.68	0.05
	20.69	4.56	3.09	13.66	238.33	206.74	0.78
	2.24				11.09	9.82	0.17
	0.04				8.35	7.10	0.06
158.34	**6029.21**	**242.05**	**199.26**	**358.07**	**56935.29**	**50196.90**	**275.37**
143.54	5117.35	203.65	119.19	259.86	53219.08	47027.74	254.43
127.58	3793.83	176.06	117.72	256.62	15583.16	11280.63	123.13
10.38	1084.67	15.59		2.97	36743.83	34900.41	126.76
5.59	238.84	11.99	1.47	0.28	892.09	846.71	4.54
8.16	558.07	7.27	52.78	60.13	2537.86	2265.30	9.68
6.64	353.79	31.14	27.28	38.08	1178.36	903.86	11.27
4.70	290.38	28.14	27.28	34.41	1000.07	781.25	10.63
1.94	59.53	3.00		3.67	175.93	121.14	0.64
	3.87				2.36	1.46	

2-2 续表 12

行　业	销售费用	管理费用	税　金	财务费用	利息收入	利息支出
总　计	**5552.90**	**11413.24**	**590.92**	**5331.69**	**869.70**	**5865.03**
采矿业	**602.24**	**2515.02**	**146.35**	**904.43**	**154.45**	**987.40**
煤炭开采和洗选业	477.53	1409.50	88.05	621.41	82.49	656.42
烟煤和无烟煤开采洗选	454.51	1357.13	81.01	601.07	81.30	634.87
褐煤开采洗选	22.94	51.20	6.92	18.82	1.19	19.59
其他煤炭采选	0.09	1.17	0.13	1.52		1.96
石油和天然气开采业	42.72	777.23	41.18	146.23	58.28	196.80
石油开采	39.14	747.37	40.32	131.50	52.51	177.22
天然气开采	3.58	29.86	0.86	14.73	5.77	19.58
黑色金属矿采选业	33.40	107.10	6.92	73.03	3.50	71.29
铁矿采选	33.18	104.76	6.81	72.68	3.31	70.87
锰矿、铬矿采选	0.21	2.01	0.12	0.14	0.19	0.33
其他黑色金属矿采选	0.02	0.33		0.22		0.09
有色金属矿采选业	14.88	121.07	5.35	33.41	2.36	34.39
常用有色金属矿采选	9.10	49.41	2.14	14.64	0.96	14.81
贵金属矿采选	4.65	55.84	2.30	13.03	0.72	13.51
稀有稀土金属矿采选	1.13	15.82	0.90	5.74	0.68	6.07
非金属矿采选业	31.92	46.30	2.30	13.98	1.24	13.97
土砂石开采	8.20	12.84	0.51	2.11	0.08	2.03
化学矿开采	3.65	7.49	0.33	5.66	0.21	5.30
采盐	15.65	22.28	1.24	5.74	0.89	6.12
石棉及其他非金属矿采选	4.41	3.70	0.23	0.47	0.05	0.52
开采辅助活动	1.76	53.71	2.54	16.31	6.58	14.48
石油和天然气开采辅助活动	1.76	53.71	2.54	16.31	6.58	14.48
制造业	**4670.80**	**7813.47**	**372.72**	**2253.02**	**623.20**	**2671.24**
农副食品加工业	76.56	78.34	5.23	30.02	16.94	39.92
谷物磨制	14.91	15.70	0.80	8.90	0.54	8.47
饲料加工	6.52	5.38	0.23	0.63	0.54	1.04
植物油加工	16.30	17.10	2.39	5.52	14.26	14.70
制糖业	6.18	13.23	0.34	7.56	0.26	7.60
屠宰及肉类加工	21.22	15.75	0.67	3.41	0.83	4.43
水产品加工	1.50	3.29	0.22	1.09	0.15	1.06
蔬菜、水果和坚果加工	5.16	2.77	0.38	0.63	0.15	0.70
其他农副食品加工	4.77	5.12	0.18	2.28	0.21	1.92
食品制造业	128.61	56.90	2.75	7.95	4.15	11.43
焙烤食品制造	2.69	2.17	0.03	0.07	0.03	0.06
方便食品制造	4.17	4.64	0.24	0.14	0.09	0.24
乳制品制造	95.86	27.62	1.37	1.51	2.42	3.76

单位：亿元

投资收益（损失以“-”号记）	营业利润	利润总额	亏损企业亏损额	应交增值税	所得税费用	平均用工人数（万人）
2095.36	**13519.01**	**14508.02**	**3678.80**	**10780.89**	**2847.28**	**1842.67**
190.28	**3412.24**	**3504.59**	**697.72**	**2257.43**	**517.80**	**492.56**
136.29	367.62	418.66	537.67	1018.02	222.23	346.19
134.88	354.96	411.48	493.44	974.32	201.27	333.45
1.41	15.98	10.26	41.15	43.28	20.98	12.13
	-3.33	-3.09	3.09	0.42	-0.02	0.60
-20.21	2785.65	2779.06	84.03	991.33	233.71	74.95
-22.04	2700.41	2684.83	81.56	968.75	220.95	73.61
1.83	85.24	94.22	2.47	22.59	12.76	1.34
68.28	95.81	98.33	11.38	76.89	16.17	17.03
68.27	91.65	94.25	11.10	74.20	16.16	16.66
0.01	0.39	0.31	0.28	0.84	0.01	0.27
	3.77	3.77		1.85		0.11
3.14	145.25	148.99	15.85	59.72	25.17	18.45
1.15	78.93	79.95	6.63	42.09	9.41	7.95
2.12	56.49	56.59	4.57	6.28	11.63	7.09
-0.13	9.83	12.45	4.64	11.35	4.13	3.41
-1.02	37.14	42.17	6.28	31.51	6.35	8.38
-2.02	16.43	16.41	1.65	11.09	2.10	1.83
0.11	9.62	9.88	1.72	6.25	1.90	1.26
0.88	2.87	7.16	2.06	9.14	1.82	4.58
0.01	8.22	8.72	0.85	5.03	0.53	0.70
3.80	-19.41	17.18	42.52	79.84	14.12	27.56
3.80	-19.41	17.18	42.52	79.84	14.12	27.56
1372.09	**6445.03**	**7035.40**	**2489.88**	**6076.73**	**1607.78**	**1050.63**
-1.18	84.09	83.47	27.25	46.89	10.92	19.52
0.29	20.40	15.15	6.75	8.63	1.17	3.17
-0.15	6.01	6.33	0.11	3.48	0.68	1.20
0.80	22.37	26.18	6.49	7.20	4.68	2.73
2.61	-7.78	-7.00	11.50	5.89	0.10	3.16
0.95	28.44	26.75	0.76	12.28	2.86	5.78
-0.61	3.25	3.96	0.26	0.96	0.58	1.38
0.08	7.03	5.21	0.46	3.46	0.29	0.98
-5.15	4.37	6.88	0.93	5.00	0.56	1.12
10.00	78.75	81.90	18.71	46.56	10.92	13.48
0.02	2.32	2.33	0.31	1.56	0.39	0.74
0.09	3.10	3.31	0.89	2.14	0.71	1.21
10.85	46.87	53.82	2.64	28.47	4.50	6.05

2-2 续表 13

行　业	销售费用	管理费用		财务费用		
			税　金		利息收入	利息支出
罐头食品制造	3.72	2.37	0.17	1.21	0.22	1.33
调味品、发酵制品制造	8.56	6.41	0.41	2.20	0.91	2.91
其他食品制造	13.45	13.53	0.51	2.80	0.48	3.11
酒、饮料和精制茶制造业	272.87	168.61	11.04	6.19	14.64	20.95
酒的制造	215.24	159.12	10.63	4.51	13.88	18.91
饮料制造	56.16	7.41	0.34	1.22	0.75	1.59
精制茶加工	1.47	2.08	0.07	0.45	0.01	0.45
烟草制品业	144.56	450.53	17.51	-18.65	31.48	12.94
烟叶复烤	6.95	15.18	1.21	-2.99	2.68	-0.31
卷烟制造	135.36	429.10	16.16	-15.94	28.75	12.80
其他烟草制品制造	2.25	6.25	0.14	0.28	0.04	0.45
纺织业	11.90	37.93	2.46	16.97	2.07	17.34
棉纺织及印染精加工	7.13	24.25	1.73	12.24	0.90	12.06
毛纺织及染整精加工	1.22	2.98	0.14	0.85	0.07	0.82
麻纺织及染整精加工	0.31	0.81	0.04	0.02	0.02	0.04
丝绢纺织及印染精加工	0.52	2.01	0.10	0.38	0.36	0.73
化纤织造及印染精加工	0.12	0.43	0.05	0.10		0.09
针织或钩针编织物及其制品制造	0.74	2.66	0.11	0.92	0.17	0.95
家用纺织制成品制造	0.11	0.30	0.01	0.04	0.01	0.04
非家用纺织制成品制造	1.75	4.49	0.29	2.42	0.55	2.60
纺织服装、服饰业	7.62	28.29	0.33	-0.07	1.58	1.43
机织服装制造	7.08	25.28	0.30	-0.05	1.39	1.24
针织或钩针编织服装制造	0.49	1.70	0.03	0.01	0.18	0.19
服饰制造	0.05	1.30		-0.03	0.01	
皮革、毛皮、羽毛及其制品和制鞋业	1.65	4.20	0.13	0.54	0.08	0.45
毛皮鞣制及制品加工	0.13	0.39	0.01	0.08		0.09
制鞋业	1.49	3.72	0.12	0.43	0.08	0.33
木材加工和木、竹、藤、棕、草制品业	6.09	9.68	0.70	6.50	0.16	6.10
木材加工	0.94	2.55	0.06	0.59	0.05	0.54
人造板制造	4.35	5.69	0.47	5.54	0.07	5.17
木制品制造	0.74	1.38	0.17	0.34	0.04	0.36
竹、藤、棕、草等制品制造	0.07	0.07		0.03		0.03
家具制造业	3.03	11.50	0.14	0.10	0.07	0.12
木质家具制造	0.34	0.53	0.02	0.04		0.04
金属家具制造	2.11	10.50	0.11	0.05	0.06	0.07
其他家具制造	0.55	0.43	0.01	0.01	0.01	0.01
造纸和纸制品业	25.33	48.27	2.72	37.87	5.42	42.50
纸浆制造	1.66	3.44	0.20	4.93	-0.01	4.75
造纸	22.28	41.65	2.40	32.47	5.39	37.25
纸制品制造	1.38	3.18	0.12	0.47	0.03	0.50

单位：亿元

投资收益（损失以"-"号记）	营业利润	利润总额	亏损企业亏损额	应交增值税	所得税费用	平均用工人数（万人）
-3.41	-0.05	-5.84	10.46	1.83	0.46	1.04
2.29	6.09	6.93	2.45	4.50	1.16	1.52
0.15	19.24	20.18	1.97	7.66	3.70	2.79
22.60	448.38	455.34	13.65	157.70	112.25	26.09
22.85	441.06	447.31	9.63	148.75	110.14	24.38
-0.26	5.41	5.99	3.91	7.72	1.78	1.10
	1.92	2.05	0.11	1.24	0.33	0.62
61.53	1221.16	1202.90	0.73	1100.31	296.07	20.70
0.16	34.67	35.90	0.51	15.74	8.66	3.07
61.37	1175.20	1154.88	0.13	1080.59	285.39	16.99
	11.28	12.12	0.10	3.98	2.02	0.64
9.11	6.34	17.29	10.70	18.20	3.77	17.65
7.51	-3.56	6.55	8.47	12.40	1.99	12.53
0.09	3.87	4.71	1.63	1.49	0.97	1.31
	-0.22	-0.11	0.20	0.31	0.01	0.57
0.66	2.88	2.59		1.24	0.27	0.66
	0.28	0.28	0.02	0.39	0.07	0.25
0.03	2.12	2.19	0.01	1.66	0.30	1.13
-0.01	0.08	0.06	0.11	0.09		0.16
0.82	0.88	1.02	0.25	0.61	0.16	1.04
-0.01	10.46	14.86	1.33	10.36	1.49	9.22
-0.05	9.30	12.15	1.24	8.65	1.33	8.50
0.04	0.62	2.22	0.09	1.15	0.11	0.50
	0.55	0.49		0.56	0.05	0.23
0.01	5.54	5.55	0.17	1.87	0.58	2.20
	0.31	0.35		0.02	0.13	0.14
0.01	4.94	4.92	0.17	1.74	0.45	1.99
1.30	4.85	7.74	2.12	4.70	0.81	3.83
-0.18	2.46	2.59	0.15	1.01	0.13	1.32
1.38	1.64	4.43	1.77	3.34	0.59	1.87
0.11	0.52	0.53	0.20	0.25	0.05	0.58
	0.23	0.19		0.09	0.04	0.06
8.59	16.96	17.59	0.07	1.46	1.28	1.11
	0.50	0.58	0.07	0.22	0.09	0.20
8.59	15.90	16.10		0.96	1.09	0.80
	0.46	0.80		0.21	0.09	0.08
14.84	-10.02	2.39	30.46	21.15	2.35	8.49
	-5.90	-5.81	6.77	1.54	0.09	0.48
14.74	-6.81	5.44	22.93	17.96	1.57	6.67
0.11	2.69	2.77	0.77	1.65	0.69	1.35

2-2 续表 14

行业	销售费用	管理费用	税金	财务费用	利息收入	利息支出
印刷和记录媒介复制业	10.83	59.97	1.72	0.62	1.87	2.34
印刷	10.06	58.33	1.68	0.56	1.80	2.21
装订及印刷相关服务	0.04	0.48	0.01	-0.05	0.05	
记录媒介复制	0.74	1.17	0.03	0.11	0.02	0.13
文教、工美、体育和娱乐用品制造业	11.74	12.05	0.93	3.44	0.42	3.44
文教办公用品制造	0.36	1.48	0.01	-0.01	0.03	0.01
乐器制造	1.20	2.19	0.11	0.15	0.03	0.16
工艺美术品制造	9.66	7.35	0.78	3.16	0.27	3.22
体育用品制造	0.35	0.50	0.01	0.13	0.08	0.03
游艺器材及娱乐用品制造	0.06	0.32	0.02			
石油加工、炼焦和核燃料加工业	135.34	618.01	23.70	230.12	11.24	223.88
精炼石油产品制造	104.64	565.28	18.85	182.40	9.69	182.56
炼焦	30.67	48.67	4.76	44.87	1.43	38.43
化学原料和化学制品制造业	299.74	636.69	33.92	401.46	26.15	396.04
基础化学原料制造	90.70	244.01	13.43	130.79	9.17	132.15
肥料制造	101.90	154.11	8.53	137.69	7.05	142.76
农药制造	9.01	17.77	1.13	7.18	0.98	7.66
涂料、油墨、颜料及类似产品制造	7.15	14.92	0.55	2.99	0.23	3.17
合成材料制造	37.31	97.89	7.13	85.86	4.30	71.84
专用化学产品制造	24.70	62.80	1.86	30.25	2.73	30.11
炸药、火工及焰火产品制造	14.29	38.24	1.05	4.59	1.28	5.90
日用化学产品制造	14.68	6.94	0.24	2.09	0.41	2.46
医药制造业	278.32	194.23	8.59	27.77	10.02	33.55
化学药品原料药制造	43.44	41.63	2.26	11.41	1.96	12.14
化学药品制剂制造	79.30	61.73	2.64	5.26	4.13	8.80
中药饮片加工	7.18	5.17	0.17	1.15	0.14	1.16
中成药生产	113.31	52.86	1.97	4.31	2.34	6.07
兽用药品制造	3.38	4.57	0.11	0.36	0.03	0.39
生物药品制造	26.55	26.10	1.26	3.70	1.06	4.36
卫生材料及医药用品制造	5.17	2.15	0.17	1.59	0.35	0.63
化学纤维制造业	8.15	26.64	1.99	13.70	2.79	14.64
纤维素纤维原料及纤维制造	4.80	17.49	1.31	7.65	2.65	8.98
合成纤维制造	3.35	9.15	0.68	6.04	0.14	5.66
橡胶和塑料制品业	50.22	59.20	3.70	21.54	2.65	22.89
橡胶制品业	34.66	34.33	2.22	15.81	0.91	16.00
塑料制品业	15.55	24.86	1.49	5.73	1.74	6.89

单位：亿元

投资收益（损失以“-”号记）	营业利润	利润总额	亏损企业亏损额	应交增值税	所得税费用	平均用工人数（万人）
2.13	55.27	61.28	4.19	26.61	11.37	9.66
2.09	54.82	60.67	3.87	25.69	11.24	9.43
	0.26	0.27		0.67	0.05	0.06
0.05	0.18	0.35	0.32	0.24	0.09	0.17
4.88	24.97	25.97	2.98	10.45	4.09	2.11
1.14	1.53	2.09	0.29	0.24	0.28	0.23
0.13	0.93	0.98	0.83	0.72	0.25	0.54
3.61	22.01	22.36	1.85	9.05	3.44	1.13
	0.33	0.33		0.34	0.07	0.09
	0.05	0.09		0.10	0.02	0.06
18.85	-283.98	-283.69	565.24	1259.30	37.92	47.27
13.59	-225.89	-226.03	493.05	1236.56	35.47	35.98
4.63	-61.98	-62.02	72.19	22.18	1.93	10.60
65.77	9.59	85.31	489.61	286.87	78.10	92.14
32.92	-7.35	11.84	174.96	124.52	22.45	30.76
11.64	-74.51	-45.12	153.97	46.16	15.71	25.82
0.14	39.39	39.81	1.89	7.82	5.22	3.18
1.82	8.33	10.67	3.37	5.40	1.35	2.21
4.06	-39.97	-21.85	122.78	44.58	18.04	13.02
8.70	47.87	51.36	23.46	35.88	8.80	8.45
5.36	21.47	23.96	6.90	15.79	3.85	7.24
1.13	14.36	14.63	2.27	6.72	2.68	1.46
24.67	209.66	223.91	13.66	114.11	32.52	30.40
4.39	13.87	16.68	4.89	16.03	2.65	7.12
6.71	55.10	60.40	1.19	34.52	9.90	9.90
0.03	5.64	6.07	0.30	3.72	0.99	0.75
6.80	84.61	87.63	4.72	47.01	12.78	9.13
0.04	0.34	0.49	0.95	0.88	0.41	0.39
6.69	39.73	42.29	1.45	8.89	5.69	2.41
	10.36	10.34	0.16	3.07	0.10	0.69
9.00	39.85	42.43	6.63	13.10	10.30	6.39
4.84	34.65	35.78	5.13	10.87	8.87	4.64
4.16	5.20	6.64	1.49	2.23	1.43	1.75
2.55	40.07	46.13	9.86	27.54	9.41	16.09
1.31	18.90	22.14	6.88	13.18	5.13	9.75
1.24	21.17	24.00	2.99	14.35	4.28	6.34

2-2 续表 15

行　业	销售费用	管理费用		财务费用		
			税　金		利息收入	利息支出
非金属矿物制品业	179.21	288.15	17.51	165.73	30.74	187.94
水泥、石灰和石膏制造	112.40	179.68	12.27	117.53	24.76	138.32
石膏、水泥制品及类似制品制造	30.57	43.95	1.79	15.79	2.73	16.92
砖瓦、石材等建筑材料制造	6.87	9.89	0.30	2.23	0.45	2.34
玻璃制造	2.02	5.34	0.27	1.33	0.19	1.41
玻璃制品制造	5.08	8.49	0.55	4.18	0.29	4.05
玻璃纤维和玻璃纤维增强塑料制品制造	8.00	14.46	0.74	13.13	1.06	13.03
陶瓷制品制造	3.67	6.30	0.31	1.76	0.19	1.91
耐火材料制品制造	3.90	7.55	0.46	2.39	0.23	2.37
石墨及其他非金属矿物制品制造	6.70	12.49	0.81	7.41	0.84	7.59
黑色金属冶炼和压延加工业	290.08	796.50	69.51	601.69	108.62	647.23
炼铁	5.28	16.73	1.90	28.47	3.88	31.16
炼钢	34.79	160.74	12.37	102.25	24.39	115.77
黑色金属铸造	3.51	9.78	0.51	2.10	0.22	2.19
钢压延加工	240.92	596.79	53.79	460.78	79.71	489.83
铁合金冶炼	5.58	12.45	0.95	8.08	0.42	8.29
有色金属冶炼和压延加工业	102.95	329.35	22.52	294.05	46.72	311.52
常用有色金属冶炼	59.36	198.62	15.76	219.49	27.46	224.01
贵金属冶炼	2.27	31.20	0.89	8.69	9.92	17.64
稀有稀土金属冶炼	3.44	18.77	0.71	4.44	3.26	6.81
有色金属合金制造	12.50	22.36	1.21	16.34	0.14	16.28
有色金属铸造	0.77	3.36	0.08	0.50	0.02	0.51
有色金属压延加工	24.62	55.05	3.87	44.58	5.92	46.27
金属制品业	42.84	140.03	5.73	29.03	6.74	33.11
结构性金属制品制造	10.70	32.27	1.43	9.66	0.98	10.03
金属工具制造	2.83	7.47	0.39	1.18	0.09	1.15
集装箱及金属包装容器制造	8.85	11.84	0.61	2.38	0.44	2.78
金属丝绳及其制品制造	3.94	6.39	0.47	1.73	1.25	2.75
建筑、安全用金属制品制造	0.80	3.06	0.16	0.84	0.18	0.95
金属表面处理及热处理加工	0.75	3.39	0.17	1.17	0.50	1.38
金属制日用品制造	0.32	0.56	0.04		0.01	0.01
其他金属制品制造	14.65	74.93	2.45	12.05	3.29	14.04
通用设备制造业	152.82	390.82	13.93	63.98	15.44	78.90
锅炉及原动设备制造	35.64	117.69	3.78	6.40	3.66	13.58
金属加工机械制造	20.87	51.78	2.55	18.55	2.01	19.76
物料搬运设备制造	36.42	65.44	1.66	15.08	3.99	18.79
泵、阀门、压缩机及类似机械制造	17.05	50.30	1.41	4.99	2.28	5.99
轴承、齿轮和传动部件制造	9.06	20.07	1.23	4.37	0.33	4.43

单位：亿元

投资收益（损失以“–”号记）	营业利润	利润总额	亏损企业亏损额	应交增值税	所得税费用	平均用工人数（万人）
34.91	309.46	380.27	81.74	215.61	74.54	54.58
16.25	230.28	286.30	49.79	154.85	57.94	27.77
12.88	58.48	64.35	5.36	28.06	8.68	9.63
-1.10	8.71	9.86	2.81	5.90	1.89	2.55
1.36	-1.12	0.03	3.55	1.53	0.49	1.68
1.28	-5.41	-2.73	5.99	3.28	0.50	2.41
0.17	7.44	9.51	2.37	8.46	1.41	2.84
2.13	2.07	2.50	1.66	2.40	0.48	2.25
0.58	1.28	1.84	3.38	3.84	0.63	1.86
1.35	7.73	8.61	6.84	7.29	2.51	3.58
75.14	-41.34	40.81	263.76	419.24	55.23	135.27
0.05	2.18	3.54	10.13	7.37	1.22	3.77
6.20	-9.98	7.82	15.23	51.03	3.15	22.57
0.02	3.37	3.61	1.50	4.59	0.46	2.53
68.86	-24.40	35.95	221.13	351.51	49.74	103.66
0.01	-12.51	-10.10	15.77	4.74	0.66	2.74
76.49	101.18	32.59	272.59	239.01	44.81	62.28
49.69	-24.72	-99.49	194.44	147.48	16.54	40.70
21.09	45.17	45.62	10.07	12.02	8.03	4.37
5.51	44.36	42.56	3.45	20.76	7.05	2.90
-1.97	1.16	1.94	20.38	14.55	2.94	4.15
-0.01	0.41	0.58	1.14	0.97	0.47	0.41
2.16	34.82	41.39	43.11	43.23	9.78	9.76
7.40	58.13	79.78	22.80	52.70	14.79	27.84
-0.04	14.83	22.10	6.26	14.87	2.99	6.79
0.03	3.10	4.69	0.28	3.42	0.52	1.83
-0.08	14.62	16.08	2.43	8.02	2.71	2.44
-0.02	0.22	0.99	1.37	5.27	0.31	1.58
0.02	0.40	0.39	1.23	1.63	0.26	0.49
0.34	1.34	1.55	0.86	1.76	0.27	0.46
0.05	0.96	1.03		1.52	0.32	0.15
7.08	22.75	33.03	10.31	16.21	7.42	14.07
35.78	174.04	211.21	60.17	136.93	36.25	58.89
18.73	67.12	67.62	24.95	38.16	9.02	12.99
0.43	-4.47	-2.60	17.17	18.14	2.35	11.60
0.98	49.31	56.80	1.74	26.89	9.45	7.85
3.08	32.53	37.35	3.08	15.69	5.54	7.76
1.22	1.67	5.77	3.21	5.96	1.81	5.64

2-2 续表 16

行业	销售费用	管理费用	税金	财务费用	利息收入	利息支出
烘炉、风机、衡器、包装等设备制造	19.84	47.32	1.52	3.55	1.68	5.21
文化、办公用机械制造	6.62	7.05	0.05	0.27	0.21	0.50
通用零部件制造	4.53	17.54	0.65	2.21	0.43	1.90
其他通用设备制造业	2.78	13.64	1.05	8.57	0.87	8.74
专用设备制造业	159.88	354.74	16.15	85.87	32.90	111.59
采矿、冶金、建筑专用设备制造	116.32	240.89	11.33	68.39	29.44	92.20
化工、木材、非金属加工专用设备制造	6.07	22.42	0.97	6.70	0.45	6.98
食品、饮料、烟草及饲料生产专用设备制造	3.51	9.50	0.17	-0.11	0.29	0.17
印刷、制药、日化及日用品生产专用设备制造	2.63	6.05	0.30	0.87	0.16	0.87
纺织、服装和皮革加工专用设备制造	3.62	10.94	0.82	0.32	0.59	0.74
电子和电工机械专用设备制造	3.24	12.85	0.39	3.07	0.32	3.16
农、林、牧、渔专用机械制造	7.15	18.19	0.93	2.97	0.65	3.52
医疗仪器设备及器械制造	6.89	8.09	0.27	0.70	0.47	0.79
环保、社会公共服务及其他专用设备制造	10.44	25.81	0.97	2.96	0.55	3.16
汽车制造业	1272.82	1448.29	55.52	-13.97	120.79	143.77
汽车整车制造	1169.59	1186.74	46.79	-38.90	113.92	111.80
改装汽车制造	12.26	28.00	1.64	4.90	1.20	5.55
低速载货汽车制造	0.49	1.42	0.08	0.15	0.02	0.41
汽车车身、挂车制造	1.71	3.12	0.20	0.51	0.08	0.59
汽车零部件及配件制造	88.77	229.01	6.82	19.37	5.57	25.43
铁路、船舶、航空航天和其他运输设备制造业	120.62	533.63	20.20	83.44	55.66	101.16
铁路运输设备制造	73.57	212.29	7.81	15.74	5.36	19.18
城市轨道交通设备制造	1.48	4.78	0.28	-0.08	0.42	0.26
船舶及相关装置制造	9.87	116.63	4.56	35.99	41.98	46.08
航空、航天器及设备制造	24.88	175.38	6.84	29.98	7.02	33.38
摩托车制造	9.80	22.00	0.64	1.49	0.86	1.95
自行车制造	0.54	0.78	0.03	0.06		0.07
潜水救捞及其他未列明运输设备制造	0.44	1.73	0.05	0.24	0.01	0.22
电气机械和器材制造业	457.43	298.55	11.98	51.96	33.13	83.22
电机制造	39.36	79.54	2.81	23.13	4.09	24.57
输配电及控制设备制造	64.35	114.57	4.61	34.29	3.97	38.14
电线、电缆、光缆及电工器材制造	15.96	26.18	1.10	9.06	0.71	9.04
电池制造	5.97	10.85	0.51	3.47	0.15	3.41
家用电力器具制造	325.48	53.62	2.45	-20.15	23.52	3.85
非电力家用器具制造	1.95	4.99	0.33	1.63	0.61	3.68
照明器具制造	3.74	7.28	0.12	0.38	0.06	0.38
其他电气机械及器材制造	0.62	1.52	0.04	0.16	0.03	0.15

单位：亿元

投资收益(损失以"-"号记)	营业利润	利润总额	亏损企业亏损额	应交增值税	所得税费用	平均用工人数(万人)
8.52	27.18	31.75	3.98	18.99	5.05	5.15
1.76	5.78	8.49	1.21	3.01	0.97	1.03
0.42	0.22	3.41	4.45	4.19	1.07	4.65
0.63	-5.31	2.62	0.38	5.90	1.00	2.22
20.05	37.11	63.57	146.07	130.00	24.61	55.74
11.72	-13.00	-1.28	128.32	95.34	14.65	38.43
0.14	9.36	10.50	6.56	8.62	2.52	3.58
0.48	6.16	6.78	0.02	3.05	0.79	0.88
	-0.39	0.77	1.51	1.63	0.16	0.99
0.97	-2.84	0.60	4.41	2.46	0.46	2.09
2.49	6.97	8.88	0.59	2.70	-0.07	1.60
1.05	-0.32	2.80	2.18	3.44	0.77	3.81
0.95	5.26	6.44	0.38	2.37	0.91	1.19
2.25	25.90	28.08	2.10	10.38	4.43	3.16
679.44	3025.41	3094.55	149.54	1104.04	576.88	122.70
628.69	2806.91	2851.14	115.04	996.97	540.57	84.64
0.14	4.49	9.82	9.31	12.21	1.96	5.24
-0.04	-0.90	-0.80	0.94	0.11	0.03	0.13
0.26	9.79	10.36	0.28	5.45	1.86	0.77
50.39	205.13	224.03	23.97	89.31	32.46	31.93
21.26	269.19	329.58	90.73	143.82	59.71	74.03
13.66	196.27	206.16	18.93	93.37	27.88	21.48
0.01	0.93	1.15	0.62	2.05	0.23	0.49
1.93	8.36	34.86	59.18	21.14	16.48	16.34
4.20	59.62	77.90	8.90	19.18	13.20	31.76
1.31	5.04	9.23	2.38	7.45	1.65	3.65
0.15	-0.50	0.69		0.17	0.21	0.13
	-0.44	-0.32	0.64	0.46	0.05	0.17
99.48	255.60	247.75	148.89	189.01	38.51	39.32
2.54	15.72	21.44	17.02	33.22	3.08	9.34
20.15	-6.92	1.50	122.19	52.50	13.54	12.71
-1.61	37.62	19.39	2.41	15.58	2.31	3.97
0.59	0.16	1.72	3.71	4.50	-0.35	3.18
77.44	200.58	193.94	0.90	77.84	18.68	7.86
0.27	2.30	3.43	0.97	2.24	0.42	0.93
0.12	5.45	5.58	1.33	2.30	0.68	1.10
	0.70	0.75	0.36	0.82	0.15	0.23

2-2 续表 17

行　　业	销售费用	管理费用		财务费用		
			税　金		利息收入	利息支出
计算机、通信和其他电子设备制造业	382.87	581.99	17.19	87.50	27.90	94.67
计算机制造	45.10	62.63	1.07	5.97	2.95	10.37
通信设备制造	154.46	214.59	2.75	37.93	7.00	28.06
广播电视设备制造	1.60	7.63	0.08	1.19	0.12	1.16
雷达及配套设备制造	7.85	30.86	0.54	3.04	1.86	4.19
视听设备制造	114.61	76.74	6.75	4.49	1.53	7.25
电子器件制造	44.47	139.47	3.97	23.59	11.98	36.64
电子元件制造	9.74	36.79	1.79	3.58	2.34	5.55
其他电子设备制造	5.04	13.28	0.23	7.72	0.12	1.44
仪器仪表制造业	28.19	76.95	2.28	6.54	2.34	7.85
通用仪器仪表制造	21.35	41.06	0.82	5.00	0.82	5.16
专用仪器仪表制造	3.80	18.69	1.19	0.51	1.05	1.22
钟表与计时仪器制造	0.63	0.86	0.01	0.11		0.11
光学仪器及眼镜制造	2.24	15.16	0.25	0.91	0.41	1.30
其他仪器仪表制造业	0.16	1.19	0.03	0.01	0.07	0.06
其他制造业	5.30	39.19	1.04	2.55	2.11	4.58
日用杂品制造	0.02	0.57	0.01	-0.02	0.03	
煤制品制造	0.58	1.40	0.15	0.23	0.01	0.25
废弃资源综合利用业	0.91	3.40	0.28	3.15	0.09	2.40
金属废料和碎屑加工处理	0.34	2.04	0.22	2.63	0.07	1.89
非金属废料和碎屑加工处理	0.57	1.36	0.05	0.53	0.02	0.51
金属制品、机械和设备修理业	2.31	30.84	1.30	5.43	8.31	13.35
金属制品修理	0.02	0.07				
通用设备修理	0.03	0.94	0.01	0.02		0.02
专用设备修理	0.15	0.97	0.01	-0.02	0.04	0.02
铁路、船舶、航空航天等运输设备修理	1.94	26.99	1.24	5.49	8.14	13.25
电气设备修理	0.18	0.78	0.03	0.05		0.06
其他机械和设备修理业		1.02		-0.11	0.11	
电力、热力、燃气及水生产和供应业	**279.85**	**1084.74**	**71.85**	**2174.24**	**92.06**	**2206.40**
电力、热力生产和供应业	125.74	856.59	58.88	2090.93	72.53	2101.40
电力生产	26.78	385.19	43.06	1530.58	39.52	1537.42
电力供应	92.15	399.28	11.67	522.87	29.81	525.14
热力生产和供应	6.81	72.12	4.14	37.47	3.20	38.85
燃气生产和供应业	67.80	80.57	3.57	22.31	7.86	29.26
水的生产和供应业	86.31	147.59	9.40	61.01	11.66	75.74
自来水生产和供应	85.16	137.08	8.56	51.26	10.30	64.84
污水处理及其再生利用	1.11	10.27	0.83	9.05	1.34	10.29
其他水的处理、利用与分配	0.04	0.24	0.02	0.70	0.02	0.61

单位：亿元

投资收益（损失以"-"号记）	营业利润	利润总额	亏损企业亏损额	应交增值税	所得税费用	平均用工人数（万人）
48.85	220.18	365.15	40.31	256.00	45.57	68.68
10.20	31.08	36.89	2.16	16.99	4.11	6.62
24.11	35.73	79.83	5.00	156.37	6.15	19.39
1.06	2.47	3.20	1.25	1.13	0.41	0.77
0.97	21.58	24.88	0.39	2.98	3.40	4.13
4.86	32.32	56.96	0.71	29.64	9.61	11.57
3.36	67.86	125.47	25.21	35.57	16.05	16.81
3.87	23.10	27.53	5.24	8.61	4.24	8.04
0.41	6.04	10.39	0.34	4.70	1.61	1.36
13.94	51.06	63.76	4.67	26.56	6.44	11.01
13.06	34.60	41.28	2.34	18.72	4.00	5.27
0.58	9.46	11.12	1.05	5.67	1.55	2.56
	1.98	2.16	0.03	0.60	0.33	0.20
0.29	3.91	7.87	1.25	1.35	0.54	2.79
0.02	1.12	1.33		0.22	0.03	0.19
3.67	18.89	27.57	2.29	6.57	4.16	6.91
	-0.09		0.04	0.14		0.04
0.02	-0.06	-0.62	0.94	0.67	0.06	0.34
0.08	4.12	6.39	0.41	4.10	1.07	0.58
0.02	2.08	3.98	0.29	3.25	0.66	0.38
0.06	2.04	2.41	0.12	0.85	0.41	0.19
1.00	0.07	2.05	8.56	5.93	1.04	6.44
	-0.02	-0.02	0.04	0.04	0.01	0.04
0.04	0.40	0.43	0.22	0.40	0.13	0.44
	0.96	0.82		0.28	0.13	0.52
0.95	-1.88	0.26	8.10	3.77	0.66	4.79
	0.27	0.15	0.20	0.95	0.08	0.45
	0.31	0.40		0.39	0.03	0.19
532.99	**3661.74**	**3968.04**	**491.20**	**2446.73**	**721.70**	**299.48**
496.93	3484.90	3717.81	417.88	2354.35	663.20	253.69
164.13	2425.52	2588.13	271.67	1132.31	458.14	80.59
322.39	1104.50	1116.67	111.55	1205.68	197.12	157.67
10.41	-45.12	13.01	34.66	16.37	7.94	15.43
20.32	149.26	176.14	23.37	50.59	37.97	12.52
15.74	27.58	74.10	49.95	41.78	20.53	33.27
14.33	-8.20	34.62	45.66	40.39	12.77	31.35
1.41	35.84	39.46	4.17	1.39	7.75	1.90
	-0.06	0.02	0.13			0.02

2-3 私营工业企业主要

行业	企业单位数(个)	工业销售产值(当年价格)	出口交货值	资产总计	固定资产合计
总计	**213789**	**375088.65**	**19019.69**	**213114.42**	**76750.90**
采矿业	**9639**	**17148.91**	**29.63**	**11885.39**	**4053.31**
煤炭开采和洗选业	3865	6077.43	9.04	5571.32	1662.51
烟煤和无烟煤开采洗选	3789	5846.78	9.04	5444.43	1626.87
褐煤开采洗选	55	210.29		121.38	33.42
其他煤炭采选	21	20.36		5.51	2.22
石油和天然气开采业	12	38.26		41.31	23.86
石油开采	9	36.04		31.11	17.09
天然气开采	3	2.22		10.20	6.77
黑色金属矿采选业	2335	5554.74		3485.51	1257.27
铁矿采选	2205	5373.15		3405.20	1232.67
锰矿、铬矿采选	102	140.01		59.94	17.44
其他黑色金属矿采选	28	41.59		20.37	7.16
有色金属矿采选业	986	2233.91	10.96	1316.98	500.38
常用有色金属矿采选	676	1398.54	9.86	874.61	294.90
贵金属矿采选	157	438.87	1.09	207.27	106.03
稀有稀土金属矿采选	153	396.50	0.01	235.10	99.45
非金属矿采选业	2380	3165.60	8.29	1389.33	578.81
土砂石开采	1830	2382.33	5.93	980.87	436.83
化学矿开采	169	221.86	0.40	159.67	38.42
采盐	28	49.52		65.40	18.62
石棉及其他非金属矿采选	353	511.89	1.95	183.39	84.95
开采辅助活动	47	59.77		72.44	25.68
煤炭开采和洗选辅助活动	3	0.77		0.71	0.29
石油和天然气开采辅助活动	40	53.02		69.50	24.80
其他开采辅助活动	4	5.98		2.23	0.59
其他采矿业	14	19.20	1.35	8.49	4.80
制造业	**202941**	**356624.63**	**18990.06**	**198509.70**	**71198.46**
农副食品加工业	15486	31395.97	1129.21	12907.88	5156.85
谷物磨制	4558	8476.46	11.32	2745.40	1145.12
饲料加工	2250	5205.22	15.58	1727.89	696.51
植物油加工	1335	3343.44	11.28	1540.31	574.84
制糖业	103	211.40	0.12	426.08	84.57
屠宰及肉类加工	2450	6255.02	58.76	2735.95	1190.29
水产品加工	1205	2505.71	592.86	1294.70	416.86
蔬菜、水果和坚果加工	2051	2872.20	332.84	1242.68	509.65
其他农副食品加工	1534	2526.53	106.46	1194.87	539.01
食品制造业	4389	7238.70	327.20	3641.74	1500.69
焙烤食品制造	777	1115.74	8.79	502.14	229.14
糖果、巧克力及蜜饯制造	451	647.57	19.62	309.84	116.50

经济指标(大、中类行业)

单位：亿元

固定资产原价	累计折旧	流动资产合计	应收账款	存货	产成品	负债合计
120249.25	**49895.89**	**108457.83**	**27805.40**	**25066.17**	**11435.32**	**111130.10**
5774.76	**2185.06**	**5506.19**	**993.83**	**750.62**	**429.12**	**6665.04**
2178.78	734.21	2763.96	512.18	277.35	147.11	3505.38
2138.86	721.30	2702.56	502.46	271.73	143.39	3444.55
36.59	11.80	58.47	8.79	4.91	3.31	58.18
3.33	1.12	2.93	0.93	0.72	0.41	2.65
38.74	15.33	9.09	0.97	0.98	0.65	23.44
31.70	14.92	6.40	0.90	0.83	0.49	17.01
7.04	0.41	2.69	0.07	0.16	0.16	6.43
1920.83	811.21	1526.73	234.64	270.09	163.60	1926.75
1887.84	800.39	1484.55	223.94	257.54	153.87	1886.93
24.46	8.93	33.55	8.43	9.93	8.23	29.49
8.54	1.89	8.63	2.26	2.62	1.51	10.32
671.70	224.09	599.38	99.33	100.72	57.49	613.21
396.19	136.31	424.17	76.53	63.20	33.87	431.64
127.82	33.18	78.00	10.64	11.80	4.94	56.02
147.69	54.59	97.21	12.16	25.73	18.67	125.55
921.48	386.09	563.43	125.28	97.88	59.35	558.35
690.71	284.29	380.53	87.19	62.62	37.15	367.20
81.87	47.91	86.72	16.57	11.17	8.54	91.01
23.34	5.94	26.81	3.33	5.32	3.93	25.98
125.57	47.95	69.36	18.19	18.77	9.73	74.16
37.69	13.04	40.49	21.02	3.27	0.66	35.36
0.21	0.01	0.32	0.10	0.04	0.04	0.25
36.65	12.79	39.35	20.37	3.03	0.47	34.20
0.83	0.24	0.82	0.55	0.20	0.16	0.91
5.53	1.09	3.11	0.41	0.32	0.26	2.56
112578.28	**47192.27**	**102171.91**	**26677.87**	**24266.10**	**10995.65**	**102713.65**
9161.51	4455.14	6182.55	1046.41	1888.52	868.75	5667.55
2663.26	1612.12	1269.24	194.82	435.87	131.94	982.90
1190.38	534.64	784.67	142.57	237.65	83.83	750.24
958.31	427.39	802.80	93.00	304.39	138.45	683.40
147.04	68.62	311.30	20.85	33.19	17.17	373.85
1909.96	836.08	1244.33	194.78	312.64	173.88	1233.09
662.58	289.84	686.82	163.78	211.82	129.31	647.30
789.51	323.26	561.47	131.45	187.35	97.82	500.27
840.46	363.18	521.92	105.17	165.60	96.34	496.51
2289.27	911.86	1597.43	328.77	453.52	212.23	1538.50
323.47	113.65	209.24	44.06	49.01	19.30	203.59
158.54	50.43	139.46	38.11	41.93	20.54	125.68

2-3 续表 1

行　业	企业单位数（个）	工业销售产值（当年价格）	出口交货值	资产总计	固定资产合计
方便食品制造	759	1229.64	13.91	558.99	242.04
乳制品制造	223	484.99	0.14	312.51	121.91
罐头食品制造	497	847.56	150.27	388.11	151.71
调味品、发酵制品制造	630	1033.65	26.00	631.17	281.18
其他食品制造	1052	1879.54	108.48	938.98	358.20
酒、饮料和精制茶制造业	3280	5194.36	71.64	2931.54	1180.79
酒的制造	1401	2658.47	5.96	1596.01	638.37
饮料制造	826	1450.73	15.38	770.02	341.49
精制茶加工	1053	1085.17	50.31	565.51	200.92
烟草制品业	3	15.49		21.69	6.60
其他烟草制品制造	3	15.49		21.69	6.60
纺织业	14131	20685.93	1397.91	11209.53	4078.76
棉纺织及印染精加工	7600	13097.94	536.28	6847.42	2685.60
毛纺织及染整精加工	788	1098.29	33.07	720.83	187.49
麻纺织及染整精加工	174	340.39	27.01	160.20	67.02
丝绢纺织及印染精加工	599	739.59	50.51	382.65	126.88
化纤织造及印染精加工	975	790.92	79.21	589.85	183.75
针织或钩针编织物及其制品制造	1672	1842.03	243.09	1199.60	386.55
家用纺织制成品制造	1160	1375.06	231.94	631.78	186.68
非家用纺织制成品制造	1163	1401.70	196.80	677.20	254.79
纺织服装、服饰业	8929	10057.47	1522.26	5142.93	1555.34
机织服装制造	6207	7627.38	1005.67	3839.11	1154.09
针织或钩针编织服装制造	2010	1866.93	410.49	1012.15	302.56
服饰制造	712	563.16	106.10	291.67	98.68
皮革、毛皮、羽毛及其制品和制鞋业	4973	6280.18	1018.26	2638.40	849.83
皮革鞣制加工	327	724.77	26.67	340.99	111.76
皮革制品制造	1301	1691.65	294.75	695.02	252.47
毛皮鞣制及制品加工	450	606.39	72.54	213.73	68.68
羽毛(绒)加工及制品制造	354	559.09	65.35	253.71	60.52
制鞋业	2541	2698.29	558.94	1134.95	356.40
木材加工和木、竹、藤、棕、草制品业	6604	9316.09	388.99	3494.93	1526.49
木材加工	1080	1333.45	20.13	457.46	199.67
人造板制造	3613	5598.95	166.76	2021.13	963.39
木制品制造	1404	1896.05	128.75	825.88	295.49
竹、藤、棕、草等制品制造	507	487.63	73.35	190.46	67.94
家具制造业	3204	3847.29	512.59	2183.54	783.45
木质家具制造	2089	2578.81	223.62	1407.22	517.70
竹、藤家具制造	52	90.33	24.34	34.08	10.30
金属家具制造	572	621.58	169.72	416.01	149.94
塑料家具制造	57	42.10	13.62	32.83	11.68
其他家具制造	434	514.48	81.29	293.40	93.83

单位：亿元

固定资产原　　价	累计折旧	流动资产合　　计	应收账款	存货	产成品	负债合计
321.87	98.25	220.11	43.63	58.92	25.62	199.15
276.12	164.60	142.42	30.20	35.59	14.91	158.90
237.64	96.51	184.27	36.38	70.17	45.23	168.58
445.20	188.34	254.87	43.61	74.51	29.36	261.51
526.44	200.07	447.07	92.77	123.39	57.27	421.09
1689.72	635.41	1349.27	240.87	486.92	233.47	1298.68
950.51	390.18	749.27	103.75	312.09	139.68	733.62
489.01	177.78	314.87	68.85	79.31	37.32	346.90
250.20	67.45	285.14	68.27	95.53	56.46	218.16
8.67	2.07	11.47	4.69	3.91	0.72	16.85
8.67	2.07	11.47	4.69	3.91	0.72	16.85
6772.57	2956.93	5848.06	1329.01	1569.84	754.62	6106.54
4450.80	1939.23	3376.76	666.46	872.94	415.00	3629.42
350.99	172.76	464.10	99.38	180.40	82.86	419.01
89.03	28.59	80.50	16.56	29.22	16.16	82.43
204.43	89.53	202.89	43.29	74.31	35.22	209.06
286.05	109.12	343.59	96.77	84.33	45.67	396.07
621.38	257.87	660.45	191.50	153.08	79.00	700.60
345.63	170.53	362.19	104.30	96.98	45.60	321.52
424.27	189.29	357.58	110.76	78.58	35.11	348.43
2551.93	1081.86	2876.24	692.61	766.65	372.54	2548.95
1894.51	801.24	2136.99	487.84	562.59	285.15	1798.37
484.10	202.91	583.53	160.52	161.07	70.62	583.70
173.32	77.70	155.72	44.25	43.00	16.77	166.88
1405.45	604.03	1435.23	420.95	357.20	145.42	1249.69
142.17	41.11	161.31	34.31	49.49	16.31	139.05
332.99	89.95	333.72	81.72	83.32	33.53	330.08
99.76	35.49	126.58	26.00	33.38	10.52	87.96
106.83	51.65	174.63	55.46	48.49	22.84	145.98
723.70	385.83	638.99	223.46	142.52	62.22	546.62
2519.01	1087.13	1535.35	320.54	447.25	206.05	1375.24
312.45	124.07	210.86	42.06	48.53	23.25	164.52
1607.28	704.73	840.57	159.21	233.35	116.05	762.18
507.28	228.33	391.08	90.67	135.29	51.62	364.60
91.99	30.00	92.84	28.60	30.09	15.13	83.94
1193.03	461.43	1112.07	234.98	302.35	131.47	1039.00
800.71	321.53	707.25	133.18	209.64	96.57	661.46
12.85	2.68	19.19	4.95	8.13	3.68	19.91
206.56	61.42	221.50	57.05	46.13	16.99	190.71
17.14	5.49	14.25	4.41	3.71	1.79	15.36
155.78	70.31	149.89	35.39	34.75	12.44	151.57

2-3 续表 2

行　业	企业单位数（个）	工业销售产值（当年价格）	出口交货值	资产总计	固定资产合计
造纸和纸制品业	4025	5521.42	98.14	3152.24	1232.74
纸浆制造	23	32.14	0.06	27.39	13.39
造纸	1697	2539.65	44.08	1724.98	672.21
纸制品制造	2305	2949.64	54.00	1399.88	547.13
印刷和记录媒介复制业	3001	3375.08	82.39	1944.01	780.55
印刷	2913	3283.42	77.49	1891.36	761.42
装订及印刷相关服务	81	82.43	4.65	46.27	17.32
记录媒介复制	7	9.23	0.25	6.39	1.81
文教、工美、体育和娱乐用品制造业	4750	7121.37	1724.26	3417.29	959.51
文教办公用品制造	416	515.70	63.79	283.25	91.10
乐器制造	107	131.90	25.36	56.18	24.16
工艺美术品制造	2867	5004.39	1332.29	2361.39	589.04
体育用品制造	502	535.76	87.12	274.03	113.46
玩具制造	716	743.07	180.57	296.77	99.67
游艺器材及娱乐用品制造	142	190.54	35.14	145.67	42.08
石油加工、炼焦和核燃料加工业	1070	5758.94	12.93	5278.58	1575.90
精炼石油产品制造	784	3753.02	11.87	2496.10	689.96
炼焦	286	2005.92	1.06	2782.48	885.94
化学原料和化学制品制造业	13749	30227.05	1001.48	16715.81	6402.93
基础化学原料制造	3249	8392.19	176.52	4657.54	1896.40
肥料制造	1307	2961.76	13.65	2067.82	819.72
农药制造	460	1110.03	53.59	566.60	206.82
涂料、油墨、颜料及类似产品制造	1747	2718.91	66.76	1557.14	496.45
合成材料制造	1450	4278.54	166.38	2514.78	878.78
专用化学产品制造	3930	8376.23	216.14	4231.83	1666.12
炸药、火工及焰火产品制造	872	1138.52	235.63	404.31	207.29
日用化学产品制造	734	1250.87	72.82	715.80	231.34
医药制造业	3120	6995.58	238.92	4537.08	1682.93
化学药品原料药制造	598	1475.88	97.25	832.89	386.78
化学药品制剂制造	342	1092.97	9.09	1008.47	304.98
中药饮片加工	523	830.48	14.92	432.36	160.01
中成药生产	569	1515.77	4.63	912.11	305.10
兽用药品制造	297	648.00	8.32	256.95	133.34
生物药品制造	430	882.76	61.93	765.21	256.42
卫生材料及医药用品制造	361	549.73	42.78	329.09	136.31
化学纤维制造业	1375	3039.93	172.91	2246.09	808.09
纤维素纤维原料及纤维制造	210	987.11	108.21	816.83	361.21
合成纤维制造	1165	2052.81	64.70	1429.27	446.88

单位：亿元

固定资产原价	累计折旧	流动资产合计	应收账款	存货	产成品	负债合计
1866.37	729.69	1560.74	435.01	318.04	148.14	1705.47
25.26	13.01	10.37	-13.38	3.53	1.79	17.56
981.72	369.23	849.56	221.30	168.55	83.53	969.35
859.39	347.44	700.81	227.09	145.96	62.81	718.56
1220.98	493.65	933.03	288.41	194.39	76.52	977.68
1193.54	483.25	910.05	282.42	189.97	74.28	950.23
24.42	9.17	20.31	5.02	3.94	1.88	24.31
3.03	1.22	2.67	0.97	0.48	0.35	3.15
1488.17	588.56	2036.21	651.98	568.47	283.29	1943.67
129.64	41.24	147.34	32.67	42.39	24.12	148.30
43.22	19.74	25.75	5.73	7.86	3.32	19.84
954.39	409.98	1520.99	528.37	433.40	218.35	1406.47
156.47	46.96	131.93	34.03	35.94	16.09	138.91
147.14	51.64	138.04	38.58	35.44	15.97	152.83
57.30	19.00	72.16	12.59	13.44	5.44	77.32
2207.89	833.37	2835.30	466.45	544.93	299.28	3873.54
962.12	382.40	1444.61	237.69	321.54	177.19	1662.70
1245.76	450.97	1390.69	228.77	223.39	122.09	2210.84
10189.96	4402.59	8084.01	1893.20	1763.20	821.26	8697.60
2948.17	1244.86	2110.44	406.36	445.72	181.07	2689.30
1240.23	528.35	1031.34	186.29	238.76	114.36	1170.70
382.20	189.79	275.17	59.79	83.74	50.86	265.12
947.25	471.71	845.03	278.32	176.14	75.95	781.15
1314.48	528.50	1262.52	329.82	278.21	129.73	1432.60
2701.71	1193.79	2006.83	514.41	433.53	211.14	1962.93
267.26	70.67	144.06	39.75	28.92	17.88	121.80
388.66	174.92	408.63	78.46	78.18	40.29	274.00
2674.74	1125.26	2157.91	488.26	469.10	233.05	2011.05
562.45	202.04	346.47	78.11	90.99	43.60	395.39
489.36	208.92	545.10	105.23	74.09	37.02	504.83
230.39	90.38	209.32	73.54	59.23	27.36	187.57
562.09	287.11	473.23	113.67	129.54	60.06	414.43
235.97	110.92	93.10	21.07	19.91	10.16	86.84
402.68	162.43	342.44	56.14	55.48	28.15	281.14
191.80	63.46	148.25	40.50	39.86	26.71	140.85
1165.72	428.19	1141.49	201.03	248.35	122.27	1453.84
504.11	178.44	352.59	52.39	92.69	36.59	510.95
661.61	249.76	788.90	148.64	155.66	85.68	942.89

2-3 续表 3

行　　业	企业单位数（个）	工业销售产值（当年价格）	出口交货值	资产总计	固定资产合计
橡胶和塑料制品业	10427	15030.83	1081.69	7942.73	2911.63
橡胶制品业	1923	4433.98	549.43	2449.15	943.19
塑料制品业	8504	10596.85	532.26	5493.58	1968.43
非金属矿物制品业	20235	30424.33	630.05	18007.94	7246.27
水泥、石灰和石膏制造	2007	3651.62	10.02	3086.67	1435.74
石膏、水泥制品及类似制品制造	5414	6575.53	11.33	4380.54	1401.00
砖瓦、石材等建筑材料制造	6096	8708.46	146.93	4164.99	1877.14
玻璃制造	420	652.22	10.18	764.64	281.73
玻璃制品制造	1277	2066.90	87.42	1201.50	458.21
玻璃纤维和玻璃纤维增强塑料制品制造	823	1462.34	30.57	711.84	343.86
陶瓷制品制造	1239	1977.25	205.81	843.64	384.63
耐火材料制品制造	1408	2640.73	56.32	1366.51	472.75
石墨及其他非金属矿物制品制造	1551	2689.27	71.47	1487.61	591.22
黑色金属冶炼和压延加工业	6852	25560.66	352.77	13477.73	5854.64
炼铁	206	989.23	8.73	539.83	213.60
炼钢	127	2223.20	1.43	1864.80	1061.67
黑色金属铸造	2741	4683.19	153.72	2003.99	925.71
钢压延加工	2946	15526.06	158.94	7819.67	3232.80
铁合金冶炼	832	2138.97	29.95	1249.44	420.87
有色金属冶炼和压延加工业	4284	16411.49	288.52	8551.58	2915.45
常用有色金属冶炼	849	3570.22	24.97	2557.89	898.29
贵金属冶炼	133	686.37	13.48	324.90	77.46
稀有稀土金属冶炼	220	816.26	15.03	420.27	139.47
有色金属合金制造	543	1364.58	49.18	674.22	200.30
有色金属铸造	110	140.24	2.16	65.09	19.76
有色金属压延加工	2429	9833.84	183.70	4509.21	1580.17
金属制品业	12806	19893.84	1136.65	12163.29	4980.59
结构性金属制品制造	4224	7172.54	169.39	3898.48	1233.50
金属工具制造	1091	1309.96	233.86	595.83	236.31
集装箱及金属包装容器制造	707	1046.29	84.64	668.28	208.87
金属丝绳及其制品制造	971	1929.87	83.70	914.02	276.19
建筑、安全用金属制品制造	1594	2192.12	182.66	2715.47	1970.29
金属表面处理及热处理加工	866	1323.85	22.02	802.54	211.89
搪瓷制品制造	104	153.72	16.85	64.58	26.66
金属制日用品制造	1087	1261.03	230.71	703.44	184.99
其他金属制品制造	2162	3504.45	112.83	1800.64	631.90
通用设备制造业	14801	21051.30	900.08	11825.46	3986.43
锅炉及原动设备制造	1016	1894.85	50.23	1188.98	385.32
金属加工机械制造	2139	3135.27	85.13	1712.21	656.59
物料搬运设备制造	1304	2046.43	68.28	1374.19	380.76
泵、阀门、压缩机及类似机械制造	2989	4248.88	210.04	2351.30	756.86

单位：亿元

固定资产原价	累计折旧	流动资产合计	应收账款	存货	产成品	负债合计
4629.61	1955.35	4179.21	1206.58	888.89	444.09	3851.29
1591.55	731.47	1292.07	314.12	260.24	145.16	1138.25
3038.06	1223.88	2887.14	892.46	628.65	298.93	2713.04
11074.73	4371.23	8469.16	2593.47	1623.87	771.86	8946.60
2073.84	775.89	1243.36	250.40	217.37	75.06	1832.45
2301.18	1001.04	2558.18	1184.94	344.52	148.42	2512.73
2823.65	1085.29	1684.44	417.72	450.51	252.33	1633.84
384.03	114.44	352.07	45.97	72.36	25.74	441.84
824.06	396.48	592.92	144.36	128.12	63.80	664.99
525.93	200.26	288.94	86.67	52.94	24.02	268.86
622.65	254.66	340.95	82.37	98.08	57.23	316.67
658.94	224.38	691.01	209.32	99.21	54.09	510.71
860.47	318.79	717.30	171.72	160.76	71.17	764.52
9874.36	4524.74	6122.43	990.47	1602.72	731.09	7962.17
457.85	255.70	262.64	43.25	65.08	33.06	355.84
1591.63	607.28	550.28	58.48	156.26	71.49	1179.57
1557.22	690.92	859.07	252.11	189.66	101.94	873.52
5533.50	2587.29	3790.99	514.05	991.14	430.45	4716.50
734.17	383.56	659.45	122.59	200.58	94.16	836.74
4069.89	1510.09	4605.52	869.37	1285.41	522.19	4914.38
1083.00	280.46	1284.45	163.76	445.98	135.50	1763.97
80.43	23.78	215.36	11.66	108.92	83.52	217.49
150.87	40.68	228.81	45.18	90.09	48.26	208.26
286.50	102.60	371.53	114.14	94.17	40.30	371.44
29.93	11.56	37.68	12.85	9.15	4.33	39.60
2439.17	1051.00	2467.69	521.77	537.10	210.27	2313.61
6928.19	2382.30	5833.77	1642.13	1324.59	569.53	5817.09
1916.09	779.28	2155.35	614.55	479.42	196.83	2109.83
415.92	200.84	293.59	77.05	73.51	32.17	289.78
326.19	135.48	369.04	107.28	97.15	32.46	353.32
471.66	209.02	492.68	140.01	115.45	53.68	469.76
2064.92	297.36	593.25	178.35	136.96	62.38	682.75
331.00	134.70	517.47	127.14	96.57	41.75	534.41
59.86	34.19	33.47	10.39	10.11	4.31	35.98
344.16	177.60	407.46	97.46	95.21	44.29	405.90
998.40	413.84	971.45	289.88	220.21	101.66	935.37
6537.70	2826.94	6286.19	1984.00	1559.55	663.96	5732.38
671.66	310.33	640.91	188.83	176.11	62.61	594.93
1192.38	581.07	842.20	237.41	244.08	100.62	804.92
662.95	309.37	804.91	238.07	183.97	65.34	672.33
1241.18	544.42	1278.92	435.45	307.36	135.06	1125.88

2-3 续表 4

行 业	企业单位数（个）	工业销售产值（当年价格）	出口交货值	资产总计	固定资产合计
轴承、齿轮和传动部件制造	1877	2743.36	99.47	1467.03	540.06
烘炉、风机、衡器、包装等设备制造	1642	2333.29	175.97	1357.03	407.09
文化、办公用机械制造	157	218.34	39.76	153.76	37.03
通用零部件制造	3096	3758.18	159.05	1860.52	700.29
其他通用设备制造业	581	672.69	12.14	360.45	122.42
专用设备制造业	9819	14865.34	561.21	9198.31	3184.87
采矿、冶金、建筑专用设备制造	2930	5451.53	127.56	3348.16	1215.03
化工、木材、非金属加工专用设备制造	1760	2224.55	110.35	1449.33	448.15
食品、饮料、烟草及饲料生产专用设备制造	468	627.04	28.53	329.75	111.30
印刷、制药、日化及日用品生产专用设备制造	523	648.85	29.63	356.58	114.25
纺织、服装和皮革加工专用设备制造	659	791.07	33.79	475.19	168.17
电子和电工机械专用设备制造	479	677.96	27.96	434.87	131.20
农、林、牧、渔专用机械制造	971	1314.32	42.82	603.12	269.37
医疗仪器设备及器械制造	569	823.20	90.29	563.33	165.16
环保、社会公共服务及其他专用设备制造	1460	2306.81	70.26	1637.98	562.23
汽车制造业	6767	11130.26	401.28	7138.17	2269.90
汽车整车制造	84	917.41	33.13	921.63	204.76
改装汽车制造	228	793.58	11.38	502.89	158.99
低速载货汽车制造	8	25.06		6.71	3.00
电车制造	57	64.70	0.05	70.82	37.85
汽车车身、挂车制造	182	351.91	1.77	208.69	60.70
汽车零部件及配件制造	6208	8977.61	354.95	5427.42	1804.61
铁路、船舶、航空航天和其他运输设备制造业	2665	5517.28	499.91	3532.38	1103.11
铁路运输设备制造	363	673.99	5.93	565.90	142.73
城市轨道交通设备制造	17	29.36		19.33	4.60
船舶及相关装置制造	737	1875.28	162.57	1175.12	433.14
航空、航天器及设备制造	57	258.24	44.62	158.61	55.16
摩托车制造	871	1824.85	214.88	1195.86	343.62
自行车制造	502	724.73	64.32	355.63	96.55
非公路休闲车及零配件制造	47	35.21	3.41	19.93	6.17
潜水救捞及其他未列明运输设备制造	71	95.63	4.18	42.01	21.14
电气机械和器材制造业	12782	24284.30	1585.22	14919.45	3975.48
电机制造	1560	2778.03	299.52	1871.22	415.80
输配电及控制设备制造	4264	7623.31	284.55	5061.11	1413.53
电线、电缆、光缆及电工器材制造	2768	7446.05	142.98	4256.24	1068.15
电池制造	645	1508.02	84.77	895.40	264.03
家用电力器具制造	1448	2442.67	471.26	1340.92	340.04
非电力家用器具制造	376	481.54	38.84	287.85	101.99
照明器具制造	1503	1776.31	251.20	1065.94	334.41
其他电气机械及器材制造	218	228.37	12.10	140.77	37.53

单位：亿元

固定资产原价	累计折旧	流动资产合计	应收账款	存货	产成品	负债合计
828.01	317.47	702.84	224.60	175.16	93.10	670.05
604.83	226.48	752.49	220.21	192.60	77.82	674.40
56.12	23.13	97.93	31.58	25.04	8.37	81.80
1090.96	440.25	967.59	342.94	207.79	101.29	945.53
189.62	74.43	198.40	64.90	47.45	19.74	162.53
5097.27	2131.57	4924.92	1503.59	1183.00	459.47	4285.20
1996.24	845.93	1781.34	578.13	420.13	167.65	1457.48
792.87	369.82	818.22	276.24	200.40	75.56	805.31
169.29	67.65	174.79	42.47	51.81	20.27	143.85
233.38	128.06	201.24	50.85	53.00	18.26	175.84
246.86	104.04	249.34	74.96	63.57	25.63	241.12
246.87	121.82	239.73	74.95	54.69	21.45	192.58
394.82	148.51	269.82	64.71	70.53	34.72	262.45
262.88	107.69	297.92	81.00	67.83	28.52	241.58
754.05	238.05	892.51	260.26	201.03	67.40	764.99
3533.83	1447.20	3916.25	1103.68	867.02	414.02	4111.98
291.72	114.41	538.13	60.85	84.38	36.24	731.97
226.85	86.72	263.26	53.27	73.64	30.81	261.08
3.90	1.37	3.13	0.26	0.71	0.45	2.54
43.91	8.57	19.62	4.65	6.63	2.67	21.55
80.85	24.47	112.77	19.91	18.20	6.58	113.43
2886.61	1211.66	2979.36	964.74	683.47	337.26	2981.41
1743.01	715.01	1981.89	546.93	448.97	139.07	2032.18
285.32	149.58	352.83	117.60	77.48	21.56	319.77
7.65	3.07	11.74	6.72	2.06	0.86	10.43
611.50	205.42	597.67	123.41	191.48	40.72	732.30
112.05	57.61	73.02	23.26	20.47	10.67	78.00
567.45	248.86	709.48	207.19	106.88	44.77	638.79
121.69	35.29	210.02	60.99	43.24	17.16	219.29
9.21	3.42	11.45	2.18	2.87	1.32	11.45
28.14	11.76	15.67	5.57	4.48	2.02	22.17
6344.57	2646.32	8867.67	3119.16	1763.32	819.80	7907.14
728.93	327.62	1158.41	367.12	248.75	95.19	1077.35
2306.62	1022.63	2930.33	1097.95	527.26	241.22	2649.49
1685.79	684.98	2644.79	1033.14	447.54	242.81	2102.82
383.56	136.02	512.75	147.58	144.82	64.06	490.91
524.58	206.79	807.30	216.66	209.90	93.25	847.27
142.10	45.16	144.44	38.53	30.86	12.73	140.19
501.88	187.44	587.58	187.65	134.91	62.49	537.10
71.12	35.68	82.07	30.53	19.27	8.05	62.02

2-3 续表 5

行业	企业单位数（个）	工业销售产值（当年价格）	出口交货值	资产总计	固定资产合计
计算机、通信和其他电子设备制造业	5515	10001.95	1471.20	6734.33	1602.87
计算机制造	452	777.07	133.03	465.93	97.54
通信设备制造	600	2266.25	490.13	1290.63	168.80
广播电视设备制造	317	532.28	78.83	383.36	93.04
雷达及配套设备制造	15	20.88	0.53	11.02	5.05
视听设备制造	435	701.87	181.12	394.43	80.25
电子器件制造	1017	1865.10	257.83	1799.67	463.50
电子元件制造	2184	3172.48	277.89	1914.63	565.97
其他电子设备制造	495	666.01	51.85	474.65	128.73
仪器仪表制造业	1977	3273.23	179.49	2066.79	634.71
通用仪器仪表制造	1222	2276.87	103.75	1396.23	358.78
专用仪器仪表制造	419	704.97	27.15	444.46	138.80
钟表与计时仪器制造	58	46.12	13.70	39.19	7.63
光学仪器及眼镜制造	206	164.78	33.27	131.74	109.14
其他仪器仪表制造业	72	80.48	1.61	55.17	20.35
其他制造业	972	1151.17	182.05	504.49	168.33
日用杂品制造	626	738.43	170.73	317.46	99.56
煤制品制造	78	130.42		48.67	21.78
废弃资源综合利用业	809	1743.90	1.41	852.10	231.82
金属废料和碎屑加工处理	469	1411.67	0.01	649.74	150.39
非金属废料和碎屑加工处理	340	332.23	1.40	202.36	81.43
金属制品、机械和设备修理业	141	213.88	19.44	131.66	50.93
金属制品修理	22	29.78	0.05	14.88	6.44
通用设备修理	14	29.95		12.17	3.29
专用设备修理	14	12.89	0.16	7.91	2.07
铁路、船舶、航空航天等运输设备修理	73	115.91	18.84	81.14	33.18
电气设备修理	4	7.58	0.15	1.32	0.48
其他机械和设备修理业	13	17.58	0.19	14.02	5.44
电力、热力、燃气及水生产和供应业	**1209**	**1315.11**		**2719.34**	**1499.13**
电力、热力生产和供应业	778	748.65		2170.78	1266.42
电力生产	479	441.57		1625.89	1013.55
电力供应	19	27.32		24.77	5.47
热力生产和供应	280	279.76		520.12	247.40
燃气生产和供应业	283	454.44		368.75	150.11
水的生产和供应业	148	112.02		179.81	82.61
自来水生产和供应	63	37.91		78.19	36.24
污水处理及其再生利用	76	66.08		94.88	43.48
其他水的处理、利用与分配	9	8.04		6.74	2.89

单位：亿元

固定资产原价	累计折旧	流动资产合计	应收账款	存货	产成品	负债合计
2580.51	1089.47	4253.94	1470.87	877.81	345.77	3803.63
137.86	56.45	325.59	101.39	85.29	36.35	241.56
269.15	111.91	991.22	359.83	197.75	64.80	900.32
229.53	142.01	251.40	89.69	51.36	21.27	203.47
4.55	1.21	5.75	1.94	1.16	0.49	4.27
135.98	59.25	262.03	96.15	54.83	24.89	248.71
690.98	259.77	1044.08	316.16	203.77	78.38	958.04
923.64	384.68	1103.72	417.06	226.67	96.28	1029.35
188.82	74.19	270.16	88.66	57.00	23.31	217.91
1035.42	489.84	1210.64	401.42	269.41	104.14	997.90
694.34	349.41	823.81	280.18	181.51	70.15	663.50
225.58	95.87	260.87	85.91	49.83	17.74	213.03
11.41	4.35	27.42	6.11	8.39	4.54	22.44
72.64	28.57	71.63	21.36	24.30	9.72	71.89
31.45	11.63	26.92	7.86	5.38	2.00	27.04
276.82	118.23	275.60	83.61	67.64	30.41	258.93
171.07	75.74	183.44	57.21	46.63	20.69	168.04
29.98	10.19	19.63	4.87	5.11	2.61	24.09
367.00	154.98	490.27	99.79	110.62	66.76	523.22
221.87	87.63	399.27	74.11	90.34	56.85	423.27
145.13	67.36	91.00	25.69	20.28	9.91	99.94
80.38	31.85	58.07	19.64	10.63	4.40	65.69
13.23	6.80	7.80	3.72	1.29	0.65	7.15
7.40	4.16	7.90	2.03	0.96	0.60	3.04
2.74	0.69	5.46	2.66	1.20	0.42	4.15
44.58	13.65	28.51	8.16	4.61	0.75	46.42
0.64	0.16	0.82	0.24	0.22	0.12	0.54
11.76	6.40	7.44	2.80	2.32	1.87	4.27
1896.22	**518.55**	**779.73**	**133.71**	**49.45**	**10.55**	**1751.41**
1606.82	435.37	586.25	106.71	33.15	3.88	1408.71
1225.86	291.25	355.07	75.56	15.33	2.80	1014.16
7.95	2.82	14.91	1.19	0.04		16.92
373.02	141.30	216.28	29.97	17.78	1.08	377.63
182.00	49.20	140.22	17.84	8.92	4.22	235.45
107.39	33.99	53.26	9.15	7.38	2.45	107.24
46.04	15.27	21.91	1.72	1.32	0.59	52.22
57.80	18.03	28.22	6.53	4.85	1.52	52.03
3.55	0.69	3.12	0.91	1.22	0.34	2.99

2-3 续表 6

行 业	流动负债合 计	应付账款	所 有 者权益合计	实收资本	国家资本
总 计	**91066.68**	**20541.78**	**99880.35**	**42631.54**	**178.38**
采矿业	**5146.13**	**1004.64**	**5069.69**	**2175.24**	**11.91**
煤炭开采和洗选业	2666.49	518.05	2008.81	859.52	9.70
烟煤和无烟煤开采洗选	2625.50	509.64	1943.16	841.39	9.66
褐煤开采洗选	39.16	7.46	62.78	16.62	
其他煤炭采选	1.83	0.95	2.86	1.51	0.03
石油和天然气开采业	13.77	9.09	16.93	6.64	
石油开采	11.66	5.25	13.28	6.11	
天然气开采	2.11	3.84	3.65	0.53	
黑色金属矿采选业	1547.45	302.60	1515.49	712.70	0.24
铁矿采选	1519.02	297.65	1475.94	695.82	0.19
锰矿、铬矿采选	21.22	4.41	29.99	13.79	0.05
其他黑色金属矿采选	7.21	0.54	9.56	3.09	
有色金属矿采选业	483.78	81.84	688.26	265.47	1.42
常用有色金属矿采选	342.78	50.05	430.77	166.50	0.20
贵金属矿采选	35.84	4.70	150.20	54.08	0.20
稀有稀土金属矿采选	105.16	27.09	107.29	44.89	1.02
非金属矿采选业	401.23	76.27	798.29	311.93	0.56
土砂石开采	279.11	55.68	589.47	236.45	0.48
化学矿开采	62.53	8.29	67.18	26.01	
采盐	8.38	0.92	35.82	5.28	
石棉及其他非金属矿采选	51.21	11.38	105.83	44.19	0.07
开采辅助活动	31.77	16.65	35.98	15.83	
煤炭开采和洗选辅助活动	0.25		0.46	0.42	
石油和天然气开采辅助活动	30.70	16.18	34.99	14.88	
其他开采辅助活动	0.82	0.47	0.53	0.54	
其他采矿业	1.64	0.14	5.93	3.15	
制造业	**84949.98**	**19328.87**	**93857.97**	**39884.54**	**146.65**
农副食品加工业	4439.94	753.85	7022.96	2535.15	6.89
谷物磨制	730.56	107.24	1696.23	686.65	1.72
饲料加工	579.49	125.68	949.94	354.08	0.46
植物油加工	553.15	77.82	821.90	272.39	1.37
制糖业	310.90	27.05	49.56	37.73	
屠宰及肉类加工	942.01	168.41	1460.84	495.39	1.07
水产品加工	553.59	97.30	635.99	229.50	0.52
蔬菜、水果和坚果加工	392.30	72.05	726.67	226.57	0.74
其他农副食品加工	377.95	78.31	681.83	232.84	1.01
食品制造业	1198.79	257.74	2065.74	840.47	2.65
焙烤食品制造	165.55	32.86	291.65	126.23	0.18
糖果、巧克力及蜜饯制造	110.76	30.38	177.15	65.60	0.10

单位：亿元

集体资本	法人资本	个人资本	港澳台资本	外商资本	主营业务收入	主营业务成本	主营业务税金及附加
482.84	**17359.45**	**23891.55**	**116.05**	**126.89**	**372175.70**	**322482.84**	**2505.60**
27.35	**836.69**	**1283.35**	**1.43**	**0.65**	**16678.18**	**13755.90**	**243.74**
9.70	336.93	490.28	0.45	0.36	5875.13	4795.17	85.05
9.66	325.78	483.37	0.45	0.36	5628.06	4635.88	82.14
0.04	10.45	6.13			226.72	142.59	2.65
	0.70	0.78			20.36	16.70	0.26
	0.53	6.11			36.25	29.65	1.14
		6.11			31.49	25.28	1.12
	0.53				4.77	4.37	0.02
3.06	277.59	430.74	0.96	0.02	5422.70	4493.30	90.54
2.87	271.80	419.89	0.96	0.02	5245.08	4342.76	88.49
0.08	4.55	9.11			138.26	114.33	1.88
0.10	1.24	1.74			39.36	36.21	0.17
10.52	92.76	159.50	0.02	0.04	2178.59	1830.03	19.25
4.44	64.05	97.74	0.02	0.04	1364.78	1136.48	13.49
5.60	15.17	31.91			435.36	365.83	2.29
0.48	13.54	29.85			378.46	327.72	3.47
4.01	124.71	181.97		0.22	3082.66	2541.76	46.57
2.79	91.82	141.06		0.19	2333.29	1928.00	32.99
0.89	11.57	13.54			208.62	165.83	5.21
0.10	2.83	2.35			57.54	48.59	0.60
0.23	18.49	25.03		0.03	483.21	399.35	7.77
0.06	3.23	12.55			63.52	51.50	0.97
		0.42			1.74	1.73	0.01
0.06	3.09	11.73			55.82	45.26	0.90
	0.14	0.40			5.96	4.51	0.06
	0.95	2.20			19.32	14.49	0.23
442.17	**16173.18**	**22425.97**	**108.33**	**125.82**	**354174.30**	**307648.92**	**2253.12**
30.67	983.24	1473.56	9.03	6.29	31156.85	27506.65	169.22
4.73	245.65	423.51	1.92	0.03	8460.57	7487.83	49.03
4.99	165.29	172.89	0.09		5225.82	4670.04	23.04
2.19	100.97	167.71	0.02	0.09	3302.92	2933.68	16.61
0.39	24.96	10.25			206.69	187.87	1.13
7.94	196.74	282.76	1.66	1.81	6131.13	5448.31	30.82
1.50	84.72	136.04	4.63	2.08	2498.15	2221.58	14.95
1.06	81.97	140.43	0.59	1.78	2840.20	2419.49	17.43
7.86	82.94	139.99	0.12	0.50	2491.38	2137.84	16.21
19.15	420.06	390.99	3.62	3.00	7136.47	6040.11	48.97
0.39	58.99	66.62	0.13	0.01	1110.41	918.49	8.34
0.12	23.29	42.03		0.05	646.15	534.67	5.15

2-3 续表 7

行　业	流动负债合　计	应付账款	所有者权益合计	实收资本	国家资本
方便食品制造	161.61	35.00	356.56	159.38	0.79
乳制品制造	126.66	32.72	152.80	72.49	0.05
罐头食品制造	134.65	28.73	216.68	95.12	0.56
调味品、发酵制品制造	176.59	33.54	363.50	116.58	0.82
其他食品制造	322.97	64.53	507.41	205.08	0.15
酒、饮料和精制茶制造业	974.48	178.24	1619.91	604.35	2.82
酒的制造	539.86	79.66	863.62	315.00	1.46
饮料制造	265.36	60.85	413.83	172.15	0.25
精制茶加工	169.26	37.73	342.46	117.20	1.12
烟草制品业	16.85	7.24	4.84	1.40	
其他烟草制品制造	16.85	7.24	4.84	1.40	
纺织业	5152.27	812.42	4985.46	2109.90	4.43
棉纺织及印染精加工	2997.58	443.61	3151.00	1340.17	3.06
毛纺织及染整精加工	383.01	61.59	296.19	127.46	
麻纺织及染整精加工	68.91	9.19	77.47	29.38	0.59
丝绢纺织及印染精加工	181.32	29.89	169.62	51.19	0.10
化纤织造及印染精加工	370.21	45.24	191.59	100.76	0.15
针织或钩针编织物及其制品制造	573.81	92.85	481.33	210.33	0.16
家用纺织制成品制造	281.31	64.49	296.85	127.41	0.17
非家用纺织制成品制造	296.12	65.56	321.41	123.19	0.20
纺织服装、服饰业	2134.69	538.27	2530.97	937.04	1.55
机织服装制造	1480.70	377.33	1991.66	717.25	1.40
针织或钩针编织服装制造	505.47	120.13	419.31	154.56	0.14
服饰制造	148.52	40.80	120.01	65.24	0.01
皮革、毛皮、羽毛及其制品和制鞋业	1067.10	241.62	1355.19	461.39	0.34
皮革鞣制加工	108.14	18.22	194.67	46.34	
皮革制品制造	300.33	68.37	360.75	100.61	0.01
毛皮鞣制及制品加工	68.45	10.93	121.70	38.55	
羽毛(绒)加工及制品制造	134.10	26.65	110.67	44.60	0.21
制鞋业	456.09	117.45	567.40	231.30	0.11
木材加工和木、竹、藤、棕、草制品业	1025.38	192.14	2063.52	811.88	1.89
木材加工	127.43	26.52	285.69	116.35	0.03
人造板制造	539.27	99.61	1223.39	476.21	1.69
木制品制造	299.65	54.05	450.52	182.16	0.15
竹、藤、棕、草等制品制造	59.02	11.96	103.91	37.15	0.03
家具制造业	862.90	190.38	1114.93	488.82	1.10
木质家具制造	537.56	109.54	729.85	304.97	0.88
竹、藤家具制造	15.08	1.87	14.14	6.47	
金属家具制造	171.10	48.45	213.77	127.29	0.20
塑料家具制造	14.19	2.84	16.75	6.22	0.02
其他家具制造	124.98	27.68	140.43	43.86	

单位：亿元

集体资本	法人资本	个人资本	港澳台资本	外商资本	主营业务收　入	主营业务成　本	主营业务税金及附加
11.20	74.33	70.24	0.30	2.21	1215.58	1045.79	8.07
0.07	47.02	25.06		0.05	473.89	392.49	2.42
0.65	50.04	43.88			846.56	745.78	5.60
4.10	57.83	52.99	0.06	0.23	1002.11	843.81	7.66
2.61	108.56	90.17	3.13	0.43	1841.77	1559.09	11.73
8.22	246.41	338.39	2.27	4.16	5072.16	4107.51	111.33
2.46	119.93	186.51	1.01	1.97	2607.13	2112.87	90.54
2.80	76.72	88.50	1.26	2.19	1401.36	1140.33	10.43
2.96	49.75	63.39			1063.67	854.31	10.36
1.40					15.28	13.05	0.07
1.40					15.28	13.05	0.07
12.70	650.92	1421.23	11.66	6.99	20661.30	18256.87	119.70
7.87	403.01	912.94	8.22	4.48	13067.80	11589.67	76.40
0.82	51.49	73.74	0.98	0.44	1116.31	986.37	5.63
0.65	9.13	18.58	0.10		336.61	298.49	2.41
0.44	14.24	36.02	0.06	0.04	738.67	650.08	3.92
0.97	33.01	66.02	0.60		790.10	703.37	3.91
0.68	56.42	150.63	0.66	1.17	1841.82	1618.12	11.31
0.43	42.47	83.76	0.40	0.18	1367.24	1194.71	7.59
0.85	41.14	79.54	0.65	0.69	1402.74	1216.06	8.54
6.54	362.27	559.35	5.30	2.03	10070.32	8663.03	69.61
4.43	290.61	415.20	3.77	1.81	7656.41	6571.72	50.96
1.53	43.75	107.53	1.51	0.17	1854.45	1605.52	15.07
0.58	27.91	36.62	0.02	0.05	559.46	485.79	3.58
1.83	154.22	299.53	1.53	3.13	6245.91	5386.72	38.13
0.60	12.50	33.20		0.04	728.27	619.62	3.28
0.35	29.50	69.31	0.17	1.27	1690.30	1438.95	9.65
	17.29	20.82		0.08	596.59	525.49	2.75
0.44	15.26	28.60			551.87	494.10	2.45
0.45	79.67	147.59	1.36	1.74	2678.88	2308.55	20.00
5.91	266.68	535.06	0.90	1.32	9157.52	7928.76	64.63
0.54	50.97	63.91	0.02	0.80	1269.24	1085.53	10.90
4.39	147.07	322.23	0.27	0.48	5524.98	4819.86	36.53
0.92	57.21	123.32	0.57	0.03	1869.16	1603.33	13.09
0.05	11.42	25.60	0.04	0.01	494.15	420.04	4.12
3.19	166.35	314.81	2.07	0.99	3807.75	3217.10	26.79
2.39	128.74	170.96	1.28	0.44	2552.41	2163.67	19.40
	2.17	4.30			87.70	74.85	0.60
0.71	16.89	108.93	0.21	0.33	620.18	516.93	4.18
	1.68	4.52			41.88	34.98	0.32
0.09	16.87	26.10	0.58	0.22	505.58	426.67	2.29

2-3 续表 8

行　业	流动负债合计	应付账款	所有者权益合计	实收资本	国家资本
造纸和纸制品业	1394.99	294.27	1415.91	687.20	0.38
纸浆制造	15.45	3.71	8.81	8.55	
造纸	784.21	143.34	744.53	329.60	0.20
纸制品制造	595.33	147.22	662.57	349.04	0.18
印刷和记录媒介复制业	812.25	199.00	950.85	390.77	0.83
印刷	792.58	195.09	926.85	381.22	0.83
装订及印刷相关服务	18.85	3.74	21.45	8.16	
记录媒介复制	0.81	0.17	2.55	1.39	
文教、工美、体育和娱乐用品制造业	1718.55	545.81	1451.77	864.10	0.20
文教办公用品制造	130.33	21.72	131.42	42.13	0.12
乐器制造	15.64	3.85	36.01	11.53	
工艺美术品制造	1250.82	444.74	942.01	677.38	0.07
体育用品制造	116.41	30.56	133.59	58.94	0.02
玩具制造	130.66	31.09	141.63	48.04	
游艺器材及娱乐用品制造	74.69	13.84	67.12	26.08	
石油加工、炼焦和核燃料加工业	3095.95	584.91	1361.36	1088.98	6.79
精炼石油产品制造	1404.12	206.79	797.68	285.59	0.07
炼焦	1691.83	378.13	563.69	803.39	6.72
化学原料和化学制品制造业	6953.04	1472.39	7879.24	3103.61	15.00
基础化学原料制造	2075.01	368.92	1953.09	879.88	7.22
肥料制造	856.75	183.58	865.46	343.96	3.20
农药制造	224.47	47.17	291.64	121.66	0.03
涂料、油墨、颜料及类似产品制造	686.84	172.80	769.95	283.45	0.41
合成材料制造	1204.79	299.74	1063.75	397.72	0.63
专用化学产品制造	1582.07	320.58	2216.98	846.96	3.45
炸药、火工及焰火产品制造	89.47	26.86	279.64	89.94	0.03
日用化学产品制造	233.64	52.73	438.72	140.03	0.03
医药制造业	1527.16	312.93	2471.84	874.26	6.42
化学药品原料药制造	318.57	62.50	434.82	182.57	3.00
化学药品制剂制造	370.11	57.01	484.70	179.41	0.30
中药饮片加工	148.12	45.31	238.42	83.54	0.15
中成药生产	326.49	78.17	483.67	171.22	1.42
兽用药品制造	61.74	11.30	165.89	63.92	0.94
生物药品制造	194.92	38.41	477.99	126.82	0.20
卫生材料及医药用品制造	107.23	20.23	186.36	66.78	0.42
化学纤维制造业	1212.82	136.89	783.44	373.09	2.27
纤维素纤维原料及纤维制造	388.11	59.14	305.48	121.68	0.56
合成纤维制造	824.71	77.75	477.96	251.41	1.71

单位：亿元

集体资本	法人资本	个人资本	港澳台资本	外商资本	主营业务收　入	主营业务成　本	主营业务税金及附加
18.06	305.00	359.83	2.64	0.02	5409.94	4700.29	34.29
	1.53	6.53			29.04	25.94	0.15
14.33	131.88	181.95	2.06	0.02	2527.76	2208.59	15.09
3.73	171.59	171.36	0.58	0.01	2853.14	2465.75	19.05
1.83	141.07	243.07	2.80	0.50	3340.75	2828.80	26.43
1.79	138.95	235.69	2.80	0.50	3249.99	2752.83	25.47
0.04	1.82	6.29			81.06	68.24	0.88
	0.30	1.09			9.70	7.72	0.09
7.52	523.81	328.34	1.30	2.61	7090.71	6201.82	39.86
3.63	11.85	25.99	0.06	0.29	506.79	428.11	2.73
	4.84	6.69			131.81	114.44	0.74
2.79	454.12	218.72	1.04	0.53	4983.54	4397.69	26.60
0.04	29.07	29.77		0.03	534.41	457.46	4.31
0.28	16.16	30.93	0.19	0.48	744.48	644.32	4.31
0.78	7.77	16.23	0.02	1.28	189.68	159.80	1.18
6.25	647.53	428.18	0.17	0.04	5750.69	5240.39	35.16
2.95	99.43	182.91	0.17	0.04	3872.16	3548.43	26.34
3.30	548.11	245.27			1878.53	1691.96	8.83
49.80	1307.99	1708.38	6.73	12.92	30135.88	26140.17	204.58
28.11	427.44	408.40	5.55	2.84	8245.72	7283.52	49.07
5.55	162.08	171.57	0.21	0.28	2963.88	2558.05	20.34
2.03	46.51	69.91	0.12	3.07	1115.19	959.44	7.08
2.95	128.84	148.85	0.08	2.07	2698.93	2299.71	15.47
3.61	170.92	222.00		0.55	4317.35	3848.48	17.66
6.14	288.61	543.34	0.20	4.10	8343.94	7223.91	51.76
0.65	31.61	57.70	0.05	0.01	1109.51	869.47	32.53
0.76	51.99	86.60	0.53		1341.36	1097.58	10.67
9.83	394.20	459.06	0.62	2.63	6897.40	5592.81	53.93
1.21	65.32	111.60	0.02	1.32	1465.29	1229.61	10.93
1.51	81.57	95.33		0.06	1085.86	826.93	8.03
0.99	40.99	41.40		0.02	820.78	706.45	6.03
3.26	91.34	74.80	0.04		1473.30	1133.11	11.37
0.32	23.55	38.74	0.01	0.01	647.85	545.57	5.21
1.88	61.67	62.05	0.52	0.45	867.52	702.64	7.36
0.67	29.75	35.14	0.04	0.77	536.80	448.52	4.99
6.03	166.42	193.94	2.09	2.34	3016.02	2756.90	9.07
0.01	70.72	48.77	0.09	1.53	985.87	895.81	2.89
6.02	95.70	145.17	2.00	0.81	2030.15	1861.10	6.19

2-3 续表 9

行　业	流动负债合　计	应付账款	所有者权益合计	实收资本	国家资本
橡胶和塑料制品业	3269.75	709.47	4018.45	1525.29	1.62
橡胶制品业	986.34	205.21	1298.58	390.93	0.19
塑料制品业	2283.41	504.25	2719.87	1134.36	1.43
非金属矿物制品业	7152.95	1850.23	8856.74	4309.65	24.66
水泥、石灰和石膏制造	1396.13	301.14	1234.80	774.54	14.06
石膏、水泥制品及类似制品制造	2187.16	716.94	1827.14	882.45	5.36
砖瓦、石材等建筑材料制造	1244.95	296.16	2457.04	1031.14	1.47
玻璃制造	337.21	57.70	316.75	272.74	0.46
玻璃制品制造	498.38	98.17	518.70	199.03	0.69
玻璃纤维和玻璃纤维增强塑料制品制造	211.00	42.43	419.89	141.09	0.05
陶瓷制品制造	231.24	47.06	522.13	430.70	
耐火材料制品制造	410.12	121.93	847.64	255.25	0.63
石墨及其他非金属矿物制品制造	636.76	168.69	712.65	322.69	1.94
黑色金属冶炼和压延加工业	6633.56	1652.11	5318.66	2294.58	2.42
炼铁	316.76	110.97	178.22	99.25	0.12
炼钢	1047.22	387.30	586.30	220.26	
黑色金属铸造	705.53	142.17	1109.32	421.34	0.43
钢压延加工	3866.06	763.91	3040.84	1307.74	1.32
铁合金冶炼	697.99	247.76	403.96	246.00	0.55
有色金属冶炼和压延加工业	3916.36	791.85	3586.91	1313.39	7.06
常用有色金属冶炼	1330.78	378.58	786.75	300.35	2.90
贵金属冶炼	196.06	13.90	105.62	32.59	0.17
稀有稀土金属冶炼	171.76	39.06	209.21	75.85	2.80
有色金属合金制造	299.78	50.22	297.93	135.94	0.67
有色金属铸造	33.29	9.34	24.48	113.66	
有色金属压延加工	1884.68	300.75	2162.92	654.99	0.52
金属制品业	5024.93	906.86	6246.78	2010.80	11.20
结构性金属制品制造	1772.49	335.14	1745.87	767.69	5.12
金属工具制造	250.96	52.08	303.08	106.03	1.62
集装箱及金属包装容器制造	305.84	62.50	306.87	131.06	3.01
金属丝绳及其制品制造	391.66	58.15	437.68	167.81	0.04
建筑、安全用金属制品制造	621.65	82.70	2017.30	295.11	0.58
金属表面处理及热处理加工	479.41	71.28	265.49	119.05	0.33
搪瓷制品制造	29.83	7.06	27.11	10.60	
金属制日用品制造	369.80	62.70	292.31	99.73	0.09
其他金属制品制造	803.28	175.25	851.07	313.73	0.41
通用设备制造业	4924.25	1205.59	5989.58	2644.57	10.74
锅炉及原动设备制造	518.47	134.24	586.90	221.75	2.90
金属加工机械制造	677.05	154.84	887.85	333.03	0.33
物料搬运设备制造	601.96	159.51	694.19	371.33	0.41
泵、阀门、压缩机及类似机械制造	965.41	253.07	1208.79	522.07	2.24

单位：亿元

					主营业务收　　入	主营业务成　　本	主营业务税金及附加
集体资本	法人资本	个人资本	港澳台资本	外商资本			
12.53	511.02	993.16	2.91	1.49	14916.03	12955.19	85.94
1.38	110.10	278.09	1.06	0.10	4423.80	3841.86	23.78
11.15	400.92	715.07	1.85	1.39	10492.23	9113.32	62.17
52.47	1481.60	2334.33	6.30	8.07	30030.34	25709.27	245.08
9.47	227.03	323.12	0.40	0.48	3551.51	3096.66	23.13
12.26	316.66	545.53	0.37	0.34	6511.43	5564.76	53.44
13.49	366.06	643.90	2.34	3.88	8566.93	7263.64	76.23
0.96	112.45	158.88			629.77	539.59	5.00
1.54	70.47	124.26	0.21	1.87	2022.91	1741.69	13.92
0.68	43.12	97.23		0.10	1481.33	1280.17	11.46
1.78	105.56	119.54	2.71	0.77	1956.50	1650.67	18.03
2.55	85.69	166.16	0.01	0.21	2633.85	2247.71	25.58
9.74	154.56	155.73	0.25	0.42	2676.12	2324.39	18.29
19.89	925.22	1339.13	5.29	1.62	25651.00	23246.93	105.57
	32.34	66.79			981.51	905.22	3.51
0.51	107.54	111.97		0.17	2259.18	2086.36	5.34
3.55	202.10	214.29	0.04	0.79	4628.10	4025.76	37.22
11.13	466.72	822.07	5.25	0.66	15645.47	14293.67	49.56
4.70	116.52	124.01			2136.74	1935.92	9.94
20.01	624.77	657.35	3.00	1.23	16542.63	14980.84	69.61
1.98	143.62	151.66	0.05	0.01	3563.49	3192.44	17.23
1.85	7.83	22.19	0.55		663.34	610.08	3.76
3.83	20.49	48.68	0.05		821.88	716.18	5.33
1.54	56.91	74.68	1.20	0.94	1347.79	1209.37	7.31
0.09	106.50	7.08			128.14	116.58	0.58
10.72	289.42	353.06	1.15	0.29	10017.98	9136.19	35.40
19.29	708.80	1249.33	3.20	13.04	19794.95	17204.27	127.73
6.64	281.55	471.24	0.04	2.73	7138.67	6163.56	52.58
0.19	42.23	61.72	0.01	0.26	1304.23	1104.93	10.01
3.69	42.25	74.44	0.01	2.66	1029.45	894.45	6.07
1.80	44.87	117.95	1.07	2.08	1923.55	1696.56	9.90
1.82	118.01	174.32	0.35	0.01	2166.69	1882.94	12.22
1.42	34.28	82.96	0.01	0.05	1324.36	1173.76	5.48
	3.92	6.68			154.71	135.71	0.97
0.32	33.60	63.70	1.65	0.02	1243.79	1074.18	8.05
3.41	108.08	196.34	0.06	5.23	3509.51	3078.19	22.47
26.93	861.08	1737.66	3.21	3.60	20724.24	17701.48	146.21
7.83	86.04	123.69	0.36	0.86	1855.39	1596.77	11.61
1.68	135.42	193.87	0.30	1.04	3067.51	2620.41	21.53
5.33	149.76	213.79	1.43	0.58	2007.25	1690.21	12.26
3.77	182.63	332.53	0.54	0.16	4166.16	3528.24	31.36

2-3 续表 10

行　业	流动负债合　计	应付账款	所有者权益合计	实收资本	国家资本
轴承、齿轮和传动部件制造	560.27	117.41	782.96	262.39	0.94
烘炉、风机、衡器、包装等设备制造	591.08	136.91	666.20	258.94	0.27
文化、办公用机械制造	61.27	18.43	71.93	31.26	0.03
通用零部件制造	810.82	195.95	897.53	369.36	0.60
其他通用设备制造业	137.92	35.23	193.22	274.43	3.03
专用设备制造业	3614.12	846.09	4800.23	1921.00	6.94
采矿、冶金、建筑专用设备制造	1174.32	289.40	1823.73	635.70	3.59
化工、木材、非金属加工专用设备制造	711.92	168.06	635.65	263.56	0.36
食品、饮料、烟草及饲料生产专用设备制造	114.46	22.52	182.64	75.32	
印刷、制药、日化及日用品生产专用设备制造	148.52	37.36	171.25	72.06	
纺织、服装和皮革加工专用设备制造	215.45	49.10	230.99	78.40	0.22
电子和电工机械专用设备制造	165.66	49.82	239.93	99.95	0.32
农、林、牧、渔专用机械制造	211.22	52.31	330.33	135.55	1.10
医疗仪器设备及器械制造	199.98	45.67	318.34	108.15	0.70
环保、社会公共服务及其他专用设备制造	672.60	131.84	867.36	452.30	0.63
汽车制造业	3521.20	910.92	2999.87	1123.37	4.66
汽车整车制造	644.58	135.46	186.97	72.84	1.24
改装汽车制造	217.62	38.69	239.90	86.56	0.27
低速载货汽车制造	2.32	0.39	4.17	2.43	0.54
电车制造	15.76	3.66	49.21	21.93	
汽车车身、挂车制造	87.26	14.01	94.21	38.16	
汽车零部件及配件制造	2553.66	718.70	2425.39	901.45	2.61
铁路、船舶、航空航天和其他运输设备制造业	1673.24	404.54	1487.36	538.44	0.79
铁路运输设备制造	272.14	95.99	244.50	90.07	0.03
城市轨道交通设备制造	7.72	1.67	8.90	1.94	
船舶及相关装置制造	562.28	123.71	438.28	203.09	0.69
航空、航天器及设备制造	63.42	11.40	80.57	32.42	
摩托车制造	540.15	119.87	553.37	128.06	0.03
自行车制造	199.66	45.82	133.98	66.56	0.04
非公路休闲车及零配件制造	11.14	2.30	8.42	5.55	
潜水救捞及其他未列明运输设备制造	16.74	3.77	19.36	10.76	
电气机械和器材制造业	6754.64	1725.61	6902.08	4226.40	15.82
电机制造	931.35	222.82	777.16	1282.65	8.26
输配电及控制设备制造	2212.98	651.78	2395.73	1228.87	2.64
电线、电缆、光缆及电工器材制造	1825.24	343.19	2121.54	1033.68	2.71
电池制造	401.79	121.36	386.65	157.93	1.59
家用电力器具制造	756.86	207.72	487.85	189.95	0.06
非电力家用器具制造	114.12	24.58	140.89	62.02	
照明器具制造	463.18	138.78	514.94	235.82	0.56
其他电气机械及器材制造	49.13	15.36	77.32	35.48	

单位：亿元

集体资本	法人资本	个人资本	港澳台资本	外商资本	主营业务收　　入	主营业务成　　本	主营业务税金及附加
3.33	66.80	191.00	0.15	0.13	2693.13	2329.62	21.34
2.26	88.49	166.93	0.12	0.59	2330.11	1967.14	16.88
	15.98	15.22	0.03		216.13	172.59	1.47
2.03	107.98	257.92	0.29	0.24	3728.09	3229.55	25.72
0.70	27.98	242.71		0.02	660.45	566.96	4.03
26.58	717.22	1156.99	3.27	7.15	14716.01	12467.68	101.84
7.19	228.68	391.18	1.54	3.12	5361.81	4573.95	34.40
2.55	118.66	139.95	0.28	1.75	2206.20	1887.41	13.29
	29.01	45.52	0.54	0.03	627.59	527.08	5.43
2.96	25.00	43.67	0.43		643.79	547.87	3.67
5.23	22.53	49.79	0.30	0.31	788.36	668.67	8.63
2.00	54.06	42.06		0.92	670.90	567.95	5.20
1.92	56.73	75.17		0.14	1304.14	1107.95	9.04
2.66	30.03	74.49	0.14	0.12	827.89	646.55	5.90
2.08	152.51	295.17	0.04	0.76	2285.32	1940.24	16.29
12.38	499.53	598.50	2.35	3.50	11017.10	9519.32	64.14
	49.87	21.73			955.73	847.91	10.62
0.85	48.18	37.27			774.32	681.87	3.39
	1.31	0.58			24.07	21.65	0.18
	15.01	6.92			66.30	56.61	0.36
0.03	7.29	30.83			342.53	301.52	3.23
11.51	377.87	501.18	2.35	3.50	8854.14	7609.75	46.35
4.41	211.06	298.96	6.27	16.59	5406.70	4652.83	30.78
1.76	28.27	60.01			667.67	548.66	3.85
	0.80	1.14			29.57	25.46	0.19
0.06	81.78	116.52	2.94	0.74	1776.79	1570.98	10.99
0.70	5.29	7.62	2.98	15.82	266.52	211.40	0.81
1.60	62.17	63.92	0.32	0.02	1820.43	1564.26	10.04
0.29	25.61	40.59	0.02	0.02	713.33	617.59	3.17
	1.95	3.61			37.27	31.92	0.23
	5.19	5.56			95.12	82.56	1.49
33.09	2148.73	1997.46	12.31	14.99	24078.69	20770.10	129.95
3.78	1096.16	168.16	0.11	5.30	2734.51	2335.81	14.97
17.66	496.87	699.60	9.87	1.65	7544.19	6496.86	41.60
8.31	307.50	712.63	1.64	0.50	7415.18	6482.73	35.19
0.66	56.26	91.87	0.12	7.33	1513.07	1310.79	9.16
0.42	70.69	118.58	0.02	0.08	2415.64	2081.88	13.86
0.57	30.55	30.91			475.61	404.17	3.01
1.46	72.45	159.30	0.31	0.10	1767.08	1481.05	10.83
0.25	18.25	16.42	0.24	0.02	213.42	176.81	1.34

2-3 续表 11

行　业	流动负债合　计	应付账款	所有者权益合计	实收资本	国家资本
计算机、通信和其他电子设备制造业	3319.51	1228.97	2895.78	1155.73	6.10
计算机制造	216.81	100.45	222.09	80.26	0.13
通信设备制造	842.83	357.23	383.47	173.39	0.72
广播电视设备制造	189.63	61.53	179.52	69.25	1.20
雷达及配套设备制造	3.80	1.62	6.62	2.05	
视听设备制造	217.52	75.01	144.96	56.34	
电子器件制造	758.45	269.68	832.24	350.34	0.41
电子元件制造	894.81	301.54	876.88	318.61	1.87
其他电子设备制造	195.66	61.91	250.00	105.51	1.78
仪器仪表制造业	882.30	223.39	1049.48	374.08	0.06
通用仪器仪表制造	590.77	151.01	725.41	252.03	0.05
专用仪器仪表制造	184.86	47.25	226.56	76.33	0.01
钟表与计时仪器制造	18.94	4.09	15.94	5.87	
光学仪器及眼镜制造	64.92	16.80	53.45	26.58	
其他仪器仪表制造业	22.80	4.24	28.12	13.27	
其他制造业	219.74	50.13	243.17	100.90	0.45
日用杂品制造	148.53	30.34	148.08	59.94	0.05
煤制品制造	16.17	2.77	24.16	13.80	0.28
废弃资源综合利用业	402.73	93.13	320.48	152.28	0.57
金属废料和碎屑加工处理	325.81	75.82	221.61	96.55	0.56
非金属废料和碎屑加工处理	76.92	17.30	98.87	55.73	0.01
金属制品、机械和设备修理业	53.57	11.87	64.46	21.66	
金属制品修理	5.73	0.82	7.73	3.00	
通用设备修理	2.19	0.92	9.12	1.52	
专用设备修理	3.94	1.87	3.31	2.00	
铁路、船舶、航空航天等运输设备修理	37.01	6.31	34.25	13.18	
电气设备修理	0.54	0.20	0.72	0.29	
其他机械和设备修理业	4.06	1.72	9.22	1.64	
电力、热力、燃气及水生产和供应业	**970.57**	**208.27**	**952.69**	**571.76**	**19.81**
电力、热力生产和供应业	755.12	177.18	749.00	452.85	18.02
电力生产	461.59	112.28	599.26	361.34	17.66
电力供应	13.94	0.76	7.82	4.07	
热力生产和供应	279.59	64.14	141.92	87.44	0.36
燃气生产和供应业	159.79	22.22	131.84	74.81	1.04
水的生产和供应业	55.66	8.87	71.84	44.10	0.76
自来水生产和供应	22.33	3.36	25.81	19.00	0.69
污水处理及其再生利用	30.42	4.85	42.27	23.18	0.07
其他水的处理、利用与分配	2.92	0.66	3.75	1.92	

单位：亿元

集体资本	法人资本	个人资本	港澳台资本	外商资本	主营业务收入	主营业务成本	主营业务税金及附加
15.29	514.68	609.55	5.54	3.92	9987.29	8443.71	52.88
0.34	24.49	54.23	0.74	0.28	798.00	667.78	3.43
0.42	71.12	100.21	0.08	0.83	2290.98	1951.96	8.82
0.79	21.83	45.35	0.07		528.58	435.87	2.80
	0.15	1.88	0.01		20.92	17.53	0.17
0.29	20.36	34.31	0.76	0.63	691.53	609.15	2.53
8.06	190.57	147.08	3.03	0.58	1868.54	1566.93	8.87
4.52	131.68	178.27	0.84	1.43	3125.77	2645.70	22.60
0.87	54.48	48.22		0.17	662.99	548.79	3.66
6.79	126.03	240.16	0.67	0.20	3252.11	2687.45	19.91
5.88	74.97	170.21	0.58	0.17	2258.19	1875.53	12.85
0.59	31.23	44.44	0.04	0.01	704.40	570.48	5.10
	2.56	3.31			46.47	38.01	0.27
0.28	11.87	14.37	0.05	0.01	163.71	137.71	1.18
0.05	5.40	7.83			79.34	65.72	0.51
0.88	42.28	55.16	0.13	1.43	1142.08	988.64	8.89
0.28	23.90	34.18	0.10	1.43	732.06	636.13	6.09
0.60	8.86	4.07			125.64	107.80	1.26
2.70	57.38	90.45	1.17		1744.93	1558.79	10.79
2.70	30.90	61.41	0.97		1410.31	1271.49	7.46
	26.48	29.05	0.20		334.62	287.30	3.32
	7.60	14.05			205.24	181.46	2.00
	0.97	2.04			29.36	25.32	0.29
	0.19	1.33			29.46	28.43	0.04
	0.86	1.14			12.72	11.13	0.07
	5.12	8.05			108.73	96.68	1.25
	0.08	0.22			7.54	5.99	0.18
	0.38	1.25			17.22	13.74	0.16
13.32	**349.57**	**182.23**	**6.29**	**0.42**	**1323.21**	**1078.02**	**8.73**
7.20	276.95	143.96	6.29	0.42	745.78	588.20	4.77
6.15	237.57	96.84	3.10		433.26	313.49	2.96
	2.41	1.66			26.50	24.41	0.13
1.05	36.97	45.46	3.19	0.42	286.01	250.30	1.68
2.20	50.35	21.13			462.59	398.48	2.87
3.92	22.28	17.14			114.85	91.33	1.09
1.83	7.73	8.75			36.24	28.63	0.39
2.09	13.92	7.11			70.00	56.13	0.53
	0.64	1.28			8.60	6.58	0.17

2-3 续表 12

行　业	销售费用	管理费用		财务费用		
			税　金		利息收入	利息支出
总　计	**7956.32**	**11266.73**	**645.54**	**3717.69**	**223.00**	**3178.30**
采矿业	**378.28**	**600.96**	**51.30**	**209.18**	**6.38**	**165.02**
煤炭开采和洗选业	170.42	265.31	26.34	100.61	2.80	76.55
烟煤和无烟煤开采洗选	164.89	250.40	25.85	99.22	2.79	75.30
褐煤开采洗选	4.68	14.04	0.47	1.14	0.01	1.02
其他煤炭采选	0.85	0.87	0.02	0.25		0.23
石油和天然气开采业	0.92	1.40	0.08	0.37		0.37
石油开采	0.76	1.27	0.08	0.34		0.34
天然气开采	0.16	0.13		0.03		0.03
黑色金属矿采选业	75.05	150.26	13.48	62.30	1.67	52.50
铁矿采选	69.94	144.26	13.02	60.77	1.65	51.34
锰矿、铬矿采选	4.66	5.45	0.45	1.20	0.01	0.99
其他黑色金属矿采选	0.46	0.55	0.01	0.33		0.18
有色金属矿采选业	34.89	75.41	3.97	19.53	1.01	16.71
常用有色金属矿采选	26.10	52.51	2.75	13.78	0.89	11.60
贵金属矿采选	5.48	13.90	0.60	1.67		1.49
稀有稀土金属矿采选	3.32	9.01	0.61	4.08	0.12	3.61
非金属矿采选业	94.53	103.62	7.23	25.51	0.88	18.26
土砂石开采	69.95	74.90	5.32	18.95	0.35	12.61
化学矿开采	7.41	12.07	0.76	2.82	0.03	2.34
采盐	1.56	1.38	0.08	0.53	0.46	1.28
石棉及其他非金属矿采选	15.61	15.28	1.06	3.22	0.03	2.04
开采辅助活动	0.83	3.25	0.09	0.58	0.02	0.47
煤炭开采和洗选辅助活动	0.01	0.03				
石油和天然气开采辅助活动	0.63	3.04	0.09	0.55	0.02	0.44
其他开采辅助活动	0.19	0.18		0.03		0.03
其他采矿业	1.63	1.71	0.11	0.27	0.01	0.15
制造业	**7554.55**	**10600.98**	**590.79**	**3450.40**	**214.33**	**2964.39**
农副食品加工业	642.24	701.31	44.94	258.10	8.82	211.69
谷物磨制	154.18	169.09	11.69	58.03	1.13	46.68
饲料加工	109.17	107.91	5.80	27.92	0.81	22.13
植物油加工	63.60	76.29	3.92	30.47	2.79	28.37
制糖业	4.35	9.12	1.06	9.62	0.35	8.23
屠宰及肉类加工	122.59	127.95	6.96	50.15	1.42	41.88
水产品加工	39.51	55.12	5.71	27.72	0.68	22.29
蔬菜、水果和坚果加工	77.29	83.43	5.11	27.51	0.98	20.87
其他农副食品加工	71.54	72.39	4.67	26.68	0.68	21.24
食品制造业	247.85	235.42	16.53	65.59	1.64	54.26
焙烤食品制造	45.65	39.48	2.94	8.75	0.28	6.93
糖果、巧克力及蜜饯制造	27.34	22.83	1.58	6.60	0.14	5.15

单位：亿元

投资收益（损失以“-”号记）	营业利润	利润总额	亏损企业亏损额	应交增值税	所得税费用	平均用工人数（万人）
-445.14	**23917.70**	**23550.42**	**885.38**	**10361.76**	**2674.90**	**3505.32**
-14.95	**1442.86**	**1399.00**	**122.19**	**757.97**	**158.73**	**154.30**
-8.14	436.82	425.73	74.99	291.46	52.28	74.28
-3.84	380.54	370.74	74.05	284.87	43.83	72.95
-4.31	54.87	53.61	0.83	5.54	8.14	1.18
	1.41	1.37	0.11	1.04	0.31	0.15
	2.76	2.77	0.35	1.47	0.39	0.31
	2.71	2.73	0.23	1.46	0.39	0.29
	0.05	0.04	0.12	0.01		0.03
1.69	552.49	540.10	34.51	275.77	70.29	32.89
2.00	542.00	530.18	34.20	268.28	69.53	31.18
-0.31	8.83	8.26	0.15	6.52	0.61	1.44
	1.66	1.67	0.17	0.97	0.14	0.27
-4.37	189.01	180.15	9.16	75.50	15.06	18.33
-3.12	115.83	112.14	5.83	53.30	11.08	12.65
-1.33	45.02	44.60	0.61	6.20	2.00	2.95
0.07	28.16	23.42	2.72	16.00	1.98	2.73
-4.34	254.40	242.94	2.96	111.42	20.12	27.40
-3.98	195.80	188.66	1.88	80.53	15.73	20.77
-0.43	13.68	13.35	0.90	12.47	1.75	2.20
-0.04	4.85	4.70	0.04	2.03	0.49	0.72
0.11	40.07	36.23	0.15	16.40	2.15	3.72
0.17	6.19	6.22	0.20	1.70	0.48	0.87
	-0.03	-0.02	0.02	0.06		0.03
0.17	5.56	5.57	0.18	1.50	0.48	0.79
	0.66	0.66		0.13		0.06
0.04	1.20	1.10		0.65	0.11	0.21
-435.69	**22377.01**	**22039.78**	**746.91**	**9567.44**	**2502.70**	**3339.16**
-30.31	1834.72	1781.66	47.50	647.55	146.79	218.99
-13.84	495.96	483.85	2.35	148.77	32.29	43.91
-2.09	263.47	257.17	2.77	94.36	22.19	29.57
1.55	198.53	194.42	5.76	71.91	14.93	16.65
-1.57	-3.53	-2.16	12.26	6.22	0.51	3.14
-8.46	364.04	341.29	17.07	117.66	29.22	49.43
1.69	146.84	144.38	3.03	74.06	16.32	24.75
-3.89	208.25	203.28	1.81	72.27	18.37	28.23
-3.69	161.15	159.42	2.44	62.29	12.97	23.32
-4.92	509.69	507.33	10.90	195.18	52.40	81.05
0.77	88.25	88.08	1.10	32.21	10.29	15.76
-0.58	49.31	47.99	0.43	18.02	5.36	8.66

2-3 续表 13

行　业	销售费用	管理费用	税　金	财务费用	利息收入	利息支出
方便食品制造	36.52	36.66	2.84	9.79	0.45	8.33
乳制品制造	22.81	15.37	1.25	4.25	0.10	3.86
罐头食品制造	18.24	20.84	1.07	8.47	0.12	6.66
调味品、发酵制品制造	37.50	36.19	3.60	10.28	0.27	9.16
其他食品制造	59.81	64.05	3.24	17.45	0.29	14.15
酒、饮料和精制茶制造业	188.41	169.78	9.53	52.53	1.91	42.97
酒的制造	78.13	76.57	4.53	27.98	1.31	24.23
饮料制造	66.73	47.64	2.96	12.46	0.34	8.40
精制茶加工	43.55	45.58	2.04	12.09	0.26	10.34
烟草制品业	0.52	1.40	0.06	0.49	0.01	0.50
其他烟草制品制造	0.52	1.40	0.06	0.49	0.01	0.50
纺织业	299.51	492.06	30.69	246.83	12.72	217.43
棉纺织及印染精加工	169.73	283.24	18.27	152.73	7.60	132.84
毛纺织及染整精加工	12.51	24.41	1.26	15.47	0.39	13.97
麻纺织及染整精加工	6.06	7.86	0.61	4.25	0.10	3.64
丝绢纺织及印染精加工	9.93	19.41	1.16	8.31	0.37	7.52
化纤织造及印染精加工	7.90	19.21	1.15	13.18	0.99	11.55
针织或钩针编织物及其制品制造	29.85	49.03	2.45	25.29	1.73	23.27
家用纺织制成品制造	31.07	40.00	2.63	12.08	0.80	10.82
非家用纺织制成品制造	32.46	48.90	3.15	15.52	0.75	13.84
纺织服装、服饰业	269.63	356.98	17.75	82.48	4.33	68.33
机织服装制造	212.39	270.05	14.01	60.85	3.56	50.40
针织或钩针编织服装制造	41.29	68.82	2.59	16.49	0.55	13.76
服饰制造	15.95	18.11	1.14	5.14	0.21	4.17
皮革、毛皮、羽毛及其制品和制鞋业	131.95	189.88	9.65	60.76	2.57	54.46
皮革鞣制加工	16.60	21.44	0.87	9.11	0.15	8.68
皮革制品制造	35.69	49.24	1.77	22.05	0.40	20.27
毛皮鞣制及制品加工	6.17	7.78	0.46	3.57	0.12	2.72
羽毛(绒)加工及制品制造	8.69	12.54	0.69	5.48	1.06	6.01
制鞋业	64.80	98.89	5.85	20.55	0.83	16.77
木材加工和木、竹、藤、棕、草制品业	195.09	243.32	13.11	69.13	1.46	51.20
木材加工	28.97	33.53	1.67	8.56	0.32	6.00
人造板制造	105.47	129.21	7.78	41.01	0.72	30.27
木制品制造	48.49	63.07	2.72	14.85	0.32	11.21
竹、藤、棕、草等制品制造	12.16	17.50	0.93	4.71	0.10	3.72
家具制造业	129.67	144.74	7.22	37.30	2.40	32.74
木质家具制造	81.76	96.80	5.26	23.86	1.47	20.24
竹、藤家具制造	2.55	2.67	0.13	1.42	0.01	1.27
金属家具制造	26.34	21.70	0.97	7.40	0.73	7.24
塑料家具制造	1.47	2.00	0.07	0.43	0.04	0.39
其他家具制造	17.54	21.57	0.78	4.18	0.14	3.60

单位：亿元

投资收益（损失以“-”号记）	营业利润	利润总额	亏损企业亏损额	应交增值税	所得税费用	平均用工人数（万人）
-2.32	77.89	76.99	0.82	28.02	7.14	13.70
-3.40	36.62	37.04	1.54	9.51	2.38	5.09
-1.06	47.67	47.69	1.07	24.63	4.35	10.81
0.27	80.15	81.57	2.33	32.00	10.76	10.08
1.39	129.80	127.96	3.61	50.79	12.11	16.93
-16.42	433.20	421.33	6.65	145.71	44.90	50.36
-10.47	211.85	202.92	4.68	74.90	22.99	23.39
-5.39	124.08	123.28	1.81	40.72	13.37	13.58
-0.55	97.27	95.13	0.16	30.10	8.54	13.39
1.50	2.02	2.05		0.41	0.03	0.08
1.50	2.02	2.05		0.41	0.03	0.08
0.20	1256.01	1231.29	34.08	546.10	146.10	247.30
-4.29	803.83	790.45	23.79	354.49	98.90	149.24
0.26	64.80	61.11	1.95	24.68	6.76	13.44
0.19	19.52	17.94	0.31	9.46	1.18	5.63
0.19	49.03	48.41	1.28	21.33	4.65	10.77
1.34	43.56	42.22	1.16	17.92	6.57	10.58
1.64	108.08	104.50	1.41	42.26	8.68	21.28
0.71	82.85	82.18	3.04	37.75	11.08	19.39
0.17	84.34	84.48	1.14	38.22	8.28	16.96
18.64	650.59	644.84	11.10	284.66	88.56	196.93
16.88	510.48	502.80	6.85	218.05	70.40	148.43
1.96	109.23	110.88	3.13	48.96	14.41	36.70
-0.21	30.88	31.16	1.11	17.64	3.75	11.80
8.22	442.00	436.20	3.42	175.97	38.17	113.70
0.39	56.46	55.36	0.57	25.55	3.43	8.36
-0.70	134.53	134.16	1.11	35.93	7.39	31.43
0.04	49.32	49.19	0.14	13.95	3.81	4.75
-0.16	29.26	29.18	0.27	15.64	3.45	5.07
8.66	172.44	168.31	1.33	84.91	20.08	64.10
-19.53	633.11	622.26	6.07	263.34	68.37	95.15
-2.74	95.88	93.24	0.73	33.39	7.90	13.06
-11.40	382.97	377.06	4.58	166.61	45.82	55.54
-5.34	121.37	119.72	0.62	48.45	12.58	18.77
-0.04	32.89	32.24	0.13	14.89	2.06	7.78
-0.57	255.73	250.43	6.02	107.92	26.36	56.87
0.56	173.16	167.29	4.20	76.25	17.11	38.57
	5.51	5.42	0.06	2.16	0.46	0.95
0.28	44.04	44.14	0.76	16.56	5.69	9.85
0.08	2.96	3.04	0.04	1.41	0.29	0.64
-1.49	30.06	30.54	0.95	11.53	2.80	6.87

2-3 续表 14

行　　业	销售费用	管理费用	税　金	财务费用	利息收入	利息支出
造纸和纸制品业	122.27	164.98	9.27	61.07	2.83	53.83
纸浆制造	0.68	1.28	0.11	0.59	0.02	0.56
造纸	50.15	74.34	4.98	33.07	1.82	31.09
纸制品制造	71.45	89.37	4.18	27.41	0.99	22.17
印刷和记录媒介复制业	81.70	132.27	6.50	36.38	1.50	30.27
印刷	78.95	127.88	6.31	35.27	1.48	29.36
装订及印刷相关服务	2.55	3.92	0.18	0.72	0.02	0.61
记录媒介复制	0.20	0.47		0.39		0.30
文教、工美、体育和娱乐用品制造业	153.21	202.25	12.09	58.48	7.50	51.82
文教办公用品制造	17.80	23.14	0.86	5.01	1.74	5.91
乐器制造	2.27	3.92	0.38	0.58	0.05	0.43
工艺美术品制造	96.55	120.22	7.87	41.15	5.07	35.56
体育用品制造	13.41	19.71	1.03	5.08	0.32	4.25
玩具制造	17.30	27.14	1.53	4.74	0.14	3.84
游艺器材及娱乐用品制造	5.88	8.12	0.43	1.91	0.19	1.82
石油加工、炼焦和核燃料加工业	93.08	101.72	7.25	119.17	8.67	104.25
精炼石油产品制造	38.26	59.92	4.08	38.32	3.24	33.67
炼焦	54.82	41.80	3.18	80.85	5.43	70.58
化学原料和化学制品制造业	654.75	840.39	48.06	316.82	17.14	276.30
基础化学原料制造	143.32	191.00	13.36	94.27	2.81	77.45
肥料制造	83.33	82.93	4.22	40.03	1.25	36.38
农药制造	21.56	35.50	1.66	9.45	0.62	7.97
涂料、油墨、颜料及类似产品制造	72.87	106.00	5.90	28.26	1.26	24.66
合成材料制造	64.23	108.00	5.99	47.76	4.62	44.33
专用化学产品制造	167.46	221.65	13.27	78.30	5.83	70.81
炸药、火工及焰火产品制造	40.58	45.51	1.59	10.32	0.31	7.20
日用化学产品制造	61.38	49.80	2.06	8.42	0.44	7.49
医药制造业	320.58	293.45	14.55	69.86	8.12	60.47
化学药品原料药制造	37.07	58.20	2.66	16.08	0.58	12.97
化学药品制剂制造	73.88	56.90	2.41	12.73	2.94	13.61
中药饮片加工	21.15	25.10	1.33	6.00	0.12	4.47
中成药生产	120.67	73.61	5.45	17.04	0.51	12.23
兽用药品制造	19.03	19.64	0.70	4.76	0.08	4.05
生物药品制造	32.85	39.70	1.16	7.66	3.59	8.68
卫生材料及医药用品制造	15.92	20.30	0.83	5.60	0.31	4.45
化学纤维制造业	29.39	62.12	3.59	52.91	5.88	51.82
纤维素纤维原料及纤维制造	12.28	17.53	1.20	19.73	2.57	19.74
合成纤维制造	17.11	44.58	2.39	33.18	3.31	32.08

单位：亿元

投资收益（损失以"–"号记）	营业利润	利润总额	亏损企业亏损额	应交增值税	所得税费用	平均用工人数（万人）
-9.73	319.41	317.53	10.76	141.55	34.81	60.03
0.05	0.45	0.07	0.90	0.81	0.03	0.38
-2.01	143.99	143.29	6.55	69.51	15.86	27.95
-7.77	174.97	174.17	3.31	71.23	18.92	31.69
-4.70	236.15	235.59	4.39	94.69	28.02	40.81
-4.70	230.35	229.93	4.34	91.96	27.55	39.29
	4.78	4.77	0.03	2.51	0.46	1.38
	1.02	0.88	0.02	0.22	0.01	0.14
6.97	433.11	431.12	4.67	188.55	47.62	85.01
0.11	28.80	29.54	0.46	14.10	3.64	7.60
0.02	9.89	9.83	0.03	4.13	0.83	1.91
4.03	298.85	295.97	2.65	126.48	31.02	50.46
0.32	34.38	34.56	0.90	17.14	4.56	7.34
-0.40	45.48	45.18	0.56	20.40	5.72	15.08
2.89	15.71	16.04	0.07	6.30	1.84	2.62
0.04	176.99	170.55	84.29	98.96	28.38	23.11
-1.71	166.76	163.89	11.59	54.66	22.47	8.95
1.75	10.23	6.66	72.70	44.30	5.91	14.15
-16.64	1965.29	1961.40	78.91	855.67	234.63	193.35
-7.42	484.90	491.06	41.16	234.89	59.43	44.61
-5.43	179.17	176.78	10.80	51.39	16.86	21.21
-0.81	82.32	81.49	0.91	26.94	11.99	7.44
0.51	176.27	177.42	3.02	82.68	24.38	20.84
1.03	242.60	243.64	11.36	110.24	32.43	19.34
-7.93	590.03	580.27	11.14	253.06	69.97	45.00
-0.15	107.57	107.09	0.02	58.18	6.76	22.93
3.57	102.42	103.64	0.49	38.29	12.82	11.98
-8.83	556.82	561.21	16.83	271.10	68.83	59.02
-2.22	112.70	112.19	5.86	51.55	17.33	10.28
-4.25	100.61	103.81	2.11	60.74	13.90	10.19
-0.18	55.07	55.32	0.66	20.27	4.74	5.93
-2.48	119.43	119.66	1.98	65.06	10.80	14.06
-1.14	49.71	49.16	0.14	20.88	4.95	5.02
1.12	79.05	79.60	5.82	34.00	11.62	7.15
0.31	40.27	41.46	0.27	18.60	5.49	6.38
1.34	110.15	111.24	15.34	77.39	15.42	19.24
-0.82	37.19	36.14	3.88	41.31	6.22	5.89
2.16	72.96	75.09	11.46	36.08	9.20	13.35

2-3 续表 15

行 业	销售费用	管理费用		财务费用		
			税 金		利息收入	利息支出
橡胶和塑料制品业	300.56	442.44	22.51	145.79	7.31	123.41
橡胶制品业	82.06	110.10	5.80	47.75	1.77	42.09
塑料制品业	218.51	332.34	16.71	98.04	5.54	81.32
非金属矿物制品业	738.59	893.97	56.43	295.86	13.81	244.11
水泥、石灰和石膏制造	70.84	102.04	7.07	57.68	5.42	48.43
石膏、水泥制品及类似制品制造	192.75	210.21	11.57	67.17	2.38	54.72
砖瓦、石材等建筑材料制造	197.10	259.37	17.73	71.00	1.69	60.16
玻璃制造	15.28	26.92	2.05	13.41	0.63	11.89
玻璃制品制造	48.30	67.76	3.90	22.82	0.57	18.49
玻璃纤维和玻璃纤维增强塑料制品制造	28.72	36.64	1.63	9.89	0.28	8.07
陶瓷制品制造	53.33	62.94	3.27	13.80	0.30	9.98
耐火材料制品制造	72.43	65.87	3.74	17.50	0.47	12.86
石墨及其他非金属矿物制品制造	59.85	62.21	5.47	22.57	2.07	19.50
黑色金属冶炼和压延加工业	281.54	466.63	40.62	227.28	16.49	205.58
炼铁	7.24	12.43	1.06	6.87	0.13	5.57
炼钢	28.53	40.17	3.35	21.43	1.70	20.13
黑色金属铸造	88.35	127.84	7.42	41.50	0.82	33.30
钢压延加工	120.70	231.47	26.14	132.88	13.09	127.05
铁合金冶炼	36.72	54.73	2.66	24.60	0.75	19.53
有色金属冶炼和压延加工业	153.62	245.21	15.16	143.55	12.43	120.20
常用有色金属冶炼	44.62	61.01	3.65	42.21	2.52	32.54
贵金属冶炼	4.13	7.02	0.33	4.68	0.41	4.15
稀有稀土金属冶炼	7.64	11.69	0.67	6.23	0.18	5.94
有色金属合金制造	13.82	30.06	1.97	11.91	0.48	10.36
有色金属铸造	1.45	3.00	0.19	1.26	0.04	0.94
有色金属压延加工	81.96	132.44	8.36	77.26	8.81	66.27
金属制品业	374.04	601.80	32.65	192.56	11.81	161.53
结构性金属制品制造	135.54	204.39	11.65	73.40	5.30	60.70
金属工具制造	28.15	50.51	1.80	12.32	0.48	9.71
集装箱及金属包装容器制造	22.95	37.27	2.06	11.73	0.43	9.56
金属丝绳及其制品制造	28.74	46.03	3.72	19.32	0.85	17.38
建筑、安全用金属制品制造	50.95	67.34	3.48	18.01	0.50	15.19
金属表面处理及热处理加工	15.03	36.68	1.84	15.14	1.05	12.78
搪瓷制品制造	3.05	4.57	0.22	1.25	0.04	0.97
金属制日用品制造	33.49	39.76	1.91	13.38	0.77	11.30
其他金属制品制造	56.15	115.24	5.99	28.00	2.39	23.93
通用设备制造业	498.20	799.20	40.72	194.68	9.57	163.17
锅炉及原动设备制造	39.82	66.38	3.72	19.53	0.90	16.37
金属加工机械制造	75.74	116.50	6.99	28.59	1.24	21.19
物料搬运设备制造	59.30	87.50	4.10	19.58	1.31	17.71
泵、阀门、压缩机及类似机械制造	115.99	168.77	7.26	37.99	1.88	33.04

单位：亿元

投资收益（损失以"-"号记）	营业利润	利润总额	亏损企业亏损额	应交增值税	所得税费用	平均用工人数（万人）
-16.08	984.30	972.02	18.57	374.21	106.20	145.41
-0.07	312.11	306.26	3.17	103.60	37.12	33.33
-16.02	672.19	665.75	15.40	270.61	69.08	112.08
-22.82	2113.15	2101.76	78.14	941.59	233.45	297.99
-1.08	199.71	210.04	23.61	115.72	28.86	31.94
-2.35	414.57	410.16	14.89	208.67	48.70	56.95
-5.57	674.44	667.57	5.79	239.91	56.00	88.98
-0.23	35.86	34.19	10.65	20.50	5.29	7.72
-2.53	127.14	125.11	12.66	60.34	16.85	25.89
-0.81	113.22	111.65	1.25	59.30	10.46	10.96
0.77	163.48	164.39	2.21	71.39	16.61	37.27
-5.51	207.35	206.19	1.22	85.96	29.77	19.06
-5.51	177.38	172.46	5.86	79.80	20.91	19.20
-149.43	1187.33	1083.27	88.12	545.74	116.83	144.23
-1.56	40.28	41.33	3.89	22.24	3.81	7.23
-20.29	60.84	45.47	18.75	40.01	6.96	14.10
-2.60	297.86	291.49	6.40	132.16	32.05	38.93
-121.29	715.49	635.50	39.47	300.84	67.77	67.31
-3.69	72.86	69.49	19.60	50.49	6.24	16.65
-39.47	932.80	873.56	36.04	413.28	66.64	71.56
-9.60	179.82	172.22	21.04	112.31	12.67	20.59
0.15	33.28	27.24	0.90	32.16	1.80	2.20
	75.69	68.08	1.44	26.73	4.92	3.43
-7.94	71.46	69.06	1.88	37.00	7.50	6.96
0.01	6.02	6.15	0.61	3.46	0.85	1.12
-22.09	566.53	530.81	10.18	201.62	38.90	37.26
-88.35	1264.25	1250.59	29.01	532.89	150.76	183.75
-56.31	472.16	466.16	10.45	184.84	50.63	61.52
-3.70	93.62	92.31	1.11	41.91	11.97	15.87
-0.48	59.70	59.29	2.26	30.10	6.67	10.66
-4.37	120.54	116.26	2.83	55.12	16.01	11.92
0.32	139.26	139.26	3.19	53.03	18.71	23.06
-17.07	67.99	68.06	3.55	27.74	9.38	12.77
-0.02	9.24	9.08	0.13	4.77	1.10	1.60
-4.30	75.05	74.61	2.13	34.71	9.16	17.88
-2.43	226.69	225.56	3.35	100.66	27.13	28.48
-0.58	1402.13	1384.43	30.62	622.36	165.45	206.80
1.43	123.38	120.22	2.52	52.66	14.70	17.15
-2.78	203.96	202.88	6.74	92.07	25.72	29.31
-1.60	135.81	134.45	3.62	58.33	18.93	19.03
0.49	285.67	283.73	6.08	131.32	32.16	42.98

2-3 续表 16

行 业	销售费用	管理费用		财务费用		
			税 金		利息收入	利息支出
轴承、齿轮和传动部件制造	45.56	83.83	4.97	25.04	1.43	20.79
烘炉、风机、衡器、包装等设备制造	65.09	98.74	4.02	23.25	1.25	20.40
文化、办公用机械制造	8.25	13.61	0.45	2.06	0.22	1.92
通用零部件制造	72.69	137.10	7.89	33.00	1.16	27.33
其他通用设备制造业	15.75	26.76	1.31	5.63	0.17	4.41
专用设备制造业	360.46	599.80	29.87	132.71	9.80	112.16
采矿、冶金、建筑专用设备制造	119.02	181.30	11.79	45.28	4.67	39.38
化工、木材、非金属加工专用设备制造	45.43	103.82	3.97	23.83	1.34	19.98
食品、饮料、烟草及饲料生产专用设备制造	16.84	25.62	1.11	5.48	0.19	4.43
印刷、制药、日化及日用品生产专用设备制造	15.80	30.59	1.16	4.06	0.16	3.28
纺织、服装和皮革加工专用设备制造	17.00	35.54	1.39	8.67	0.89	7.53
电子和电工机械专用设备制造	15.80	32.05	1.71	4.79	0.29	3.51
农、林、牧、渔专用机械制造	33.15	40.63	2.35	10.59	0.49	8.41
医疗仪器设备及器械制造	42.49	54.33	2.25	6.51	0.71	6.28
环保、社会公共服务及其他专用设备制造	54.94	95.92	4.15	23.50	1.07	19.35
汽车制造业	231.47	403.51	20.75	116.66	8.48	100.18
汽车整车制造	29.47	30.93	4.19	11.04	1.59	12.15
改装汽车制造	15.96	21.17	1.14	6.97	0.98	5.86
低速载货汽车制造	0.46	0.66	0.01	0.12		0.12
电车制造	1.53	1.88	0.05	0.76	0.01	0.48
汽车车身、挂车制造	6.56	8.36	0.80	3.37	0.12	2.76
汽车零部件及配件制造	177.50	340.52	14.56	94.39	5.78	78.81
铁路、船舶、航空航天和其他运输设备制造业	100.23	204.03	17.28	51.37	4.92	46.98
铁路运输设备制造	16.81	32.07	3.94	6.20	0.49	5.61
城市轨道交通设备制造	0.35	1.01	0.03	0.14	0.01	0.15
船舶及相关装置制造	22.02	58.54	3.91	16.22	1.14	14.28
航空、航天器及设备制造	2.58	9.82	0.30	3.57	0.36	3.28
摩托车制造	34.29	76.32	7.67	19.79	2.31	18.67
自行车制造	21.72	22.95	1.29	4.72	0.57	4.37
非公路休闲车及零配件制造	1.05	1.45	0.05	0.29	0.03	0.28
潜水救捞及其他未列明运输设备制造	1.42	1.88	0.08	0.43	0.01	0.33
电气机械和器材制造业	564.46	855.24	39.59	236.87	18.46	209.07
电机制造	61.42	102.67	4.74	31.16	2.17	27.43
输配电及控制设备制造	174.74	298.02	12.57	68.33	6.04	59.29
电线、电缆、光缆及电工器材制造	154.21	186.85	11.01	77.27	5.11	68.39
电池制造	30.16	55.51	2.35	15.80	1.08	13.73
家用电力器具制造	69.48	102.52	4.37	20.49	2.33	19.74
非电力家用器具制造	14.10	19.51	1.06	5.25	0.25	4.47
照明器具制造	53.44	79.15	2.94	16.47	1.40	14.38
其他电气机械及器材制造	6.91	11.01	0.55	2.11	0.09	1.64

单位：亿元

投资收益（损失以"-"号记）	营业利润	利润总额	亏损企业亏损额	应交增值税	所得税费用	平均用工人数（万人）
-0.19	189.76	185.30	2.77	81.83	16.56	27.33
-0.71	162.62	161.99	2.53	73.43	23.16	24.52
0.22	16.98	17.49	0.48	7.21	2.54	2.67
3.99	243.31	237.89	4.36	108.81	26.96	37.01
-1.43	40.66	40.49	1.53	16.70	4.71	6.80
-8.64	1049.85	1046.89	22.75	441.30	132.16	140.12
-10.67	396.49	390.51	8.71	156.43	46.51	41.84
0.52	135.60	136.07	3.88	66.01	16.31	25.84
0.54	47.52	44.51	0.39	16.95	5.37	6.08
-0.16	43.04	43.34	0.86	19.64	4.55	6.66
0.77	51.85	52.19	1.56	25.97	8.78	8.27
-0.05	44.13	47.00	0.81	17.25	6.66	7.58
-0.48	96.69	93.92	2.41	35.08	9.49	12.49
1.71	77.32	81.52	0.47	31.16	10.15	10.62
-0.81	157.21	157.84	3.67	72.80	24.33	20.73
-10.46	693.91	691.88	21.62	299.27	88.14	136.31
-1.01	33.24	33.03	7.41	23.73	6.12	6.27
-0.05	49.40	50.93	2.32	18.33	7.14	5.68
	1.02	1.03	0.04	0.27	0.16	0.19
	4.95	5.04		2.37	0.52	0.83
-0.35	24.82	20.90	0.49	8.34	2.38	2.93
-9.06	580.48	580.96	11.35	246.24	71.83	120.42
-6.06	368.61	350.56	11.30	157.73	47.48	56.96
-1.55	59.25	59.29	0.73	21.04	5.31	6.43
	2.37	2.37	0.03	0.95	0.52	0.25
0.14	101.02	96.87	6.04	60.07	16.80	18.23
-7.75	36.63	21.22	0.05	5.47	3.22	1.43
2.05	115.44	117.26	2.38	45.93	16.57	20.55
0.96	45.99	45.61	1.96	18.97	4.36	8.66
	2.45	2.48	0.09	1.59	0.25	0.60
0.09	5.45	5.45	0.01	3.71	0.45	0.81
-19.81	1532.77	1537.88	35.80	675.02	193.28	220.52
2.67	186.01	181.88	3.52	82.67	26.02	27.00
-8.03	482.78	499.48	11.78	215.92	65.73	65.63
-15.13	469.86	463.24	4.98	192.11	54.13	41.45
-0.53	87.11	88.26	6.27	42.63	9.12	17.78
1.60	134.13	132.21	4.68	69.51	18.58	31.95
-0.33	30.49	30.61	0.98	13.97	3.54	6.17
-0.17	127.44	127.21	3.30	51.76	14.58	27.78
0.11	14.96	15.00	0.29	6.46	1.58	2.76

2-3 续表 17

行　　业	销售费用	管理费用		财务费用		
			税　金		利息收入	利息支出
计算机、通信和其他电子设备制造业	246.87	512.09	14.78	74.84	9.46	70.91
计算机制造	22.98	46.50	0.83	3.69	0.74	3.41
通信设备制造	57.96	105.98	1.97	8.88	1.88	9.98
广播电视设备制造	17.40	28.45	0.93	6.49	0.41	5.81
雷达及配套设备制造	0.62	1.34	0.02	0.05	0.02	0.07
视听设备制造	12.99	32.11	0.80	5.82	0.56	5.16
电子器件制造	43.11	110.90	3.86	17.41	2.27	16.86
电子元件制造	71.13	145.34	4.82	27.34	2.79	25.04
其他电子设备制造	20.68	41.47	1.54	5.15	0.77	4.58
仪器仪表制造业	94.69	163.06	5.37	28.96	2.75	25.86
通用仪器仪表制造	62.44	103.09	3.51	18.64	1.89	16.49
专用仪器仪表制造	23.68	43.89	1.23	7.57	0.29	6.56
钟表与计时仪器制造	2.36	2.72	0.09	0.52	0.41	0.84
光学仪器及眼镜制造	3.95	9.07	0.40	1.70	0.12	1.48
其他仪器仪表制造业	2.26	4.29	0.13	0.52	0.04	0.49
其他制造业	28.09	37.74	1.95	9.34	0.38	7.98
日用杂品制造	18.56	24.68	1.46	6.03	0.21	4.98
煤制品制造	3.55	3.52	0.22	1.41	0.02	1.26
废弃资源综合利用业	18.62	36.34	1.89	10.19	1.12	9.20
金属废料和碎屑加工处理	9.72	24.17	1.44	7.51	0.83	7.15
非金属废料和碎屑加工处理	8.90	12.17	0.45	2.68	0.29	2.04
金属制品、机械和设备修理业	3.24	7.82	0.44	1.87	0.05	1.71
金属制品修理	0.51	1.37	0.04	0.20	0.01	0.20
通用设备修理	0.21	0.35	0.02	0.04		0.02
专用设备修理	0.25	0.56	0.05	0.08		0.07
铁路、船舶、航空航天等运输设备修理	1.49	4.32	0.28	1.44	0.03	1.30
电气设备修理	0.19	0.25		0.01	0.01	0.02
其他机械和设备修理业	0.58	0.95	0.05	0.10		0.10
电力、热力、燃气及水生产和供应业	**23.50**	**64.79**	**3.45**	**58.11**	**2.29**	**48.88**
电力、热力生产和供应业	9.23	40.17	1.93	49.10	2.10	42.05
电力生产	4.56	24.40	1.11	41.12	1.86	35.13
电力供应	0.16	0.65	0.01	0.17		0.11
热力生产和供应	4.50	15.12	0.81	7.81	0.24	6.81
燃气生产和供应业	10.69	17.13	1.11	4.79	0.08	4.21
水的生产和供应业	3.58	7.49	0.41	4.23	0.11	2.62
自来水生产和供应	0.93	2.79	0.07	1.72	0.09	1.02
污水处理及其再生利用	2.24	4.15	0.32	2.36	0.02	1.50
其他水的处理、利用与分配	0.40	0.55	0.01	0.15		0.09

单位：亿元

投资收益（损失以“–”号记）	营业利润	利润总额	亏损企业亏损额	应交增值税	所得税费用	平均用工人数（万人）
10.86	596.76	617.56	23.32	250.11	79.44	131.77
0.29	56.02	57.31	4.63	18.98	7.14	12.24
0.32	95.49	98.03	2.72	36.19	10.48	16.49
-0.36	37.44	39.13	0.65	11.66	4.40	6.49
	1.27	1.30	0.09	0.95	0.30	0.27
0.47	26.24	27.48	0.89	15.64	2.99	10.47
2.71	121.20	134.20	5.53	50.69	16.58	27.21
7.99	217.83	218.18	5.84	97.97	30.57	49.29
-0.55	41.28	41.93	2.97	18.03	6.97	9.30
-6.75	251.22	254.92	3.76	113.15	39.25	34.52
-6.98	179.06	180.31	2.21	77.62	27.57	20.86
0.19	53.49	55.02	1.10	25.86	8.53	7.04
0.02	2.63	2.71	0.05	1.09	0.25	1.23
	9.85	10.20	0.21	5.36	1.51	4.12
0.02	6.19	6.68	0.19	3.21	1.38	1.27
0.07	69.16	70.11	1.00	32.10	6.87	15.69
-0.45	40.53	41.04	0.48	22.60	4.72	11.65
	7.76	7.77	0.24	3.77	0.52	0.81
-3.53	106.81	110.12	4.82	66.42	5.74	8.61
-3.60	86.66	89.32	3.92	53.24	4.17	5.54
0.07	20.15	20.80	0.90	13.18	1.57	3.07
0.09	8.97	8.23	1.12	7.52	1.63	3.94
	1.69	1.39	0.01	1.24	0.37	0.37
	0.39	0.40	0.01	0.35	0.06	0.16
	0.61	0.62	0.08	0.47	0.05	0.12
0.13	3.73	3.78	1.03	4.60	0.79	3.04
	0.92	0.40		0.37	0.02	0.05
-0.05	1.62	1.63		0.49	0.33	0.19
5.50	**97.83**	**111.63**	**16.29**	**36.35**	**13.47**	**11.87**
5.93	60.73	74.68	10.62	24.74	9.01	8.13
5.91	52.30	57.72	6.25	19.58	6.08	4.69
	1.14	1.25	0.10	0.79	0.11	0.13
0.02	7.29	15.71	4.26	4.36	2.82	3.31
-0.56	29.71	28.72	3.88	8.55	3.75	2.33
0.12	7.39	8.23	1.80	3.06	0.72	1.41
0.11	2.19	2.41	1.08	1.45	0.28	0.64
0.01	4.48	5.06	0.72	1.51	0.42	0.59
	0.73	0.76		0.10	0.02	0.17

2-4 外商投资和港澳台商投资

行　业	企业单位数（个）	工业销售产值（当年价格）	出口交货值	资产总计	固定资产合计
总　计	**55172**	**250880.74**	**77036.32**	**198162.05**	**60665.41**
采矿业	**221**	**2962.32**	**24.02**	**3913.34**	**1222.09**
煤炭开采和洗选业	41	1606.77		2166.15	538.04
烟煤和无烟煤开采洗选	33	313.87		1152.23	441.65
褐煤开采洗选	7	1263.08		949.11	79.93
石油和天然气开采业	10	631.69	18.72	905.42	342.12
石油开采	4	375.24		485.45	313.26
天然气开采	6	256.45	18.72	419.97	28.86
黑色金属矿采选业	38	321.48		264.63	83.89
铁矿采选	31	216.69		205.73	64.96
锰矿、铬矿采选	5	32.77		36.79	14.35
有色金属矿采选业	52	147.67	1.36	296.75	133.38
常用有色金属矿采选	38	109.44	1.29	193.35	84.62
贵金属矿采选	10	33.46		95.41	44.44
稀有稀土金属矿采选	4	4.77	0.08	7.99	4.31
非金属矿采选业	70	123.89	3.94	130.81	45.21
土砂石开采	42	39.92	1.54	40.53	13.94
化学矿开采	4	15.02	0.73	29.59	2.27
采盐	3	30.94	0.03	41.34	19.30
石棉及其他非金属矿采选	21	38.00	1.64	19.35	9.70
开采辅助活动	10	130.82		149.58	79.46
石油和天然气开采辅助活动	9	126.46		145.27	77.03
制造业	**53930**	**242702.43**	**76914.45**	**183636.57**	**53522.72**
农副食品加工业	1871	10026.24	1153.89	5729.00	1700.21
谷物磨制	97	446.02	8.91	297.61	97.02
饲料加工	364	1734.01	23.17	726.14	192.31
植物油加工	136	3131.34	36.74	1825.27	331.67
制糖业	28	169.50		285.73	84.80
屠宰及肉类加工	202	1441.10	85.24	883.44	333.81
水产品加工	417	1242.08	593.64	761.23	252.97
蔬菜、水果和坚果加工	435	856.18	306.43	453.37	177.89
其他农副食品加工	192	1006.00	99.75	496.22	229.74
食品制造业	1201	5372.13	393.81	4251.86	1270.56
焙烤食品制造	258	715.04	15.93	539.83	201.28
糖果、巧克力及蜜饯制造	113	524.27	64.36	431.32	145.17
方便食品制造	188	1183.34	43.16	866.84	300.66
乳制品制造	95	1096.16	5.19	837.41	196.43
罐头食品制造	135	297.62	99.51	166.75	50.44
调味品、发酵制品制造	132	565.21	63.65	488.54	179.73
其他食品制造	280	990.49	102.01	921.16	196.85

工业企业主要经济指标(大、中类行业)

单位：亿元

固定资产原价	累计折旧	流动资产合计	应收账款	存货	产成品	负债合计
109131.50	**51266.34**	**113723.57**	**34419.42**	**24840.30**	**9023.00**	**109924.35**
2337.44	**1230.44**	**1566.82**	**613.37**	**391.15**	**51.16**	**2811.72**
1053.81	569.33	1183.13	549.49	297.37	25.16	1534.96
554.67	166.36	310.27	56.77	34.32	22.65	645.63
478.62	398.92	847.93	491.08	260.81	0.27	836.21
782.46	489.68	67.51	8.58	36.14	6.17	878.37
746.77	433.66	42.06	5.10	26.28	5.76	472.62
35.69	56.01	25.45	3.48	9.85	0.41	405.75
109.20	26.14	116.46	26.61	16.86	7.89	104.37
81.93	17.10	97.24	17.86	12.50	4.69	85.51
20.39	6.75	16.85	8.60	2.98	2.61	12.25
151.14	27.61	93.46	4.29	27.08	6.19	167.20
98.38	17.81	64.60	3.66	17.10	2.69	110.44
50.75	9.15	28.18	0.49	9.63	3.40	55.28
2.00	0.64	0.68	0.15	0.35	0.10	1.48
73.43	29.63	55.18	12.99	9.39	4.77	78.47
23.05	10.02	17.48	4.27	3.88	1.81	17.97
3.21	0.97	16.62	3.31	0.63	0.41	23.89
34.56	15.26	13.03	2.69	2.20	0.51	25.73
12.62	3.37	8.05	2.72	2.68	2.04	10.88
167.40	88.05	51.08	11.41	4.31	0.97	48.35
163.55	86.63	49.20	10.64	3.69	0.66	45.00
96623.08	**45614.49**	**109302.37**	**33219.48**	**24237.39**	**8933.13**	**101520.86**
3193.50	1619.01	3499.32	506.41	1029.00	398.25	3452.37
169.01	74.75	178.60	24.16	88.39	23.23	173.46
421.02	249.46	411.59	66.70	111.92	24.33	411.49
642.38	321.16	1410.67	128.33	371.17	140.92	1298.33
137.26	58.50	189.09	13.03	30.05	22.29	220.72
622.32	309.45	433.74	82.41	114.47	54.93	441.32
460.37	235.34	414.75	91.45	144.28	70.45	370.89
293.17	147.69	231.57	47.85	76.84	32.41	201.54
447.97	222.67	229.31	52.47	91.88	29.68	334.61
2117.88	906.66	2396.13	576.51	452.54	191.20	2120.16
346.35	159.75	273.85	64.74	45.09	20.00	234.90
268.13	126.91	233.79	56.98	46.39	21.10	172.37
489.25	195.30	429.33	144.27	71.31	21.69	392.27
307.42	124.22	482.61	84.39	93.38	35.56	470.96
91.37	44.46	91.29	24.31	35.41	20.98	92.83
272.23	104.11	249.04	65.70	65.34	26.96	267.23
343.13	151.91	636.22	136.12	95.62	44.91	489.60

2-4 续表 1

行　业	企业单位数(个)	工业销售产值(当年价格)	出口交货值	资产总计	固定资产合计
酒、饮料和精制茶制造业	801	4032.26	124.69	3622.02	1473.91
酒的制造	249	1100.16	14.51	1269.31	482.36
饮料制造	507	2853.19	101.79	2305.34	980.66
精制茶加工	45	78.91	8.39	47.37	10.88
纺织业	2841	5963.15	1611.88	4881.11	1449.59
棉纺织及印染精加工	1191	3132.58	696.80	2611.04	820.88
毛纺织及染整精加工	181	552.14	173.78	493.54	85.37
麻纺织及染整精加工	35	76.38	11.83	58.50	16.77
丝绢纺织及印染精加工	59	74.93	16.33	84.64	24.06
化纤织造及印染精加工	204	229.09	45.43	306.68	92.59
针织或钩针编织物及其制品制造	419	685.73	254.41	454.34	121.37
家用纺织制成品制造	380	607.79	213.29	371.36	112.97
非家用纺织制成品制造	372	604.50	200.01	501.00	175.58
纺织服装、服饰业	4023	6334.44	2669.76	4021.10	1017.68
机织服装制造	2909	4784.82	1847.28	3022.35	784.66
针织或钩针编织服装制造	855	1183.47	665.61	752.71	175.29
服饰制造	259	366.15	156.87	246.04	57.73
皮革、毛皮、羽毛及其制品和制鞋业	2108	4817.82	1981.59	2773.67	633.90
皮革鞣制加工	119	395.40	64.82	238.93	54.43
皮革制品制造	740	1063.63	501.97	524.38	134.06
毛皮鞣制及制品加工	57	170.01	50.88	72.97	22.37
羽毛(绒)加工及制品制造	71	188.68	65.26	122.02	19.90
制鞋业	1121	3000.10	1298.66	1815.37	403.14
木材加工和木、竹、藤、棕、草制品业	487	1113.24	256.69	712.66	210.31
木材加工	44	91.94	9.32	81.32	19.50
人造板制造	169	453.19	79.45	295.25	97.56
木制品制造	191	467.08	117.35	290.27	76.04
竹、藤、棕、草等制品制造	83	101.03	50.56	45.83	17.21
家具制造业	927	1807.29	828.45	1349.01	328.20
木质家具制造	493	892.04	379.49	686.59	196.17
竹、藤家具制造	10	43.54	20.43	40.77	6.36
金属家具制造	228	489.14	227.73	386.98	73.80
塑料家具制造	18	38.50	31.92	21.04	6.40
其他家具制造	178	344.07	168.88	213.64	45.48
造纸和纸制品业	960	3589.56	388.56	5390.98	2064.83
纸浆制造	7	16.96	2.25	41.59	14.86
造纸	308	2127.08	217.63	3933.55	1623.51
纸制品制造	645	1445.52	168.68	1415.84	426.46

单位：亿元

固定资产原价	累计折旧	流动资产合计	应收账款	存货	产成品	负债合计
2444.41	1069.14	1630.41	287.16	400.78	122.72	1826.05
861.06	412.06	553.64	64.40	211.74	30.91	660.77
1567.93	651.53	1049.00	214.63	179.76	89.21	1151.25
15.42	5.55	27.77	8.13	9.28	2.60	14.03
2667.54	1315.36	2791.78	649.97	792.24	329.28	2438.25
1554.09	787.16	1469.41	331.11	420.53	177.84	1302.78
169.73	85.98	272.48	52.69	83.12	29.57	220.36
30.11	13.77	31.78	7.81	11.91	7.22	25.72
42.81	20.69	52.32	15.46	16.81	6.40	42.06
148.35	64.70	181.93	39.52	44.31	23.22	180.55
215.64	101.50	278.78	73.59	75.47	31.84	234.08
190.96	93.30	223.44	51.37	67.94	25.57	191.09
315.85	148.26	281.63	78.42	72.16	27.63	241.60
1886.92	915.06	2563.20	639.53	704.40	340.58	1814.59
1448.76	701.35	1900.32	448.31	516.51	268.66	1314.33
324.60	155.98	496.83	149.56	134.27	50.45	387.48
113.56	57.73	166.05	41.65	53.62	21.47	112.78
1136.74	542.61	1830.87	531.49	468.99	163.11	1305.15
117.24	65.23	158.26	29.16	68.36	22.10	130.29
228.31	102.82	332.69	107.31	103.81	28.33	270.53
31.95	11.39	46.36	1.66	30.63	8.03	40.59
32.01	13.39	85.10	14.44	21.22	4.27	73.11
727.23	349.78	1208.47	378.92	244.97	100.39	790.63
519.23	322.02	410.42	88.66	130.48	60.96	339.22
32.14	16.13	51.41	5.73	13.52	5.30	35.83
258.52	163.52	157.79	34.42	56.33	31.37	135.23
207.36	137.06	179.18	43.10	54.36	21.52	144.18
21.21	5.31	22.05	5.41	6.27	2.77	23.99
561.87	256.91	854.57	223.38	250.72	86.23	741.74
335.37	152.79	415.37	94.16	134.42	52.20	371.25
10.70	4.39	28.52	3.99	5.05	0.88	27.78
129.10	60.30	254.19	81.23	64.03	17.26	215.78
10.00	3.61	12.58	3.69	4.71	1.40	10.21
76.69	35.81	143.90	40.31	42.51	14.48	116.72
3364.91	1363.72	2468.11	574.10	405.82	147.09	2991.54
22.81	8.17	8.57	0.26	3.06	0.75	19.44
2642.60	1053.25	1633.17	285.70	256.27	98.29	2229.61
699.50	302.30	826.37	288.15	146.49	48.05	742.50

2-4 续表 2

行业	企业单位数（个）	工业销售产值（当年价格）	出口交货值	资产总计	固定资产合计
印刷和记录媒介复制业	665	1324.67	293.34	1209.88	356.53
印刷	623	1274.02	281.33	1150.66	334.42
装订及印刷相关服务	24	21.84	2.65	25.15	7.16
记录媒介复制	18	28.81	9.36	34.08	14.95
文教、工美、体育和娱乐用品制造业	2230	4735.13	2569.34	2502.06	562.79
文教办公用品制造	210	211.01	121.17	167.12	43.25
乐器制造	76	143.05	78.29	90.51	24.26
工艺美术品制造	960	2712.93	1237.72	1301.95	240.98
体育用品制造	373	583.96	411.50	329.70	98.11
玩具制造	563	944.78	623.03	536.75	140.57
游艺器材及娱乐用品制造	48	139.39	97.64	76.03	15.62
石油加工、炼焦和核燃料加工业	176	4949.60	308.99	2782.93	1157.60
精炼石油产品制造	135	4045.50	307.34	1718.78	711.10
炼焦	41	904.10	1.65	1064.15	446.50
化学原料和化学制品制造业	3514	18945.13	1913.39	16155.29	6330.39
基础化学原料制造	674	5609.96	299.35	4957.38	2465.00
肥料制造	122	604.01	19.93	669.86	227.41
农药制造	67	326.26	65.26	211.77	55.52
涂料、油墨、颜料及类似产品制造	702	1754.51	171.10	1459.81	304.68
合成材料制造	623	4169.66	578.27	3137.45	1184.37
专用化学产品制造	965	4401.44	595.21	4328.80	1781.48
炸药、火工及焰火产品制造	25	34.72	6.71	12.75	6.66
日用化学产品制造	336	2044.57	177.55	1377.49	305.28
医药制造业	915	4917.42	559.95	5137.60	1381.33
化学药品原料药制造	156	797.42	222.36	1031.44	373.02
化学药品制剂制造	218	2282.78	73.56	2245.30	485.22
中药饮片加工	41	103.61	2.93	96.30	26.84
中成药生产	152	690.63	42.95	659.39	184.32
兽用药品制造	33	69.35	15.27	71.51	24.09
生物药品制造	166	604.38	106.26	757.22	186.70
卫生材料及医药用品制造	149	369.26	96.61	276.43	101.14
化学纤维制造业	289	2119.78	199.39	2085.78	765.48
纤维素纤维原料及纤维制造	56	352.93	30.78	430.54	170.60
合成纤维制造	233	1766.85	168.61	1655.25	594.88
橡胶和塑料制品业	3315	6854.10	2048.38	6152.60	2094.82
橡胶制品业	538	1999.62	581.77	2076.54	956.79
塑料制品业	2777	4854.48	1466.61	4076.05	1138.03

单位：亿元

固定资产原　　价	累计折旧	流动资产合　　计	应收账款	存货	产成品	负债合计
705.95	361.19	731.50	240.20	136.01	57.63	520.88
655.70	331.89	697.02	230.08	130.68	55.51	500.48
15.88	8.96	16.84	4.98	2.79	0.93	9.91
34.37	20.33	17.65	5.13	2.55	1.19	10.49
1067.47	536.30	1725.69	568.44	594.76	283.51	1285.38
87.64	46.23	106.79	30.98	29.58	11.69	86.61
47.96	24.32	56.02	11.77	22.34	5.71	39.93
451.54	227.15	950.73	343.66	324.33	191.66	686.11
183.49	91.54	210.33	65.19	69.58	20.79	152.97
272.62	138.08	350.69	103.96	128.53	46.37	277.37
24.21	8.98	51.11	12.88	20.40	7.29	42.40
2088.59	990.35	1187.49	189.01	388.08	112.08	1941.07
1399.06	701.11	756.51	128.93	313.23	85.73	1156.93
689.53	289.24	430.98	60.08	74.86	26.35	784.14
10719.02	4688.78	7873.45	2010.24	1603.33	686.83	8806.45
4088.06	1683.74	1826.31	343.02	389.40	154.18	2728.78
389.27	190.84	316.02	36.40	70.76	28.20	386.01
116.32	62.67	132.72	36.74	41.14	18.77	118.23
549.07	261.38	1012.47	368.35	193.94	91.60	698.88
2205.17	1064.54	1604.86	409.55	385.61	168.67	1799.21
2790.70	1142.53	2069.44	571.82	375.86	153.51	2406.16
8.26	1.79	5.09	1.98	1.23	0.83	4.32
572.17	281.28	906.54	242.38	145.39	71.07	664.86
2189.75	923.50	3016.20	699.28	733.53	339.59	2309.20
560.42	215.27	502.74	116.72	129.15	68.95	544.50
745.65	297.55	1493.84	388.34	405.91	194.08	1109.60
38.58	12.28	53.97	19.93	15.85	5.03	32.48
284.05	114.55	377.26	53.32	74.24	31.80	273.59
49.85	26.53	38.11	9.16	8.22	3.99	23.27
360.59	205.35	400.87	74.69	73.10	25.64	212.70
150.61	51.96	149.42	37.14	27.07	10.10	113.07
1294.91	575.60	1022.89	150.70	256.54	124.46	1246.66
263.46	96.11	187.23	21.45	59.78	19.33	259.45
1031.46	479.49	835.66	129.24	196.76	105.13	987.21
3867.81	1894.50	3362.36	1031.50	854.69	350.92	3028.75
1539.73	653.56	898.95	299.96	264.21	127.83	991.02
2328.07	1240.95	2463.41	731.54	590.48	223.10	2037.73

2-4 续表 3

行　业	企业单位数（个）	工业销售产值（当年价格）	出口交货值	资产总计	固定资产合计
非金属矿物制品业	2232	5594.66	823.89	6422.49	2518.07
水泥、石灰和石膏制造	194	1131.82	5.81	2046.00	997.27
石膏、水泥制品及类似制品制造	431	782.54	15.13	741.64	191.98
砖瓦、石材等建筑材料制造	439	1122.93	141.19	890.78	300.33
玻璃制造	105	447.53	72.57	719.26	296.69
玻璃制品制造	270	681.59	215.82	764.60	278.21
玻璃纤维和玻璃纤维增强塑料制品制造	107	230.30	70.46	337.94	156.46
陶瓷制品制造	327	555.65	191.49	420.90	143.60
耐火材料制品制造	153	320.87	53.90	219.97	63.71
石墨及其他非金属矿物制品制造	206	321.43	57.53	281.41	89.82
黑色金属冶炼和压延加工业	716	7486.78	741.44	5711.12	2314.79
炼铁	13	266.09	7.53	212.62	54.63
炼钢	9	673.01	66.66	494.59	234.32
黑色金属铸造	213	517.58	160.62	430.73	194.35
钢压延加工	438	5563.70	476.09	3977.06	1565.95
铁合金冶炼	43	466.40	30.54	596.12	265.54
有色金属冶炼和压延加工业	716	5383.55	477.77	5074.27	1537.49
常用有色金属冶炼	83	1291.87	15.60	1864.90	642.35
贵金属冶炼	19	77.95		114.35	48.91
稀有稀土金属冶炼	31	123.89	27.87	107.09	36.08
有色金属合金制造	114	574.11	70.65	348.90	95.32
有色金属铸造	26	78.97	9.95	75.50	17.53
有色金属压延加工	443	3236.76	353.70	2563.54	697.29
金属制品业	2951	6584.15	2173.23	5164.03	1493.05
结构性金属制品制造	554	1241.27	260.95	1016.14	229.38
金属工具制造	334	476.41	207.70	402.58	130.94
集装箱及金属包装容器制造	276	1277.80	549.47	1042.29	286.27
金属丝绳及其制品制造	168	433.39	96.87	404.25	156.65
建筑、安全用金属制品制造	411	661.78	317.40	500.52	123.23
金属表面处理及热处理加工	211	453.15	71.67	374.91	114.24
搪瓷制品制造	22	44.43	13.27	42.10	9.30
金属制日用品制造	416	699.10	294.07	471.97	117.32
其他金属制品制造	559	1296.82	361.85	909.26	325.73
通用设备制造业	3722	11365.71	3418.43	10598.71	2412.48
锅炉及原动设备制造	173	1168.57	119.52	1395.41	316.33
金属加工机械制造	448	712.35	78.58	749.76	181.02
物料搬运设备制造	324	2383.09	422.77	2388.16	379.11

单位：亿元

固定资产原价	累计折旧	流动资产合计	应收账款	存货	产成品	负债合计
4142.39	1673.59	3075.99	793.94	626.24	289.80	3320.43
1506.95	507.63	755.60	68.78	93.20	24.07	1048.12
331.90	146.46	488.34	232.00	56.18	25.80	434.59
578.35	290.67	470.82	113.15	143.24	85.10	463.59
491.75	204.99	275.98	56.32	64.11	37.02	373.24
457.21	183.93	402.16	116.27	98.44	40.66	377.64
280.86	127.21	147.44	53.34	27.75	14.62	182.03
241.81	105.19	230.84	65.45	70.01	32.66	190.25
105.81	47.01	140.85	48.99	32.61	15.07	121.58
147.76	60.50	163.98	39.62	40.70	14.80	129.38
3950.35	1712.97	2722.53	407.53	783.17	257.32	3490.67
98.34	40.04	60.28	17.15	31.53	4.83	179.23
367.89	138.09	219.33	18.37	51.47	17.36	295.78
293.65	102.71	217.33	62.19	45.39	16.93	193.26
2774.17	1279.56	1994.08	271.93	586.33	188.52	2478.59
416.30	152.57	231.52	37.89	68.45	29.67	343.80
2320.55	938.17	2725.94	573.57	569.17	175.05	3196.99
839.25	278.54	995.54	154.92	203.69	47.19	1352.55
49.70	15.88	48.32	1.89	13.69	4.34	55.27
55.36	19.67	63.21	14.65	26.06	14.44	54.47
142.69	52.55	205.58	66.19	62.67	21.24	197.59
33.00	15.87	44.06	10.55	11.54	5.45	46.66
1200.55	555.65	1369.25	325.36	251.52	82.39	1490.45
2691.73	1279.16	3130.28	974.05	814.28	275.72	2580.64
432.31	213.49	646.57	190.30	177.08	46.05	530.70
231.82	110.32	240.10	74.29	75.96	29.26	183.02
451.79	172.42	619.78	182.66	148.40	49.78	540.43
303.69	158.51	225.47	84.37	52.69	22.42	206.17
215.23	101.54	331.75	105.24	94.80	32.16	237.24
219.45	111.18	238.01	73.58	43.66	19.48	211.15
16.61	7.44	23.09	8.17	5.53	2.15	23.43
296.59	188.05	300.09	77.94	85.88	29.25	234.68
524.23	216.23	505.43	177.50	130.29	45.17	413.81
4213.38	1887.36	7143.77	2243.28	1813.12	579.26	5561.51
526.07	213.99	950.52	261.38	227.03	53.91	877.28
289.19	115.74	501.41	134.21	169.27	48.56	346.70
593.46	222.88	1722.91	465.22	422.22	113.86	1549.18

2-4 续表 4

行业	企业单位数（个）	工业销售产值（当年价格）	出口交货值	资产总计	固定资产合计
泵、阀门、压缩机及类似机械制造	817	2060.56	515.37	1887.86	476.39
轴承、齿轮和传动部件制造	410	782.21	196.77	921.15	357.71
烘炉、风机、衡器、包装等设备制造	655	1833.61	595.13	1536.77	299.48
文化、办公用机械制造	219	1487.24	1191.59	802.02	143.84
通用零部件制造	561	755.67	256.46	725.40	206.44
其他通用设备制造业	115	182.40	42.25	192.18	52.17
专用设备制造业	2667	6572.20	1923.92	7795.48	1878.87
采矿、冶金、建筑专用设备制造	412	2462.60	680.21	2900.89	594.89
化工、木材、非金属加工专用设备制造	870	1239.23	367.65	1480.97	337.92
食品、饮料、烟草及饲料生产专用设备制造	78	104.80	24.97	101.13	20.95
印刷、制药、日化及日用品生产专用设备制造	178	322.49	96.19	340.79	94.20
纺织、服装和皮革加工专用设备制造	200	399.20	119.56	444.49	81.42
电子和电工机械专用设备制造	170	367.86	111.58	342.77	133.19
农、林、牧、渔专用机械制造	111	312.16	108.87	274.36	63.61
医疗仪器设备及器械制造	302	627.28	296.34	1183.15	442.30
环保、社会公共服务及其他专用设备制造	346	736.59	118.56	726.93	110.39
汽车制造业	2864	31278.48	1655.33	21382.04	5634.56
汽车整车制造	101	18599.69	201.99	11320.09	2913.95
改装汽车制造	32	205.21	19.37	131.34	22.91
汽车车身、挂车制造	24	233.99	31.37	157.92	34.56
汽车零部件及配件制造	2704	12226.61	1402.60	9754.13	2658.32
铁路、船舶、航空航天和其他运输设备制造业	697	3438.51	1504.89	3574.66	919.99
铁路运输设备制造	77	382.86	36.72	456.78	50.00
城市轨道交通设备制造	7	46.00	2.32	59.57	9.16
船舶及相关装置制造	172	1544.43	992.38	1970.39	536.18
航空、航天器及设备制造	48	382.98	75.99	245.20	118.29
摩托车制造	119	524.90	148.32	380.79	72.24
自行车制造	213	385.58	186.87	372.33	97.16
非公路休闲车及零配件制造	39	118.09	24.59	59.63	27.53
潜水救捞及其他未列明运输设备制造	22	53.67	37.69	29.97	9.43
电气机械和器材制造业	4109	17156.82	5928.80	12791.18	2821.44
电机制造	512	2186.32	701.48	1831.67	362.66
输配电及控制设备制造	1203	5082.84	1540.96	4131.03	956.38
电线、电缆、光缆及电工器材制造	773	2591.53	763.83	1927.44	386.34
电池制造	258	1481.55	582.08	1420.09	318.52
家用电力器具制造	672	4308.12	1764.68	2344.74	526.26
非电力家用器具制造	61	164.13	25.13	175.47	29.03
照明器具制造	552	1224.32	529.45	860.60	216.08
其他电气机械及器材制造	78	118.00	21.19	100.14	26.17

单位：亿元

固定资产原价	累计折旧	流动资产合计	应收账款	存货	产成品	负债合计
899.94	439.09	1214.00	381.84	319.34	116.82	819.56
563.59	222.37	481.26	165.57	141.72	51.93	442.89
518.84	240.52	1113.80	398.80	236.38	81.81	779.18
368.53	226.42	605.06	247.37	136.06	46.50	372.80
364.55	168.62	428.36	151.80	119.03	52.57	290.02
89.22	37.71	126.46	37.07	42.09	13.30	83.90
3154.87	1328.62	5074.82	1744.24	1279.04	409.16	4058.06
1101.61	530.45	2033.31	806.82	460.32	155.77	1736.84
623.45	295.73	967.13	300.30	275.97	78.63	696.60
37.58	17.79	74.40	21.58	20.84	6.71	48.89
152.38	63.45	210.69	54.31	63.11	13.92	178.36
156.80	76.12	284.86	66.47	83.34	30.20	234.37
239.14	107.94	181.76	68.78	47.40	15.69	175.37
99.06	36.62	173.82	47.65	69.39	34.43	166.54
558.20	120.05	607.18	176.63	130.65	41.79	419.45
186.66	80.47	541.68	201.69	128.03	32.02	401.64
9299.33	3966.04	12634.49	3854.30	2240.33	929.52	12463.41
4741.09	1984.91	6355.63	1301.38	1036.42	453.16	7250.03
35.82	13.54	80.67	27.75	17.75	5.70	74.87
56.47	22.87	107.28	27.03	21.02	4.39	76.60
4457.98	1941.62	6079.09	2494.39	1162.00	464.77	5047.92
1453.33	580.41	2187.03	440.69	586.89	88.19	2129.91
72.31	31.74	384.43	110.37	134.68	19.30	292.87
12.66	3.53	48.45	16.85	14.69	3.78	40.45
805.60	286.70	1095.53	129.13	295.89	9.34	1289.79
169.85	61.84	111.14	42.03	26.63	4.15	94.62
174.25	105.35	263.26	62.47	42.07	22.49	184.69
159.33	67.24	237.08	62.44	62.25	24.87	182.97
45.64	18.16	28.34	9.94	6.42	2.63	26.59
13.68	5.85	18.80	7.47	4.25	1.63	17.93
5217.36	2522.63	8561.88	3100.92	1660.95	651.85	7150.22
698.28	360.67	1197.57	420.88	270.37	96.56	871.08
1677.79	757.16	2739.52	1104.85	478.36	193.79	2411.84
778.20	402.32	1354.67	611.93	254.19	98.48	1121.97
534.61	238.96	885.29	217.52	143.88	48.37	840.50
1067.87	555.04	1625.53	498.17	329.90	155.82	1330.45
42.35	16.23	124.52	39.20	20.53	6.58	89.15
378.44	174.40	568.79	190.45	143.50	42.49	442.59
39.82	17.85	65.99	17.91	20.22	9.76	42.65

2-4 续表 5

行　　业	企业单位数（个）	工业销售产值（当年价格）	出口交货值	资产总计	固定资产合计
计算机、通信和其他电子设备制造业	5358	57346.79	39630.18	33299.76	8446.41
计算机制造	645	19129.29	14807.64	8813.96	1825.18
通信设备制造	420	10701.58	6545.51	6348.33	817.76
广播电视设备制造	154	629.60	306.55	408.33	83.06
雷达及配套设备制造	5	20.10	3.72	25.22	0.76
视听设备制造	423	4419.13	2625.89	2078.32	340.64
电子器件制造	1050	10387.26	8382.99	7717.19	3003.69
电子元件制造	2293	9572.49	5792.95	6471.16	2053.09
其他电子设备制造	368	2487.34	1164.94	1437.27	322.24
仪器仪表制造业	956	2395.98	887.37	2004.95	406.95
通用仪器仪表制造	431	1117.36	285.67	1040.53	180.77
专用仪器仪表制造	158	564.97	170.12	424.04	90.97
钟表与计时仪器制造	141	256.27	162.19	150.51	35.25
光学仪器及眼镜制造	203	423.15	261.71	372.42	95.10
其他仪器仪表制造业	23	34.23	7.68	17.45	4.86
其他制造业	388	559.00	261.88	433.49	125.17
日用杂品制造	307	457.08	223.72	337.09	92.43
煤制品制造	3	11.40		9.55	5.39
废弃资源综合利用业	166	354.46	4.45	262.36	59.50
金属废料和碎屑加工处理	123	302.30	2.67	202.74	39.30
非金属废料和碎屑加工处理	43	52.16	1.78	59.62	20.20
金属制品、机械和设备修理业	64	281.13	180.78	362.52	154.82
金属制品修理	5	2.83	0.75	2.82	0.74
通用设备修理	3	1.76		2.82	0.43
专用设备修理	8	15.69	8.25	15.45	3.63
铁路、船舶、航空航天等运输设备修理	38	254.56	170.41	335.47	148.29
其他机械和设备修理业	8	5.80	1.37	5.31	1.56
电力、热力、燃气及水生产和供应业	**1021**	**5216.00**	**97.85**	**10612.14**	**5920.61**
电力、热力生产和供应业	521	3006.62	40.16	6889.83	4360.34
电力生产	470	2887.24	40.14	6636.77	4238.64
电力供应	6	25.82		30.38	10.06
热力生产和供应	45	93.56	0.02	222.68	111.64
燃气生产和供应业	337	1946.10	26.31	2451.79	1051.09
水的生产和供应业	163	263.27	31.39	1270.52	509.17
自来水生产和供应	95	151.01		689.36	430.52
污水处理及其再生利用	64	64.47		344.71	66.46
其他水的处理、利用与分配	4	47.80	31.39	236.45	12.19

单位：亿元

固定资产原价	累计折旧	流动资产合计	应收账款	存货	产成品	负债合计
19038.33	10847.31	22711.20	9481.01	4159.93	1325.52	19962.49
4279.70	2479.17	6609.20	3050.97	1039.27	299.91	6488.85
1554.06	758.26	5229.28	2084.16	920.92	259.36	4318.05
163.69	82.88	299.82	108.49	65.01	16.18	213.52
1.64	0.88	18.89	1.69	2.58	0.43	16.99
692.88	356.70	1553.74	644.52	335.93	122.96	1330.06
6208.76	3306.88	4069.61	1546.88	805.28	264.55	3829.92
5160.08	3175.45	3912.42	1684.33	785.61	284.37	3004.41
977.52	687.09	1018.24	359.97	205.33	77.77	760.68
784.29	391.93	1395.51	483.71	346.37	103.16	856.33
321.82	145.67	737.33	248.32	172.39	43.47	453.66
190.02	102.05	304.75	113.18	62.86	19.55	180.46
65.08	34.71	101.11	29.63	44.11	15.89	67.50
197.33	104.30	240.50	89.48	62.61	23.51	148.04
10.05	5.19	11.82	3.10	4.39	0.73	6.67
210.40	92.68	260.53	69.44	72.12	24.19	196.73
161.50	74.88	202.79	49.67	59.19	18.76	153.98
5.94	0.61	3.96	0.15	0.23		6.77
99.35	42.43	158.28	24.73	43.81	22.41	160.41
62.66	25.41	131.18	19.06	38.32	19.82	136.45
36.69	17.02	27.10	5.67	5.49	2.59	23.95
219.56	69.97	154.87	61.20	39.93	7.53	225.13
1.43	0.69	1.90	0.94	0.30	0.03	2.22
0.76	0.32	1.70	0.49	0.38	0.16	0.84
5.69	2.07	11.14	4.43	4.01	1.85	8.03
208.35	65.29	136.33	54.13	34.62	5.25	211.55
3.04	1.49	3.34	1.08	0.52	0.13	2.38
10170.98	**4421.42**	**2854.37**	**586.57**	**211.76**	**38.70**	**5591.77**
8075.66	3799.98	1657.23	371.29	147.33	25.02	3625.02
7883.23	3723.39	1555.54	360.21	140.90	24.42	3455.68
16.03	7.41	16.16	1.33	0.43	0.37	18.64
176.40	69.18	85.52	9.75	6.00	0.23	150.70
1321.27	319.29	844.20	160.29	54.21	12.60	1271.66
774.05	302.14	352.94	54.98	10.22	1.08	695.10
655.75	259.64	157.71	34.14	7.41	0.43	348.28
101.66	38.04	108.30	18.10	2.28	0.65	207.12
16.65	4.46	86.93	2.75	0.54		139.70

2-4 续表 6

行　业	流动负债合　计	应付账款	所有者权益合计	实收资本	国家资本
总　计	**93078.87**	**34141.36**	**87595.32**	**49428.11**	**2711.56**
采矿业	**2072.03**	**198.63**	**1080.81**	**304.60**	**35.92**
煤炭开采和洗选业	1117.49	50.47	631.15	167.13	16.71
烟煤和无烟煤开采洗选	320.34	48.53	506.56	126.52	16.71
褐煤开采洗选	797.16	1.94	112.89	37.62	
石油和天然气开采业	658.43	90.22	27.05	10.49	
石油开采	359.65	49.89	12.83		
天然气开采	298.77	40.34	14.21	10.49	
黑色金属矿采选业	85.84	24.92	139.83	28.29	0.27
铁矿采选	68.11	20.29	111.42	26.46	0.27
锰矿、铬矿采选	11.13	2.78	24.53	0.51	
有色金属矿采选业	111.47	13.99	129.27	49.51	16.94
常用有色金属矿采选	76.12	10.45	82.71	38.86	16.37
贵金属矿采选	35.22	3.49	40.08	7.24	0.02
稀有稀土金属矿采选	0.13	0.05	6.48	3.41	0.55
非金属矿采选业	65.33	7.38	52.28	31.04	1.99
土砂石开采	13.25	2.31	22.50	16.05	
化学矿开采	21.89	2.23	5.70	1.38	0.10
采盐	19.76	1.26	15.60	7.73	1.79
石棉及其他非金属矿采选	10.43	1.58	8.48	5.87	0.10
开采辅助活动	33.47	11.64	101.23	18.15	
石油和天然气开采辅助活动	30.56	10.27	100.27	16.60	
制造业	**87638.17**	**33367.85**	**81504.38**	**45930.81**	**1756.14**
农副食品加工业	3002.24	675.39	2248.46	1166.53	57.31
谷物磨制	148.79	15.90	123.91	85.38	5.38
饲料加工	363.99	89.51	312.74	133.92	1.07
植物油加工	1192.00	284.78	517.47	275.24	19.83
制糖业	200.13	20.39	57.46	31.97	5.51
屠宰及肉类加工	392.02	122.91	441.89	226.93	11.21
水产品加工	301.34	61.44	377.02	174.12	0.08
蔬菜、水果和坚果加工	169.30	36.38	258.81	108.75	0.68
其他农副食品加工	234.67	44.08	159.18	130.23	13.54
食品制造业	1856.14	505.36	2123.13	1014.50	12.09
焙烤食品制造	209.78	64.11	304.08	173.85	0.91
糖果、巧克力及蜜饯制造	160.08	71.62	257.11	99.98	0.06
方便食品制造	309.48	88.27	472.87	196.63	2.22
乳制品制造	415.78	131.45	365.94	179.87	3.30
罐头食品制造	85.25	20.14	73.58	47.89	0.45
调味品、发酵制品制造	220.40	50.24	219.52	113.58	2.09
其他食品制造	455.36	79.52	430.04	202.70	3.07

单位：亿元

					主营业务收　　入	主营业务成　　本	主营业务税金及附加
集体资本	法人资本	个人资本	港澳台资本	外商资本			
379.66	**9903.69**	**2100.22**	**11948.42**	**22505.82**	**252630.07**	**215004.20**	**2213.46**
6.25	**80.14**	**30.54**	**47.66**	**85.09**	**3214.45**	**2476.85**	**73.43**
5.72	55.36	20.99	7.27	44.07	1877.13	1573.54	11.99
2.72	26.47	20.29	7.25	44.07	485.99	328.73	11.01
	28.89	0.70	0.03		1361.97	1220.92	0.73
	0.60		2.05	7.84	652.05	349.46	52.54
					402.29	208.08	31.52
	0.60		2.05	7.84	249.76	141.38	21.02
	11.92	3.24	11.50	1.36	282.69	252.18	3.10
	10.64	2.70	11.50	1.36	181.01	158.45	2.82
	0.14	0.37			32.88	28.18	0.24
0.22	6.59	3.77	8.02	11.96	146.93	108.75	1.74
0.22	6.07	3.39	6.41	6.39	110.76	85.55	1.02
	0.09	0.19	1.61	5.33	32.36	20.13	0.64
	0.43	0.19		0.24	3.81	3.06	0.07
0.32	4.10	2.55	6.57	15.51	122.62	93.05	2.08
	2.77	1.16	1.93	10.19	38.59	29.55	0.72
	0.09	0.05	1.11	0.03	15.30	13.68	0.04
			2.27	3.67	33.89	24.04	0.37
0.32	1.23	1.34	1.27	1.62	34.84	25.79	0.94
	1.56		12.24	4.35	133.02	99.87	1.98
	1.56		10.70	4.35	128.67	96.42	1.95
346.58	**8989.84**	**2028.51**	**11183.29**	**21807.90**	**244142.96**	**208443.70**	**2104.51**
23.25	245.57	99.82	200.97	537.59	10243.92	9318.41	30.19
0.19	14.35	5.09	20.78	39.59	470.27	434.19	1.34
1.07	37.28	8.98	31.74	52.58	1738.92	1551.70	3.37
2.97	25.32	6.12	31.78	188.37	3084.75	2921.80	5.15
	9.42	0.51	1.37	15.16	182.85	153.56	0.87
3.20	77.08	5.22	41.89	88.32	1712.20	1546.84	4.33
14.33	36.35	56.06	23.72	43.59	1230.60	1096.57	5.50
1.16	21.69	12.78	22.29	50.14	855.97	723.78	4.72
0.34	24.07	5.05	27.39	59.84	968.35	889.97	4.90
20.94	178.59	43.58	259.27	497.92	5844.57	4270.64	32.84
1.12	25.66	4.38	62.24	79.54	792.93	593.26	4.15
0.68	10.76	1.02	25.36	62.10	613.83	401.66	4.05
	39.47	8.76	71.52	74.56	1182.82	928.02	4.71
15.77	29.79	6.16	31.85	93.00	1356.05	1034.11	4.85
0.50	15.67	3.70	12.15	15.41	298.38	261.92	1.59
1.26	23.12	4.91	18.91	63.29	573.27	438.60	3.76
1.60	34.11	14.65	37.24	110.02	1027.30	613.06	9.74

2-4 续表 7

行业	流动负债合计	应付账款	所有者权益合计	实收资本	国家资本
酒、饮料和精制茶制造业	1678.87	449.17	1789.37	1098.90	25.37
酒的制造	612.08	138.35	610.36	417.96	13.84
饮料制造	1054.41	307.24	1145.90	667.25	10.91
精制茶加工	12.39	3.58	33.11	13.68	0.61
纺织业	2065.14	477.29	2405.32	1482.29	4.58
棉纺织及印染精加工	1124.11	269.60	1279.89	806.07	3.07
毛纺织及染整精加工	162.01	49.01	270.15	102.29	0.80
麻纺织及染整精加工	18.83	4.45	31.06	17.49	0.47
丝绢纺织及印染精加工	33.82	7.31	42.29	25.65	
化纤织造及印染精加工	167.41	15.90	125.77	103.26	
针织或钩针编织物及其制品制造	210.40	49.09	217.94	142.03	0.10
家用纺织制成品制造	156.62	39.31	179.76	96.77	0.07
非家用纺织制成品制造	191.93	42.61	258.45	188.73	0.06
纺织服装、服饰业	1565.27	464.47	2170.17	1092.45	3.35
机织服装制造	1116.01	323.60	1673.36	826.35	2.84
针织或钩针编织服装制造	341.50	113.18	364.99	201.36	0.47
服饰制造	107.76	27.69	131.83	64.74	0.04
皮革、毛皮、羽毛及其制品和制鞋业	1146.72	342.31	1439.00	671.56	1.29
皮革鞣制加工	122.78	26.04	108.87	54.16	
皮革制品制造	241.47	93.09	248.75	136.08	0.09
毛皮鞣制及制品加工	31.17	8.34	32.23	18.61	
羽毛(绒)加工及制品制造	71.35	11.60	44.59	22.13	
制鞋业	679.95	203.24	1004.56	440.56	1.21
木材加工和木、竹、藤、棕、草制品业	282.19	72.33	366.26	203.59	4.11
木材加工	26.23	9.75	44.95	31.07	
人造板制造	108.66	23.19	158.60	88.61	1.38
木制品制造	127.01	35.35	141.56	71.29	2.72
竹、藤、棕、草等制品制造	20.30	4.04	21.14	12.62	0.01
家具制造业	684.67	222.62	598.86	359.20	4.60
木质家具制造	330.24	81.54	309.38	189.27	0.31
竹、藤家具制造	27.43	13.94	12.99	7.75	
金属家具制造	208.65	83.45	169.70	101.35	4.21
塑料家具制造	8.40	3.63	10.82	7.73	
其他家具制造	109.95	40.05	95.97	53.11	0.08
造纸和纸制品业	2239.99	522.60	2350.64	1778.63	50.52
纸浆制造	7.08	-1.70	18.93	13.12	
造纸	1572.93	311.13	1663.57	1325.92	49.07
纸制品制造	659.98	213.17	668.14	439.59	1.45

单位：亿元

集体资本	法人资本	个人资本	港澳台资本	外商资本	主营业务收入	主营业务成本	主营业务税金及附加
13.45	237.21	58.91	246.53	512.44	4094.31	2985.99	99.08
1.01	81.17	10.40	71.39	240.16	1102.13	767.84	85.51
12.41	155.51	47.79	166.52	269.12	2915.03	2161.90	12.91
0.03	0.53	0.72	8.62	3.17	77.16	56.25	0.66
11.15	291.34	119.50	601.19	449.99	6056.26	5333.33	24.54
7.86	149.12	61.41	352.93	230.27	3094.01	2730.47	12.79
0.33	18.11	28.50	33.39	21.17	687.21	621.44	2.09
0.09	7.58	1.22	5.62	2.50	71.17	61.75	0.43
0.07	5.89	1.36	9.91	8.41	76.20	67.29	0.30
0.23	26.73	9.06	39.21	25.78	229.79	205.14	0.66
0.82	29.33	8.43	67.19	35.27	683.70	595.53	2.95
0.44	17.09	4.74	36.08	38.35	607.60	531.11	2.38
1.30	37.48	4.78	56.87	88.24	606.58	520.61	2.95
5.08	231.64	108.96	443.92	298.26	6335.47	5351.59	35.59
4.70	192.93	92.61	317.48	214.91	4783.04	4005.14	27.73
0.32	27.01	11.22	104.32	57.67	1182.77	1031.36	5.89
0.05	11.71	5.13	22.12	25.69	369.66	315.08	1.97
4.16	118.82	43.03	267.54	236.43	4813.25	4101.97	27.56
1.56	12.49	4.34	11.56	24.21	399.49	354.04	1.39
1.09	26.29	9.92	54.04	44.53	1061.91	918.02	6.75
	1.87	1.96	11.98	2.80	168.41	146.26	0.52
0.09	4.37	4.26	5.20	8.21	186.82	164.46	0.54
1.42	73.80	22.54	184.76	156.68	2996.63	2519.19	18.36
0.48	48.41	25.26	56.07	69.26	1080.00	928.59	6.43
0.02	3.01	1.96	17.93	8.15	90.58	73.31	0.35
0.25	30.12	7.84	22.66	26.37	424.12	371.24	2.47
0.21	10.86	11.31	13.31	32.87	462.25	394.45	3.08
	4.42	4.14	2.18	1.86	103.04	89.59	0.53
2.69	54.30	21.69	124.20	151.73	1791.57	1512.26	8.90
1.28	29.56	15.28	66.56	76.28	883.87	754.00	5.07
0.08	3.81	2.32	0.32	1.21	43.85	36.78	0.17
1.28	7.69	3.12	32.68	52.37	480.92	401.24	2.09
	0.64	0.03	4.81	2.25	37.54	34.37	0.11
0.05	12.60	0.94	19.84	19.61	345.39	285.87	1.46
17.54	351.52	29.98	297.33	1031.54	3514.41	2970.76	12.86
	10.42		1.70	1.00	19.01	14.68	0.10
12.58	280.79	14.32	171.11	798.04	2087.29	1811.51	6.44
4.96	60.31	15.66	124.52	232.49	1408.11	1144.56	6.32

2-4 续表 8

行业	流动负债合计	应付账款	所有者权益合计	实收资本	国家资本
印刷和记录媒介复制业	460.40	174.15	683.38	383.05	9.12
印刷	442.86	169.93	644.96	353.15	8.95
装订及印刷相关服务	8.43	2.18	15.12	11.78	0.15
记录媒介复制	9.10	2.04	23.30	18.13	0.03
文教、工美、体育和娱乐用品制造业	1107.37	484.24	1203.28	630.20	1.44
文教办公用品制造	80.17	27.12	79.52	55.83	0.07
乐器制造	32.34	15.49	50.32	31.28	0.05
工艺美术品制造	581.66	249.11	609.94	234.09	1.20
体育用品制造	131.40	65.36	171.92	113.39	0.09
玩具制造	244.22	109.72	258.00	172.40	
游艺器材及娱乐用品制造	37.58	17.43	33.59	23.20	0.02
石油加工、炼焦和核燃料加工业	1419.51	428.19	838.28	699.27	8.99
精炼石油产品制造	823.33	254.12	559.07	483.85	5.86
炼焦	596.18	174.07	279.21	215.42	3.13
化学原料和化学制品制造业	6992.28	1790.32	7282.90	4868.27	234.66
基础化学原料制造	2004.35	397.08	2226.42	1681.57	132.40
肥料制造	279.96	55.55	283.06	121.23	20.69
农药制造	104.73	25.30	92.28	42.31	2.21
涂料、油墨、颜料及类似产品制造	627.27	228.16	758.21	346.28	2.97
合成材料制造	1333.24	393.83	1289.00	990.90	13.13
专用化学产品制造	2024.14	468.89	1914.98	1326.43	60.96
炸药、火工及焰火产品制造	3.91	1.19	8.42	3.21	
日用化学产品制造	614.67	220.32	710.54	356.35	2.30
医药制造业	1955.51	553.42	2822.28	1068.79	38.23
化学药品原料药制造	412.55	95.11	485.18	223.81	9.49
化学药品制剂制造	1010.72	353.43	1135.37	420.02	24.07
中药饮片加工	24.58	10.26	63.12	23.65	
中成药生产	214.53	38.23	384.58	119.04	2.15
兽用药品制造	17.81	4.66	48.12	23.56	1.73
生物药品制造	176.19	30.87	543.06	186.60	0.34
卫生材料及医药用品制造	99.14	20.84	162.86	72.11	0.45
化学纤维制造业	1032.08	187.98	824.85	601.01	13.67
纤维素纤维原料及纤维制造	191.33	42.14	167.59	110.43	9.76
合成纤维制造	840.75	145.83	657.26	490.58	3.91
橡胶和塑料制品业	2542.03	830.96	3099.86	1943.56	24.66
橡胶制品业	746.57	250.56	1077.27	686.04	15.88
塑料制品业	1795.45	580.40	2022.59	1257.52	8.78

单位：亿元

					主营业务收　　入	主营业务成　　本	主营业务税金及附加
集体资本	法人资本	个人资本	港澳台资本	外商资本			
5.29	70.53	21.47	166.04	110.60	1247.20	1006.42	7.24
4.94	60.36	19.98	152.57	106.35	1197.04	965.44	7.00
0.35	4.19		3.52	3.57	21.39	16.72	0.11
	5.98	1.49	9.94	0.68	28.77	24.26	0.13
4.67	93.29	46.68	257.90	225.54	4833.68	4277.75	20.07
0.18	11.10	2.00	22.55	19.93	213.22	180.15	1.01
0.37	3.35	1.57	4.05	21.89	141.47	122.01	0.66
2.82	44.57	26.56	84.51	74.43	2805.21	2524.10	10.22
0.32	11.30	5.61	48.17	47.36	579.71	506.38	2.81
0.98	18.07	9.62	92.10	51.50	943.04	816.07	4.75
	4.90	1.33	6.52	10.43	151.03	129.04	0.61
12.53	344.88	42.68	122.83	167.36	4801.32	4201.51	299.82
1.95	242.44	24.87	59.13	149.62	3932.82	3406.26	297.63
10.58	102.44	17.82	63.70	17.74	868.50	795.24	2.19
21.16	963.28	121.21	986.22	2587.67	19005.49	16068.86	77.44
4.83	398.16	24.61	266.52	855.06	5704.43	5171.39	16.90
2.55	27.09	11.28	31.89	27.67	573.61	499.63	1.54
0.12	5.38	6.13	8.57	19.91	320.47	277.79	0.68
2.38	54.67	12.28	95.86	174.19	1777.24	1364.28	7.96
3.63	251.10	19.01	181.14	522.10	4164.75	3823.51	9.01
7.44	197.64	34.21	303.32	774.06	4412.88	3790.34	17.30
	0.22	1.00	0.28	1.71	32.15	24.32	1.79
0.23	29.02	12.70	98.64	212.97	2019.97	1117.59	22.26
8.68	231.24	61.87	207.30	521.46	5052.05	3170.84	36.97
0.26	37.03	13.85	63.73	99.44	860.55	658.24	4.92
3.17	86.58	12.20	50.38	243.63	2367.68	1230.65	20.10
	12.26	0.79	6.30	4.29	100.11	75.65	1.12
3.08	34.34	7.47	37.48	34.52	686.34	440.91	4.35
0.71	4.30	2.06	1.00	13.75	68.68	48.72	0.46
1.41	44.12	20.67	36.35	83.70	598.77	409.86	3.31
0.05	12.61	4.82	12.06	42.12	369.92	306.81	2.72
6.47	158.63	13.58	230.66	177.99	2136.71	1895.61	4.68
2.45	29.91	2.60	37.72	28.00	354.87	288.78	1.58
4.02	128.72	10.99	192.94	149.99	1781.85	1606.83	3.10
14.90	328.24	63.50	560.49	951.27	6805.77	5786.21	31.96
4.97	102.41	16.68	101.62	444.47	1981.78	1626.36	11.69
9.93	225.83	46.81	458.87	506.80	4823.99	4159.85	20.27

2-4 续表 9

行　业	流动负债合　计	应付账款	所有者权益合计	实收资本	国家资本
非金属矿物制品业	2647.48	652.80	3078.37	1891.67	78.63
水泥、石灰和石膏制造	718.03	149.69	988.88	549.60	43.09
石膏、水泥制品及类似制品制造	392.95	118.25	305.66	175.62	4.73
砖瓦、石材等建筑材料制造	407.26	96.70	422.11	228.71	3.56
玻璃制造	296.14	57.25	342.46	282.14	11.96
玻璃制品制造	316.84	97.63	386.39	253.96	9.74
玻璃纤维和玻璃纤维增强塑料制品制造	145.69	31.24	155.79	110.65	3.44
陶瓷制品制造	158.89	41.59	229.33	138.14	0.56
耐火材料制品制造	99.71	30.01	97.29	69.14	1.13
石墨及其他非金属矿物制品制造	111.98	30.44	150.46	83.71	0.42
黑色金属冶炼和压延加工业	2882.00	687.05	2197.91	1240.89	114.87
炼铁	176.69	22.86	33.39	43.88	
炼钢	218.97	52.16	198.80	87.32	
黑色金属铸造	141.25	33.07	236.87	123.89	2.75
钢压延加工	2090.70	513.22	1477.24	803.25	92.72
铁合金冶炼	254.39	65.74	251.61	182.56	19.39
有色金属冶炼和压延加工业	2472.80	457.48	1851.25	970.27	54.20
常用有色金属冶炼	972.22	131.10	502.11	154.61	27.40
贵金属冶炼	38.72	4.31	59.07	18.68	0.15
稀有稀土金属冶炼	47.62	12.52	52.41	29.76	4.98
有色金属合金制造	138.31	44.73	160.23	104.24	3.59
有色金属铸造	42.92	19.33	28.84	14.40	
有色金属压延加工	1233.02	245.51	1048.60	648.59	18.08
金属制品业	2233.54	649.97	2558.26	1533.77	25.98
结构性金属制品制造	479.98	121.54	483.96	272.10	3.21
金属工具制造	157.67	54.19	218.19	125.99	0.79
集装箱及金属包装容器制造	450.92	136.33	492.10	282.27	3.87
金属丝绳及其制品制造	169.34	40.13	198.19	121.96	1.47
建筑、安全用金属制品制造	215.52	78.61	261.82	161.17	6.89
金属表面处理及热处理加工	180.12	48.57	163.26	107.11	3.25
搪瓷制品制造	22.31	6.56	18.66	10.31	
金属制日用品制造	210.77	54.81	230.16	155.14	0.03
其他金属制品制造	346.91	109.21	491.90	297.71	6.48
通用设备制造业	4952.81	1794.96	5078.42	2680.86	90.47
锅炉及原动设备制造	751.04	210.48	580.89	214.14	26.56
金属加工机械制造	301.02	106.76	401.99	206.98	3.61
物料搬运设备制造	1415.87	382.53	831.70	356.84	13.76

单位：亿元

集体资本	法人资本	个人资本	港澳台资本	外商资本	主营业务收入	主营业务成本	主营业务税金及附加
16.75	427.98	101.06	596.69	669.11	5551.45	4599.84	30.76
3.92	83.25	14.67	222.25	181.39	1072.64	821.42	7.81
2.03	43.65	10.85	56.94	57.42	772.96	658.56	3.75
2.71	63.37	20.00	71.12	67.95	1123.58	952.83	5.26
3.38	96.42	18.23	53.70	98.46	462.26	391.50	2.05
2.41	33.59	12.06	102.74	93.43	678.42	571.94	3.20
0.01	41.64	2.07	35.58	27.91	230.63	191.52	1.03
1.04	37.07	10.53	26.01	62.92	554.15	461.33	4.23
	16.22	7.32	13.51	30.95	323.70	272.04	1.91
1.25	12.77	5.33	14.84	48.68	333.12	278.70	1.51
4.14	339.01	40.63	267.17	456.37	7279.50	6703.59	19.41
0.86	13.35	1.18	2.23	26.25	174.29	159.46	0.18
0.74	3.95	3.42	48.27	30.93	583.63	530.61	1.46
0.82	20.51	6.95	17.00	75.80	525.01	449.41	2.57
1.71	218.82	24.93	197.09	249.63	5536.69	5154.38	10.92
	82.37	4.15	2.59	73.76	459.88	409.73	4.28
14.47	191.24	36.67	346.37	326.28	5503.06	4952.61	13.97
4.39	46.95	3.15	36.74	34.93	1345.52	1197.70	3.15
1.20	7.58	0.03	1.65	8.08	72.71	53.22	0.33
0.02	4.08	0.56	1.84	18.27	121.58	104.79	0.96
0.53	11.53	6.78	20.94	60.86	572.44	525.78	2.31
0.07	3.04	0.28	7.19	3.82	79.79	68.30	0.25
8.25	118.07	25.86	278.02	200.32	3311.02	3002.81	6.96
12.41	283.77	73.21	469.19	666.39	6564.05	5689.99	31.05
3.69	73.43	22.46	64.13	105.18	1199.65	1038.75	6.09
0.83	14.93	4.55	36.00	68.90	494.99	405.84	2.42
4.65	70.44	12.12	96.76	94.42	1290.86	1122.34	4.85
0.08	22.57	2.44	39.35	56.06	422.67	366.01	1.93
1.06	24.87	5.90	35.22	87.23	654.08	567.72	3.07
0.91	9.45	1.63	40.06	51.82	462.71	410.04	1.95
	4.61	0.22	1.53	3.94	44.31	37.51	0.25
0.16	22.17	7.45	47.44	75.67	685.66	586.70	3.11
1.03	41.31	16.44	108.69	123.18	1309.13	1155.07	7.38
13.90	650.47	284.97	431.88	1427.80	11507.05	9389.66	61.23
1.42	61.52	4.65	17.04	102.56	1136.91	875.94	13.17
0.62	31.52	9.49	55.64	106.09	720.42	579.55	3.84
1.34	79.60	42.44	48.97	170.72	2476.98	1954.00	13.89

2-4 续表 10

行业	流动负债合计	应付账款	所有者权益合计	实收资本	国家资本
泵、阀门、压缩机及类似机械制造	737.70	292.69	1066.68	726.47	28.18
轴承、齿轮和传动部件制造	351.29	132.01	475.82	332.54	6.95
烘炉、风机、衡器、包装等设备制造	714.92	316.23	754.64	347.40	6.96
文化、办公用机械制造	354.06	230.55	427.94	204.93	0.69
通用零部件制造	259.71	98.13	431.33	240.56	3.14
其他通用设备制造业	67.20	25.57	107.43	51.00	0.62
专用设备制造业	3487.93	1207.20	3709.77	2136.39	62.01
采矿、冶金、建筑专用设备制造	1403.06	409.61	1163.80	548.25	43.26
化工、木材、非金属加工专用设备制造	623.70	240.81	775.03	418.10	3.14
食品、饮料、烟草及饲料生产专用设备制造	48.13	13.76	52.13	21.15	0.84
印刷、制药、日化及日用品生产专用设备制造	139.86	49.03	161.54	92.25	0.73
纺织、服装和皮革加工专用设备制造	198.50	66.13	207.39	101.87	6.89
电子和电工机械专用设备制造	158.99	51.07	166.90	125.74	0.38
农、林、牧、渔专用机械制造	142.16	46.07	107.71	79.45	2.55
医疗仪器设备及器械制造	397.52	192.67	756.49	599.88	0.37
环保、社会公共服务及其他专用设备制造	376.01	138.06	318.77	149.69	3.85
汽车制造业	11010.51	5439.01	8890.73	4116.32	446.33
汽车整车制造	6407.92	3124.03	4069.14	1830.35	373.62
改装汽车制造	56.43	20.54	54.79	35.40	2.60
汽车车身、挂车制造	73.91	26.26	80.99	19.00	
汽车零部件及配件制造	4461.84	2265.04	4681.26	2213.34	70.10
铁路、船舶、航空航天和其他运输设备制造业	1846.20	473.86	1443.77	666.33	45.90
铁路运输设备制造	262.64	98.42	163.91	57.58	7.26
城市轨道交通设备制造	40.20	17.78	19.12	13.54	4.17
船舶及相关装置制造	1074.32	169.63	680.61	310.99	20.21
航空、航天器及设备制造	89.41	28.98	150.59	56.00	4.78
摩托车制造	173.68	75.92	195.74	98.77	8.45
自行车制造	165.53	65.01	188.72	107.49	1.04
非公路休闲车及零配件制造	24.33	11.58	33.03	14.78	
潜水救捞及其他未列明运输设备制造	16.10	6.54	12.04	7.18	
电气机械和器材制造业	6282.46	2365.50	5539.33	3160.20	50.29
电机制造	801.05	356.26	894.86	422.79	3.28
输配电及控制设备制造	2087.63	778.60	1710.62	1063.80	22.69
电线、电缆、光缆及电工器材制造	987.93	328.14	788.11	486.01	6.96
电池制造	643.13	185.17	575.40	330.54	2.91
家用电力器具制造	1254.97	510.84	1011.86	539.01	10.35
非电力家用器具制造	75.09	17.68	85.74	30.38	0.52
照明器具制造	399.65	176.35	415.53	248.04	3.40
其他电气机械及器材制造	33.01	12.47	57.21	39.63	0.19

单位：亿元

集体资本	法人资本	个人资本	港澳台资本	外商资本	主营业务收入	主营业务成本	主营业务税金及附加
4.45	300.30	186.84	67.35	361.55	2075.63	1677.37	10.05
1.37	47.01	8.44	42.08	226.70	784.60	654.22	3.48
2.86	74.91	18.78	64.98	175.63	1874.94	1529.67	7.70
0.52	11.53	1.39	53.41	137.39	1504.30	1361.13	3.93
1.26	39.54	11.36	69.33	116.03	749.67	610.13	4.26
0.05	4.54	1.57	13.08	31.14	183.59	147.64	0.92
26.85	218.28	95.39	419.20	1314.57	6591.53	5364.69	32.59
16.35	64.87	42.86	81.70	299.21	2453.51	2040.54	11.59
2.46	48.97	11.37	160.78	191.39	1229.75	992.44	6.05
0.17	4.82	0.33	1.68	13.31	105.47	81.37	0.49
1.56	10.11	2.28	36.73	40.83	323.48	252.13	1.64
0.61	12.10	9.33	32.43	40.51	420.48	349.88	2.13
0.06	5.63	1.32	20.78	97.58	366.54	313.23	1.83
0.05	14.41	6.40	16.06	39.89	300.83	256.62	0.65
4.35	29.47	8.90	44.21	512.58	634.14	482.57	4.39
1.23	27.92	12.61	24.83	79.27	757.34	595.92	3.81
15.85	1151.58	55.52	304.03	2142.67	31854.06	25184.63	967.10
2.44	692.01	1.46	46.41	714.41	18936.57	14454.39	918.17
3.79	3.59	1.21	14.85	9.35	171.24	141.62	0.69
0.08	4.36	0.03	9.45	5.09	226.28	198.78	0.48
9.53	442.86	52.36	233.13	1405.00	12506.64	10378.19	47.73
4.95	159.17	36.39	80.58	338.73	3315.55	2827.28	18.44
0.80	20.59	3.42	5.64	19.87	372.23	277.61	1.79
	4.97			4.41	49.22	42.52	0.09
2.36	70.37	20.30	19.99	177.76	1424.56	1262.91	5.18
1.47	16.81	3.89	4.55	24.50	385.56	319.41	0.81
0.07	30.70	1.19	15.28	43.07	527.29	442.98	8.05
0.24	13.01	5.65	30.11	56.84	385.67	340.17	1.42
	1.59	1.22	3.11	8.86	117.79	98.30	0.40
	1.15	0.72	1.90	3.42	53.23	43.39	0.69
38.47	698.70	187.76	796.68	1375.95	17122.95	14720.67	63.20
1.28	112.19	38.39	79.97	181.82	2185.49	1837.67	11.31
23.39	246.25	40.44	255.02	470.31	5142.27	4402.73	20.60
10.66	112.99	28.94	127.01	199.45	2612.47	2321.87	6.95
0.92	48.53	30.82	115.60	131.77	1487.13	1329.73	3.77
1.25	135.17	14.35	132.41	245.48	4197.84	3581.05	14.87
0.54	8.46	1.26	7.90	11.19	155.58	122.72	0.69
0.43	31.79	30.59	76.53	105.00	1225.15	1034.72	4.46
	3.31	2.98	2.25	30.91	117.02	90.17	0.56

2-4 续表 11

行业	流动负债合计	应付账款	所有者权益合计	实收资本	国家资本
计算机、通信和其他电子设备制造业	18517.65	10987.16	13291.09	7666.84	259.76
计算机制造	6257.29	4115.41	2318.22	973.45	1.63
通信设备制造	4228.93	2751.33	2030.13	843.68	57.71
广播电视设备制造	194.73	96.03	194.63	100.55	0.68
雷达及配套设备制造	16.63	1.29	8.23	6.36	
视听设备制造	1249.33	667.26	743.39	377.06	1.00
电子器件制造	3137.08	1524.85	3861.27	2939.25	182.72
电子元件制造	2709.08	1475.67	3458.89	2119.57	12.42
其他电子设备制造	724.56	355.31	676.33	306.92	3.60
仪器仪表制造业	788.85	349.14	1146.30	464.03	6.29
通用仪器仪表制造	416.07	174.83	586.65	213.04	3.96
专用仪器仪表制造	162.95	80.49	242.20	78.52	1.49
钟表与计时仪器制造	62.89	26.99	83.16	53.49	0.13
光学仪器及眼镜制造	140.55	63.12	223.52	112.16	0.71
其他仪器仪表制造业	6.39	3.72	10.78	6.82	0.01
其他制造业	184.45	47.12	235.70	150.59	1.60
日用杂品制造	146.62	34.69	182.30	118.01	0.20
煤制品制造	4.05	0.49	2.78	1.60	1.32
废弃资源综合利用业	138.89	31.48	98.97	77.35	0.94
金属废料和碎屑加工处理	118.73	22.37	63.54	52.91	0.30
非金属废料和碎屑加工处理	20.16	9.12	35.42	24.44	0.64
金属制品、机械和设备修理业	161.74	44.22	136.97	112.94	24.87
金属制品修理	2.05	0.54	0.59	0.70	
通用设备修理	0.84	0.60	1.57	1.05	
专用设备修理	8.01	2.60	7.42	4.02	
铁路、船舶、航空航天等运输设备修理	148.44	39.56	123.92	104.71	24.82
其他机械和设备修理业	2.30	0.90	2.93	2.03	0.05
电力、热力、燃气及水生产和供应业	**3368.67**	**574.88**	**5010.13**	**3192.69**	**919.50**
电力、热力生产和供应业	1959.73	333.79	3255.56	2240.96	748.36
电力生产	1851.90	321.61	3171.96	2189.47	740.03
电力供应	14.56	2.19	11.65	5.78	0.48
热力生产和供应	93.27	9.99	71.95	45.71	7.85
燃气生产和供应业	1029.71	206.97	1180.97	578.77	97.21
水的生产和供应业	379.22	34.13	573.60	372.96	73.94
自来水生产和供应	240.92	21.42	339.53	235.77	72.18
污水处理及其再生利用	125.09	9.50	137.33	76.29	1.76
其他水的处理、利用与分配	13.21	3.21	96.75	60.89	

单位：亿元

集体资本	法人资本	个人资本	港澳台资本	外商资本	主营业务收入	主营业务成本	主营业务税金及附加
13.36	783.45	155.85	2234.85	4190.58	57549.91	52811.06	95.64
1.15	110.07	30.79	336.54	492.64	19738.52	18600.27	15.67
0.19	87.05	35.01	213.08	449.91	10733.39	9762.13	19.81
0.17	27.67	2.12	35.36	34.55	632.43	551.30	2.32
	5.12		0.15	1.09	20.15	18.69	0.02
1.31	45.54	3.80	143.61	160.49	4479.48	4096.24	6.90
3.63	235.79	38.99	671.85	1799.96	9930.21	9050.65	15.33
6.29	234.86	42.31	751.04	1072.64	9512.32	8500.94	30.33
0.62	37.34	2.83	83.22	179.30	2503.41	2230.83	5.26
2.07	70.52	30.50	124.00	230.66	2447.67	1967.08	10.74
1.47	32.50	12.24	46.28	116.57	1144.28	898.67	5.16
0.51	17.66	9.62	8.18	41.07	576.81	466.60	2.37
0.01	5.24	4.48	31.84	11.80	257.01	208.42	1.18
0.09	14.54	4.16	33.96	58.72	435.35	363.13	1.96
	0.58		3.74	2.49	34.21	30.27	0.07
0.02	15.00	4.52	46.25	83.19	558.90	472.31	2.51
0.02	11.90	3.20	35.97	66.73	456.77	388.25	2.01
		0.28			11.30	10.43	0.02
5.68	17.52	2.59	26.71	23.91	361.36	335.84	0.95
1.35	14.97	2.30	19.36	14.64	307.74	290.07	0.75
4.33	2.55	0.29	7.36	9.27	53.62	45.78	0.20
5.23	35.61	1.36	11.10	34.64	277.70	242.58	0.74
	0.05			0.64	2.83	2.23	0.02
	0.15			0.91	2.53	1.84	0.02
0.01	2.14		0.45	1.42	15.77	11.88	0.10
5.22	33.20	1.08	9.56	30.69	250.13	221.14	0.57
	0.07	0.28	0.81	0.81	5.96	5.21	0.03
26.83	**833.72**	**41.17**	**717.48**	**612.83**	**5272.66**	**4083.65**	**35.52**
14.67	592.99	30.17	460.62	354.66	3027.74	2229.09	21.33
13.86	582.22	28.82	448.02	337.03	2908.10	2128.95	20.81
	1.99		0.35	2.97	26.43	24.32	0.05
0.81	8.78	1.35	12.25	14.66	93.22	75.81	0.47
11.54	165.32	8.90	177.64	116.78	1973.64	1677.13	9.91
0.61	75.41	2.10	79.22	141.39	271.28	177.43	4.29
0.61	43.01	1.79	51.83	66.35	158.42	112.70	3.44
	31.22	0.31	21.18	21.53	65.07	40.94	0.30
	1.17		6.20	53.51	47.79	23.79	0.55

2-4　续表 12

行　　业	销售费用	管理费用		财务费用		
			税　金		利息收入	利息支出
总　　计	**8123.60**	**10365.13**	**438.16**	**1562.75**	**624.01**	**1933.42**
采矿业	**46.82**	**92.54**	**3.19**	**48.44**	**6.00**	**39.21**
煤炭开采和洗选业	26.70	45.20	5.62	31.45	3.41	29.31
烟煤和无烟煤开采洗选	24.58	37.14	3.96	18.11	1.25	16.99
褐煤开采洗选	1.95	7.14	1.39	11.80	1.99	10.66
石油和天然气开采业	2.87	4.29	-4.45	8.37	1.08	1.08
石油开采	2.14	0.61	-4.48	4.71	0.92	0.81
天然气开采	0.73	3.68	0.03	3.67	0.16	0.27
黑色金属矿采选业	5.14	8.76	0.58	0.82	0.81	1.44
铁矿采选	4.70	7.61	0.53	0.56	0.79	1.19
锰矿、铬矿采选	0.43	1.04	0.04	0.19	0.02	0.19
有色金属矿采选业	1.95	10.92	1.04	4.58	0.35	4.27
常用有色金属矿采选	1.88	6.89	0.42	3.19	0.32	3.19
贵金属矿采选	0.06	3.82	0.57	1.38	0.03	1.08
稀有稀土金属矿采选	0.01	0.22	0.06	0.01		0.01
非金属矿采选业	9.19	7.92	0.38	2.50	0.05	2.12
土砂石开采	1.58	2.73	0.10	0.35	0.03	0.34
化学矿开采	0.72	0.18	0.01	0.61	-0.04	0.54
采盐	3.68	2.38	0.11	1.21	0.07	1.05
石棉及其他非金属矿采选	3.22	2.63	0.16	0.33		0.20
开采辅助活动	0.98	15.44	0.02	0.71	0.29	0.98
石油和天然气开采辅助活动	0.93	15.16	0.02	0.66	0.29	0.94
制造业	**8008.54**	**10102.87**	**421.92**	**1338.74**	**592.22**	**1705.55**
农副食品加工业	220.34	210.77	15.35	65.26	28.59	74.22
谷物磨制	14.46	8.73	0.90	4.35	0.34	3.93
饲料加工	50.45	47.28	3.74	6.19	5.44	10.14
植物油加工	46.92	32.76	2.86	11.64	18.71	22.20
制糖业	5.49	13.38	0.50	7.05	0.37	6.10
屠宰及肉类加工	41.06	35.41	2.28	7.67	2.71	8.51
水产品加工	19.30	29.24	1.55	13.56	0.41	10.70
蔬菜、水果和坚果加工	24.02	23.82	1.67	6.73	0.29	5.25
其他农副食品加工	18.64	20.15	1.85	8.09	0.31	7.40
食品制造业	788.31	267.12	12.57	12.66	20.71	26.33
焙烤食品制造	95.59	36.95	1.80	2.56	1.42	3.69
糖果、巧克力及蜜饯制造	103.85	35.61	0.80	0.66	2.02	1.90
方便食品制造	145.71	34.79	4.13	-2.75	4.62	4.18
乳制品制造	178.96	49.21	1.90	0.21	6.36	1.88
罐头食品制造	8.01	8.46	0.71	3.16	0.30	2.56
调味品、发酵制品制造	34.85	36.58	1.36	6.35	0.99	6.91
其他食品制造	221.35	65.52	1.88	2.46	5.00	5.21

单位：亿元

投资收益（损失以"–"号记）	营业利润	利润总额	亏损企业亏损额	应交增值税	所得税费用	平均用工人数（万人）
435.49	**16294.65**	**16577.31**	**1556.86**	**6951.07**	**2884.56**	**2472.38**
4.11	**485.98**	**484.54**	**10.28**	**214.75**	**63.71**	**10.89**
3.02	189.83	183.64	3.43	156.69	16.45	5.26
3.89	72.10	66.92	3.36	45.43	15.84	3.68
-0.87	115.34	114.90	0.07	110.63	0.01	1.44
0.04	238.83	242.51	0.10	33.20	38.16	0.74
	157.98	160.03		21.59	37.52	0.45
0.04	80.85	82.48	0.10	11.60	0.64	0.29
-0.24	15.01	15.31	3.12	8.96	1.67	1.66
-0.24	9.17	9.16	3.07	6.54	1.65	1.05
	2.80	3.10		1.41	0.03	0.44
-0.01	18.84	19.54	1.39	7.59	3.94	1.34
-0.05	12.25	12.08	1.26	6.11	2.33	0.97
0.04	6.42	7.14		1.22	1.57	0.31
	0.18	0.32	0.12	0.26	0.04	0.06
0.24	8.32	8.41	1.41	5.85	1.68	1.55
0.02	3.65	3.64	0.70	2.24	0.75	0.47
0.23	0.33	0.42		0.24	0.08	0.07
-0.01	2.48	2.55		1.03	0.58	0.59
	1.86	1.79	0.72	2.34	0.28	0.42
1.06	15.15	15.13	0.83	2.47	1.81	0.34
1.06	14.65	14.64	0.83	2.25	1.64	0.32
353.98	**14929.95**	**15178.73**	**1515.56**	**6497.06**	**2635.56**	**2437.21**
-5.65	444.25	449.53	55.33	200.84	61.28	61.18
0.43	8.34	9.14	2.89	6.39	0.33	1.78
-0.83	75.86	77.05	4.13	18.89	11.13	8.11
2.73	97.73	97.92	15.47	78.68	13.23	4.42
-6.50	11.71	12.70	10.20	6.76	-0.16	1.92
-0.18	79.41	82.73	10.98	27.88	16.32	17.97
-0.98	69.82	70.11	2.27	31.44	7.97	14.08
-0.47	71.94	72.39	1.66	21.44	8.56	8.02
0.15	29.44	27.48	7.72	9.36	3.91	4.89
14.18	514.47	527.74	36.34	245.62	89.08	53.03
0.78	63.19	65.78	5.96	33.12	10.29	11.73
1.49	69.32	70.51	0.75	34.52	16.00	6.58
-2.50	74.18	75.04	3.80	50.27	11.04	13.31
8.62	94.41	91.84	13.31	38.54	13.38	5.94
-2.16	19.56	23.57	1.95	10.08	2.76	3.99
0.31	69.31	69.25	1.47	20.88	11.86	4.32
7.63	124.50	131.76	9.11	58.22	23.74	7.16

2-4 续表 13

行 业	销售费用	管理费用	税 金	财务费用	利息收入	利息支出
酒、饮料和精制茶制造业	516.58	170.91	12.21	15.40	10.06	20.60
酒的制造	106.00	73.79	5.26	4.70	2.89	6.68
饮料制造	406.18	92.30	6.85	10.36	7.13	13.62
精制茶加工	4.39	4.83	0.10	0.34	0.04	0.30
纺织业	100.60	212.25	12.62	66.34	11.06	68.52
棉纺织及印染精加工	44.56	109.55	7.11	33.13	6.53	35.10
毛纺织及染整精加工	6.86	14.85	0.75	9.18	1.66	9.10
麻纺织及染整精加工	1.56	2.67	0.28	1.02	0.03	1.01
丝绢纺织及印染精加工	1.21	3.00	0.18	0.99	0.31	1.32
化纤织造及印染精加工	2.90	9.21	0.58	4.65	0.56	4.38
针织或钩针编织物及其制品制造	12.28	25.61	1.31	8.68	0.53	8.17
家用纺织制成品制造	14.31	18.45	0.91	4.19	0.69	4.46
非家用纺织制成品制造	16.93	28.90	1.50	4.49	0.75	4.97
纺织服装、服饰业	262.10	296.70	12.83	39.00	10.29	40.88
机织服装制造	226.92	218.49	9.49	28.62	8.03	30.10
针织或钩针编织服装制造	21.65	63.22	2.70	7.47	1.42	7.45
服饰制造	13.53	15.00	0.64	2.92	0.84	3.34
皮革、毛皮、羽毛及其制品和制鞋业	141.00	218.73	11.52	30.16	5.51	30.09
皮革鞣制加工	5.09	13.24	0.76	4.22	1.25	4.83
皮革制品制造	24.14	52.74	2.41	9.57	0.61	8.00
毛皮鞣制及制品加工	1.65	4.21	0.34	1.16	0.01	0.75
羽毛(绒)加工及制品制造	2.92	6.30	0.27	2.34	0.31	2.48
制鞋业	107.19	142.24	7.75	12.87	3.33	14.02
木材加工和木、竹、藤、棕、草制品业	34.50	43.10	2.79	12.05	0.47	10.35
木材加工	1.41	2.80	0.14	1.08	-0.03	0.85
人造板制造	13.91	12.96	0.88	5.33	0.24	4.91
木制品制造	16.50	24.01	1.49	4.63	0.19	3.85
竹、藤、棕、草等制品制造	2.69	3.32	0.29	1.01	0.07	0.73
家具制造业	65.29	101.66	4.55	12.83	3.32	13.61
木质家具制造	30.41	46.99	2.26	7.08	1.86	7.92
竹、藤家具制造	0.90	1.81	0.37	1.84	0.27	0.78
金属家具制造	14.14	33.24	1.23	2.01	0.84	2.74
塑料家具制造	0.98	1.44	0.07	0.12	0.02	0.14
其他家具制造	18.87	18.19	0.63	1.78	0.34	2.02
造纸和纸制品业	147.71	146.16	9.42	75.73	15.37	80.32
纸浆制造	0.37	1.20	0.09	0.76	0.02	0.76
造纸	63.43	73.62	6.15	65.89	11.47	68.60
纸制品制造	83.91	71.35	3.18	9.08	3.87	10.96

单位：亿元

投资收益（损失以“-”号记）	营业利润	利润总额	亏损企业亏损额	应交增值税	所得税费用	平均用工人数（万人）
12.98	340.53	350.08	48.34	167.39	61.68	37.49
6.14	83.78	87.34	17.25	53.98	16.90	12.46
6.85	246.09	252.04	31.02	110.72	44.01	23.81
-0.01	10.66	10.69	0.07	2.69	0.78	1.21
10.13	336.60	343.17	32.50	155.96	51.77	87.97
4.35	169.09	175.93	17.93	80.65	24.14	45.33
5.09	39.55	39.80	2.63	14.35	6.49	6.38
0.29	3.99	4.02	0.46	1.39	0.59	1.32
	3.19	3.15	0.47	1.57	0.50	1.12
0.56	8.78	7.96	2.09	5.03	1.09	3.70
-0.02	40.44	40.26	1.87	17.77	6.42	11.88
0.21	38.74	38.92	2.40	19.54	6.03	9.14
-0.34	32.82	33.13	4.65	15.66	6.52	9.09
28.19	373.84	377.68	30.49	193.35	61.65	173.08
29.28	298.33	301.71	23.83	152.45	45.83	123.20
-1.18	53.70	54.04	5.00	28.98	9.97	41.30
0.09	21.81	21.93	1.66	11.92	5.85	8.57
-2.53	307.05	315.82	10.89	135.96	36.24	139.00
-0.08	22.09	21.87	1.20	10.68	1.80	4.16
-0.18	54.66	56.10	3.10	29.08	7.41	30.36
0.19	14.26	14.17	0.31	3.05	1.34	2.70
-0.69	9.59	9.16	0.23	7.36	1.75	2.04
-1.76	206.46	214.52	6.05	85.79	23.95	99.74
-4.64	56.08	61.46	4.80	27.24	7.27	12.84
-1.35	10.20	10.33	0.18	1.32	0.45	0.96
-3.02	19.62	21.78	3.55	13.59	3.23	4.28
-0.35	20.60	23.66	1.07	9.93	3.29	5.74
0.08	5.66	5.69	0.01	2.40	0.31	1.86
9.40	103.80	107.17	9.30	47.21	13.92	35.52
-2.10	38.39	40.00	6.39	24.69	5.94	18.43
0.17	2.39	2.93	0.03	2.39	0.08	0.46
9.65	40.82	41.93	1.54	11.86	5.00	8.98
0.01	0.52	0.56	0.37	0.37	0.16	0.86
1.68	21.67	21.75	0.98	7.90	2.74	6.78
6.57	185.79	196.88	35.70	107.52	36.32	31.06
	1.98	2.47	0.97	0.76	0.85	0.22
6.43	79.50	88.40	24.30	57.60	15.70	13.05
0.15	104.31	106.01	10.43	49.16	19.77	17.79

2-4 续表 14

行　业	销售费用	管理费用	税　金	财务费用	利息收入	利息支出
印刷和记录媒介复制业	39.52	78.64	3.21	7.36	2.17	8.29
印刷	38.08	75.22	3.06	6.87	2.12	7.76
装订及印刷相关服务	0.67	1.67	0.07	0.14	0.03	0.16
记录媒介复制	0.76	1.75	0.08	0.35	0.02	0.38
文教、工美、体育和娱乐用品制造业	92.52	204.71	8.86	27.60	3.24	25.91
文教办公用品制造	7.93	13.23	0.47	2.04	0.17	1.91
乐器制造	2.99	8.26	0.54	0.67	0.12	0.62
工艺美术品制造	45.98	85.74	4.29	17.34	1.46	15.69
体育用品制造	10.67	28.70	1.12	1.98	0.71	2.65
玩具制造	21.00	62.81	2.23	3.93	0.66	3.55
游艺器材及娱乐用品制造	3.95	5.96	0.20	1.63	0.12	1.48
石油加工、炼焦和核燃料加工业	63.83	84.43	4.65	53.67	3.53	45.68
精炼石油产品制造	40.54	67.17	2.95	34.18	2.60	30.45
炼焦	23.29	17.26	1.70	19.49	0.93	15.23
化学原料和化学制品制造业	910.81	735.94	31.45	194.68	42.57	198.58
基础化学原料制造	106.24	133.49	7.38	74.22	11.32	72.17
肥料制造	21.19	15.15	1.38	7.97	1.98	8.42
农药制造	11.08	10.60	0.33	2.02	0.31	1.95
涂料、油墨、颜料及类似产品制造	127.19	131.73	4.22	6.14	5.17	10.42
合成材料制造	80.45	105.73	5.49	45.62	7.99	42.22
专用化学产品制造	107.06	177.57	7.89	56.84	9.52	58.41
炸药、火工及焰火产品制造	0.86	0.99	0.02	0.14		0.12
日用化学产品制造	456.73	160.69	4.73	1.73	6.29	4.87
医药制造业	894.53	366.84	12.32	42.04	15.95	44.19
化学药品原料药制造	68.55	56.35	2.75	12.81	4.42	15.13
化学药品制剂制造	632.23	183.28	4.54	16.65	6.24	13.22
中药饮片加工	6.58	6.28	0.13	1.61	0.14	1.63
中成药生产	109.80	52.11	3.06	5.58	2.12	6.80
兽用药品制造	6.59	4.29	0.10	0.30	0.27	0.51
生物药品制造	57.96	46.87	0.96	2.81	2.32	4.52
卫生材料及医药用品制造	12.81	17.65	0.78	2.29	0.43	2.38
化学纤维制造业	23.67	74.05	2.91	38.15	6.77	40.07
纤维素纤维原料及纤维制造	6.20	15.11	0.71	7.12	1.55	8.04
合成纤维制造	17.47	58.95	2.20	31.03	5.22	32.04
橡胶和塑料制品业	211.00	381.68	17.04	56.24	13.25	61.63
橡胶制品业	81.93	117.13	4.97	21.59	4.05	22.77
塑料制品业	129.07	264.55	12.07	34.65	9.20	38.86

单位：亿元

投资收益（损失以“-”号记）	营业利润	利润总额	亏损企业亏损额	应交增值税	所得税费用	平均用工人数（万人）
9.24	124.11	126.94	5.98	48.67	22.68	23.69
9.37	120.52	123.40	5.30	47.19	22.03	22.75
-0.13	2.04	2.00		0.90	0.30	0.63
	1.54	1.55	0.68	0.58	0.35	0.31
1.84	225.05	226.74	11.44	102.56	34.36	103.17
0.45	9.76	9.79	0.92	4.29	1.66	5.61
0.33	7.46	7.46	1.04	3.04	0.92	3.06
1.02	136.97	139.98	2.79	58.62	21.24	33.75
0.20	27.59	26.93	1.91	14.59	3.95	16.75
0.06	33.52	33.00	3.84	18.90	5.44	42.13
-0.22	9.75	9.57	0.95	3.13	1.14	1.87
-9.84	39.78	43.50	66.57	173.11	15.15	8.99
-5.17	24.72	31.43	55.13	156.61	12.53	3.99
-4.67	15.06	12.07	11.44	16.50	2.61	5.01
10.80	1059.73	1049.09	231.21	576.64	213.26	73.36
0.71	217.39	216.71	63.56	155.73	46.74	13.37
0.02	29.48	32.82	5.26	6.78	5.28	3.63
0.69	18.65	19.68	0.77	5.04	3.99	1.69
3.03	159.82	147.66	9.41	65.38	29.28	11.22
-1.11	83.90	81.21	100.60	73.83	19.06	11.33
-1.72	274.47	267.77	41.92	121.58	55.48	18.38
-0.95	2.65	2.61		2.02	0.23	0.59
10.13	273.37	280.64	9.69	146.29	53.20	13.15
13.23	575.45	585.66	25.86	309.01	114.81	43.03
5.04	67.59	71.82	5.56	32.15	15.02	8.47
4.15	303.85	304.96	12.51	192.11	68.68	16.49
-0.18	8.82	8.88	0.04	5.73	1.30	0.87
2.65	77.48	79.97	2.43	39.38	11.98	6.35
0.10	8.23	8.26	0.59	2.50	1.32	0.71
1.49	80.25	82.22	2.64	26.44	12.42	4.90
-0.03	29.23	29.54	2.10	10.70	4.08	5.25
-0.94	103.94	105.52	17.15	41.62	17.07	11.05
0.52	37.60	37.84	3.64	15.10	9.28	1.93
-1.46	66.33	67.68	13.51	26.52	7.79	9.12
8.17	365.32	374.52	66.51	166.84	75.92	108.32
2.51	129.47	134.60	22.34	50.14	28.91	25.58
5.66	235.85	239.92	44.16	116.70	47.01	82.73

2-4 续表 15

行 业	销售费用	管理费用	税 金	财务费用	利息收入	利息支出
非金属矿物制品业	178.33	275.94	17.00	74.67	12.28	76.39
水泥、石灰和石膏制造	30.93	57.03	4.97	24.52	3.11	25.06
石膏、水泥制品及类似制品制造	26.21	30.99	1.40	8.76	1.63	9.19
砖瓦、石材等建筑材料制造	31.95	43.34	2.43	11.51	2.17	11.66
玻璃制造	16.62	30.66	2.21	6.70	1.35	6.76
玻璃制品制造	19.41	42.34	1.83	4.76	1.29	6.64
玻璃纤维和玻璃纤维增强塑料制品制造	7.89	14.65	0.71	6.90	0.47	6.61
陶瓷制品制造	20.95	25.41	1.25	4.39	0.74	4.56
耐火材料制品制造	12.26	15.19	1.06	3.06	0.49	2.39
石墨及其他非金属矿物制品制造	12.12	16.33	1.14	4.06	1.02	3.53
黑色金属冶炼和压延加工业	68.44	159.30	13.45	105.44	18.26	97.74
炼铁	2.99	4.09	0.25	5.30	0.32	6.44
炼钢	4.65	22.39	1.11	8.90	0.95	7.05
黑色金属铸造	11.03	23.42	1.89	4.95	0.39	4.78
钢压延加工	40.67	96.56	7.96	73.44	9.11	61.81
铁合金冶炼	9.10	12.84	2.24	12.84	7.49	17.66
有色金属冶炼和压延加工业	47.72	136.20	8.52	104.74	11.94	101.24
常用有色金属冶炼	9.83	37.29	2.97	51.71	5.95	52.55
贵金属冶炼	0.09	6.52	0.37	1.99	0.14	2.05
稀有稀土金属冶炼	1.65	6.29	0.28	1.47	0.08	1.55
有色金属合金制造	5.66	15.17	0.74	6.60	0.47	6.42
有色金属铸造	1.16	5.12	0.09	0.76	0.04	0.75
有色金属压延加工	29.33	65.80	4.06	42.21	5.25	37.91
金属制品业	160.32	334.57	17.60	42.98	9.83	47.31
结构性金属制品制造	26.20	53.36	2.10	9.48	1.19	8.85
金属工具制造	18.14	29.17	0.98	3.89	0.62	3.70
集装箱及金属包装容器制造	34.06	54.60	2.52	5.69	3.32	8.68
金属丝绳及其制品制造	12.92	24.82	0.99	6.27	0.48	5.54
建筑、安全用金属制品制造	16.88	35.57	1.29	3.88	1.18	4.35
金属表面处理及热处理加工	8.00	20.93	0.92	4.00	0.95	3.98
搪瓷制品制造	1.26	2.73	0.30	0.03	0.05	0.13
金属制日用品制造	17.72	31.80	1.23	3.84	0.33	3.86
其他金属制品制造	25.15	81.59	7.26	5.89	1.71	8.21
通用设备制造业	392.84	711.85	22.27	45.87	31.06	73.69
锅炉及原动设备制造	33.69	71.60	2.04	4.35	2.95	9.61
金属加工机械制造	30.41	48.67	2.31	3.83	1.21	5.39
物料搬运设备制造	98.62	167.48	4.27	8.12	14.64	21.01

单位：亿元

投资收益（损失以“–”号记）	营业利润	利润总额	亏损企业亏损额	应交增值税	所得税费用	平均用工人数（万人）
22.50	425.12	440.93	58.94	210.93	77.64	68.04
-0.26	130.16	138.46	11.36	56.77	33.56	8.23
1.34	46.83	46.08	5.32	29.26	7.92	6.90
-0.92	78.80	77.74	7.62	35.23	7.85	12.72
22.15	41.24	44.21	13.24	14.66	4.86	5.47
0.58	40.97	45.18	6.66	20.44	7.91	13.00
0.35	9.61	10.81	3.06	7.08	1.79	2.35
-0.65	39.15	39.38	3.21	21.76	5.81	14.00
-0.34	20.47	20.14	3.02	14.61	4.37	2.43
0.24	17.91	18.94	5.46	11.12	3.58	2.94
-6.22	209.62	186.47	69.81	126.90	36.64	32.69
0.04	-1.42	-0.77	6.29	1.18	0.51	1.22
0.46	16.80	17.08	2.62	15.99	2.56	2.22
0.94	34.77	34.90	1.25	10.97	5.23	6.53
-8.24	146.68	118.75	53.99	88.71	25.85	20.30
0.58	12.79	16.51	5.66	10.06	2.48	2.42
9.67	220.66	171.07	37.37	126.74	24.35	22.84
8.26	29.77	34.68	11.24	42.70	3.21	5.25
0.47	10.79	11.04	0.38	1.40	2.09	0.44
0.23	6.03	4.72	2.31	2.85	0.77	0.85
0.40	20.43	18.00	10.16	16.90	3.98	2.69
0.03	4.35	4.48	0.08	2.67	0.85	0.86
0.30	149.29	98.15	13.19	60.23	13.46	12.76
1.14	351.92	359.71	44.72	168.03	61.63	87.24
1.57	69.50	71.89	7.36	36.05	9.41	13.69
0.03	37.39	40.28	2.46	14.92	6.66	9.03
-1.12	78.96	80.76	6.81	31.63	13.48	10.41
-0.02	11.80	12.18	6.93	9.39	2.90	3.96
-0.24	28.46	28.54	5.56	16.24	5.43	11.88
0.23	16.44	16.90	6.36	13.15	3.89	5.89
1.54	4.22	4.24	0.01	1.18	0.51	0.95
-3.94	39.91	39.72	4.16	15.59	6.04	13.74
3.09	65.23	65.21	5.09	29.88	13.31	17.69
9.63	904.71	911.03	66.75	309.83	176.43	113.83
3.86	109.92	106.45	9.59	41.49	14.33	7.23
-0.12	58.70	61.47	6.78	22.98	11.91	7.83
6.68	231.30	234.57	5.23	77.23	41.72	15.33

2-4 续表 16

行 业	销售费用	管理费用		财务费用		
			税 金		利息收入	利息支出
泵、阀门、压缩机及类似机械制造	78.56	142.09	4.30	7.90	4.75	9.91
轴承、齿轮和传动部件制造	19.48	54.23	2.04	8.72	0.92	9.36
烘炉、风机、衡器、包装等设备制造	77.09	114.59	3.24	6.68	3.17	9.75
文化、办公用机械制造	23.04	53.33	2.24		2.11	1.59
通用零部件制造	23.08	48.05	1.48	5.16	1.14	5.94
其他通用设备制造业	8.86	11.81	0.35	1.12	0.17	1.13
专用设备制造业	233.99	466.69	16.61	49.41	18.62	63.22
采矿、冶金、建筑专用设备制造	67.33	131.14	7.59	27.74	8.50	34.46
化工、木材、非金属加工专用设备制造	45.16	102.25	2.58	6.72	2.67	8.23
食品、饮料、烟草及饲料生产专用设备制造	5.32	9.20	0.28	0.47	0.43	0.69
印刷、制药、日化及日用品生产专用设备制造	15.80	27.22	0.73	1.76	0.50	2.43
纺织、服装和皮革加工专用设备制造	15.43	27.97	1.05	2.44	1.99	4.24
电子和电工机械专用设备制造	9.88	22.02	0.72	2.09	0.64	2.41
农、林、牧、渔专用机械制造	11.17	25.90	1.02	3.16	0.74	3.38
医疗仪器设备及器械制造	28.10	63.19	1.36	1.74	1.77	2.62
环保、社会公共服务及其他专用设备制造	35.80	57.80	1.28	3.29	1.38	4.76
汽车制造业	999.42	1524.67	52.23	13.38	55.95	99.70
汽车整车制造	722.85	767.10	28.60	-29.95	34.45	38.01
改装汽车制造	4.67	8.99	0.32	0.56	0.37	0.67
汽车车身、挂车制造	4.47	7.03	0.27	-0.15	0.59	0.67
汽车零部件及配件制造	266.92	740.14	22.96	42.72	20.52	59.90
铁路、船舶、航空航天和其他运输设备制造业	60.85	141.21	7.12	18.50	13.47	33.32
铁路运输设备制造	17.39	18.12	0.47	-0.32	1.28	1.60
城市轨道交通设备制造	1.67	3.20	0.08	-0.05	0.21	0.05
船舶及相关装置制造	8.56	48.94	3.34	16.27	8.40	25.45
航空、航天器及设备制造	3.03	13.58	1.20	0.92	0.20	1.11
摩托车制造	15.51	35.40	1.06	-0.56	2.32	1.96
自行车制造	11.33	17.69	0.67	1.89	0.94	2.72
非公路休闲车及零配件制造	2.09	2.67	0.17	0.06	0.07	0.14
潜水救捞及其他未列明运输设备制造	1.28	1.62	0.13	0.28	0.06	0.29
电气机械和器材制造业	497.82	796.91	24.75	111.17	35.03	118.83
电机制造	57.99	107.42	2.89	11.35	7.16	11.84
输配电及控制设备制造	108.62	217.79	5.52	52.48	7.17	45.28
电线、电缆、光缆及电工器材制造	50.58	109.99	4.21	20.39	5.08	22.62
电池制造	25.51	67.01	2.50	14.97	3.97	17.58
家用电力器具制造	209.18	181.97	6.95	6.35	9.57	13.96
非电力家用器具制造	13.12	8.55	0.24	1.05	0.25	0.89
照明器具制造	29.50	83.99	2.20	4.36	1.61	6.24
其他电气机械及器材制造	3.33	20.18	0.25	0.21	0.23	0.42

单位：亿元

投资收益（损失以“–”号记）	营业利润	利润总额	亏损企业亏损额	应交增值税	所得税费用	平均用工人数（万人）
-1.25	170.58	171.90	11.63	59.23	34.78	21.99
0.40	49.98	51.91	13.46	20.90	13.35	10.39
4.98	146.74	147.04	8.52	45.30	30.43	18.55
-5.37	61.73	61.52	5.72	17.12	14.26	19.21
0.32	60.98	61.37	4.13	20.31	12.11	11.34
0.14	14.78	14.81	1.69	5.26	3.55	1.95
12.92	477.72	482.10	76.08	177.41	81.98	73.12
3.65	176.79	168.92	33.13	60.69	20.26	15.32
4.35	88.19	91.18	12.11	38.47	18.53	23.28
	8.98	9.40	0.26	2.67	1.80	1.18
0.33	25.91	26.38	3.79	8.55	5.06	4.58
2.82	27.53	29.07	2.34	11.11	5.80	5.31
-0.15	20.38	20.31	3.40	9.02	3.61	4.51
-2.52	1.04	1.75	9.59	5.58	2.18	2.82
3.73	65.33	68.55	5.01	16.62	11.23	9.51
0.73	63.57	66.54	6.45	24.70	13.52	6.62
100.50	3278.99	3339.85	116.77	1176.67	634.79	156.87
78.16	2142.99	2175.82	59.52	798.97	413.02	45.11
	17.60	17.82	0.17	6.21	1.52	1.12
	16.14	16.22	0.08	7.36	1.78	1.51
22.35	1103.03	1130.62	56.07	364.08	218.39	109.00
22.01	285.65	292.81	20.07	111.13	42.45	33.80
0.71	59.88	61.20	1.19	14.60	8.94	2.37
	1.59	1.59	0.21	0.82	0.34	0.26
20.39	108.76	110.64	13.00	44.38	16.73	13.01
0.13	48.43	49.50	0.22	25.16	2.75	1.69
0.91	32.09	34.09	1.94	11.86	5.52	6.13
0.37	14.64	15.37	3.13	7.51	3.41	8.28
0.06	14.55	14.56	0.19	5.30	4.34	1.33
-0.57	5.72	5.87	0.18	1.49	0.42	0.72
12.06	1010.55	1027.54	90.31	432.50	168.46	200.47
2.65	178.84	177.88	7.71	47.69	27.36	25.77
8.63	366.05	382.98	32.47	158.36	60.05	52.03
-4.69	114.81	114.16	16.73	48.22	19.60	29.96
1.53	51.65	51.92	11.91	26.23	9.84	18.26
2.91	212.40	213.55	10.98	118.91	39.06	49.67
0.01	9.50	9.63	2.72	4.80	1.96	1.84
0.92	73.64	73.49	5.96	24.65	9.80	21.40
0.09	3.66	3.94	1.82	3.64	0.80	1.55

2-4 续表 17

行　业	销售费用	管理费用	税　金	财务费用	利息收入	利息支出
计算机、通信和其他电子设备制造业	741.74	1726.34	61.50	3.03	178.23	172.98
计算机制造	185.42	353.26	10.01	-23.64	86.51	58.35
通信设备制造	196.41	334.10	14.08	-9.62	37.23	22.89
广播电视设备制造	18.73	30.01	0.77	2.28	1.02	2.61
雷达及配套设备制造	0.11	0.60	0.01	0.12	0.33	0.43
视听设备制造	89.16	141.35	5.14	7.49	4.86	8.85
电子器件制造	89.15	358.14	13.63	8.86	21.31	38.69
电子元件制造	127.61	414.49	15.83	14.50	23.86	36.43
其他电子设备制造	35.14	94.39	2.04	3.05	3.11	4.73
仪器仪表制造业	93.02	173.24	4.01	5.97	5.42	10.61
通用仪器仪表制造	52.36	84.12	1.89	2.70	2.67	5.42
专用仪器仪表制造	17.58	40.98	1.13	1.55	1.16	2.40
钟表与计时仪器制造	11.21	15.42	0.35	0.77	0.23	0.82
光学仪器及眼镜制造	10.59	31.62	0.59	0.85	1.37	1.86
其他仪器仪表制造业	1.27	1.11	0.04	0.11		0.11
其他制造业	16.51	29.96	0.94	4.73	0.39	4.06
日用杂品制造	11.71	22.76	0.81	3.82	0.38	3.24
煤制品制造	0.09	0.13		0.31		0.30
废弃资源综合利用业	2.70	9.74	0.42	3.63	0.83	3.52
金属废料和碎屑加工处理	1.72	6.79	0.30	3.20	0.71	3.07
非金属废料和碎屑加工处理	0.97	2.95	0.11	0.43	0.11	0.45
金属制品、机械和设备修理业	2.48	22.27	1.17	6.07	8.04	13.65
金属制品修理	0.05	0.46	0.01	0.03		0.03
通用设备修理	0.16	0.23	0.01	-0.01		-0.01
专用设备修理	0.62	1.54	0.03	0.06	0.01	0.07
铁路、船舶、航空航天等运输设备修理	1.42	19.62	1.09	5.96	8.02	13.54
其他机械和设备修理业	0.19	0.29	0.02	0.03		0.02
电力、热力、燃气及水生产和供应业	**68.23**	**169.73**	**13.05**	**175.58**	**25.80**	**188.66**
电力、热力生产和供应业	3.50	71.36	8.58	143.04	15.87	148.33
电力生产	1.46	65.03	8.20	139.82	15.47	144.92
电力供应	0.19	0.93	0.07	0.01	0.12	0.13
热力生产和供应	1.85	5.40	0.32	3.21	0.28	3.28
燃气生产和供应业	53.30	71.89	2.88	14.67	7.08	20.85
水的生产和供应业	11.43	26.48	1.59	17.86	2.85	19.49
自来水生产和供应	10.62	18.36	1.35	5.41	1.25	6.13
污水处理及其再生利用	0.45	6.46	0.23	4.15	0.13	3.77
其他水的处理、利用与分配	0.36	1.66	0.01	8.30	1.47	9.59

单位：亿元

投资收益（损失以“–”号记）	营业利润	利润总额	亏损企业亏损额	应交增值税	所得税费用	平均用工人数（万人）
65.39	2350.29	2461.13	209.70	866.49	374.53	588.78
7.56	681.14	672.77	20.36	201.55	79.03	144.19
16.85	380.92	425.41	30.31	306.69	78.03	92.87
0.41	30.42	31.14	4.26	13.30	4.90	9.05
0.08	0.68	0.68	0.04	0.08	0.10	0.12
30.73	191.72	193.35	23.84	59.34	26.51	39.84
2.40	427.93	500.78	68.76	88.21	73.68	103.11
3.02	485.26	482.42	53.19	154.09	91.41	170.76
4.34	152.22	154.56	8.92	43.22	20.87	28.84
6.78	215.79	220.64	9.61	61.00	36.48	37.81
8.24	113.45	117.67	3.57	29.26	20.09	11.47
-0.25	51.56	51.68	0.61	16.00	8.98	5.31
-1.03	19.40	19.77	0.80	5.56	2.65	8.86
-0.18	29.62	29.73	4.51	8.89	4.29	11.66
	1.76	1.79	0.12	1.28	0.47	0.51
-0.91	32.28	30.84	2.87	16.86	5.25	13.76
-0.45	27.42	26.96	1.02	13.55	4.51	11.69
	0.31	0.31		0.19	0.01	0.05
-3.22	5.26	5.95	14.89	8.56	0.47	1.90
-4.69	0.28	0.21	14.53	6.96	-0.29	1.43
1.47	4.98	5.73	0.36	1.60	0.76	0.47
0.56	4.82	6.37	9.26	4.21	1.84	3.25
	0.04	0.04	0.07	0.13	0.02	0.07
0.04	0.29	0.31		0.08	-0.01	0.04
0.01	1.84	1.89		0.85	0.31	0.15
0.51	2.36	3.81	9.13	2.89	1.43	2.85
	0.25	0.27	0.06	0.22	0.08	0.13
77.40	**878.72**	**914.03**	**31.03**	**239.26**	**185.29**	**24.28**
37.55	612.88	634.90	19.16	182.00	132.71	10.86
37.47	604.15	623.91	18.74	178.35	129.87	9.86
	0.42	0.48	0.07	0.55	0.15	0.16
0.08	8.31	10.52	0.35	3.10	2.69	0.84
36.41	215.52	225.36	7.38	49.09	40.30	9.60
3.44	50.32	53.77	4.48	8.17	12.28	3.82
3.38	23.06	25.94	2.28	6.26	5.78	3.13
0.06	14.04	14.72	1.08	1.56	2.95	0.61
	13.23	13.11	1.12	0.35	3.55	0.08

2-5 大中型工业企业主要

行业	企业单位数（个）	工业销售产值（当年价格）	出口交货值	资产总计	固定资产合计
总计	**65301**	**685975.78**	**96019.61**	**679436.74**	**251759.01**
采矿业	**3271**	**40083.42**	**94.77**	**80339.97**	**37393.84**
煤炭开采和洗选业	1998	18431.39	46.60	46048.28	17848.46
烟煤和无烟煤开采洗选	1916	15988.27	16.19	43038.97	17109.28
褐煤开采洗选	75	2396.07	30.40	2868.43	687.16
其他煤炭采选	7	47.04		140.87	52.02
石油和天然气开采业	53	11381.05	19.33	19728.57	14691.01
石油开采	39	10214.77	0.62	18135.47	13970.17
天然气开采	14	1166.28	18.72	1593.10	720.84
黑色金属矿采选业	427	4112.99		7340.25	2055.88
铁矿采选	400	3908.37		7187.50	2007.91
锰矿、铬矿采选	20	109.71		102.23	30.96
其他黑色金属矿采选	7	94.90		50.52	17.01
有色金属矿采选业	432	3263.36	3.11	3318.60	1361.79
常用有色金属矿采选	242	1414.88	1.93	1675.15	669.66
贵金属矿采选	110	1425.16	1.09	1144.82	455.81
稀有稀土金属矿采选	80	423.31	0.09	498.63	236.32
非金属矿采选业	299	1305.83	6.63	1390.67	508.19
土砂石开采	176	685.01	0.23	298.98	152.26
化学矿开采	44	247.58	0.03	339.55	86.91
采盐	48	225.04	1.87	634.65	233.83
石棉及其他非金属矿采选	31	148.20	4.49	117.49	35.19
开采辅助活动	60	1582.43	19.10	2510.21	926.29
石油和天然气开采辅助活动	59	1580.10	19.10	2509.17	925.82
制造业	**59563**	**598722.69**	**95865.03**	**512933.36**	**162540.24**
农副食品加工业	3024	27745.08	1657.57	16309.13	5498.86
谷物磨制	371	3134.03	0.93	1335.00	552.90
饲料加工	364	3569.18	24.06	1590.40	559.95
植物油加工	238	5600.17	41.54	3479.13	732.94
制糖业	191	912.30	0.30	1506.27	346.97
屠宰及肉类加工	796	7940.86	162.51	4111.35	1609.63
水产品加工	457	2539.38	1035.41	1778.07	625.05
蔬菜、水果和坚果加工	318	1413.67	271.53	843.11	313.27
其他农副食品加工	289	2635.47	121.29	1665.80	758.15
食品制造业	1584	11892.69	584.41	8470.48	2857.80
焙烤食品制造	304	1357.24	9.89	789.78	315.21
糖果、巧克力及蜜饯制造	150	943.70	76.11	700.49	252.72
方便食品制造	280	2283.19	26.59	1387.24	523.44
乳制品制造	211	2304.81	5.40	1901.38	490.31
罐头食品制造	194	827.34	207.33	433.77	159.17
调味品、发酵制品制造	179	1546.39	95.76	1462.47	637.96
其他食品制造	266	2630.02	163.32	1795.35	479.00

经济指标(大、中类行业)

单位：亿元

固定资产原价	累计折旧	流动资产合计	应收账款	存货	产成品	负债合计
408194.84	**176101.04**	**311020.92**	**69442.27**	**72064.09**	**24966.93**	**397804.32**
58493.70	**26041.15**	**24771.68**	**4455.67**	**3285.40**	**1196.66**	**47731.81**
23318.38	9514.43	16735.26	2964.40	2114.84	782.39	30671.84
21824.60	8669.27	15068.46	2259.08	1685.34	739.65	28435.31
1431.09	834.02	1616.31	702.20	426.32	40.22	2116.33
62.69	11.14	50.49	3.12	3.18	2.53	120.20
27653.36	13714.12	2479.58	240.31	288.93	98.56	9149.63
26841.62	13481.49	2247.66	201.37	261.35	97.62	8101.77
811.73	232.63	231.92	38.94	27.57	0.94	1047.86
2817.64	983.14	2649.97	451.69	319.42	146.24	4139.96
2754.23	961.95	2597.71	436.48	303.11	132.92	4072.71
42.33	15.15	36.30	12.82	7.12	5.32	36.97
21.08	6.04	15.96	2.40	9.19	8.00	30.28
1706.32	517.51	1062.56	137.93	269.48	117.75	1734.24
870.11	267.92	524.71	83.06	113.95	49.67	851.72
574.76	178.50	384.91	33.93	104.16	38.75	598.71
261.45	71.09	152.94	20.94	51.38	29.33	283.81
902.65	456.19	595.03	66.11	90.63	40.86	686.99
231.40	96.61	107.88	19.74	15.71	9.99	107.58
156.04	73.76	125.74	17.48	32.99	9.85	219.60
455.33	258.89	311.10	24.75	34.23	18.48	305.14
59.88	26.93	50.31	4.14	7.69	2.54	54.67
2092.63	855.24	1248.12	595.13	202.05	10.81	1348.72
2092.07	855.16	1247.56	594.71	201.91	10.70	1348.08
265419.62	**115144.82**	**272623.14**	**62743.01**	**67703.02**	**23687.87**	**295864.72**
9874.97	4925.08	8899.37	1085.38	2385.62	1022.33	9171.14
1493.05	1000.58	649.71	67.26	245.95	72.49	583.48
1009.70	494.55	800.88	103.99	197.19	58.40	771.46
1214.82	515.46	2467.48	172.50	655.29	239.52	2391.06
655.03	336.55	1000.03	77.47	142.00	87.29	1213.68
2713.45	1255.97	1952.76	289.42	479.79	247.87	2064.94
1111.58	605.11	897.79	202.41	298.84	163.82	834.97
462.55	191.94	438.61	76.45	129.03	56.30	368.40
1214.81	524.92	692.10	95.89	237.52	96.64	943.14
4429.89	1762.30	4190.91	850.55	815.98	339.67	4040.46
497.60	205.68	359.34	72.16	65.51	26.90	318.75
382.73	150.33	367.54	82.54	68.80	30.14	281.91
759.43	254.01	644.49	171.14	107.88	38.94	580.33
863.68	403.06	1015.96	197.18	175.07	64.24	995.89
259.77	111.02	223.08	40.24	77.92	49.71	231.93
875.05	280.34	609.65	91.36	150.82	57.90	748.43
791.64	357.86	970.85	195.94	169.97	71.84	883.22

2-5 续表 1

行业	企业单位数（个）	工业销售产值（当年价格）	出口交货值	资产总计	固定资产合计
酒、饮料和精制茶制造业	1122	10120.16	160.13	10046.01	2997.18
酒的制造	610	5855.39	58.95	7160.32	1916.88
饮料制造	366	3702.05	90.47	2578.04	987.87
精制茶加工	146	562.72	10.71	307.64	92.43
烟草制品业	83	8581.30	33.57	7866.02	1181.78
烟叶复烤	25	104.31		225.17	60.55
卷烟制造	44	8404.95	27.19	7575.62	1103.66
其他烟草制品制造	14	72.04	6.38	65.23	17.57
纺织业	3627	20819.68	2501.76	14253.43	5272.15
棉纺织及印染精加工	2274	14467.28	1283.75	9634.27	3778.55
毛纺织及染整精加工	199	1427.58	264.02	1148.83	299.02
麻纺织及染整精加工	95	323.66	38.63	240.95	88.50
丝绢纺织及印染精加工	150	554.83	55.64	335.39	100.30
化纤织造及印染精加工	110	382.69	57.11	371.65	142.86
针织或钩针编织物及其制品制造	304	1264.16	280.83	1076.77	357.61
家用纺织制成品制造	245	1251.84	254.85	774.07	250.00
非家用纺织制成品制造	250	1147.64	266.93	671.51	255.32
纺织服装、服饰业	3786	11911.58	3214.81	7774.31	2063.70
机织服装制造	2888	9393.78	2197.82	6214.81	1630.01
针织或钩针编织服装制造	707	2063.45	875.65	1274.99	351.72
服饰制造	191	454.35	141.34	284.51	81.97
皮革、毛皮、羽毛及其制品和制鞋业	2290	8305.86	2462.75	4478.69	1128.13
皮革鞣制加工	123	983.37	77.60	483.36	125.85
皮革制品制造	533	1671.28	541.90	931.92	247.66
毛皮鞣制及制品加工	56	342.06	59.94	155.60	54.53
羽毛(绒)加工及制品制造	80	357.65	110.67	222.84	42.51
制鞋业	1498	4951.51	1672.63	2684.96	657.57
木材加工和木、竹、藤、棕、草制品业	925	3905.69	353.09	2063.94	807.84
木材加工	93	304.58	8.74	192.45	75.45
人造板制造	526	2552.24	129.79	1307.85	553.17
木制品制造	209	821.01	153.19	466.90	146.61
竹、藤、棕、草等制品制造	97	227.86	61.37	96.74	32.62
家具制造业	933	3585.48	1035.13	2498.30	765.61
木质家具制造	574	2142.87	497.96	1469.43	482.00
竹、藤家具制造	16	104.24	36.92	62.62	12.61
金属家具制造	200	719.36	290.21	576.59	162.45
塑料家具制造	13	41.01	32.20	22.21	8.06
其他家具制造	130	578.00	177.84	367.46	100.49

单位：亿元

固定资产原价	累计折旧	流动资产合计	应收账款	存货		负债合计
					产成品	
4442.64	1775.97	5528.70	523.77	1708.42	478.39	4527.05
2788.55	1125.12	4122.58	285.13	1434.48	356.91	3085.06
1533.62	615.25	1254.04	213.39	215.75	92.54	1324.76
120.47	35.60	152.08	25.25	58.18	28.94	117.23
2310.99	1227.22	5416.18	296.89	3605.48	240.57	1698.71
118.15	60.57	148.34	11.54	30.54	28.02	30.43
2167.05	1156.26	5225.07	276.91	3554.82	201.49	1633.22
25.79	10.39	42.77	8.44	20.12	11.07	35.07
8620.29	3870.44	7217.15	1196.32	2125.59	866.78	7547.26
6129.21	2679.17	4777.38	698.71	1383.96	545.58	5133.81
508.73	254.46	664.01	104.34	252.10	102.40	604.98
125.22	46.83	126.56	19.20	43.92	22.90	108.59
164.42	71.34	181.62	30.78	64.85	29.89	174.77
204.54	76.34	187.55	32.42	45.87	23.80	222.52
627.33	325.14	497.77	134.76	119.00	51.69	577.40
458.42	235.22	432.32	87.50	128.72	55.57	388.70
402.41	181.93	349.93	88.60	87.16	34.95	336.50
3460.30	1550.05	4583.42	1039.11	1265.11	660.62	3575.60
2711.18	1207.20	3642.62	790.14	1000.00	547.78	2765.68
596.22	269.62	764.51	203.48	205.85	90.64	674.57
152.90	73.23	176.30	45.49	59.27	22.20	135.36
1897.00	843.01	2834.05	777.49	704.24	280.08	2011.38
205.43	89.89	289.52	54.89	110.92	44.47	215.06
346.38	110.37	581.18	135.83	138.59	39.41	413.67
74.13	21.96	90.33	3.95	42.62	10.30	61.86
81.37	42.35	158.98	42.10	43.76	18.06	137.34
1189.69	578.43	1714.03	540.71	368.36	167.85	1183.44
1537.29	789.64	979.72	171.61	281.25	128.92	973.30
111.26	40.67	96.14	12.34	24.53	10.67	89.94
1107.77	601.36	594.12	99.00	167.19	82.69	618.96
270.70	131.10	238.85	48.50	75.53	28.80	222.83
47.56	16.50	50.62	11.77	13.99	6.76	41.57
1196.87	483.51	1389.02	313.01	395.75	158.39	1291.33
751.12	308.02	783.42	159.03	240.17	104.06	735.49
17.41	4.96	41.52	6.92	12.48	4.37	42.78
257.57	100.48	339.63	96.55	80.99	23.39	308.75
11.48	3.42	12.36	4.32	4.38	1.29	9.63
159.30	66.63	212.09	46.18	57.73	25.29	194.69

2-5 续表 2

行 业	企业单位数（个）	工业销售产值（当年价格）	出口交货值	资产总计	固定资产合计
造纸和纸制品业	993	7350.80	418.22	9346.53	3926.82
纸浆制造	21	90.43	2.25	243.44	143.28
造纸	509	5204.48	276.98	7567.65	3264.42
纸制品制造	463	2055.88	138.99	1535.44	519.12
印刷和记录媒介复制业	685	2509.41	311.18	2205.33	738.13
印刷	664	2467.20	304.70	2162.27	726.20
装订及印刷相关服务	18	34.08	5.32	33.00	8.79
记录媒介复制	3	8.13	1.16	10.05	3.14
文教、工美、体育和娱乐用品制造业	1822	7295.39	2805.24	3992.02	946.67
文教办公用品制造	115	371.02	99.03	266.43	76.19
乐器制造	47	172.04	80.58	129.11	33.03
工艺美术品制造	869	4641.57	1462.14	2378.71	497.32
体育用品制造	225	624.31	375.56	409.16	136.89
玩具制造	527	1261.97	684.89	653.92	172.56
游艺器材及娱乐用品制造	39	224.48	103.05	154.69	30.69
石油加工、炼焦和核燃料加工业	584	36220.29	537.51	21989.31	9103.39
精炼石油产品制造	208	30938.10	513.73	14407.84	6358.57
炼焦	373	5154.62	23.78	7352.72	2593.64
化学原料和化学制品制造业	3441	45470.21	2803.41	45853.48	19867.35
基础化学原料制造	815	14180.67	633.79	14316.05	6979.28
肥料制造	473	5867.60	143.43	9153.98	4065.95
农药制造	166	1837.97	319.95	1446.05	479.30
涂料、油墨、颜料及类似产品制造	314	2564.81	192.89	2140.50	548.48
合成材料制造	382	8269.08	575.53	8593.65	3847.25
专用化学产品制造	645	8943.43	617.24	7470.77	3185.13
炸药、火工及焰火产品制造	396	937.84	159.18	904.30	319.98
日用化学产品制造	250	2868.81	161.41	1828.19	441.98
医药制造业	1609	14917.31	1001.07	15491.83	4240.63
化学药品原料药制造	310	2596.36	495.43	3086.06	1064.65
化学药品制剂制造	398	4942.93	136.53	5292.60	1261.63
中药饮片加工	73	375.78	4.03	312.15	106.35
中成药生产	430	3834.94	49.46	3785.44	863.93
兽用药品制造	83	455.70	29.38	327.29	119.55
生物药品制造	188	1756.69	154.08	1973.88	543.29
卫生材料及医药用品制造	127	954.90	132.15	714.42	281.23
化学纤维制造业	284	5000.55	424.68	4797.25	1790.16
纤维素纤维原料及纤维制造	89	1516.00	161.44	1726.65	711.81
合成纤维制造	195	3484.55	263.24	3070.60	1078.35

单位：亿元

固定资产原价	累计折旧	流动资产合计	应收账款	存货	产成品	负债合计
6087.96	2480.27	3963.27	743.86	764.57	285.90	5461.17
210.03	74.23	69.40	-6.40	21.83	7.53	185.51
5017.94	2039.41	3090.71	506.10	594.67	221.85	4506.16
859.99	366.63	803.15	244.16	148.07	56.52	769.51
1369.27	670.46	1115.31	327.37	231.76	95.28	881.98
1348.85	661.29	1092.73	322.20	227.02	93.07	862.15
14.77	6.66	17.04	3.98	3.06	1.31	17.84
5.65	2.51	5.54	1.19	1.68	0.90	1.99
1540.84	646.12	2629.50	675.57	922.58	461.30	2094.74
123.05	48.66	152.15	34.94	44.13	25.46	127.69
64.44	31.76	74.62	13.51	30.00	8.11	49.49
792.68	329.05	1676.62	421.46	615.54	344.01	1305.30
203.77	75.27	236.22	73.26	70.77	23.81	200.16
311.43	146.39	399.41	116.57	137.14	51.40	322.73
45.47	14.99	90.47	15.83	25.00	8.50	89.37
15635.87	7109.24	9099.47	1146.20	3098.02	1013.75	14839.05
11813.55	5714.23	5624.95	532.02	2420.47	680.90	8907.01
3645.37	1322.89	3408.28	611.43	637.32	309.52	5752.19
30357.93	12169.91	18466.28	3037.93	3909.38	1632.97	28128.51
10520.97	4055.23	5108.18	689.17	1082.12	392.61	9046.90
5786.35	2193.78	3294.92	265.30	760.00	316.51	6300.03
996.54	535.73	648.82	129.15	193.19	96.88	764.91
1010.07	497.84	1261.86	342.68	251.36	117.09	1080.91
6014.63	2472.73	3272.70	588.30	665.25	265.29	5570.74
4789.21	1883.06	3339.90	707.05	701.93	313.62	4120.07
434.38	145.46	381.82	71.08	70.64	31.25	398.83
805.79	386.09	1158.08	245.20	184.90	99.71	846.13
6482.22	2689.78	8311.80	1799.41	1764.08	781.83	6577.46
1642.45	678.93	1396.19	279.96	334.66	163.23	1521.64
1847.34	694.06	3151.01	753.51	639.86	301.15	2354.65
151.49	54.77	164.32	61.44	44.36	16.81	113.92
1359.39	593.72	2148.57	415.01	477.74	186.03	1485.84
181.50	71.01	133.26	25.34	22.83	8.39	127.17
969.91	492.92	957.07	170.56	178.85	62.51	669.57
330.13	104.38	361.39	93.58	65.77	43.70	304.67
2866.43	1215.89	2137.42	267.09	555.46	272.92	3007.01
1064.34	415.11	752.23	91.65	228.39	81.27	1138.15
1802.08	800.77	1385.19	175.43	327.07	191.65	1868.86

2-5 续表 3

行　　业	企业单位数（个）	工业销售产值（当年价格）	出口交货值	资产总计	固定资产合计
橡胶和塑料制品业	2369	14169.61	2746.95	10605.90	3915.84
橡胶制品业	574	6366.96	1444.40	5283.75	2225.45
塑料制品业	1795	7802.65	1302.55	5322.15	1690.38
非金属矿物制品业	4396	22374.06	1195.78	22927.34	9541.02
水泥、石灰和石膏制造	861	5818.26	11.18	9029.47	4451.20
石膏、水泥制品及类似制品制造	418	2226.77	6.15	1894.55	549.35
砖瓦、石材等建筑材料制造	1030	4919.51	153.17	2981.81	1276.11
玻璃制造	173	912.13	84.65	1721.75	662.47
玻璃制品制造	479	2067.66	313.27	2115.76	705.62
玻璃纤维和玻璃纤维增强塑料制品制造	150	971.38	103.54	1048.61	492.99
陶瓷制品制造	762	2121.97	362.00	1234.09	487.62
耐火材料制品制造	234	1532.05	69.85	1192.88	310.32
石墨及其他非金属矿物制品制造	289	1804.34	91.97	1708.42	605.31
黑色金属冶炼和压延加工业	1668	55314.39	2589.39	56941.40	23480.58
炼铁	136	2443.74	14.84	2499.31	866.68
炼钢	103	7494.75	320.97	9743.71	3896.11
黑色金属铸造	389	2213.77	224.19	1468.88	672.75
钢压延加工	807	40841.81	1996.68	41212.53	17246.68
铁合金冶炼	233	2320.32	32.71	2016.97	798.35
有色金属冶炼和压延加工业	1292	30167.92	864.27	28989.70	10561.89
常用有色金属冶炼	412	12647.64	200.00	15659.15	5952.31
贵金属冶炼	85	1714.83	7.72	1533.42	370.98
稀有稀土金属冶炼	72	830.03	45.67	936.29	211.68
有色金属合金制造	122	1839.41	95.15	1403.98	528.30
有色金属铸造	21	97.02	12.52	100.56	24.63
有色金属压延加工	580	13038.99	503.20	9356.30	3474.00
金属制品业	2644	15852.31	2500.27	13528.71	4989.54
结构性金属制品制造	753	5321.94	312.95	3843.83	1074.78
金属工具制造	246	792.98	274.01	616.81	215.10
集装箱及金属包装容器制造	205	1517.18	604.03	1180.01	313.47
金属丝绳及其制品制造	148	1418.03	115.19	1282.35	426.56
建筑、安全用金属制品制造	319	1458.91	339.97	2261.72	1595.57
金属表面处理及热处理加工	169	962.11	69.19	636.10	178.04
搪瓷制品制造	29	130.54	19.47	71.90	21.19
金属制日用品制造	309	951.24	350.29	643.15	153.47
其他金属制品制造	466	3299.38	415.16	2992.84	1011.37
通用设备制造业	3224	23629.14	3757.16	24572.84	5596.27
锅炉及原动设备制造	326	3364.71	210.92	4804.00	933.60
金属加工机械制造	389	2252.69	129.89	2820.76	713.50
物料搬运设备制造	367	4611.92	529.49	4689.15	878.94

单位：亿元

固定资产原价	累计折旧	流动资产合计	应收账款	存货	产成品	负债合计
					产成品	
6596.75	2975.33	5418.80	1369.95	1279.07	595.37	5173.11
3522.35	1479.84	2472.63	595.21	593.38	319.49	2671.47
3074.40	1495.48	2946.17	774.75	685.70	275.88	2501.64
14631.80	5596.13	9990.25	2110.77	1937.66	865.13	12512.32
6474.39	2242.15	3204.99	439.98	475.09	132.86	5212.47
965.13	436.31	1114.04	390.87	132.01	67.69	1023.79
2103.16	894.93	1342.57	265.39	377.52	220.06	1398.89
1019.23	374.41	675.61	85.16	145.74	66.34	1050.69
1187.69	513.25	1086.91	293.01	238.49	101.36	1145.61
716.39	274.93	417.61	114.42	72.81	37.75	569.24
801.36	335.02	576.00	137.86	169.27	90.37	530.45
471.92	181.87	698.08	201.59	109.92	61.16	571.68
892.52	343.28	874.45	182.49	216.82	87.53	1009.50
39639.31	17509.12	22280.19	2175.90	6686.54	2271.31	37981.41
1404.94	569.69	959.06	128.75	237.69	82.95	1706.78
6806.53	3029.00	3617.51	375.28	1201.66	537.48	6716.58
1046.43	405.32	664.03	171.49	154.15	72.32	734.24
29116.67	12967.12	16106.39	1345.56	4825.49	1460.73	27503.82
1264.74	537.98	933.20	154.83	267.56	117.82	1319.99
15033.50	5455.34	13684.09	1714.68	4328.65	1185.27	18622.33
8424.82	2947.11	7340.78	726.06	2621.96	590.72	11354.49
421.55	142.58	738.31	43.23	250.96	95.99	908.26
311.58	118.73	510.28	90.67	157.67	97.77	370.22
695.08	184.83	702.86	148.87	238.28	74.54	874.17
46.16	21.92	58.14	16.02	15.25	6.73	65.22
5134.31	2040.17	4333.72	689.83	1044.52	319.54	5049.98
6939.10	2445.88	7049.85	1863.33	1822.54	702.81	6870.93
1520.27	547.80	2265.90	637.03	617.86	194.98	2220.20
379.60	186.45	341.32	92.03	99.99	44.63	293.66
479.73	188.41	713.23	212.21	188.31	59.01	618.58
646.05	290.33	699.13	159.24	179.67	119.21	734.79
1748.16	258.56	542.97	148.69	126.57	46.62	570.95
322.06	158.40	394.20	94.50	61.30	28.45	434.26
36.49	15.85	44.89	15.77	12.96	5.87	42.89
299.57	162.01	400.24	95.05	109.11	49.09	343.23
1507.17	638.07	1647.97	408.80	426.77	154.97	1612.37
9066.57	3937.08	15461.40	4824.03	4106.60	1394.38	13906.76
1571.02	697.96	3283.06	967.22	997.50	193.56	3097.40
1060.68	452.49	1672.47	372.83	573.41	183.16	1668.84
1393.24	578.78	3061.24	999.05	713.06	254.27	2876.52

2-5 续表 4

行 业	企业单位数（个）	工业销售产值（当年价格）	出口交货值	资产总计	固定资产合计
泵、阀门、压缩机及类似机械制造	657	4310.53	563.58	3676.25	948.56
轴承、齿轮和传动部件制造	437	2009.04	247.79	2047.26	699.59
烘炉、风机、衡器、包装等设备制造	413	3324.20	651.77	3492.20	635.43
文化、办公用机械制造	168	1583.07	1180.91	951.33	171.63
通用零部件制造	398	1818.29	210.43	1383.93	453.29
其他通用设备制造业	69	354.69	32.38	707.95	161.72
专用设备制造业	2400	18119.93	2351.92	21075.52	4923.83
采矿、冶金、建筑专用设备制造	746	9259.91	1018.89	12109.14	2632.69
化工、木材、非金属加工专用设备制造	497	1816.87	335.14	2204.53	546.57
食品、饮料、烟草及饲料生产专用设备制造	73	384.21	19.09	300.06	76.10
印刷、制药、日化及日用品生产专用设备制造	107	578.14	92.42	624.55	146.85
纺织、服装和皮革加工专用设备制造	138	656.90	148.33	722.23	164.04
电子和电工机械专用设备制造	123	847.53	124.82	809.42	242.75
农、林、牧、渔专用机械制造	180	1281.01	107.96	989.63	289.95
医疗仪器设备及器械制造	249	1205.91	358.11	1144.86	246.50
环保、社会公共服务及其他专用设备制造	287	2089.45	147.17	2171.11	578.40
汽车制造业	2922	52844.36	2500.21	43775.00	10649.69
汽车整车制造	261	31849.85	797.23	26797.14	6115.97
改装汽车制造	175	1626.27	74.79	1333.05	331.56
低速载货汽车制造	3	172.16	1.01	73.27	11.10
电车制造	9	22.63		20.48	6.00
汽车车身、挂车制造	48	609.76	44.52	377.97	94.06
汽车零部件及配件制造	2426	18563.70	1582.65	15173.10	4090.99
铁路、船舶、航空航天和其他运输设备制造业	1149	14185.27	3226.02	17744.07	4316.46
铁路运输设备制造	185	3257.82	146.60	3927.47	782.01
城市轨道交通设备制造	7	68.63	0.37	97.29	13.44
船舶及相关装置制造	317	5155.52	2159.91	7402.40	1945.23
航空、航天器及设备制造	131	2397.19	247.12	3941.39	915.57
摩托车制造	317	2238.94	407.21	1694.58	430.07
自行车制造	162	855.39	208.90	585.33	195.59
非公路休闲车及零配件制造	18	110.33	21.39	48.24	22.32
潜水救捞及其他未列明运输设备制造	12	101.44	34.52	47.38	12.23
电气机械和器材制造业	4437	43357.07	8082.46	35998.70	7550.04
电机制造	576	5171.13	915.96	5161.30	969.29
输配电及控制设备制造	1279	12233.38	1870.77	11401.03	2589.43
电线、电缆、光缆及电工器材制造	712	7839.43	683.81	5306.37	1131.37
电池制造	440	3173.09	721.12	2602.54	667.77
家用电力器具制造	753	11864.07	3087.42	9259.79	1571.14
非电力家用器具制造	80	476.24	77.43	574.23	140.58
照明器具制造	546	2416.89	702.39	1564.72	443.54
其他电气机械及器材制造	51	182.84	23.55	128.70	36.93

单位：亿元

固定资产原　价	累计折旧	流动资产合　计	应收账款	存货		负债合计
					产成品	
1586.95	712.77	2166.55	714.28	562.50	254.47	1784.66
1133.82	477.44	1084.03	363.01	300.12	134.72	1033.37
939.29	382.15	2228.24	725.81	485.13	195.69	1940.45
390.61	225.30	710.83	275.85	167.62	65.69	450.51
745.74	324.90	780.89	236.48	188.52	87.27	682.09
245.22	85.29	474.09	169.50	118.73	25.55	372.93
7725.54	3248.78	13315.12	4545.96	3176.28	1086.07	11777.70
4177.03	1818.73	8033.05	3064.17	1824.18	639.45	7403.75
937.38	411.73	1343.61	418.86	362.96	113.72	1164.73
117.66	47.89	192.30	39.66	64.25	18.91	116.19
212.33	79.75	324.55	80.04	92.57	24.18	282.45
264.73	113.77	430.71	96.72	113.25	45.85	391.24
440.40	223.58	435.00	131.36	89.71	34.96	359.30
408.39	135.34	565.39	144.96	155.58	80.24	549.22
391.36	157.27	659.95	183.19	133.69	45.02	418.72
776.27	260.72	1330.55	387.02	340.10	83.73	1092.10
16735.30	7038.81	25048.74	5810.91	4461.38	1905.36	25289.68
9247.13	3822.33	14872.64	2270.69	2435.23	1015.19	15843.46
561.41	263.28	797.17	212.71	197.01	73.44	883.93
20.26	9.15	45.10	10.33	21.58	2.16	36.64
6.79	0.88	10.30	1.77	2.19	0.55	8.38
139.22	48.25	233.59	52.34	38.27	11.46	212.08
6760.49	2894.92	9089.94	3263.06	1767.09	802.57	8305.19
6242.38	2395.78	10771.22	2248.02	3096.44	378.28	11600.23
1105.70	448.10	2599.10	830.93	830.48	140.69	2534.87
20.88	7.53	80.53	39.75	15.13	4.21	60.59
2698.34	886.13	4380.48	523.13	1219.46	46.08	5345.89
1324.89	574.51	2322.71	482.82	799.46	89.82	2412.25
780.65	375.50	1020.64	270.67	148.37	63.64	904.71
254.81	81.03	315.79	83.79	67.84	29.70	292.71
35.84	13.61	22.01	7.70	5.13	2.18	19.68
21.27	9.37	29.96	9.22	10.58	1.97	29.53
13136.95	6041.10	23385.79	7455.28	4376.28	2027.64	21433.68
1674.91	804.96	3455.31	1204.61	818.28	255.49	2982.47
4455.06	2061.94	7186.04	2892.60	1215.03	534.68	6786.40
2016.06	912.07	3445.58	1326.03	646.38	322.13	2991.27
1026.70	414.50	1572.87	429.65	338.36	144.58	1480.00
2933.66	1416.67	6443.70	1210.16	1062.06	655.56	6109.94
223.88	85.49	272.26	67.18	53.47	21.59	268.72
728.47	302.73	927.81	296.06	217.93	82.75	744.86
78.19	42.74	82.21	29.00	24.77	10.85	70.02

2-5 续表 5

行　业	企业单位数（个）	工业销售产值（当年价格）	出口交货值	资产总计	固定资产合计
计算机、通信和其他电子设备制造业	4860	75130.16	44277.94	51827.19	11979.92
计算机制造	568	20699.78	15098.94	10101.34	2043.37
通信设备制造	552	18611.89	9347.65	13532.91	1412.21
广播电视设备制造	173	1139.71	492.39	940.05	201.80
雷达及配套设备制造	30	354.33	49.18	523.37	106.54
视听设备制造	393	6572.03	3088.11	3980.47	567.70
电子器件制造	973	13275.37	8915.21	12669.27	4649.99
电子元件制造	1863	11237.57	5933.90	8006.20	2525.35
其他电子设备制造	308	3239.46	1352.56	2073.58	472.95
仪器仪表制造业	854	4807.97	938.37	4615.02	975.37
通用仪器仪表制造	406	2933.28	337.11	2805.53	497.75
专用仪器仪表制造	157	1006.90	195.29	960.95	235.85
钟表与计时仪器制造	104	237.49	140.78	164.26	36.63
光学仪器及眼镜制造	162	558.20	258.38	613.16	186.10
其他仪器仪表制造业	25	72.10	6.81	71.12	19.04
其他制造业	331	1412.58	382.00	1508.54	464.20
日用杂品制造	238	827.97	329.62	540.10	154.32
煤制品制造	7	35.39		26.00	19.92
废弃资源综合利用业	108	1184.30	0.67	569.79	153.85
金属废料和碎屑加工处理	87	1066.29	0.14	464.63	137.64
非金属废料和碎屑加工处理	21	118.01	0.52	105.15	16.21
金属制品、机械和设备修理业	117	542.14	147.10	817.59	255.57
金属制品修理	6	25.44	0.05	8.92	5.79
通用设备修理	7	32.66		15.23	3.81
专用设备修理	11	26.05	1.54	35.12	8.18
铁路、船舶、航空航天等运输设备修理	72	424.05	145.51	722.35	225.02
电气设备修理	11	11.16		13.37	2.50
其他机械和设备修理业	10	22.78		22.60	10.28
电力、热力、燃气及水生产和供应业	**2467**	**47169.68**	**59.81**	**86163.41**	**51824.93**
电力、热力生产和供应业	1927	44130.67	17.15	76844.49	47520.22
电力生产	800	12365.80	9.90	35034.68	22923.23
电力供应	935	31068.48	4.98	39286.82	23284.46
热力生产和供应	192	696.39	2.26	2522.99	1312.53
燃气生产和供应业	196	2168.12	9.16	3679.99	1689.68
水的生产和供应业	344	870.88	33.50	5638.94	2615.03
自来水生产和供应	321	726.44	2.12	4641.64	2343.14
污水处理及其再生利用	21	103.11		776.29	270.51

单位：亿元

固定资产原价	累计折旧	流动资产合计	应收账款	存货		负债合计
					产成品	
24290.94	12738.37	34843.23	13028.25	6715.10	2211.08	31000.31
4550.11	2550.38	7396.57	3226.45	1211.22	375.70	7193.26
2625.84	1251.06	11046.34	3978.72	2168.40	642.70	9266.38
345.40	149.18	630.49	255.55	129.89	45.50	467.60
154.75	56.14	347.21	81.08	122.63	11.80	324.52
1129.01	573.38	2888.49	931.32	690.57	258.02	2541.77
8532.83	4053.78	6480.08	2174.71	1196.17	424.49	6410.26
5789.02	3364.31	4665.69	1890.16	927.89	353.75	3725.96
1163.98	740.15	1388.36	490.26	268.34	99.12	1070.56
1688.85	766.80	2972.61	1005.84	691.00	225.25	2172.17
892.18	412.51	1858.87	651.76	416.51	119.12	1339.92
391.80	168.00	611.91	201.74	128.08	52.51	430.59
61.96	29.80	114.42	28.35	50.43	19.88	75.96
312.76	145.06	356.61	117.06	89.60	32.27	286.83
30.15	11.43	30.80	6.93	6.36	1.47	38.86
683.24	279.27	880.00	167.44	326.20	67.50	873.90
255.61	111.71	309.07	73.81	77.02	28.93	244.86
42.10	14.41	4.94	0.52	1.71	0.82	25.92
504.62	363.83	332.29	53.97	81.68	43.13	352.44
461.24	336.47	266.07	46.71	69.68	38.68	274.40
43.38	27.36	66.22	7.26	12.00	4.46	78.04
394.03	144.31	428.01	117.13	84.32	9.58	471.57
9.05	3.26	3.14	0.69	0.67	0.17	3.75
9.59	5.78	10.50	2.23	1.97	1.08	4.70
13.53	5.80	25.03	11.44	5.20	1.75	17.92
339.87	120.18	369.85	97.00	73.30	6.06	428.87
5.76	3.30	9.78	4.34	1.30	0.13	7.93
16.23	5.98	9.70	1.43	1.88	0.39	8.40
84281.52	**34915.07**	**13626.10**	**2243.59**	**1075.66**	**82.40**	**54207.79**
78240.93	32883.84	10825.96	1965.10	919.58	60.66	48984.50
35510.89	13107.35	5165.98	1390.34	713.78	38.37	24159.41
40884.11	19109.38	4750.32	474.59	131.16	17.52	22982.26
1845.94	667.11	909.66	100.17	74.64	4.78	1842.83
2091.21	502.62	1166.30	144.31	106.33	16.89	2040.70
3949.38	1528.62	1633.84	134.18	49.75	4.85	3182.59
3582.10	1425.44	1278.89	109.07	46.32	4.52	2680.82
365.69	102.93	271.49	24.17	3.12	0.32	373.90

2-5 续表 6

行业	流动负债合计	应付账款	所有者权益合计	实收资本	国家资本
总计	**299248.95**	**84886.61**	**280911.93**	**117704.77**	**33487.54**
采矿业	**29396.98**	**6796.98**	**32499.77**	**14696.46**	**8930.35**
煤炭开采和洗选业	19066.99	3606.31	15329.59	5151.59	2477.53
烟煤和无烟煤开采洗选	17331.48	3313.07	14561.60	4870.94	2359.10
褐煤开采洗选	1701.48	288.25	747.37	267.69	117.63
其他煤炭采选	34.03	4.99	20.62	12.96	0.80
石油和天然气开采业	4505.17	1823.43	10569.00	6368.84	4843.52
石油开采	3913.11	1684.14	10032.19	5990.19	4760.10
天然气开采	592.06	139.28	536.81	378.65	83.42
黑色金属矿采选业	2816.22	529.38	3163.37	1334.08	767.11
铁矿采选	2761.47	516.53	3089.62	1316.97	765.66
锰矿、铬矿采选	29.44	7.26	65.14	11.61	1.45
其他黑色金属矿采选	25.30	5.59	8.61	5.50	
有色金属矿采选业	1259.09	172.00	1575.40	553.28	185.55
常用有色金属矿采选	598.01	78.23	815.32	323.95	109.35
贵金属矿采选	468.70	68.08	545.73	118.44	50.28
稀有稀土金属矿采选	192.38	25.69	214.34	110.88	25.92
非金属矿采选业	471.92	58.16	698.65	211.82	86.45
土砂石开采	71.55	11.21	190.36	55.46	3.68
化学矿开采	157.71	17.45	119.26	47.76	24.04
采盐	198.87	22.89	329.36	91.52	56.52
石棉及其他非金属矿采选	43.79	6.61	59.66	17.09	2.21
开采辅助活动	1277.32	607.68	1160.82	1075.70	570.19
石油和天然气开采辅助活动	1276.68	607.21	1160.42	1075.30	570.19
制造业	**243091.46**	**71269.20**	**216445.38**	**88756.60**	**15006.66**
农副食品加工业	7672.13	1279.13	7075.33	2591.56	118.00
谷物磨制	441.85	45.50	746.83	290.68	6.66
饲料加工	656.60	142.00	813.34	257.62	2.74
植物油加工	2166.28	415.98	1071.84	428.93	33.55
制糖业	989.21	104.36	278.36	168.18	20.72
屠宰及肉类加工	1711.53	274.23	2034.31	770.74	22.68
水产品加工	710.56	131.57	928.98	289.21	1.72
蔬菜、水果和坚果加工	297.02	48.57	482.52	120.65	3.46
其他农副食品加工	699.09	116.93	719.13	265.56	26.47
食品制造业	3411.61	798.96	4386.46	1678.92	65.42
焙烤食品制造	284.33	72.96	457.58	205.02	1.09
糖果、巧克力及蜜饯制造	259.22	92.90	416.66	185.59	0.01
方便食品制造	461.97	117.16	803.23	296.12	7.03
乳制品制造	891.47	258.28	901.42	365.93	20.44
罐头食品制造	196.75	30.97	201.77	93.80	2.71
调味品、发酵制品制造	604.90	98.45	711.21	242.73	23.16
其他食品制造	712.98	128.23	894.57	289.73	10.99

单位：亿元

					主营业务收　　入	主营业务成　　本	主营业务税金及附加
集体资本	法人资本	个人资本	港澳台资本	外商资本			
1980.31	**41179.19**	**16843.29**	**8557.82**	**15804.90**	**705027.12**	**595485.72**	**13896.98**
213.26	**4837.98**	**793.32**	**31.29**	**68.01**	**44924.09**	**33094.55**	**1918.54**
151.59	1953.33	496.68	8.12	51.48	23061.98	18883.87	312.44
147.27	1810.17	482.44	8.09	50.99	20541.99	16754.82	292.91
1.31	134.55	13.68	0.03	0.49	2473.96	2089.43	18.84
3.00	8.60	0.56			46.02	39.63	0.70
0.30	1714.42	4.54			11144.79	5483.00	1448.94
0.30	1419.19	4.54			10025.82	4683.73	1418.06
	295.23				1118.97	799.27	30.88
11.72	400.14	151.20	3.80	0.11	4275.32	3317.31	69.79
11.72	390.53	145.15	3.80	0.11	4078.86	3148.77	68.39
	4.61	5.55			107.61	87.51	0.96
	5.00	0.50			88.84	81.03	0.44
25.85	229.86	88.50	7.65	11.15	3254.18	2659.77	32.06
8.46	147.47	45.35	7.14	6.11	1374.91	1067.31	19.33
12.06	25.22	25.54	0.51	4.80	1466.48	1243.00	7.68
5.33	57.17	17.61		0.24	412.79	349.45	5.05
10.17	68.54	41.78	1.02	5.24	1283.25	995.02	26.35
4.21	20.78	26.76	0.02		684.73	552.90	10.41
3.87	11.15	8.60	1.00	0.50	228.50	171.36	7.82
1.57	24.88	4.10		4.45	224.58	164.43	4.77
0.53	11.73	2.32		0.29	145.44	106.33	3.35
13.63	471.68	9.48	10.70	0.02	1898.19	1750.62	28.92
13.63	471.68	9.08	10.70	0.02	1895.86	1748.74	28.89
1690.00	**32616.85**	**15833.49**	**8130.61**	**15424.73**	**611635.45**	**519085.07**	**11744.81**
68.56	1091.45	796.50	120.38	392.94	27981.13	24925.25	117.40
0.60	127.87	126.47	8.84	20.24	3141.11	2800.79	12.67
4.29	129.03	86.66	13.26	21.62	3569.67	3145.76	11.80
3.15	158.79	70.85	28.58	133.33	5596.21	5180.48	20.69
3.37	100.23	26.90	1.33	14.29	948.53	837.44	4.10
26.59	381.93	197.86	38.60	101.37	8084.70	7196.41	34.84
16.87	70.72	157.70	8.93	33.27	2568.29	2234.82	11.26
1.46	42.53	40.84	5.46	26.90	1408.47	1161.55	8.07
12.23	80.34	89.21	15.38	41.93	2664.14	2368.00	13.97
52.32	667.49	370.17	204.22	318.09	12508.80	9603.92	84.79
0.77	47.42	54.16	52.28	49.38	1438.22	1106.57	8.29
2.83	84.12	26.44	23.42	48.78	1051.91	762.02	7.50
10.39	111.18	51.29	56.98	59.25	2257.58	1829.58	10.55
24.48	146.69	63.13	30.82	79.06	2666.11	2047.51	10.90
1.25	59.48	20.22	5.53	4.62	844.90	729.02	5.17
5.56	112.88	54.04	12.46	34.63	1533.84	1196.63	9.19
7.05	105.72	100.89	22.73	42.36	2716.24	1932.57	33.18

2-5 续表 7

行业	流动负债合计	应付账款	所有者权益合计	实收资本	国家资本
酒、饮料和精制茶制造业	3920.28	779.44	5505.27	1611.11	172.78
酒的制造	2669.54	453.53	4069.83	987.76	156.93
饮料制造	1164.83	310.79	1247.55	574.44	14.37
精制茶加工	85.91	15.11	187.89	48.91	1.48
烟草制品业	1681.54	721.71	6146.72	915.20	323.84
烟叶复烤	29.39	9.26	194.50	137.62	74.48
卷烟制造	1618.14	700.86	5922.06	768.23	244.83
其他烟草制品制造	34.01	11.58	30.16	9.35	4.54
纺织业	5846.10	1019.38	6691.16	2594.59	103.69
棉纺织及印染精加工	3855.41	657.11	4493.92	1796.15	74.00
毛纺织及染整精加工	502.07	79.83	542.76	173.67	7.90
麻纺织及染整精加工	90.71	16.47	130.70	55.12	5.16
丝绢纺织及印染精加工	144.72	16.97	159.00	44.14	1.70
化纤织造及印染精加工	190.59	22.97	148.85	76.45	0.48
针织或钩针编织物及其制品制造	435.28	102.16	496.57	154.09	0.38
家用纺织制成品制造	337.15	59.88	385.82	160.40	0.05
非家用纺织制成品制造	290.17	63.99	333.55	134.56	14.01
纺织服装、服饰业	3058.51	843.51	4173.48	1492.94	17.03
机织服装制造	2338.75	629.42	3424.41	1206.54	11.54
针织或钩针编织服装制造	596.11	175.71	601.60	227.41	4.04
服饰制造	123.65	38.38	147.46	58.99	1.45
皮革、毛皮、羽毛及其制品和制鞋业	1773.47	455.69	2452.54	864.40	3.71
皮革鞣制加工	195.62	34.75	266.85	69.26	
皮革制品制造	385.26	107.56	513.70	143.66	0.06
毛皮鞣制及制品加工	44.82	9.36	93.70	32.90	0.71
羽毛(绒)加工及制品制造	128.60	21.90	89.30	24.69	0.09
制鞋业	1019.17	282.13	1489.00	593.89	2.85
木材加工和木、竹、藤、棕、草制品业	717.75	123.59	1079.32	373.30	11.92
木材加工	67.35	19.21	101.45	50.10	3.95
人造板制造	431.35	64.45	680.95	227.00	6.68
木制品制造	183.61	32.34	242.09	82.25	1.12
竹、藤、棕、草等制品制造	35.44	7.58	54.83	13.96	0.17
家具制造业	1128.64	298.22	1200.95	497.33	5.15
木质家具制造	635.72	133.76	730.35	289.28	0.54
竹、藤家具制造	37.62	14.56	19.85	10.29	
金属家具制造	279.15	99.02	265.74	133.41	4.36
塑料家具制造	8.86	3.48	12.58	6.51	
其他家具制造	167.29	47.41	172.44	57.85	0.26

单位：亿元

集体资本	法人资本	个人资本	港澳台资本	外商资本	主营业务收　入	主营业务成　本	主营业务税金及附加
21.21	570.70	326.11	160.93	355.01	10268.47	7183.82	375.42
12.49	346.31	222.99	55.94	190.73	6004.50	4017.01	349.15
7.14	202.47	85.52	98.66	164.29	3745.68	2781.98	20.63
1.58	21.93	17.60	6.34		518.28	384.83	5.64
2.00	588.55	0.39		0.42	8410.08	2232.16	4565.59
	62.72			0.42	104.34	74.90	1.09
0.30	522.75	0.36			8233.54	2102.87	4563.47
1.70	3.08	0.03			72.19	54.38	1.03
31.22	859.10	970.28	374.82	254.26	21414.41	18997.77	97.60
21.06	563.43	714.52	259.30	163.35	14848.37	13293.83	65.20
5.51	55.82	79.45	15.67	9.31	1553.28	1383.95	5.17
0.86	30.20	14.78	2.96	0.82	316.53	274.43	1.87
0.77	17.40	16.55	7.06	0.36	558.93	493.96	2.99
0.19	32.35	18.75	16.80	7.89	380.03	330.54	2.13
0.59	60.10	38.80	29.40	24.74	1275.60	1076.51	7.65
0.58	57.93	66.60	19.08	16.16	1254.46	1081.42	6.47
1.65	41.87	20.83	24.56	31.64	1227.22	1063.12	6.11
12.26	551.88	396.73	335.21	178.33	11951.51	9985.27	71.75
10.70	485.40	334.07	245.32	118.03	9433.67	7825.33	55.58
1.56	48.60	50.53	78.41	44.24	2063.69	1775.35	13.49
	17.88	12.13	11.48	16.06	454.16	384.59	2.69
7.00	218.65	224.86	219.77	189.88	8391.42	7098.46	48.71
1.99	20.54	24.72	6.45	15.56	968.43	810.04	3.34
0.92	36.78	43.10	35.75	27.05	1789.21	1539.96	9.07
0.12	12.39	8.57	9.73	1.38	340.87	292.95	1.49
	11.36	7.47	1.46	4.31	346.13	293.43	1.58
3.97	137.58	141.00	166.38	141.58	4946.79	4162.08	33.23
2.24	138.16	159.77	24.42	36.32	3830.90	3283.29	24.89
0.05	18.15	10.16	14.81	2.98	300.37	256.51	2.41
2.00	92.50	107.25	5.36	13.20	2490.59	2152.33	15.09
0.19	21.87	35.06	4.02	19.99	810.14	682.24	5.29
	5.64	7.29	0.23	0.15	229.80	192.20	2.10
5.33	129.52	188.31	78.28	90.75	3523.73	2922.26	20.62
3.92	85.74	117.84	40.33	40.91	2100.58	1740.70	14.16
	5.44	3.67	0.12	1.06	101.88	86.24	0.62
0.90	16.18	53.02	22.95	36.00	707.98	586.26	3.44
	1.92	0.08	4.31	0.21	40.82	36.87	0.24
0.51	20.25	13.70	10.57	12.57	572.48	472.18	2.16

2-5 续表 8

行业	流动负债合计	应付账款	所有者权益合计	实收资本	国家资本
造纸和纸制品业	4024.70	825.66	3869.56	2322.20	204.63
纸浆制造	127.82	25.05	57.93	79.27	1.64
造纸	3239.48	593.11	3049.34	1897.90	202.15
纸制品制造	657.40	207.50	762.28	345.03	0.85
印刷和记录媒介复制业	769.70	249.02	1319.77	564.35	84.25
印刷	753.63	245.82	1296.97	551.24	84.25
装订及印刷相关服务	14.48	2.68	14.96	9.01	
记录媒介复制	1.59	0.52	7.84	4.09	
文教、工美、体育和娱乐用品制造业	1817.01	624.75	1889.24	740.68	18.84
文教办公用品制造	118.44	25.14	138.30	47.52	0.52
乐器制造	36.88	17.27	79.48	45.55	11.81
工艺美术品制造	1115.70	368.04	1067.47	328.60	5.55
体育用品制造	171.88	76.08	208.45	113.46	0.38
玩具制造	288.57	113.25	330.54	180.20	
游艺器材及娱乐用品制造	85.55	24.98	65.01	25.35	0.58
石油加工、炼焦和核燃料加工业	11691.23	2854.37	7124.46	4899.25	2294.05
精炼石油产品制造	7083.14	1713.87	5490.80	3668.58	2074.61
炼焦	4538.28	1111.44	1584.87	1191.39	180.15
化学原料和化学制品制造业	20844.60	4335.56	17627.27	8894.89	1718.83
基础化学原料制造	6637.67	1270.01	5243.26	2983.40	490.76
肥料制造	4404.42	796.31	2832.85	1389.97	500.82
农药制造	646.62	142.91	677.51	216.61	20.27
涂料、油墨、颜料及类似产品制造	957.95	250.75	1058.29	341.61	23.43
合成材料制造	3708.97	966.70	3001.05	1851.55	454.78
专用化学产品制造	3406.57	617.86	3332.41	1619.37	191.68
炸药、火工及焰火产品制造	303.20	65.31	501.65	134.78	31.69
日用化学产品制造	779.18	225.72	980.25	357.61	5.39
医药制造业	5315.25	1153.48	8894.54	2444.47	191.22
化学药品原料药制造	1159.77	243.10	1567.61	506.92	46.61
化学药品制剂制造	2017.90	529.54	2925.64	798.68	58.63
中药饮片加工	88.10	26.48	197.96	56.84	2.31
中成药生产	1181.85	225.89	2291.70	551.61	37.55
兽用药品制造	104.08	10.53	199.38	56.28	1.94
生物药品制造	506.78	73.47	1302.58	377.44	43.25
卫生材料及医药用品制造	256.77	44.47	409.68	96.70	0.94
化学纤维制造业	2492.72	397.69	1785.39	901.61	35.46
纤维素纤维原料及纤维制造	915.21	155.00	588.51	261.19	21.74
合成纤维制造	1577.51	242.70	1196.87	640.42	13.72

单位：亿元

集体资本	法人资本	个人资本	港澳台资本	外商资本	主营业务收入	主营业务成本	主营业务税金及附加
44.53	720.63	261.61	194.50	896.14	7261.29	6246.56	25.89
1.63	68.64	5.69	1.68		86.28	77.68	0.23
37.93	564.63	188.19	136.09	768.91	5124.73	4490.08	15.11
4.97	87.36	67.73	56.73	127.23	2050.28	1678.81	10.55
9.92	205.51	102.95	107.34	53.50	2477.78	2013.45	16.14
9.84	198.84	99.80	106.42	51.21	2434.85	1980.69	15.60
0.08	3.53	2.20	0.92	2.28	34.47	27.51	0.51
	3.14	0.95			8.46	5.25	0.02
16.66	178.39	190.07	184.81	151.78	7483.36	6580.41	31.20
3.65	10.10	11.85	12.28	9.13	374.53	313.72	1.71
0.61	10.85	2.83	2.16	17.29	170.90	143.37	0.92
10.13	90.32	131.28	49.11	42.21	4825.11	4309.07	18.12
0.02	28.67	13.29	35.62	35.48	621.65	538.88	3.42
1.52	32.44	23.29	81.66	41.15	1259.53	1081.01	5.97
0.73	6.00	7.53	3.98	6.52	231.65	194.36	1.07
82.14	1759.34	356.63	107.31	121.93	36491.32	31914.68	3123.02
48.35	1119.65	115.38	43.76	104.52	31302.15	27190.30	3105.02
33.79	639.69	241.25	63.55	17.41	5111.71	4657.24	17.83
169.64	3632.87	1392.81	591.51	1376.89	46216.83	39791.43	366.07
41.80	1492.40	301.51	175.61	481.31	14465.85	12911.47	189.43
14.68	674.50	165.36	13.98	17.52	6133.04	5411.83	35.67
7.12	91.58	80.35	1.69	13.58	1874.55	1589.94	5.94
6.93	141.05	74.56	33.83	58.72	2561.84	2043.77	11.32
56.19	709.48	274.95	97.46	258.69	8428.91	7627.83	25.54
38.22	414.38	380.94	194.08	399.79	8921.17	7717.04	47.38
3.91	48.53	49.05	0.07	1.53	916.16	684.41	22.90
0.78	60.94	66.09	74.79	145.75	2915.32	1805.14	27.89
42.01	1023.55	670.86	167.50	346.32	15232.61	10142.39	114.42
2.86	180.47	153.53	52.66	70.79	2699.49	2111.40	16.24
20.89	339.70	166.28	43.24	169.33	5099.66	2960.69	39.49
0.15	31.29	16.84	5.51	0.73	361.29	263.46	2.68
15.49	254.88	183.76	34.31	25.63	3937.35	2470.39	29.80
0.72	22.80	27.75	0.81	2.26	458.65	354.32	3.72
1.64	163.60	80.74	26.00	59.80	1727.68	1259.02	13.18
0.25	30.80	41.96	4.97	17.77	948.49	723.12	9.31
7.65	354.54	187.63	167.83	148.49	5016.84	4548.32	12.25
3.83	125.96	53.65	27.14	28.86	1528.17	1372.78	5.07
3.82	228.58	133.98	140.68	119.63	3488.67	3175.54	7.18

2-5 续表 9

行　业	流动负债合计	应付账款	所有者权益合计	实收资本	国家资本
橡胶和塑料制品业	4251.52	1085.37	5407.74	2207.49	114.25
橡胶制品业	2113.29	510.62	2599.35	1056.80	88.81
塑料制品业	2138.23	574.75	2808.39	1150.70	25.44
非金属矿物制品业	9745.03	2030.76	10330.42	4537.47	639.70
水泥、石灰和石膏制造	3845.01	679.61	3781.69	1786.73	386.27
石膏、水泥制品及类似制品制造	864.37	239.68	859.54	255.50	29.67
砖瓦、石材等建筑材料制造	1148.35	255.14	1570.00	571.63	5.79
玻璃制造	828.13	153.68	666.60	428.54	23.59
玻璃制品制造	898.43	247.92	962.17	406.83	41.87
玻璃纤维和玻璃纤维增强塑料制品制造	427.07	69.24	478.34	234.31	68.40
陶瓷制品制造	412.56	98.27	698.99	332.49	15.55
耐火材料制品制造	510.02	118.44	619.70	192.68	18.70
石墨及其他非金属矿物制品制造	811.10	168.80	693.39	328.75	49.84
黑色金属冶炼和压延加工业	31529.02	7319.98	18800.55	8273.70	2166.05
炼铁	1457.10	381.65	777.02	418.08	16.87
炼钢	5876.28	1428.52	2952.17	804.68	306.25
黑色金属铸造	579.75	127.42	730.48	278.19	24.11
钢压延加工	22536.60	5039.86	13646.38	6300.23	1770.99
铁合金冶炼	1079.28	342.53	694.49	472.51	47.83
有色金属冶炼和压延加工业	14242.82	2788.21	10302.46	4229.84	1301.33
常用有色金属冶炼	8597.95	1891.58	4301.06	1993.35	850.19
贵金属冶炼	681.84	62.39	615.15	149.99	35.39
稀有稀土金属冶炼	243.60	37.03	564.52	134.03	22.90
有色金属合金制造	597.57	178.72	525.90	275.99	158.29
有色金属铸造	59.02	25.44	35.34	19.52	4.05
有色金属压延加工	4062.85	593.06	4260.47	1656.96	230.52
金属制品业	5813.37	1441.94	6629.05	2271.09	331.90
结构性金属制品制造	1819.25	454.60	1614.70	638.97	48.94
金属工具制造	261.73	69.97	322.36	119.60	16.88
集装箱及金属包装容器制造	525.05	152.51	557.50	236.46	12.95
金属丝绳及其制品制造	609.95	145.61	546.11	212.24	11.10
建筑、安全用金属制品制造	535.19	101.97	1687.21	236.35	16.07
金属表面处理及热处理加工	384.32	62.85	201.58	96.14	6.05
搪瓷制品制造	38.71	12.08	28.85	15.76	0.60
金属制日用品制造	321.61	69.30	298.84	129.09	
其他金属制品制造	1317.56	373.06	1371.88	586.47	219.31
通用设备制造业	11515.08	3616.31	10681.54	3766.72	522.77
锅炉及原动设备制造	2688.53	783.47	1766.70	644.67	144.63
金属加工机械制造	1307.57	302.15	1145.10	362.81	72.40
物料搬运设备制造	2430.85	730.33	1796.49	534.23	56.34

单位：亿元

					主营业务收　　入	主营业务成　　本	主营业务税金及附加
集体资本	法人资本	个人资本	港澳台资本	外商资本			
54.11	583.31	508.40	324.96	622.76	14073.76	11990.93	70.15
16.88	256.83	211.40	84.36	398.22	6333.08	5370.97	29.83
37.24	326.48	297.00	240.60	224.54	7740.68	6619.97	40.32
124.46	1854.67	1088.72	446.33	382.51	22146.09	18470.14	153.39
75.91	721.99	259.45	208.88	132.33	5647.75	4500.29	37.82
6.96	119.39	78.95	18.02	2.52	2228.49	1899.27	16.65
5.86	253.12	239.07	34.34	33.45	4864.08	4116.41	34.89
1.57	216.24	74.62	43.53	68.78	908.70	786.83	4.37
5.83	114.38	92.55	86.04	67.36	2030.75	1715.65	12.77
1.25	88.32	33.38	29.83	13.13	982.72	820.96	6.83
4.02	129.70	113.12	23.01	46.90	2092.48	1733.18	17.64
6.57	52.91	103.42	1.22	9.86	1576.01	1326.55	12.75
16.49	158.62	94.15	1.46	8.18	1815.13	1571.01	9.67
420.93	3643.74	1453.81	231.02	339.04	58480.14	53901.38	157.93
18.64	268.74	86.44	2.23	25.15	2414.14	2245.83	5.00
2.80	253.79	165.11	45.80	30.93	7662.50	7116.65	10.39
1.71	98.39	78.01	11.81	64.17	2200.72	1921.47	12.72
380.82	2789.81	1015.85	169.73	154.21	43864.48	40498.92	118.01
16.95	233.01	108.41	1.44	64.58	2338.30	2118.50	11.81
56.94	1826.90	554.31	291.00	195.65	35236.08	32364.80	96.16
19.63	888.98	164.59	37.84	28.41	17331.71	16214.31	37.39
8.58	72.25	21.69	7.38	4.70	1725.50	1587.97	8.73
6.52	43.87	44.36	0.04	16.34	842.32	687.51	9.39
0.92	37.06	42.26	6.46	31.00	1886.15	1719.33	7.65
0.69	5.84	0.42	6.47	2.05	99.06	85.85	0.24
20.61	778.90	280.99	232.81	113.14	13351.34	12069.82	32.75
46.68	689.03	556.54	302.67	338.98	15752.18	13556.55	81.51
13.98	282.17	196.47	51.89	47.38	5278.48	4532.84	33.18
3.03	30.17	18.94	19.62	30.96	802.80	653.37	4.58
5.03	78.00	33.51	52.73	49.23	1473.84	1272.36	6.11
2.11	67.44	67.88	30.58	33.14	1449.91	1261.58	5.99
3.92	79.43	74.22	15.11	47.61	1426.54	1218.66	8.02
4.45	21.48	24.61	25.28	14.28	983.59	861.12	3.79
0.04	7.55	4.43	0.09	3.04	131.25	111.44	0.63
0.68	25.48	24.89	26.45	49.59	929.86	777.44	4.71
13.43	97.32	111.60	80.92	63.76	3275.92	2867.74	14.51
57.08	1302.51	975.78	215.71	913.74	23733.67	19677.09	131.08
17.79	305.34	101.65	4.55	70.70	3330.18	2731.40	21.67
11.27	126.70	82.20	30.63	39.61	2285.71	1911.27	12.32
5.11	152.17	165.57	27.16	126.76	4753.88	3852.23	26.39

2-5 续表 10

行 业	流动负债合 计	应付账款	所有者权益合计	实收资本	国家资本
泵、阀门、压缩机及类似机械制造	1564.15	527.28	1876.73	707.31	71.44
轴承、齿轮和传动部件制造	862.09	242.53	1011.08	444.48	38.87
烘炉、风机、衡器、包装等设备制造	1422.86	541.37	1549.34	498.13	37.44
文化、办公用机械制造	422.24	246.48	500.33	211.29	8.50
通用零部件制造	586.13	173.94	700.94	300.28	71.07
其他通用设备制造业	230.65	68.76	334.83	63.51	22.07
专用设备制造业	9268.75	2837.36	9230.14	3529.39	601.61
采矿、冶金、建筑专用设备制造	5476.16	1724.08	4656.51	1813.31	498.13
化工、木材、非金属加工专用设备制造	1035.71	290.16	1035.32	411.60	21.47
食品、饮料、烟草及饲料生产专用设备制造	95.90	27.98	182.32	66.32	5.98
印刷、制药、日化及日用品生产专用设备制造	224.98	72.29	334.64	122.67	3.08
纺织、服装和皮革加工专用设备制造	337.25	96.74	330.85	138.39	18.91
电子和电工机械专用设备制造	277.64	71.99	447.79	191.43	13.83
农、林、牧、渔专用机械制造	457.24	146.91	437.70	238.61	18.72
医疗仪器设备及器械制造	370.07	125.66	725.07	219.58	3.46
环保、社会公共服务及其他专用设备制造	993.78	281.56	1079.93	327.49	18.03
汽车制造业	21798.85	9145.14	18454.82	6248.43	1126.76
汽车整车制造	13712.43	5796.90	10952.21	3380.32	888.16
改装汽车制造	745.42	210.08	438.89	204.54	28.75
低速载货汽车制造	33.24	5.13	36.62	18.78	
电车制造	8.03	2.44	12.10	6.17	
汽车车身、挂车制造	181.07	48.77	164.28	50.33	4.96
汽车零部件及配件制造	7118.66	3081.83	6850.72	2588.29	204.89
铁路、船舶、航空航天和其他运输设备制造业	9581.12	2757.89	6444.27	2754.24	1200.40
铁路运输设备制造	2276.89	871.59	1390.57	670.80	391.69
城市轨道交通设备制造	60.37	32.78	36.70	24.04	3.78
船舶及相关装置制造	4145.51	972.70	2053.45	1068.84	342.69
航空、航天器及设备制造	1998.19	562.80	1855.21	612.04	437.84
摩托车制造	804.92	218.45	788.71	230.08	19.15
自行车制造	249.63	83.72	273.22	127.98	4.20
非公路休闲车及零配件制造	18.09	8.13	28.56	11.95	
潜水救捞及其他未列明运输设备制造	27.51	7.73	17.85	8.51	1.05
电气机械和器材制造业	18369.69	5912.23	14541.93	6039.89	449.49
电机制造	2604.92	895.69	2172.13	851.13	155.77
输配电及控制设备制造	5489.70	1842.34	4610.54	2226.91	205.51
电线、电缆、光缆及电工器材制造	2636.00	566.07	2310.31	953.19	40.72
电池制造	1164.58	353.72	1117.76	502.23	9.78
家用电力器具制造	5551.72	1885.23	3150.18	938.25	25.31
非电力家用器具制造	203.13	77.22	304.65	162.77	3.22
照明器具制造	662.33	265.12	817.76	381.16	8.08
其他电气机械及器材制造	57.31	26.84	58.59	24.26	1.10

单位：亿元

集体资本	法人资本	个人资本	港澳台资本	外商资本	主营业务收入	主营业务成本	主营业务税金及附加
10.78	197.39	369.40	28.83	251.67	4277.46	3518.27	24.65
3.43	159.69	78.46	13.46	150.57	2011.30	1693.70	9.95
3.41	224.04	100.09	31.11	102.03	3260.31	2678.41	17.04
0.09	29.90	13.26	35.86	123.68	1601.89	1416.29	5.25
5.01	94.81	57.66	39.58	31.94	1854.59	1572.11	11.70
0.18	12.47	7.48	4.53	16.78	358.35	303.40	2.11
102.74	1300.57	735.02	267.41	525.96	18063.02	15092.31	95.11
65.78	694.58	307.31	70.40	183.10	9219.28	7880.15	48.35
10.75	113.16	74.08	93.82	98.31	1811.52	1485.86	8.87
0.27	27.71	28.92	0.01	3.43	383.65	307.58	3.33
3.88	24.33	47.30	20.44	23.64	572.56	451.68	3.04
1.54	37.13	40.00	17.89	22.92	675.69	568.45	3.23
0.55	64.71	19.33	16.39	76.63	811.79	679.23	4.34
4.87	113.37	65.84	10.56	23.94	1303.49	1116.68	4.49
5.47	74.61	47.92	26.45	61.67	1239.64	936.57	7.46
9.62	150.96	104.32	11.45	32.32	2045.41	1666.10	12.01
75.85	2412.69	561.29	247.94	1824.29	54819.19	44682.17	1366.48
22.95	1420.88	141.32	97.47	809.55	33416.36	26619.21	1270.52
4.54	122.61	36.13	4.61	7.60	1568.47	1370.22	7.88
	9.18	1.00		8.60	172.35	157.59	0.16
	5.47	0.52	0.18		22.60	19.20	0.09
0.51	14.98	18.69	7.39	3.77	596.11	531.12	2.02
47.85	839.57	363.62	138.30	994.77	19043.29	15984.84	85.80
21.39	924.51	252.29	55.62	299.98	13831.90	11902.47	70.28
11.91	199.06	48.45	9.42	10.27	3239.15	2610.38	16.09
	17.05	0.47		2.74	72.75	63.07	0.34
1.95	455.78	93.07	13.39	161.97	4714.78	4260.74	22.97
3.13	121.94	10.30	5.87	32.91	2512.17	2150.14	8.83
4.15	94.43	67.54	9.41	35.41	2228.80	1891.61	18.43
0.08	29.31	29.12	16.58	48.69	851.35	743.08	2.82
	1.99	3.08	0.17	6.71	110.04	91.76	0.30
0.18	4.96	0.26	0.78	1.28	102.86	91.69	0.49
71.55	2323.61	1518.15	591.36	1063.88	43754.29	36731.91	197.45
5.90	320.78	164.16	58.42	140.25	5149.44	4337.07	27.62
19.44	952.87	465.56	208.94	359.09	12221.25	10291.35	56.50
8.73	282.91	429.27	67.15	124.40	7846.42	6803.62	27.71
4.18	176.80	109.54	89.02	112.91	3137.87	2761.42	13.10
29.85	377.95	159.92	115.74	229.49	12358.03	10035.45	58.78
1.34	117.91	33.24	1.56	4.99	457.46	369.53	2.33
1.81	83.18	151.78	50.41	85.90	2398.97	1989.56	10.52
0.30	11.20	4.69	0.12	6.86	184.86	143.91	0.88

2-5　续表 11

行　　业	流动负债合　　计	应付账款	所有者权益合计	实收资本	国家资本
计算机、通信和其他电子设备制造业	27508.47	14468.02	20771.54	10202.50	900.21
计算机制造	6858.71	4271.82	2904.69	1135.10	45.70
通信设备制造	8610.97	4699.20	4261.52	1576.02	135.32
广播电视设备制造	400.76	177.32	472.41	167.73	1.52
雷达及配套设备制造	258.36	87.93	183.94	53.59	38.00
视听设备制造	2205.01	994.43	1438.38	529.34	46.55
电子器件制造	4906.35	2147.42	6248.62	4137.11	579.86
电子元件制造	3288.29	1626.43	4260.34	2250.15	43.91
其他电子设备制造	980.01	463.46	1001.65	353.47	9.35
仪器仪表制造业	1943.56	702.25	2432.73	776.97	88.17
通用仪器仪表制造	1211.93	438.86	1462.33	420.10	34.08
专用仪器仪表制造	377.75	139.16	529.59	160.03	35.50
钟表与计时仪器制造	71.91	27.24	88.21	47.93	0.26
光学仪器及眼镜制造	253.90	89.31	320.37	137.10	17.61
其他仪器仪表制造业	28.06	7.68	32.23	11.82	0.74
其他制造业	666.85	228.18	634.13	247.07	72.11
日用杂品制造	226.22	48.73	294.78	131.39	
煤制品制造	13.98	2.40	0.08	2.10	1.32
废弃资源综合利用业	305.12	60.89	216.96	76.28	4.48
金属废料和碎屑加工处理	239.44	52.99	189.91	68.35	3.47
非金属废料和碎屑加工处理	65.67	7.90	27.05	7.93	1.01
金属制品、机械和设备修理业	386.99	114.48	345.67	208.72	118.60
金属制品修理	2.72	1.21	5.17	1.49	
通用设备修理	3.63	1.52	10.49	2.01	0.87
专用设备修理	16.47	5.09	17.20	5.32	0.71
铁路、船舶、航空航天等运输设备修理	349.26	99.95	293.17	190.64	115.60
电气设备修理	7.89	4.05	5.44	3.10	0.70
其他机械和设备修理业	7.03	2.67	14.20	6.16	0.72
电力、热力、燃气及水生产和供应业	**26760.51**	**6820.44**	**31966.78**	**14251.71**	**9550.53**
电力、热力生产和供应业	23748.12	6409.06	27838.73	11815.97	8319.84
电力生产	9978.63	1933.92	10868.05	6964.99	4070.15
电力供应	12559.75	4267.14	16292.09	4409.54	4046.19
热力生产和供应	1209.74	208.01	678.59	441.45	203.49
燃气生产和供应业	1449.29	267.02	1676.72	1034.11	266.95
水的生产和供应业	1563.10	144.36	2451.34	1401.62	963.74
自来水生产和供应	1404.18	131.81	1955.81	1072.62	727.80
污水处理及其再生利用	150.55	11.67	402.39	275.32	235.94

单位：亿元

					主营业务收　　入	主营业务成　　本	主营业务税金及附加
集体资本	法人资本	个人资本	港澳台资本	外商资本			
54.05	2715.57	755.19	1987.93	3768.04	75282.73	66643.45	185.81
3.56	215.85	102.49	311.69	455.81	21359.40	19940.98	22.31
0.67	675.61	162.47	187.50	414.37	18478.79	15362.85	64.25
0.36	71.38	39.39	27.76	27.33	1138.40	932.64	4.68
0.85	12.16	2.47		0.97	385.75	321.84	1.52
6.54	128.13	42.65	131.89	152.25	6643.79	5939.40	17.02
18.63	1079.67	200.59	585.47	1669.82	12831.54	11445.37	26.04
20.20	433.33	170.83	675.67	902.89	11188.38	9831.45	41.98
3.24	99.44	34.30	67.94	144.60	3256.69	2868.92	8.00
8.41	237.82	205.47	89.47	147.95	4861.46	3875.05	26.05
6.95	150.80	138.22	26.97	63.99	2948.69	2333.08	16.44
1.19	47.44	44.66	2.93	27.71	1025.18	811.88	5.69
0.22	5.23	4.48	28.01	9.74	237.66	191.16	1.24
	29.28	14.75	29.46	45.99	567.52	468.83	2.31
0.05	5.07	3.35	2.10	0.52	82.41	70.10	0.37
0.75	43.85	35.30	23.76	71.28	1393.38	1176.08	7.31
0.07	29.14	21.27	19.14	61.77	832.50	708.33	5.28
0.10	0.11	0.57			35.21	31.59	0.34
13.13	25.06	25.85	6.13	1.63	1220.59	1092.67	7.60
12.28	22.26	23.18	5.53	1.63	1085.91	972.98	6.68
0.85	2.81	2.67	0.60		134.68	119.69	0.92
7.26	42.68	11.72	10.46	18.00	526.49	458.64	2.75
	0.65	0.83			25.50	22.46	0.20
0.21	0.83	0.11			32.44	31.15	0.13
0.24	2.89	1.07	0.42		24.16	18.18	0.14
5.26	32.92	9.50	9.36	18.00	407.25	354.00	1.96
0.41	1.85	0.14			14.47	13.23	0.18
1.15	3.54	0.07	0.68		22.67	19.62	0.14
77.04	**3724.35**	**216.48**	**395.91**	**312.16**	**48467.58**	**43306.09**	**233.63**
64.40	2901.45	171.27	254.18	134.44	45269.47	40664.10	212.09
53.15	2300.76	139.26	248.06	124.00	12396.43	9283.62	95.88
9.22	396.46	13.60	0.31	2.97	32128.24	30672.11	111.93
2.03	204.23	18.41	5.82	7.48	744.80	708.37	4.27
8.83	565.62	15.39	105.31	69.18	2266.09	1944.75	11.65
3.81	257.29	29.82	36.42	108.54	932.03	697.24	9.89
1.06	227.13	28.21	31.40	55.02	770.10	607.07	8.71
2.75	30.15	1.45	5.03		120.60	72.80	0.67

2-5 续表 12

行　业	销售费用	管理费用	税　金	财务费用	利息收入	利息支出
总　计	**19091.29**	**27390.27**	**1414.06**	**9013.25**	**1701.32**	**9679.11**
采矿业	**838.74**	**3028.30**	**186.92**	**1150.90**	**170.45**	**1207.34**
煤炭开采和洗选业	623.38	1724.32	122.35	788.29	94.46	811.75
烟煤和无烟煤开采洗选	593.24	1643.15	110.97	749.63	90.42	773.32
褐煤开采洗选	29.86	77.29	10.81	35.49	3.86	34.69
其他煤炭采选	0.28	3.88	0.57	3.16	0.18	3.74
石油和天然气开采业	42.60	773.04	36.36	154.62	58.50	198.81
石油开采	39.01	744.83	35.58	135.76	53.32	178.64
天然气开采	3.60	28.20	0.78	18.86	5.18	20.18
黑色金属矿采选业	74.98	207.79	12.79	121.95	5.81	113.15
铁矿采选	72.02	203.03	12.71	119.86	5.58	111.04
锰矿、铬矿采选	2.84	4.05	0.06	0.80	0.20	0.95
其他黑色金属矿采选	0.12	0.71	0.02	1.29	0.02	1.16
有色金属矿采选业	38.00	179.48	8.48	46.56	3.02	47.02
常用有色金属矿采选	22.47	87.13	3.75	21.04	1.51	20.94
贵金属矿采选	12.62	70.07	3.37	16.79	0.89	17.46
稀有稀土金属矿采选	2.91	22.28	1.36	8.72	0.62	8.62
非金属矿采选业	56.45	70.10	4.08	21.52	1.72	20.23
土砂石开采	23.44	23.55	1.59	5.04	0.35	3.94
化学矿开采	5.93	15.29	0.49	7.94	0.03	7.10
采盐	18.71	24.17	1.34	7.40	1.28	8.25
石棉及其他非金属矿采选	8.36	7.09	0.65	1.13	0.06	0.93
开采辅助活动	2.99	73.12	2.83	17.94	6.94	16.37
石油和天然气开采辅助活动	2.85	73.02	2.83	17.93	6.94	16.36
制造业	**18005.31**	**23419.27**	**1164.52**	**6303.46**	**1447.96**	**6867.05**
农副食品加工业	597.23	613.85	42.20	266.27	48.98	281.27
谷物磨制	60.38	55.89	4.27	27.74	0.97	24.65
饲料加工	80.60	83.24	5.09	19.91	5.89	23.28
植物油加工	92.62	81.64	7.35	34.87	24.34	55.72
制糖业	18.37	48.89	2.77	34.01	5.29	34.25
屠宰及肉类加工	180.65	166.20	8.89	69.80	6.17	66.75
水产品加工	47.18	61.76	4.75	30.65	0.67	26.43
蔬菜、水果和坚果加工	52.08	46.49	3.41	14.66	1.36	13.84
其他农副食品加工	65.35	69.73	5.67	34.63	4.30	36.35
食品制造业	1178.62	455.58	25.49	67.59	26.93	82.93
焙烤食品制造	131.35	58.82	3.26	6.82	1.54	7.43
糖果、巧克力及蜜饯制造	123.50	47.24	1.94	4.74	2.07	5.22
方便食品制造	186.35	63.45	5.82	4.67	5.15	11.63
乳制品制造	328.87	95.86	4.73	5.64	8.77	9.56
罐头食品制造	32.71	22.48	1.28	8.07	0.73	7.29
调味品、发酵制品制造	84.11	72.85	5.50	21.31	2.57	22.35
其他食品制造	291.74	94.87	2.95	16.35	6.11	19.44

单位：亿元

投资收益（损失以"–"号记）	营业利润	利润总额	亏损企业亏损额	应交增值税	所得税费用	平均用工人数（万人）
2118.66	**43199.12**	**44152.91**	**5051.80**	**23143.90**	**6926.13**	**6435.24**
192.24	**4973.45**	**5053.48**	**781.91**	**3072.99**	**693.67**	**623.53**
138.71	922.73	966.77	611.12	1458.75	274.14	425.78
141.11	716.40	766.45	565.58	1250.56	257.78	408.93
-2.41	206.23	200.54	42.38	206.49	15.55	15.94
0.01	0.10	-0.23	3.16	1.71	0.81	0.91
-20.21	3086.59	3080.84	81.76	1086.29	269.73	75.82
-22.05	2844.05	2830.99	79.68	988.69	257.43	74.34
1.83	242.54	249.86	2.08	97.60	12.29	1.48
68.08	544.84	543.62	21.96	274.73	80.53	38.23
68.01	527.62	526.09	21.49	268.05	79.73	36.47
0.07	11.75	12.06	0.37	3.76	0.73	1.36
	5.47	5.48	0.11	2.92	0.07	0.40
0.85	308.09	311.38	16.70	105.20	39.47	32.85
-1.88	162.59	162.83	7.41	76.73	19.85	17.07
2.89	119.92	120.79	3.47	9.74	13.97	10.07
-0.16	25.58	27.76	5.82	18.74	5.65	5.71
-0.41	111.14	114.17	6.84	61.65	14.68	21.13
-3.45	60.57	60.24	1.77	27.08	6.62	10.20
1.79	22.25	22.35	2.12	13.36	4.61	3.07
0.87	9.31	13.45	1.46	11.43	2.59	5.95
0.38	19.01	18.14	1.49	9.78	0.86	1.91
5.18	-0.58	36.15	43.52	86.22	15.07	29.66
5.18	-0.74	35.99	43.52	86.10	15.07	29.63
1420.96	**35247.22**	**35876.52**	**3871.29**	**18027.74**	**5616.03**	**5541.86**
-46.49	1529.43	1451.33	115.19	576.59	149.73	226.63
-2.90	196.79	188.00	5.52	65.70	13.01	20.37
8.79	216.33	216.75	3.13	59.00	20.66	23.39
-29.80	200.11	202.10	29.98	121.41	28.75	15.97
-14.89	49.81	29.06	43.84	30.04	2.66	11.57
-4.21	469.31	418.66	20.54	127.39	43.66	75.76
1.89	157.23	152.62	3.54	84.72	14.58	40.61
-0.79	123.78	121.38	1.11	39.60	13.57	18.53
-4.58	116.07	122.75	7.52	48.73	12.84	20.42
30.04	1187.00	1209.92	40.45	455.48	144.98	127.89
3.36	131.45	134.75	4.67	51.57	18.74	22.58
1.75	108.96	109.32	0.21	51.34	21.47	12.57
-2.36	168.06	168.93	3.24	78.21	16.88	26.61
28.39	206.12	212.57	12.53	81.26	23.72	18.90
-5.76	51.02	47.05	10.78	31.39	6.75	12.92
-8.68	157.68	161.67	2.67	58.31	26.89	14.73
13.34	363.70	375.63	6.36	103.39	30.53	19.59

2-5 续表 13

行　业	销售费用	管理费用	税　金	财务费用	利息收入	利息支出
酒、饮料和精制茶制造业	1057.83	503.69	40.03	67.47	29.90	86.84
酒的制造	509.64	359.08	31.63	40.01	22.48	59.96
饮料制造	518.69	115.97	7.58	22.34	7.30	22.06
精制茶加工	29.51	28.64	0.82	5.12	0.12	4.82
烟草制品业	128.69	427.64	16.57	-17.35	30.24	13.06
烟叶复烤	2.33	9.95	0.94	-2.36	1.85	-0.32
卷烟制造	123.69	411.65	15.46	-15.60	28.23	12.64
其他烟草制品制造	2.67	6.04	0.16	0.60	0.16	0.75
纺织业	297.87	535.28	40.75	321.97	37.53	324.39
棉纺织及印染精加工	171.94	342.64	27.70	234.95	29.69	238.73
毛纺织及染整精加工	16.96	31.60	1.79	24.00	1.10	22.25
麻纺织及染整精加工	6.81	9.50	0.72	5.15	0.15	4.71
丝绢纺织及印染精加工	7.12	15.82	1.20	5.68	0.58	5.89
化纤织造及印染精加工	4.82	12.24	0.82	6.86	0.67	6.90
针织或钩针编织物及其制品制造	25.73	42.61	2.44	22.26	1.85	22.26
家用纺织制成品制造	37.59	38.31	2.80	11.14	1.82	11.24
非家用纺织制成品制造	26.90	42.57	3.28	11.94	1.66	12.41
纺织服装、服饰业	495.36	514.22	24.14	85.45	15.54	86.45
机织服装制造	426.73	403.19	19.53	69.73	12.98	71.02
针织或钩针编织服装制造	50.03	94.69	3.82	12.67	2.00	12.35
服饰制造	18.60	16.34	0.79	3.05	0.56	3.09
皮革、毛皮、羽毛及其制品和制鞋业	231.77	331.14	17.69	62.61	11.78	65.40
皮革鞣制加工	15.11	25.66	0.90	10.59	1.40	11.06
皮革制品制造	41.32	65.88	2.85	16.33	3.81	17.81
毛皮鞣制及制品加工	3.72	5.91	0.52	1.97	0.18	1.45
羽毛(绒)加工及制品制造	9.41	11.58	0.47	4.85	1.27	5.91
制鞋业	162.20	222.11	12.95	28.87	5.12	29.17
木材加工和木、竹、藤、棕、草制品业	105.81	130.55	7.50	43.87	1.62	39.07
木材加工	7.59	10.67	0.65	2.48	0.02	2.35
人造板制造	63.31	69.99	4.41	31.39	1.13	28.20
木制品制造	28.72	40.34	1.80	7.85	0.36	6.66
竹、藤、棕、草等制品制造	6.19	9.56	0.63	2.14	0.11	1.86
家具制造业	142.83	180.53	8.36	31.07	5.19	31.58
木质家具制造	86.23	105.07	5.20	19.06	2.84	19.31
竹、藤家具制造	2.65	3.55	0.46	2.92	0.26	1.75
金属家具制造	24.80	42.23	1.73	5.17	1.55	6.46
塑料家具制造	1.06	1.52	0.07	0.20		0.19
其他家具制造	28.10	28.16	0.91	3.72	0.53	3.88

单位：亿元

投资收益（损失以"－"号记）	营业利润	利润总额	亏损企业亏损额	应交增值税	所得税费用	平均用工人数（万人）
41.64	1200.37	1204.60	50.31	465.73	235.89	106.92
34.80	808.71	809.10	25.98	303.36	177.55	64.94
7.08	325.99	331.22	24.33	143.29	53.37	33.58
-0.24	65.67	64.27		19.08	4.97	8.40
55.51	1162.98	1146.36	0.23	1042.02	284.09	19.92
0.12	20.08	20.18	0.07	9.71	4.70	2.56
55.34	1135.24	1117.85	0.13	1028.69	277.63	16.53
0.06	7.66	8.34	0.04	3.62	1.75	0.83
26.37	1239.06	1255.40	53.53	562.16	179.94	281.15
18.04	803.22	822.27	44.43	373.55	121.47	181.67
1.40	95.74	96.20	2.80	29.97	14.21	17.51
-0.06	21.04	20.46	0.43	9.39	2.13	7.35
0.61	36.85	35.63	0.72	17.65	3.82	9.33
0.61	24.43	23.48	0.57	12.09	3.31	7.78
4.78	97.82	95.92	1.89	42.84	12.51	21.67
0.59	80.92	82.07	1.60	40.33	12.90	20.32
0.41	79.05	79.37	1.10	36.35	9.60	15.53
50.97	854.07	863.16	21.90	367.21	140.61	288.00
48.17	704.35	711.27	17.14	296.61	114.24	219.56
3.07	120.03	121.99	4.02	55.64	19.34	55.63
-0.27	29.68	29.89	0.75	14.96	7.03	12.81
6.05	648.36	623.78	9.07	246.45	62.44	214.17
-0.09	113.43	80.11	0.66	28.23	4.63	9.81
-0.34	121.51	123.62	1.91	46.98	9.99	40.36
0.20	35.24	35.40	0.12	8.77	3.30	4.06
-0.44	22.40	22.36	0.06	10.92	2.96	4.80
6.72	355.78	362.29	6.33	151.55	41.56	155.14
-2.32	246.62	257.77	4.64	120.74	28.27	50.11
-0.32	21.82	22.31	1.18	8.63	1.71	5.24
-0.71	161.75	168.68	2.92	83.12	19.49	27.61
-1.36	45.81	49.48	0.53	22.13	6.22	12.33
0.07	17.25	17.30	0.01	6.87	0.84	4.93
10.73	242.92	241.91	7.69	107.20	28.34	66.75
-0.09	137.47	133.62	5.98	69.43	16.17	41.65
0.17	5.92	6.41	0.07	3.80	0.26	0.98
10.03	59.42	60.90	0.72	19.43	7.15	13.18
0.02	1.08	1.11	0.27	0.80	0.18	0.92
0.60	39.03	39.87	0.66	13.74	4.59	10.02

2-5 续表 14

行　业	销售费用	管理费用	税　金	财务费用	利息收入	利息支出
造纸和纸制品业	226.53	254.18	16.39	172.19	24.80	175.31
纸浆制造	2.30	7.95	0.41	7.67	0.09	7.46
造纸	124.03	166.34	12.44	147.65	21.07	151.37
纸制品制造	100.21	79.90	3.54	16.87	3.65	16.47
印刷和记录媒介复制业	71.89	152.87	7.01	19.45	3.79	20.48
印刷	69.31	148.86	6.86	19.14	3.75	20.15
装订及印刷相关服务	1.55	2.85	0.12	0.29	0.03	0.31
记录媒介复制	1.04	1.16	0.02	0.02		0.03
文教、工美、体育和娱乐用品制造业	163.73	272.77	12.56	52.44	8.40	52.81
文教办公用品制造	14.60	18.19	0.73	3.31	1.72	4.65
乐器制造	4.50	10.10	0.67	0.79	0.18	0.78
工艺美术品制造	97.07	128.70	7.12	38.01	4.60	36.90
体育用品制造	13.05	30.10	1.00	3.01	0.71	3.40
玩具制造	27.12	75.31	2.61	4.96	0.96	4.85
游艺器材及娱乐用品制造	7.40	10.37	0.42	2.36	0.23	2.23
石油加工、炼焦和核燃料加工业	291.25	769.96	36.56	431.52	30.96	403.29
精炼石油产品制造	139.55	629.74	23.99	244.16	18.91	245.12
炼焦	151.68	136.16	12.48	184.51	11.93	155.27
化学原料和化学制品制造业	1484.05	1681.07	94.48	874.27	88.18	851.17
基础化学原料制造	247.01	452.01	30.68	297.23	26.05	290.05
肥料制造	194.57	248.82	14.90	194.21	12.95	198.40
农药制造	43.51	66.16	3.77	20.08	3.37	20.47
涂料、油墨、颜料及类似产品制造	137.12	152.89	7.79	25.88	5.53	29.57
合成材料制造	119.36	232.20	14.89	183.68	18.53	155.73
专用化学产品制造	160.05	262.99	14.59	128.44	13.22	129.18
炸药、火工及焰火产品制造	46.65	75.55	1.67	14.12	1.74	13.70
日用化学产品制造	535.79	190.45	6.19	10.63	6.79	14.07
医药制造业	2241.50	986.39	37.39	151.72	39.76	162.18
化学药品原料药制造	181.81	169.38	7.66	44.04	7.76	42.20
化学药品制剂制造	1074.84	387.76	11.48	40.27	14.39	44.92
中药饮片加工	30.23	17.62	0.60	3.62	0.49	3.72
中成药生产	727.25	249.52	10.87	35.26	8.11	38.35
兽用药品制造	23.01	21.60	0.63	3.62	0.58	3.84
生物药品制造	134.84	98.60	3.59	13.79	7.72	19.53
卫生材料及医药用品制造	69.53	41.91	2.56	11.11	0.70	9.62
化学纤维制造业	50.52	145.57	7.66	97.95	15.59	100.94
纤维素纤维原料及纤维制造	23.01	42.56	2.81	35.50	6.73	37.81
合成纤维制造	27.51	103.01	4.85	62.45	8.86	63.13

单位：亿元

投资收益（损失以“-”号记）	营业利润	利润总额	亏损企业亏损额	应交增值税	所得税费用	平均用工人数（万人）
12.47	363.63	387.81	62.84	206.85	57.90	71.21
0.03	-8.72	-8.32	9.82	3.29	0.12	1.21
19.75	210.48	232.93	47.54	136.09	36.43	42.98
-7.32	161.87	163.20	5.48	67.47	21.34	27.01
14.35	232.21	240.09	4.28	88.46	35.21	44.50
14.44	229.42	237.01	4.25	87.11	34.75	43.15
-0.15	1.64	1.73	0.03	1.26	0.24	1.17
0.06	1.15	1.35		0.09	0.22	0.18
8.22	403.15	404.08	10.15	167.76	49.38	141.73
1.09	24.34	25.14	0.48	9.11	2.90	7.81
0.21	11.94	11.96	1.57	4.10	1.33	3.75
2.12	249.04	249.90	2.56	103.14	30.54	59.97
0.58	34.81	34.68	1.30	17.67	4.58	17.19
1.26	63.90	63.07	3.47	26.94	7.57	50.05
2.97	19.11	19.32	0.76	6.80	2.46	2.95
12.46	-89.49	-111.00	694.47	1424.61	72.40	83.50
8.69	-74.60	-75.31	512.12	1312.85	56.76	44.77
3.14	-18.78	-40.06	182.36	111.20	15.12	38.03
91.37	2210.82	2312.43	648.28	1306.36	413.34	282.33
40.27	464.15	512.20	241.54	409.64	90.75	74.64
10.50	81.54	118.84	174.84	94.05	37.04	52.78
3.38	156.28	157.30	3.35	40.78	24.66	12.08
5.78	223.26	211.90	8.29	93.81	34.30	19.04
10.35	225.51	243.89	167.90	190.19	53.98	33.98
1.07	625.71	624.52	38.22	246.32	99.21	44.27
7.68	78.14	80.94	6.33	53.20	9.46	24.09
12.34	356.23	362.84	7.81	178.37	63.95	21.45
62.54	1677.76	1723.95	41.45	815.06	258.18	152.10
17.96	200.42	210.69	14.23	103.79	34.94	28.46
16.23	621.81	637.40	13.07	345.85	113.55	44.07
-4.99	39.33	40.40	0.14	15.16	3.79	3.63
23.88	455.12	468.50	6.32	230.12	56.13	46.25
-0.13	50.84	51.56	0.24	15.71	7.94	4.50
9.44	215.36	219.48	7.18	75.78	31.43	13.75
0.16	94.88	95.92	0.28	28.64	10.41	11.44
7.96	182.16	195.06	36.10	115.59	28.71	32.56
5.52	59.07	60.35	12.93	52.85	14.21	12.70
2.44	123.09	134.71	23.17	62.75	14.50	19.86

2-5 续表 15

行　业	销售费用	管理费用		财务费用		
			税　金		利息收入	利息支出
橡胶和塑料制品业	363.89	562.08	31.00	147.13	20.04	149.41
橡胶制品业	176.30	232.71	13.50	84.88	6.81	83.95
塑料制品业	187.59	329.36	17.50	62.25	13.23	65.46
非金属矿物制品业	616.91	882.36	55.00	384.19	37.66	374.76
水泥、石灰和石膏制造	154.26	268.54	19.12	175.19	17.17	175.75
石膏、水泥制品及类似制品制造	54.68	76.65	4.23	23.58	3.65	24.24
砖瓦、石材等建筑材料制造	111.43	153.91	9.79	43.16	2.94	39.99
玻璃制造	24.57	53.83	4.21	25.51	2.70	25.01
玻璃制品制造	64.52	99.03	4.87	30.06	2.63	27.13
玻璃纤维和玻璃纤维增强塑料制品制造	24.22	35.67	2.05	22.35	1.66	22.13
陶瓷制品制造	75.38	87.56	4.09	19.16	1.09	16.28
耐火材料制品制造	66.09	53.74	2.90	14.67	1.54	13.72
石墨及其他非金属矿物制品制造	41.75	53.45	3.74	30.50	4.27	30.52
黑色金属冶炼和压延加工业	584.94	1410.76	126.35	1026.12	166.41	1052.17
炼铁	19.07	41.87	3.52	50.72	4.84	53.34
炼钢	71.87	249.45	18.89	156.50	31.50	165.46
黑色金属铸造	46.94	74.36	4.50	23.50	1.67	22.37
钢压延加工	403.64	977.37	93.71	750.66	119.33	766.26
铁合金冶炼	43.42	67.70	5.74	44.74	9.07	44.74
有色金属冶炼和压延加工业	289.83	658.51	47.43	564.39	78.97	558.12
常用有色金属冶炼	136.54	311.96	26.81	345.85	43.22	345.22
贵金属冶炼	5.53	47.65	1.69	17.21	10.80	25.97
稀有稀土金属冶炼	8.03	26.92	1.26	9.17	3.55	11.36
有色金属合金制造	25.27	54.09	2.90	28.43	1.69	27.86
有色金属铸造	1.61	6.83	0.14	1.21	0.03	1.21
有色金属压延加工	112.85	211.05	14.64	162.52	19.68	146.51
金属制品业	329.76	632.65	32.60	159.29	23.72	161.42
结构性金属制品制造	97.61	174.39	8.29	58.28	7.42	54.54
金属工具制造	25.56	45.60	1.55	8.29	0.82	7.05
集装箱及金属包装容器制造	38.98	62.31	3.26	10.43	2.68	11.97
金属丝绳及其制品制造	27.53	48.43	3.39	20.63	2.23	21.36
建筑、安全用金属制品制造	35.40	54.19	2.01	10.68	1.80	11.58
金属表面处理及热处理加工	11.69	30.95	1.63	10.32	1.77	10.12
搪瓷制品制造	3.20	5.78	0.41	0.61	0.08	0.56
金属制日用品制造	37.34	40.84	1.97	8.01	0.82	7.82
其他金属制品制造	52.46	170.15	10.10	32.05	6.10	36.43
通用设备制造业	749.81	1328.89	53.88	216.02	52.02	249.09
锅炉及原动设备制造	98.17	217.13	7.33	25.85	6.75	34.94
金属加工机械制造	73.63	128.94	7.24	41.96	5.17	43.58
物料搬运设备制造	166.25	263.69	9.14	37.09	17.45	51.96

单位：亿元

投资收益（损失以"–"号记）	营业利润	利润总额	亏损企业亏损额	应交增值税	所得税费用	平均用工人数（万人）
4.33	962.47	973.05	45.28	343.05	153.15	175.53
-0.13	430.53	436.44	27.44	137.01	73.19	58.01
4.46	531.95	536.61	17.85	206.04	79.96	117.52
39.68	1724.99	1815.35	136.20	843.68	272.19	283.84
-0.23	532.65	618.02	47.66	284.50	120.05	52.63
14.02	177.14	180.19	3.13	78.91	25.98	25.25
0.44	403.84	394.50	7.79	149.01	35.10	64.63
25.26	51.06	52.38	32.93	31.67	10.04	13.22
0.48	111.24	116.22	22.71	58.88	18.87	35.17
-0.24	73.60	77.12	2.72	40.21	5.49	10.30
2.71	167.77	168.56	5.94	76.13	20.39	50.11
-0.81	100.72	100.72	4.10	63.23	17.03	15.62
-1.95	106.98	107.65	9.22	61.14	19.25	16.92
-174.64	1258.45	1225.23	423.82	1162.51	206.92	311.77
0.31	41.59	44.14	26.17	50.72	6.32	15.88
-18.85	40.48	47.07	77.44	145.69	15.23	46.44
0.90	124.13	125.80	3.04	58.30	13.58	24.19
-156.24	987.32	940.15	280.76	853.20	165.02	207.45
-0.75	64.92	68.06	36.41	54.60	6.76	17.81
63.98	1296.41	1087.91	320.59	710.49	134.67	146.39
44.76	294.43	143.38	230.30	333.97	37.38	69.76
21.18	77.34	75.94	10.05	36.75	14.94	7.16
7.57	97.52	93.63	2.81	34.91	10.26	5.76
-5.66	52.79	56.00	24.19	58.01	8.10	10.11
0.03	4.12	4.31	1.32	2.89	0.99	1.46
-3.90	770.21	714.66	51.90	243.96	63.01	52.14
-57.48	1007.38	1027.46	44.97	434.32	140.39	188.33
-41.29	350.81	358.38	11.62	151.80	39.91	52.83
-1.62	66.46	70.48	1.17	28.96	10.10	15.14
-1.01	98.57	100.47	2.96	45.64	15.25	15.17
-3.04	88.44	87.07	5.84	41.36	13.09	11.46
0.39	102.80	102.68	3.54	37.46	17.38	20.40
-16.05	53.72	53.80	3.91	25.01	7.58	10.47
1.55	11.17	11.04	0.03	4.31	1.65	1.99
-2.67	64.39	64.46	3.58	27.95	9.12	19.94
6.26	171.02	179.08	12.32	71.83	26.32	40.93
44.99	1647.42	1698.92	97.80	675.30	271.03	259.69
21.26	203.24	206.20	30.34	97.68	28.90	32.79
-1.34	130.98	136.50	23.53	68.61	24.57	29.26
12.18	394.86	406.11	3.68	141.98	64.83	35.64

2-5 续表 16

行 业	销售费用	管理费用	税 金	财务费用	利息收入	利息支出
泵、阀门、压缩机及类似机械制造	158.63	244.92	8.45	30.65	7.30	32.80
轴承、齿轮和传动部件制造	51.95	112.11	6.93	27.58	2.58	27.19
烘炉、风机、衡器、包装等设备制造	115.73	181.69	6.19	22.40	7.40	27.45
文化、办公用机械制造	35.85	64.08	2.46	1.72	2.30	3.44
通用零部件制造	40.43	91.18	4.53	17.98	2.03	17.62
其他通用设备制造业	9.16	25.15	1.60	10.78	1.03	10.11
专用设备制造业	583.75	1017.22	43.91	212.81	57.48	245.59
采矿、冶金、建筑专用设备制造	271.07	459.79	23.07	135.82	39.72	163.67
化工、木材、非金属加工专用设备制造	52.99	131.00	4.24	22.08	3.98	23.24
食品、饮料、烟草及饲料生产专用设备制造	12.90	21.85	0.67	2.71	0.76	2.99
印刷、制药、日化及日用品生产专用设备制造	25.01	37.89	1.22	2.90	1.52	3.88
纺织、服装和皮革加工专用设备制造	21.66	43.09	2.63	5.96	2.43	7.39
电子和电工机械专用设备制造	18.12	41.38	1.52	6.83	1.08	6.78
农、林、牧、渔专用机械制造	42.08	66.61	3.72	12.43	1.59	11.10
医疗仪器设备及器械制造	68.07	102.85	3.08	6.10	2.94	7.11
环保、社会公共服务及其他专用设备制造	71.84	112.77	3.76	17.98	3.47	19.43
汽车制造业	1835.73	2609.61	102.95	135.85	156.75	312.08
汽车整车制造	1383.11	1492.93	64.21	-6.81	123.67	153.70
改装汽车制造	34.15	59.25	3.25	14.38	2.67	14.97
低速载货汽车制造	1.44	6.25	0.28	0.87	0.12	1.21
电车制造	0.51	0.84	0.05	0.21		0.19
汽车车身、挂车制造	10.33	14.64	0.85	2.32	0.75	2.95
汽车零部件及配件制造	406.20	1035.70	34.31	124.89	29.53	139.07
铁路、船舶、航空航天和其他运输设备制造业	229.32	779.89	41.36	140.85	74.59	171.19
铁路运输设备制造	94.05	244.40	11.42	17.82	6.90	23.69
城市轨道交通设备制造	1.75	4.35	0.16	-0.06	0.40	0.25
船舶及相关装置制造	25.01	201.07	11.25	71.29	52.35	89.73
航空、航天器及设备制造	27.29	180.05	8.16	29.82	7.05	33.22
摩托车制造	52.93	119.17	8.90	18.06	6.56	19.67
自行车制造	24.86	26.64	1.16	3.46	1.23	3.99
非公路休闲车及零配件制造	1.94	1.89	0.16	-0.04	0.07	0.05
潜水救捞及其他未列明运输设备制造	1.51	2.33	0.15	0.50	0.03	0.60
电气机械和器材制造业	1809.40	1891.94	88.58	374.00	105.85	418.02
电机制造	135.95	252.14	9.04	54.96	12.81	56.20
输配电及控制设备制造	354.58	554.17	19.56	160.96	28.57	162.36
电线、电缆、光缆及电工器材制造	184.93	245.51	12.46	86.17	9.66	88.77
电池制造	68.48	127.68	5.66	31.87	5.60	34.08
家用电力器具制造	956.03	532.20	36.51	22.26	44.43	55.78
非电力家用器具制造	27.77	22.77	0.84	4.53	1.49	6.90
照明器具制造	75.81	135.55	3.99	12.44	3.18	13.07
其他电气机械及器材制造	5.85	21.92	0.52	0.81	0.11	0.87

单位：亿元

投资收益（损失以“-”号记）	营业利润	利润总额	亏损企业亏损额	应交增值税	所得税费用	平均用工人数（万人）
1.23	324.78	324.02	8.33	128.29	47.88	48.08
-1.09	121.80	127.86	12.86	59.13	21.93	28.44
9.13	247.67	258.76	6.85	91.63	45.40	34.35
-3.81	78.87	82.86	5.59	24.63	15.21	21.32
6.50	132.48	136.21	5.87	50.80	18.46	24.80
0.94	12.74	20.40	0.75	12.55	3.87	5.00
76.66	1111.02	1175.93	187.92	521.19	179.37	191.35
42.05	412.37	445.11	146.34	254.16	67.40	78.10
4.77	124.01	129.08	12.34	58.70	21.99	31.02
0.73	34.75	34.98	0.08	13.04	4.63	4.68
3.95	57.80	59.90	0.85	19.06	6.78	6.90
3.82	38.40	42.62	4.56	17.27	7.11	9.67
0.72	60.01	62.85	2.31	24.87	9.93	9.91
-1.13	57.07	61.21	13.41	21.64	9.45	14.33
18.31	148.59	154.75	2.65	42.15	20.55	18.02
3.44	178.03	185.43	5.37	70.31	31.54	18.73
726.09	5124.85	5259.14	239.65	1858.13	914.64	332.49
643.61	3423.56	3507.46	172.65	1240.69	632.03	122.78
0.90	88.98	99.29	8.10	43.83	10.25	13.91
-0.01	6.21	6.52	0.94	0.31	1.10	1.15
	1.53	1.53	0.20	0.16	0.13	0.40
0.55	41.59	38.01	0.42	17.79	5.04	4.28
81.04	1562.99	1606.34	57.33	555.34	266.10	189.98
41.54	791.51	839.13	120.56	352.49	127.78	145.73
17.30	270.08	282.66	18.21	112.51	34.42	28.24
0.01	3.13	3.30		2.81	0.47	0.52
22.88	173.10	198.02	90.81	102.28	45.64	45.30
-4.78	132.81	133.73	5.96	45.00	16.55	31.89
5.69	140.02	147.23	4.03	62.52	20.81	25.14
0.97	52.06	53.66	1.50	20.01	5.77	12.46
0.03	14.39	14.45	0.05	5.10	3.96	1.21
-0.57	5.92	6.08		2.26	0.16	0.99
113.65	2907.01	2928.99	217.25	1283.32	425.77	425.49
5.63	360.36	365.40	16.70	160.07	53.58	54.02
38.30	775.47	816.86	154.31	390.84	129.31	108.55
-8.04	523.86	482.62	10.23	189.48	64.30	56.42
6.07	154.40	152.63	15.20	78.18	18.92	41.85
61.59	860.14	876.83	10.02	381.92	132.44	114.33
1.80	33.14	34.69	1.72	15.01	4.53	6.98
8.87	188.69	188.62	8.22	61.15	20.98	40.61
-0.57	10.95	11.34	0.84	6.67	1.72	2.74

2-5 续表 17

行业	销售费用	管理费用		财务费用		
			税金		利息收入	利息支出
计算机、通信和其他电子设备制造业	1614.38	3217.97	91.15	156.73	239.13	333.46
计算机制造	241.72	444.37	11.75	-13.80	90.27	72.66
通信设备制造	737.27	1241.72	23.47	48.36	73.65	71.97
广播电视设备制造	33.69	69.49	1.86	9.27	1.66	9.60
雷达及配套设备制造	8.41	31.19	0.57	2.73	1.68	4.08
视听设备制造	218.42	245.87	11.81	15.05	7.22	20.64
电子器件制造	154.70	548.65	19.90	48.01	33.18	87.06
电子元件制造	168.03	500.26	18.87	34.62	26.97	58.60
其他电子设备制造	52.14	136.42	2.91	12.50	4.50	8.86
仪器仪表制造业	183.45	330.81	9.42	32.63	10.71	39.05
通用仪器仪表制造	121.71	187.08	5.08	21.77	5.82	25.31
专用仪器仪表制造	34.65	79.51	2.94	7.22	2.47	8.45
钟表与计时仪器制造	11.84	15.71	0.33	0.99	0.50	1.31
光学仪器及眼镜制造	13.53	44.14	0.89	2.23	1.83	3.55
其他仪器仪表制造业	1.72	4.36	0.19	0.43	0.08	0.42
其他制造业	35.78	79.46	2.57	9.16	3.14	10.54
日用杂品制造	24.03	34.47	1.54	6.11	1.15	5.62
煤制品制造	0.82	1.50	0.16	0.32		0.31
废弃资源综合利用业	7.27	18.52	1.37	8.39	1.18	7.14
金属废料和碎屑加工处理	4.69	15.02	1.19	7.14	0.97	5.72
非金属废料和碎屑加工处理	2.58	3.50	0.18	1.26	0.21	1.42
金属制品、机械和设备修理业	5.60	43.30	2.15	7.42	1.12	7.82
金属制品修理	0.41	0.52	0.02	0.11		0.10
通用设备修理	0.10	1.03	0.01	0.04	0.01	0.02
专用设备修理	0.82	2.64	0.05	0.28	0.06	0.32
铁路、船舶、航空航天等运输设备修理	3.57	36.25	2.01	6.72	0.85	7.09
电气设备修理		0.96	0.03	0.06		0.06
其他机械和设备修理业	0.70	1.91	0.02	0.20	0.19	0.22
电力、热力、燃气及水生产和供应业	**247.25**	**942.70**	**62.62**	**1558.89**	**82.91**	**1604.73**
电力、热力生产和供应业	89.10	735.80	50.78	1478.50	64.65	1503.38
电力生产	23.19	312.45	37.05	976.66	36.10	998.88
电力供应	58.57	357.45	9.52	469.29	25.41	470.42
热力生产和供应	7.33	65.90	4.21	32.55	3.14	34.08
燃气生产和供应业	82.77	94.18	4.58	27.22	8.81	35.58
水的生产和供应业	75.39	112.72	7.25	53.18	9.45	65.77
自来水生产和供应	73.95	103.12	6.62	41.55	7.36	52.69
污水处理及其再生利用	0.92	8.09	0.63	3.91	0.63	4.14

单位：亿元

投资收益（损失以“-”号记）	营业利润	利润总额	亏损企业亏损额	应交增值税	所得税费用	平均用工人数（万人）
141.42	3507.95	3784.11	203.24	1498.31	530.99	779.88
14.57	777.31	774.30	18.91	240.49	87.02	161.14
47.65	849.58	954.77	34.90	692.24	147.32	144.93
1.08	85.28	89.19	6.53	24.05	12.16	15.97
1.07	23.08	26.33	0.04	3.41	3.58	4.38
34.76	244.80	272.18	23.87	101.54	39.87	60.30
11.93	632.10	760.63	68.16	154.13	100.46	143.18
24.40	686.56	685.77	43.28	212.00	111.70	208.33
5.96	209.24	220.94	7.55	70.44	28.88	41.64
20.46	438.16	463.34	10.95	168.61	68.52	67.02
18.99	283.85	299.99	5.34	111.02	45.09	29.50
1.00	92.07	95.50	1.54	36.80	14.43	11.26
0.19	17.56	18.47	0.69	6.02	2.89	9.14
0.21	39.13	43.43	3.22	11.66	4.89	15.73
0.08	5.55	5.95	0.16	3.10	1.22	1.40
2.29	80.78	89.27	6.36	42.92	12.70	26.99
0.62	49.78	49.94	0.51	32.21	7.49	17.67
	1.14	0.56	0.95	1.30	0.13	0.46
-5.27	86.02	88.04	6.95	52.19	6.38	6.38
-5.38	79.24	81.13	6.76	44.37	5.56	5.32
0.10	6.77	6.91	0.19	7.82	0.82	1.07
1.40	11.73	14.00	9.15	12.95	2.12	11.52
	1.82	1.74		1.34	0.36	0.37
	0.08	0.07	0.22	0.53	0.06	0.82
0.01	2.52	3.00	0.04	0.87	0.23	0.84
1.40	6.36	8.22	8.76	8.17	1.31	8.35
0.01	0.19	0.10	0.06	1.04	0.04	0.60
-0.02	0.76	0.86	0.07	1.01	0.12	0.54
505.46	**2978.45**	**3222.91**	**398.60**	**2043.17**	**616.43**	**269.85**
450.01	2765.31	2945.07	332.44	1953.70	557.35	227.37
159.68	1912.80	1980.16	202.68	867.98	384.60	72.32
283.64	903.21	962.41	99.52	1073.25	167.44	139.97
6.69	-50.70	2.50	30.24	12.47	5.31	15.08
40.42	179.24	204.75	27.56	56.80	38.70	15.55
15.03	33.90	73.09	38.60	32.67	20.37	26.94
13.27	-16.06	20.92	37.31	30.75	8.81	25.27
1.76	36.07	38.28	1.30	1.90	8.10	1.53